新版当代汉字学

陆忠发 / 著

ZHEJIANG UNIVERSITY PRESS
浙江大学出版社
·杭州·

图书在版编目（CIP）数据

新版当代汉字学 / 陆忠发著. — 杭州 ：浙江大
学出版社，2023.12
ISBN 978-7-308-20575-7

Ⅰ．①新… Ⅱ．①陆… Ⅲ．①汉字－文字学－高等学
校－教材 Ⅳ．①H12

中国版本图书馆CIP数据核字(2020)第170362号

新版当代汉字学
XINBAN DANGDAI HANZIXUE

陆忠发　著

策划编辑	葛　娟
责任编辑	葛　娟　高士吟
责任校对	董雯兰
责任印制	范洪法
封面设计	春天书装
出版发行	浙江大学出版社
	（杭州市天目山路148号　　邮政编码　310007）
	（网址：http://www.zjupress.com）
排　　版	杭州林智广告有限公司
印　　刷	杭州钱江彩色印务有限公司
开　　本	710mm×1000mm　1/16
印　　张	20.5
字　　数	368千
版 印 次	2023年12月第1版　2023年12月第1次印刷
书　　号	ISBN 978-7-308-20575-7
定　　价	58.00元

前　言

　　《说文解字》（以下简称《说文》）成书之后的一千九百多年来，汉字理论研究一直是对六书的探讨。六书的实质是什么？戴震谓：象形、指事、会意、形声谈字的结构类型，转注、假借谈字与字之间的关系。戴震的"四体二用说"已得到文字学界的普遍认同。不过，《说文》对六书的界说不明确，用六书分类，每个字的归属不清晰，因此学界又有了"三书说""四书说""五书说"、新"六书说"等新的汉字结构类型分类法。但是，我认为，汉字理论研究仅仅研究六书是远远不够的，六书研究不能作为中国文字学理论研究的中心。这是因为：

　　一、古代王室子弟八岁入小学，保氏教他们汉字，先教六书。所以，"六书"本身只是周代的保氏们为汉字教学需要跟八岁大的小孩子们说的东西，它不可能是什么高深的理论。像我们现在的学者，有的把六书，特别是转注说得连中文系的大学生听起来都觉得玄而又玄，那样的理论肯定不是八岁大的小孩子们能够接受的。

　　二、研究汉字的六书归属问题没有太大的意义。六书只满足于说出某字"象某某之形""从某从某""从某某""从某，某声"，如此而已。这对于我们把握这个字的形、义关系没有多少作用。这就是我们读《说文》，常常有不能满足之感的原因，因为我们从许慎的说解中常常不能知道这个形体为什么就能够表达这个意义。因此，我们不能把主要精力用在研究每一个字的六书归属问题上。

　　裘锡圭先生在《文字学概要》中说："汉代学者提出六书说是有功劳的。但是六书说在建立起权威之后，就逐渐变成束缚文字学发展的桎梏了。在崇经媚古的封建时代里，研究文字学的人都把六书奉为不可违离的指针。尽管他们对象形、指事等六书的理解往往各不相同，却没有一个人敢跳出六书的圈子去进行研究。好像汉字天生注定非分成象形、指事等六类不可。大家写了很多书和文章，争论究竟应该怎样给转注下定义、究竟应该把哪些字归入象形、哪些字归入指事、哪些字归入会意等等。而这些问题实际上却大都是争论不出什么有意义的结果来的。可以说，很多精力是白白浪费的。另一方面，文字学上很多应该研究的问题，却往往没有人去研究。直到今天，这种研究风气对我们仍然还有影响。这是值得警惕的。唐兰先生在《中国文字学》里说：'……六书说能给我们什么？第一、它从来就没有过明确的界说，各人可有各人的说法。其次，每个文字如用六书来分类，常常不能断定它应属那一类。单以这两点说，我们就不能只信仰六书而不去找别的解释。'这段话也许说得有点过头，但并不是没有道理的。"①"我们讲表意字的主要目的，是提高理解、分析表意字字形的能力。斤斤计较哪一个表意字应该归入哪一类，是没有多大意义的。"②从裘先生的话中，我们似乎已经感觉到，裘先生其实已经想把研究文字的重点放在理解、分析汉字形、义上面，而不是给字进行分类。所以，《文字学概要》才会与众不同地用大量篇幅分析汉字的形体和意义。这个方向是对的。

三、"六书"说不清汉字是如何表意的问题。六书对汉字的分析只是对外在组成部件进行的分析，并没有深入部件与部件之间关系的层面上去研究汉字，它不可能说清楚汉字是如何表意的。举个例子说，β（追）与β（导）都应该分析为从止从β，同样的组字部件，不一样的位置，表达的概念就不一样了。六书说说不明白这二者的不同到底是因为什么。这说明我们把握一个汉字，仅仅知道它从某从某、从某某是不行的，我们应该重点把握部件与部件之间的关系，从而探明汉字是如何表意的问题。

对于汉字这样的表意文字来说，研究它应该归属于哪一种结构类型，这样的研究肯定不能揭示出汉字最根本的东西来。研究表意文字，就应该把研究的重点放在探究文字"如何用一定的形体来表达意义"的表意理论问题上。所以，我认为，六书研究不能作为中国文字学研究的中心。

由于我们过去没有认真研究汉字是如何表意的这一问题，人们对于汉字形体如何表意、汉字形体表达的是什么意义，常常缺乏准确的把握，以致人们在理解古文字时常常会产生错误。如"彘"的甲骨文形体作巫，亦作逃、苤，是一支箭射穿一头猪，所以，古文字学界不约而同地认为其本义是"野猪"。事实是，从甲骨卜辞看，"豕"才是打猎猎获的野猪，"彘"恰恰是家猪。

现存甲骨卜辞中关于"彘"的卜辞约有130条，只有两条似乎跟打猎有关，这两条卜辞是：

《甲骨文合集》（以下简称《合集》）110正："庚午卜，劳贞，田彘⊠。"

① 裘锡圭：《文字学概要》，商务印书馆1983年版，第103–104页。
② 裘锡圭：《文字学概要》，商务印书馆1983年版，第142页。

《合集》110正："贞，田弗其麑🔲。"

这两条卜辞问的是同一个事情，在某地打猎，会不会麑🔲。上古汉语动宾之间位置不定，所以，"麑🔲"就是"🔲麑"。🔲上面是网，下面是兔子，是捕兔的网，即现在的汉字"罝"。"罝麑"就是用网捕麑。

此外，所有的卜辞都只是说把麑作为牺牲使用。如：

《合集》22065："戊午惟麑妣乙。"

《合集》22226："侑妣丁麑。"

《屯》附3："御祖癸豕、祖乙麑、祖戊豕豕。"

那么，麑不是打猎获得的，很可能就是家养的猪。

甲骨文中有🔲字，在卜辞中为物名：

《合集》857："往自🔲。"

《合集》11274正："贞，呼作🔲于专。"

🔲象"麑"被围起来的样子，这个东西显然就是"饲养麑"之所，这个字就是后来的"圂"。《说文》："圂，厕也。从口，象豕在口中也，会意。"猪的粪便比较多，养猪的猪圈必然与厕所相连，所以引申表示"厕所"。麑为饲养的对象，必然就是家猪了。

当然，我要解释一下《合集》110正这两条卜辞的"罝麑"是怎么一回事。人们去一个地方打猎，设置了一些捕兔子的网，结果"麑"掉到这网中被捕到了。这里的"麑"肯定不是圈养的家猪，也不是大的野猪。那么这个"麑"是什么猪呢？它是野猪仔。请你想想，捕兔子的网当中能够掉进去多大的猪啊？你再想想，家猪不是天上掉下来的，家猪一开始就是人们捕获的野猪仔圈养长大的。家猪叫"麑"，野猪叫"豕"，野猪仔则没有专门的汉字来表示，野猪仔没有被人捉住它就永远叫"豕"，野猪仔被人捉住放入猪圈中就成为人们所说的"麑"，所以，这两条卜辞中就把这被人捉住的野猪仔直接叫"麑"了。

因此，卜辞中的"麑"表达的是"家猪"的概念。

那么，家猪为什么要造这样的形体呢？因为过去家养的猪在作为献祭牺牲时，祭祀的人常常要亲自用箭射死这头猪，以表达对神的恭敬。所以，家猪的死法都是用箭射死。因此，古人就造🔲字表达"家猪"的概念。严谨的、专门从事古文字学研究的学者因为不明白汉字如何表意问题常常会出现错误，其他学者乱解汉字现象更是非常严重，甚至多次出现没有认真学习过汉字学的人在短时间内就写出一部又一部说解古汉字的著作来这样的怪现象。

中国文字学研究努力的方向在哪里？我认为在理论方面，中国文字学应该重点研究“汉字如何用一定的形体来表达意义”的理论问题。因为不研究这个问题，我们很难把字的形义关系说清楚。再如：《说文》：“穿，通也。从牙在穴中。”从牙在穴中，为什么就能够表达“通”呢？没有汉字表意理论知识，是说不清这个问题的。忠发按：古人造“穿”字的时候，用“牙”替换了“鼠”，否则字形会与“竄”混同。《诗·召南·行露》：“谁谓鼠无牙，何以穿我墉？”所以，穿的形体应该理解成从鼠从穴（但是字形上又不能写成从鼠从穴），用老鼠打洞的行为，表达其行为的结果——打通，故其意义为“通也”。在实践方面，应该注意结合汉字发展变化的历史，在说清楚汉字形体如何表意的同时，把字的形、音、义发展变化情况说清楚。

汉字由造字之初的少量的形体如何“孳乳浸多”为现在的汉字大家族，汉字在“孳乳浸多”的过程中涉及的字义引申发展、假借和形体替换等复杂的情况常常需要在汉字表意理论指导下进行研究才能弄清楚。我举一个例子：

《合集》36518：“乙巳王贞，启乎祝曰：盂方□人……其出伐□师，高其令东□于……高弗悔，不□𢦏。王□曰……”

《说文》：“迨，遝也。从辵合声。”形体正与甲骨文□相同。《说文》：“会，合也……□，古文会如此。”古文字从“辵”从“彳”往往同字，甲骨文中□又有异体字作□[①]，故容庚先生《金文编》、李孝定先生《甲骨文字集释》、姚孝遂先生《甲骨文字诂林》“□”下按语均认为□即“会”之古文“㣛”。有的先生甚至认为“会”“合”本同字。[②]然诸家从许慎《说文》“从辵合声”以解□字结构，则失造字之意；以“㣛”为“会”之古文，或者以“会”“合”同字又与“会”“合”之造字和形体发展实际不符。“□”“㣛”其实是“合”的异体字。

“合”甲骨文作□，□表示人吹奏乐器的口（撮合的口），□表示管乐的口，即□所从的两种“口”。人吹奏管乐时，必撮口以合于管乐之口上，故造字以人吹奏乐器的口和管乐的口之间的位置关系表达“相合”的概念。《孟子·梁惠王上》：“此心之所以合于王者何也？”

① 《合集》24268：“……师□卜。”《合集》22606、《合集》24267作“师□卜”，足证□、□为一字之异体。

② 《甲骨文字诂林》2293–2294页。

引申为“合并”：

《合集》1076甲正：“乙亥卜，宾贞，合大御于祖乙。”

是“鬯”的异体字，是“鬯”添加“匕”为提示符号，提示用匙舀酒。这与“鼎”之添加提示符号“匕”作①是一样的。②“合”就是把很多经过过滤的酒摆放在一起③，所以叫“大御”。

再引申为“会合”：

《小屯南地甲骨》（以下简称《屯》）2350：“……王其以众合右旅。”《论语·宪问》：“桓公九合诸侯。”

“会合”为人的动作概念，常常要行走才能与别人会合，故造字在的基础上添加提示符号“彳”表示道路，作；或既添加提示符号“彳”表示道路，又添加提示符号“止”表示行走，字作。

“会”，甲骨文作、，屭羌钟作，会始鬲作，趞亥鼎作，陈肪簋作，屭羌钟的形体所从的象有耳的器物，中间添加“水”为提示符号，提示盛放液态食物。会始鬲、趞亥鼎的形体所从的和均象“鬯”所从的表示过滤酒的器物，在这两个形体中都表示酒。陈肪簋所从的也是有耳的器物，又从“金”，是提示是铜铸的。我们回过头来看甲骨文形体，显然甲骨文形体所从的、都是器物的口，在这里表示器物，中的点提示器物中有食物。甲骨文和金文各形体所从的上下两个口，表示两个人，屭羌钟、陈肪簋铭下面的“口”中各有一个点，是提示符号，提示人的口中有食物。所以，“会”的古文字形体用两个人会聚在食器前表达“会聚”的概念。屭羌钟铭“会于平陰（阴）”正用本义。

由“会聚”又引申为“会合”：

沇兒钟铭：“和会百姓。”容庚先生《金文编》引《尚书·康诰》“四方民，大和会”以证明此义文献有征。中山王嚳壶铭：“齿㫃於会同。”新郪虎符铭：“用兵五十人以上——会王符。”

“会合”“会同”均与道路和行走有关，故沇兒钟铭和中山王嚳壶铭均添加提示符号“彳”提示道路，又添加提示符号“止”表示行走，分别作和。

---

① 鲁仲齐鼎铭。

② 请参考陆忠发：《古代祭祀十讲》，华文出版社2011年版，第138–140页。

③ “鬯”一般认为是混合芬芳的原料酿制的香酒。这可能是后世的事情。甲骨文“鬯”表现的是经过过滤的酒。请参考陆忠发：《汉字学的新方向》，浙江大学出版社2009年版，第73–74页。

这样，表示"会合"概念的字，既有"合"作🈁、🈁，又有"会"作🈁和🈁。后来，人们表达"会合"的概念，取形体最简单的🈁为之。

因此，🈁、🈁应该看成是"合"的异体字，而不应该看成是"会"的异体字。《合集》36518"高其令东🈁于……"，🈁与《屯》2350"王其以众合右旅"的"合"是相同的。《说文》："迨，遝也。""遝也"之义应该是"会合"之义的引申义。

汉字发展中存在的复杂情况常常超乎我们的想象，汉字学研究任重道远。

当代学者应该按照上述主张去研究汉字学，这样的研究与过去以六书为中心的汉字学研究有根本的不同。因此，我的这部汉字学著作就名之曰"当代汉字学"。

有几个名词在正文中没有介绍，我这里先解释一下。

部件的名物义：指一个部件所表示的是这个部件所代表的事物本身。如🈁表示手，这就是🈁的名物义。

部件的功能义：指一个部件所表示的不是这个部件所代表的事物本身，而是这个部件所代表的事物所具有的功能，这个功能就是这个部件的功能义。如🈁在🈁字中表示的是"开"的功能义，在🈁字中表示的是"抓"的功能义，在🈁字中表示的是"持""拿"的功能义。

陆忠发

2022.12

目　录

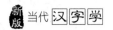

第七章 几个专门的汉字研究领域

第一章

汉字的起源与发展

◇ 第一节　汉字起源的年代 ◇

汉字是说汉语的先民创造的文字，汉字起源标志着中国文明的开始。早在战国时代，就流传"仓颉造字"的传说。《吕氏春秋·君守》："奚仲作车，仓颉作书，后稷作稼，皋陶作刑，昆吾作陶，夏鲧作城，此六人者，所作当矣。"字圣许慎《说文解字叙》曰："古者庖牺氏之王天下也，仰则观象于天，俯则观法于地，视鸟兽之文与地之宜，近取诸身，远取诸物，于是始作《易》八卦，以垂宪象。及神农氏，结绳为治，而统其事，庶业其繁，饰伪萌生。黄帝之史仓颉，见鸟兽蹄迒之迹，知分理之可以相别异也，初造书契。""仓颉之初作书，盖依类象形。"《淮南子·本经训》更把仓颉造字说得神乎其神："昔者仓颉作书而天雨粟、鬼夜哭。"

仓颉造字一事，虽是个历史传说，但有其合理之处。第一，它把造字与结绳联系起来，指出是结绳记事无法记录社会生活时才创造文字的，这与近代的考古学、人类学、民俗学研究的结论一致。第二，它指出文字的创造是对社会生活长期观察的结果，经过观察，知道事物与事物之间可以区分开来，于是用象形的方法，将其形象描画下来以相互区别，就这样创造了文字。这也符合文字发展的规律。可见，仓颉造字的传说与文字的产生发展过程也是相合的。第三，仓颉是史官，史官以记事为务，当结绳记事无法满足日益丰富的社会生活需要时，最迫切需要创制文字的就是史官。所以说史官造字，从逻辑上也说得通。

当然，文字作为语言的符号，应当是为较多的人所接受的东西，造字者可能并不只仓颉一个人。可能有一些人造出了表示同一事物的不同字形，仓颉将这些字加以整理定形，使其在社会上得以传播。所以，我们认为荀子的说法可能更合理一些。《荀子·解蔽篇》曰："故好书者众矣，而仓颉独传。"

如果仓颉真的是整理文字的人，那么我们就能够知道汉字的历史至少有多长了。仓颉是黄帝的史官，其年龄应当与黄帝相差不多。黄帝大约生活在5000年前，也就是说，汉字的历史至少有5000年了。

其实，汉字起源的历史不止5000年。中国考古陆续获得了一些刻在陶器等器物上的刻符，最久远的是距今7000年左右的仰韶文化半坡遗址出土的刻符。由于这些刻符多是零星发现的，不成系统，所以一般不认为是文字。李孝定先生曾将半坡遗址、姜寨遗址以至小屯殷墟等处发现的刻符与甲骨文作比较，发现这些陶文与甲骨文都是一脉相承的。继而李先生推断：已知的汉字的起源，应以半坡陶文为最早，其年代可上溯至公元前4000年，最晚亦应为公元前3500年。①郭沫若先生指出："彩陶上的那些刻划记号，可以肯定地说就是中国文字的起源，或者中国原始文字的孑遗。"②于省吾先生也说："这种陶器上的简单文字，考古工作者以为是符号，我认为这是文字起源阶段所产生的一些简单文字。仰韶文化距今得有六千多年之久，那么，我国开始有文字的时期也就有了六千多年之久，这是可以推断的。"③黄盛璋先生和陆忠发对半坡陶文"个"作过考证，认为"个"是表示原始住房的专字。④如果我们的结论可以成立，那么，这就表明，我们不但已经通过考古发现了7000年前的汉字，而且有的字已经认识了。

蔡运章先生的研究也证实7000年前即产生了汉字。蔡先生经过15年的艰苦努力，在揭开商周器物上的筮数易卦之谜后，又发现了距今七八千年的裴李岗文化绝大多数器物及其上面的刻画符号、图形文字和单字，都是同一统卦的卦象，从而证明我国古代文字早在距今7000多年的裴李岗文化晚期就已产生。⑤

种种材料都表明，说汉字在7000年前已经产生，是没有问题的。

不过，汉字起源的年代，可能还可以上推。我们从一些古文字的结构中看出这些字的造字应当相当古远。如，"田"，甲骨文中主要义项是田猎。徐中舒先生以为像田猎战阵之形。他说：古代贵族有囿以为田猎之所，囿有沟封以为疆界，

① 参见李孝定：《从几种史前和有史早期陶文的观察蠡测中国文字的起源》和《再论史前陶文和汉字起源问题》二文。合刊于李孝定：《汉字的起源与演变论丛》，台湾联经出版事业公司1986年版。
② 郭沫若：《古代文字之辩证发展》，《考古学报》，1972年第1期。
③ 于省吾：《关于古文字研究的若干问题》，《文物》，1973年第2期。
④ 陆忠发：《释"个"》，1987年中国古文字学年会论文。黄盛璋：《"个"形释意》，《中国文物报》，1989年5月26日。陆忠发：《说〈说文〉中"个"字"宋"字》，《杭州师范学院学报》，1995年第5期，又中国人民大学复印资料《语言文字学》，1996年第2期。
⑤ 此据《新民晚报》1998年11月17日。

亦即堤防。①我们认为，"田"之有田猎义，当起源于渔猎时代。渔猎时代，人类最早猎取的对象是鱼。摩尔根也说："我们必须承认鱼类是最早的一种人工食物"。②初民捕鱼不是在大江大河之中，而是看见大水退去之后，原来淹没的土地由于地势高低不一，水或退尽或未退尽，即形成田（甲骨文"田"）这样的形状。由于水变浅，未及退去的鱼在"田"中跳跃，于是人类知道田中有鱼，渐渐地学会了在田中捕鱼。后即把田中捕鱼叫做"田"，再后来把猎取其他食物也叫做"田"。进入农耕社会之后，为便于灌溉和排水，农田间有阡陌沟洫，形似"田"，故亦谓之田。"田猎"的意义又专门造"畋"字表示。因此，我们推断，"田"字的造字年代，很可能就在渔猎时代。

根据甲骨文"来"字的结构，我们可以更准确地推测出汉字起源的大致年代。"来"，甲骨文作來，或作來，过去均认为"来"之本义为麦子，到底是大麦还是小麦，还没有一致的意见。我考定"来"的本义是燕麦。"来"的字形像燕麦的植株形，↑是根，小和小是谷穗。③

"来"在甲骨卜辞中主要用作往来之来，其用作表示农作物名称的用例很少，大致有以下一些：

《合集》914正："食来。"

《合集》28272："求年来，其卯上甲，，受年？"④

从这些辞例中看，"来"也还是作为农作物名称用的，因为"来"被用为祭品献给祖先，殷人也很关心"来"是否丰收，若是野生的燕麦而不是农作物，恐怕王室也不会关心它是否丰收，也不会把它献给祖先。因此，我们说，甲骨卜辞中的"来"指的是麦子，至于是大麦还是小麦还很难作出结论。但"来"的本义又确实指燕麦，据此我们认为，"来"字造字当在人工种植麦子之前，"来"本指

---

① 徐中舒：《甲骨文字典》"田"字条。
② 摩尔根：《古代社会》第二章《生存的技术》，商务印书馆1995年版，第19页。
③ 关于"来"的详细考释，可参看拙作《释"来"》，《农业考古》1998年第3期。
④ ，《殷墟甲骨刻辞类纂》加问号，曹锦炎、沈建华先生《甲骨文校释总集》（上海辞书出版社2006年版）校为舌。《甲骨文校释总集》对这条卜辞的标点是："求年，来其卯上甲舌，受年。"按照这个标点，这条卜辞的"来"就不是农作物名称了。我觉得《甲骨文校释总集》的标点似乎有两个问题。一、舌连上甲断句，似乎舌是上甲的名字；二，"来"属下句，"来"就是一个表示时间的词了，但是，大量的卜辞表明，表示时间的"来"的意思是今后的若干天。那么到底是哪一天？"来"的后面应该会跟具体日期的干支进行说明。如《合集》25971："乙亥卜，大贞，来丁亥彭。"所以，这条卜辞的"来"似乎不能看成是表示时间的词。

燕麦，后来人工栽培的麦子也相沿谓之"来"了。①

　　我国考古发现，在距今8000年前的新石器时代的遗址中常常有麦子出土，这样看来，人工栽培麦子的历史可以上溯到新石器时代。那么，"来"字的造字年代最晚应不晚于新石器时代，所以我们估计"来"字的历史约有8000年了。也就是说，汉字的造字历史已有8000年了。8000年前的浙江杭州的跨湖桥遗址以出土亚洲乃至世界上最早的独木舟闻名天下，我们更加关注的是跨湖桥出土的器物上的符号。跨湖桥出土的一根木锥尾端刻有天天两个相同的符号，一个鹿角形木器上刻有久，一个双耳扁腹陶罐的双耳上部都书有田。②两个木器上的符号都是一笔一画刻出来的，陶罐上的符号则是在陶罐做好后用笔蘸上颜料书写上去，然后再烧制而成的，与一般陶器上的刻符都是陶器烧制好以后再刻上去的完全不同。这些符号就其作用看，应该是标记器物的制作人或者所有人的，符号刻书工整，不像是简单随意的刻书，符号的形状已经没有了象形的意味，完全像笔画组成的方块字。这些方块字的形体较之仰韶等遗址出土的陶器刻符更加接近商代的甲骨文，不知道它们与甲骨文之间有没有什么渊源关系。甲骨文中表示"天空"概念的"天"作天，从"上"从"人"，天似乎也是从"上"从"人"的字，久和田这样的形体直接可以在甲骨文中找到。如果跨湖桥的这些符号确实是文字，就其形体结构看，在它们之前一定有比较长期的演变过程。也就是说，这些文字的造字年代远远早于8000年前。唐兰先生也认为汉字起源的年代更早，他说，"我们在文字学的立场上，假定中国的象形文字至少已有一万年以上的历史，象形象意文字的完备，至迟也在五六千年以前，而形声文字的发轫，至迟在三千五百年前，这种假定，决不是夸饰。"③

---

① 大概"来"本表示燕麦，后来人工栽培的麦子也叫"来"，再后来又由"来"字孳乳出"麦"字表示麦子，"来"则被借去表示往来之来。所以甲骨卜辞中"来"主要作往来之来用。但是，"来"表示麦子的用法被"麦"替代之后，偶尔也还用"来"表示麦子，这种现象在词汇中是有的，所以卜辞中"来"表示麦子的用例比较少。
② 这些器物陈列于浙江杭州跨湖桥遗址博物馆内。
③ 详唐兰：《古文字学导论》，齐鲁书社1981年版，第79—80页。

◇ 第二节　汉字形成书面语的年代 ◇

　　从上面的介绍中，我们大致可以判断汉字造字的历史大约始于10000年至8000年前。汉字是一个一个造出来的，必须有比较多的字，才能比较好地记录语言形成书面语。那么，汉字形成书面语的年代，大约在什么时候呢？从司马迁作《史记》的情况看，《殷本纪》与甲骨卜辞记录的历史基本一致，说明司马迁很可能看到了商代的历史材料；那么，其《夏本纪》的写作是不是依据了夏代的文献呢？

　　夏代有没有文献？黄德宽先生考证说夏商之际有：

　　关于"惟殷先人，有册有典"问题。简牍制度的形成，是中国文字成熟并在较大范围内使用的产物，"册"与"典"二字就是简牍制度在文字形态上的直接反映。①殷墟甲骨文中的"册"与"典"的使用，表明商代晚期简牍制度已经定型，当时通行的书写材料是简牍而非甲骨，这一点许多学者早已指出。同时，甲骨文还有其他线索证明这一点。从甲骨文的书写看，上文我们提到直行纵向的特点，显然是长期在竹简上书写而形成的特征在甲骨文中的体现。游顺钊认为汉字形成直行纵向书写特征的决定性因素是竹简，这一看法无疑是正确的。②商代中甚至还出现仿照竹简来编连甲骨的证据。③这些情况表明，简牍不仅在当时依然是通行的书写材料，而且到商代晚期已经有了很长的历史。简牍制度的流行需要两个条件：一是竹子这种材料比较容易获得；二是发明用软笔和颜料做工具和材料。甲骨文中就有用毛笔及朱墨书写的文字，古代北方也盛产竹材。④小双桥朱书文字，将用毛笔和颜料书写汉字的历史提前到商代中期的仲丁之世。而小双桥朱书反映的文字线条的娴熟流畅，绝不是软笔书写的初始状态。因此我们推测当时通用的书写方式已经是用毛笔书于简牍了。其实新石器时代彩陶上的花纹和

---

① 参阅钱存训：《书于竹帛》，上海书店出版社2002年版，第五、第八章。
② 游顺钊：《古汉字书写纵向成因——六书外的一个探讨》，《中国语文》1992年第5期。
③ 李学勤：《济南大辛庄甲骨卜辞的初步考察》，原载《文史哲》2003年第8期，收入《中国古代文明十讲》，复旦大学出版社2003年版。
④ 参阅胡厚宣：《气候变迁与殷代气候之检讨》及《甲骨学绪论》"一二、册典"，均收入《甲骨学商史论丛二集》，初版于1945年，河北教育出版社2002年版。

符号，表明用毛笔（或软笔）的历史可以早到中华文明形成之前。[①]这些为《尚书·多士》"惟殷先人，有册有典"的记载提供了考古学证据。殷之"先人"能有"典册"，自然说明当时文字已发展到成熟阶段，二里岗陶文、小双桥陶文透露的信息与此一致。但是，这句话的"先人"是不定指称，到底指谁则关系到殷人有"典册"的时代确定。将"惟尔知，惟殷先人，有册有典，殷革夏命"完整地看，"有册有典"与"殷革夏命"是相关的，可以理解为典册中记载着"殷革夏命"这一史实，似乎也可理解为殷先人"有典有册"是因"革夏命"之故。尽管多数人按前一种意思解释，但也不能排除后一种解释的可能。西周利簋铭文记载："武征商，唯甲子朝，岁鼎，克闻，夙有商。"这里的"有"就是"占有""拥有"。如按后一种理解，"殷革夏命"而"有册有典"，是成汤"占有"夏王朝的"典册"，而非殷"先人"自己作"典册"。据《吕氏春秋·先识览》记载：夏桀将亡，太史令终古执其图法而出奔于商。这是否可以作为成汤拥有夏之"典册"的一个旁证呢？[②]不管怎样理解，夏商更替之际都应是有"典册"的，也就是说汉字成熟的时代已完全可以追溯到商代前期的商汤之世。[③]

当然，这些考证都是依据文献材料作出的推测。有没有更加科学的证据呢？也有。赵庄愚先生根据《尧典》记录的天象进行细致的运算，得出天象的年代距今4100—3600年，进而得出《尧典》的成书年代为距今4100—3600年。[④]天象不可伪造，《尧典》记录的天象应该是写作《尧典》时候的天象。现在，据天文运算得出《尧典》里记录的天象发生在距今4100—3600年，进而得出《尧典》的成书年代为距今4100—3600年，这个结论应该是可靠的。所以，完整地记录语言的篇章文字可能出现的年代应该以距今4100—3600年为最晚。因此，就目前的材料，我们可以说汉字形成书面语的年代最晚在夏代晚期。

---

① 参阅钱存训：《书于竹帛》，上海书店出版社2002年版，第五、八章。

② 《太平御览》卷六一引"图法"作"图书"。"太史令"为执掌文书图籍之官职，这也是夏桀之世有"典册"的旁证。

③ 黄德宽：《汉字理论丛稿》之《殷墟甲骨文之前的商代文字》，商务印书馆2006年版，第28—30页。

④ 赵庄愚：《从星位岁差论证几部中国古代典籍的成书年代》，《科技史文集》3《天文学史专辑》，上海科学技术出版社1983年版。

| 第二章 |

汉字字体的发展

◇ 第一节　汉字的字体及其特点 ◇

文字是记录语言的符号系统，这个符号系统是被学习过文字的全体社会成员共同理解的。人们在识读文字时，为了尽可能地减少不必要的记忆负担，希望其形体固定；为了最经济、高效地使用这些符号，人们必须规范这些符号，使它们的形体相对固定，不同的人写出来的字，其形体都应该差不多。所以，全社会必然会有一个大家认同的规范字体。

同时，人们在书写文字时，为了尽可能地提高速度，往往会或多或少地对文字的形体进行一些改变。这些改变都是人们书写时的个人行为，这样写出来的字，我们可以称为"手书体"。

汉字发展的历史上一直并行着两种字体——规范字体和手书体。下面我们分别作对比介绍。

一、商代的规范字体与手书体

商代的文字，我们发现最多的是甲骨文。甲骨文主要出土于河南安阳西北的小屯村，安阳殷墟累计出土甲骨十几万片。从已经发现的刻有文字的甲骨中搜集到的甲骨文单字约有5000个左右，目前能够认识的甲骨文只有1000多个。我们从甲骨文不同历史时期的文字形体上看，不同历史时期的甲骨文，字的结构往往有各自的特点，如"灾"字，一期、二期作 𕇳、𕇳，像大水形；三期很少作 𕇳、𕇳、𕇳（从水，添加"在"为提示符号，提示读音），而作 𕇳 较多，从戈在声，是形声字；四期作 𕇳；五期全部作 𕇳。可见，商代的时候，文字有规范的写法，商代也有规范的字体。

考古发现部分商代青铜器上有铭文，其字体较甲骨文肥美。造成这种差别的原因是文字的载体不同。甲骨文是用刀刻在坚硬的骨头上的，所以字体瘦劲，线条直而细，转折生硬，易圆为方。①金文是在范上刻字，然后浇铸为金文，在范上刻字比较容易，又可以先书后刻，字体往往也比较大，能够使字形更加圆润，所以金文更加美观，也更加接近商代文字书法的实际。墨书甲骨残片上面的古文字线条粗细富于变化，字体圆转，形态非常美观。这些刻、书、铸在甲骨、铜器上面的文字结构严谨，应该能够反映商代规范字体的基本面貌。

商代后母戊鼎铭文　　　　商代戍嗣子鼎铭文　　　　墨书甲骨残片

商代武丁时期的甲骨卜辞　　　　商代宰甫卣铭文

---

① 也有少数甲骨上面的文字比较肥美圆转，这应该是先在甲骨上面书写，再精雕细刻的缘故。

下面的两张图片，是商代的手书体材料。

郑州小双桥商代遗址朱书陶片文字与
甲骨文、金文对照表①

商代墨书玉片"祝"字

这些文字材料恰恰不是书写在甲骨和铜器上的，可以从中看出商代手书体有
比较草率的特点。但是，因为商代手书体总体发现不多，我们很难判断其与规范
字体存在多大的区别。

二、周代的规范字体与手书体

（一）周代规范字体

两周时期的铜器铭文，虽然不同器物上面的文字风格存在差异，字的大小、
篇章布局也有所不同，但字体总体上与商代金文相似，字体圆润，书写严谨。

---

① 宋国定先生制，《文物》，2003年第5期。

西周天亡簋（又称"大丰簋"）铭文　西周利簋铭文　西周大盂鼎及大盂鼎铭文（图片取自刘守安《全彩中国书法艺术史》第9页）

西周墙盘铭文　　　　　　　　　　西周散盘铭文

毛公鼎铭文

秦国石鼓文字

秦公簋铭

春秋战国时期，一些诸侯国的金文出现了一些变化，如楚国、中山国的金文添加了一些装饰性的成分。春秋吴国的王子于之戈铭，其铭文"王子于之用戈"6个字，"王"字之上饰以二夔龙；"子"字下端为虫形，侧为龙形；"于"字侧饰龙形；"之"字线条回环缠绕；"用"字上饰简化鸟首，下饰鸾凤；"戈"字上用凤形，下加以虫形。王子午鼎铭则在文字线条的某些部位进行了艺术化处理。但其文字仍然线条流畅、字体圆转，并没有改变两周金文的总体特征。所以，我们可以把两周金文看成是周代的规范字体。

王子于之戈铭　　　　　　　　王子午鼎铭

（二）周代手书体

西周时期的手书材料至今没有发现。春秋战国时期，楚国发现有简帛文字，秦国发现有简牍文字，晋国发现有玉书盟书，都是手书材料。

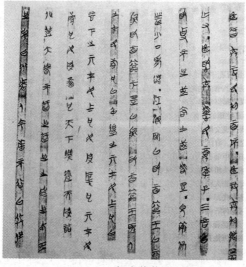

郭店楚简　　　　　　　　晋侯马玉书盟书

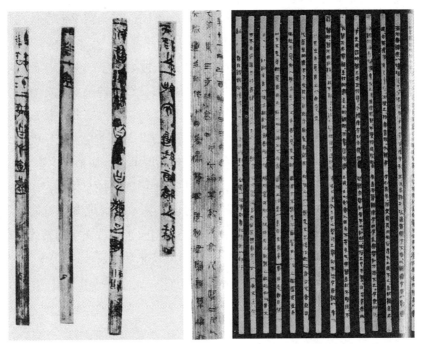

仰天湖楚简　　　秦青川木牍　　　睡虎地秦简

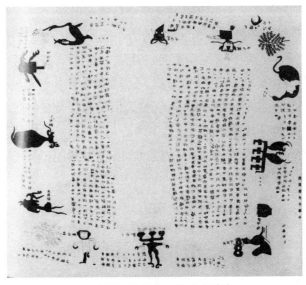

长沙子弹库战国楚帛书摹本

　　仰天湖楚简、郭店楚简的字体与金文接近。战国楚帛书字的形态虽然扁平，但是组成文字的仍然是线条，如"子"作𗧪，"武"作𗧫，"北"作𗧬，"相"作

13

，与隶书以横取胜、以波磔为主要特征完全不同。侯马盟书的字体总体上是与金文接近的，如"君"作 🔲，赵作 🔲，"孙孙"作 🔲等，线条流畅、字体圆转。但是有隶书的倾向存在，如"赵"亦作 🔲，"走"被书成了"大"，"孙"字中的"子"的两只手在金文中是一根线条，而在盟书中显然是两笔所成。青川木牍的文字，隶书的倾向更加明显，"高"作 🔲，与墙盘铭"高"字非常接近，更多的字是古文字的线条和隶书的笔画组合成的，如"道"字，🔲是古文字的线条，而"首"则一笔一画，规规矩矩。有的字已经十分接近隶书，如第十个字"王"，三横书写间距接近，似乎都已经出现了波磔。睡虎地简的字体总体上是隶书元素多于古文字元素，虽然有的字完全是篆文的写法，如《睡虎地秦墓竹简·日书乙种》[1]第189简之"水"作 🔲，但总体上文字已经趋向于把古文字圆转的线条变化为笔画，并且注重笔画的波捺形态，隶书倾向已经非常明显。

三、秦代的规范字体与手书体

（一）小篆

战国时期，诸侯各国"言语异声，文字异形"，这种语言文字差异阻碍了诸侯国相互之间的文化交流，也不利于统一后国家的统治。因此，秦统一全国后，"丞相李斯乃奏同之，罢其不与秦文合者。斯作《仓颉篇》，中车府令赵高作《爰历篇》，太史令胡母敬作《博学篇》，皆取史籀大篆，或颇省改，所谓小篆者也"[2]。当时，秦朝把《仓颉篇》《爰历篇》《博学篇》作为学童识字的标准范本颁行天下，并且"烧灭经书，涤除旧典"，使人们没有机会接触前代古文字和各国文字，从而使小篆迅速成为全国的规范字体。

小篆线条匀称，结构严谨，书写规范（如偏旁位置固定，线条讲求对称等），大小统一，字体非常美观。

---

① 《睡虎地秦墓竹简》，文物出版社1990年版，第134页。
② 许慎：《说文解字叙》。

大騩铜权铭文①　　　　　　泰山刻石

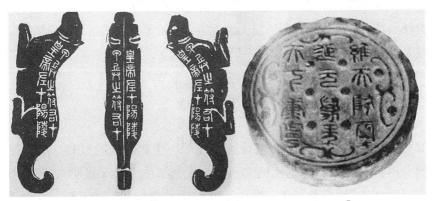

阳陵虎符②　　　　　　　　秦代瓦当③

（二）秦代手书体

　　2003年在湖南湘西里耶的一个废弃的秦代古井中发现36000多支竹简④，这些竹简上的文字，是研究秦代手书的珍贵材料。

---

① 大騩铜权为秦代铜制秤锤，大騩是地名，在今河南省新密市。
② 王国维：《秦阳陵虎符跋》曰："此符乃秦重器，必相斯（李斯）所书，而二十四字，字字清晰，谨严浑厚，径不过数分，而有寻丈之势，当为秦书之冠。"（《观堂集林》卷十八）
③ 直径15.8厘米，文字为"维天降灵延元万年天下康宁"。
④ 《文物》，2003年第1期。

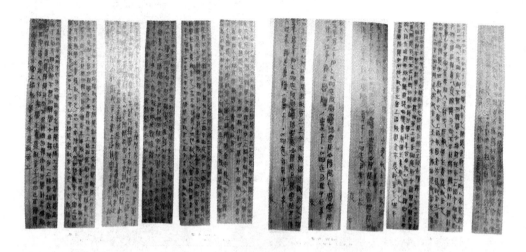

竹简

以上图片取自《文物》2003年第1期。这些竹简上面的文字表明，同一支简上的字有的接近篆文，有的接近隶书。这是在篆文书写的规范下，书写者又倾向于方便、快捷造成的。不同的简上面的字，接近篆文和接近隶书的情况又不一样，这是由不同的书写者不同的书写习惯决定的。

四、汉代的规范字体与手书体

（一）汉代规范字体

汉代的规范字体是隶书，但是这经过了一个比较长的过程。秦朝烧灭古文经典，推广小篆字体，迅速确立小篆为规范字体。西汉初期，"闾里书师合《仓颉》《爰历》《博学》三篇，断六十字以为一章，凡五十五章，并为《仓颉篇》"[①]，继续沿用推广小篆，所以我们仍然可以看到汉代的小篆作品，如东汉和帝永元四年的《袁安碑》运笔圆转自如，线条清晰流畅，是汉代难得的小篆作品。

汉代也非常重视书法。汉高祖即位之后，丞相萧何对秦代法律进行省改，制定《汉律》。其中的《尉律》规定："学僮十七以上，始试。讽籀书九千字，乃得为吏；又以八体试之，郡移太史并课，最者以为尚书史。书或不正，辄举劾之。"[②]《说文解

---

① 《汉书·艺文志》。
② 据《说文解字叙》引。

字叙》又曰："及亡新居摄，使大司空甄丰等校文书之部。自以为应制作，颇改定古文。时有六书。一曰古文，孔子壁中书也；二曰奇字，即古文而异者也；三曰篆书，即小篆，秦始皇使下杜人程邈所作也；四曰佐书，即秦隶书；五曰缪篆，所以摹印也；六曰鸟虫书，所以书幡信也。"

汉代虽然多种字体并存，但日常书写的主要字体应该是隶书。《晋书·卫恒传》："秦既用篆，奏事繁多，篆字难成，即令隶人佐书，曰隶字。汉因行之，独符、印、玺、幡、信、题署用篆。隶书者，篆之捷也。"《汉书·艺文志》："是时（忠发按：指秦）始造隶书矣，起于官狱多事，苟趋省易，施之于徒隶也。"《说文解字叙》："秦烧灭经书，涤除旧典，大发隶卒，兴役戍，官狱职务繁，初有隶书，以趣约易。"这种方便快捷的字体在汉代初期得到了进一步的普及。汉武帝采纳董仲舒的建议，罢黜百家，独尊儒术，将儒家思想确立为王朝的思想正统，并为《诗经》《尚书》《周易》《礼》《春秋》等儒家经典设立博士以广为传授，这些经典都是用书写快捷的隶书记录的，在当时称为"今文经"。汉代的文化教育客观上使隶书得到了普及。汉代又非常重视书法的规范、字体的工整，这些为隶书的成熟创造了极好的条件。

成熟的隶书与古文字相比，把古文字的线条改变为横、竖、撇、捺、点、折等基本笔画，彻底改变了古文字"画成其物，随体诘诎"的象形传统，使汉字成为纯粹的语言符号系统；隶书把古文字圆转的字形改变为方块字体，为楷书的形成奠定了基础。在艺术上，隶书注重笔画的波磔。欧阳中石先生说："隶书的笔画形态最突出的特征就是波磔，这在隶书的主要笔画波横和撇、捺中体现得尤为明显。"[1] "隶书所形成的波横和捺，其典型特征是'蚕头雁尾'，这是隶书发展过程中的一种对笔画美化的表现。笔画特征的强化使笔画形象更加突出，形成了自己的特点。这种隶书特有的笔画一般处于主笔的地位，形象鲜明，装饰意味浓厚，因此在一字之中不能重复出现。如一字之中有多个横，只能保留一个波横。一字之中有多个捺也只能保留一个捺。遇到重横、重撇、重捺的情况要有伸缩有主次，不可争抢，所谓'蚕头不二设，雁尾不双飞'就是这个道理，这是成熟的隶书所遵循的一般规则。"[2]

---

① 《书法教程》，高等教育出版社2008年版，第191页。
② 《书法教程》，高等教育出版社2008年版，第193页。

曹全碑　　　　　　　　　　　　　张迁碑

（二）汉代的手书体

考古发现的汉代手书材料非常多，比较著名的有马王堆帛书（秦末汉初）、银雀山竹简（西汉）、武威简（西汉）、居延汉简等，近年又在湖南怀化沅陵虎溪山一号汉墓发现了一批西汉初年竹简[①]，在长沙东牌楼7号古井发现了东汉末年竹简[②]，为我们研究汉代的手书体提供了丰富的材料。

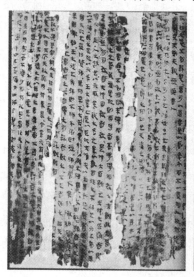 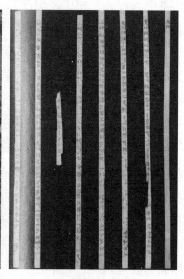

马王堆帛书　　　　　　　　　　　　　银雀山竹简

---

① 《文物》，2003年第1期。
② 《文物》，2005年第12期。

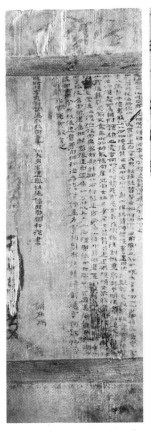

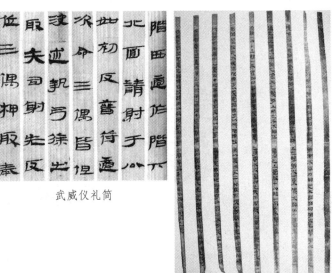

武威仪礼简

沅陵虎溪山一号汉墓出土西汉竹简[1]

长沙东牌楼7号古井竹简
（《文物》2005年第12期）

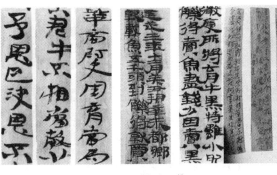

居延汉简

居延汉简　　　长沙东牌楼7号古井竹简

---

① 《文物》，2003年第1期。

19

曹真残碑

从汉代的手书材料中看，西汉初年隶书已经比较成熟，如虎溪山一号汉墓竹简上面的文字已经具备隶书的特征。同时，楷书、行书、草书的成分都已经出现。"隶书在汉中后期逐渐取得正统地位的同时，民间手写体也在不断革新发展。此间，人们将定型化了的隶书进一步改造，使其'草化'但又保留了隶意波磔，于是逐渐滋生出一种新的书写形式——'章草'。对隶书的简化省改再进一步，便有了'楷书'；其书写再趋急速，便是'行书'。虽然楷书和行书的真正问世已到了魏晋时期，但其源头及基本要素都出现在汉末。"①

汉字字体的变化止于楷书，楷书为人们所普遍熟悉，我们不必介绍；行书、草书是楷书形体书写快速形成的变体，是楷书的下位字体，无明显规律可言。所以隶书以后的字体变化，不再一一细说了。

◇ 第二节　汉字字体变化的原因 ◇

手书体和规范字体的相互影响是推动字体变化的根本原因。

一、手书体是推动字体变化的根本动力

手书体对字形的创新性改变将会最终导致字体发生变化。字体变化是渐变

---

① 刘守安主编：《全彩中国书法艺术史》，宁夏人民出版社2003年版，第29页。

的，遵循量变到质变的原则。汉字字体的变化是由字形变化的元素累积到一定程度引起的。因为汉字的使用主要是手书，写字的人都各有自己的习惯和爱好。[①]书写者按照自己的喜好把字形作一定范围的改变，从单个字看，后来书写的形体与稍早时期的形体相比，改变是不大的。但是，这种渐渐的变化累积到一定程度，字形就会发生很大的变化。

如食，甲骨文"食"，上曾大子鼎作食，与甲骨文形体仍然接近；仲义昙簋作食，上面与上曾大子鼎接近，下面食器的圈足已经改变为乚，睡虎地秦简作食，已经非常接近隶书，但是与仲义昙簋相比，仍然能够看到有相似的地方。史晨碑作食，汉熹平石经作食，都有与睡虎地秦简相似处，但是与甲骨文形体相比就已经有了质的不同。

"及"，甲骨文作，保卣作，石鼓文作，睡虎地秦简作，马王堆汉墓出土帛书《老子甲本卷后古佚书》作，似睡虎地秦简，而末笔明显有隶书的波磔，居延汉简作，波磔更加明显，武威汉简作，已经为隶书的形体。但是，东汉的武氏祠祥瑞图题字作及，又不遵守隶书的写法，追求草率，成为章草的形体。

从上面的举例中，我们可以看到，处于篆书规范的时代，人们在书写时由于追求快捷，往往会不同程度地把篆书的线条变化成为平直的笔画。

在单个字形变化的同时，字体的变化也在孕育之中。书写者按照自己的喜好把字形作一定范围的改变，如有人喜好把向下的一笔写得又长又重而又圆润弯曲，形成香蕉形态；有人喜好把向下的一笔写得又长又重而又渐渐收笔，形成垂挂的柳叶形态；有人喜好把横的左边用毛笔轻轻一挑形成蚕头形态，又在右边施以重笔再渐渐向上收笔形成燕尾形态。这些改变一开始都是个人行为，但是，这种个人的创新性改变，使汉字形体更加美观，后来大家仿效，便形成风气，于是所有的汉字都用这种书写方法书写。所以我们看到，人们书写时对篆书的改变，不但在日常书写中有，在庄重的青铜器铭文中也常常存在。这说明这种追求和变化，已经得到了社会的广泛认可。认同并且重新规范这种追求和变化，就导致了隶书的出现。

这些都说明字在书写过程中总是既趋向于接近规范字体又同时趋向于书写方

[①] 我们从唐代的碑刻中发现有楷书和小篆混书的碑（山西大学文博学院、襄垣县文物博物馆《山西襄垣唐代浯氏家族墓》,《文物》, 2004年第10期），这应该反映了书写者对楷书和小篆的特别爱好。

便、简单化。汉字在书写过程中总是处于这两种倾向之中，受到这两种力量的共同作用。具体到书写出来的每一个汉字来说，在书写时更加趋向于规范字体的，写出来的字就更加接近规范的字；书写时更加趋向于简便的，写出来的字就会距离规范字体远一些。随着文字的传播，人们手书中对规范字体的改变渐渐得到社会的认可，于是人们书写时便常常按照这样的字体去写，并且在书写实践中逐步探索，使得书写出来的字更加美观，进一步，人们又将这种大家认为美观的字体规范化为新的规范字体。所以说规范字体和手书体的相互影响是推动字体变化的根本原因。手书体书写快捷的特点使得它能够迅速普及并且不断扩大影响，是推动字体变化的根本动力。

二、规范字体影响、控制手书体

规范的汉字形体，总是在无形中影响、控制着书写者的书写行为。因为文字是全社会共同使用的语言符号，书写文字的目的是交流思想，书写者虽然常常会根据自己的习惯、爱好对字的形体作一定的改变，但是这种改变不能超出人们能够接受的范围，否则人们就有可能不认识书写者写出来的字。所以，尽管手书体快捷、草率，但都不会距离规范字体太远，在圆转的古文字作为规范字体的时代，人们的手书体虽然有改变线条为笔画的趋势，但是字体总是或多或少地保留了古文字的部分特征；在隶书方块字规范下的手书体，虽然笔画可以连写，但是不会再成为线条而使字体变成近似古文字的形体。隶书使汉字彻底失去了象形的意味，变成方块字，后来的楷书、行书、草书都是在方块字基础上的变化。

因此，人们手书出来的字形，总是或多或少地受到规范字体的影响。这种影响主要表现如下。

（一）手书字体整个字接近规范字体

在规范字体的影响下，人们书写文字，总是尽可能地接近规范字体，以方便交流思想。所以，必然有一些字的形体接近规范字体。如在秦代的里耶简中，“洞庭郡不知何县”这句话常常出现，“洞”作，“县”作或者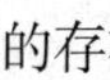，都与小篆接近。张家山汉简32：“食绝者攻之，军少则恐，众则乱；舍于易、毋后援者攻之。”其“绝”作，“众”作，“乱”作，仍能看到小篆影响的存在。

（二）字的某些部分接近规范字体的写法

规范字体一般都比较工整，严格按照规范字体的写法书写汉字，书写速度肯定会慢一些。然而,人们在手书汉字时,为了追求提高速度,书写出来的汉字与规范字体相比,总会或多或少地产生一些变化。但是,这些变化总是在接近规范字体的范围内变化,不能距离规范字体太远。因为距离规范字体太远,可能会导致书写出来的汉字别人不认识。因此,虽然手书汉字不可能完全与规范字体一致,但是手书出来的字还是有某些部分接近规范字体的写法。如"殳",趙曹鼎作𝔅,睡虎地秦简作𝔅,睡虎地秦简前三笔与篆文作𝔅相似,但是最后一笔显然已经拉直,有隶书之风。马王堆汉墓出土帛书《胎产书》作𝔅,其第一、二笔接近隶书,而最后两笔则更加接近篆文。

𝔅,甲骨文"伐",獣钟作𝔅,侯马盟书作𝔅,睡虎地秦简作𝔅,与睡虎地秦简同时代的绎山碑作𝔅,与篆文𝔅同。这说明睡虎地简明显趋向于隶书。但是,睡虎地简起笔的"人"又非常接近周代大保簋的𝔅,所以,战国手书体正处于受篆体影响而又趋向于隶变的过程中,里耶简的"洞庭郡"的种种写法正好说明了这点。

金文往往也追求草率,如"陟",甲骨文作𝔅,亦作𝔅,癫钟作𝔅,蔡侯盘作𝔅,皆比较规范,而沈子簋作𝔅,散盘作𝔅,獣钟作𝔅,都显得草率。而且沈子簋和散盘的"止"在书写时已经有将线条变化成为平直的笔画的情况。獣钟的"降"作𝔅,其中的"阜",三个表示阶梯的部件大小相差悬殊,这也是草率的表现。

"逐",篆文作𝔅,马王堆汉墓出土帛书《战国纵横家书》作𝔅,连笔现象非常明显,这也是草率的表现。

"降",甲骨文作𝔅,癫钟作𝔅,楚帛书作𝔅,武威汉简作𝔅,可见,战国楚帛书"降"的两个"止"的书写与武威简的隶书的写法已经非常接近。

"追",绎山碑作𝔅,而睡虎地秦简作𝔅,其末笔明显有隶书的波磔。其起笔𝔅,则与《说文》小篆𝔅中𝔅的写法非常接近。

当然,汉字的书写还是存在很多个人的因素,有的人追求快捷,可能就使写出来的字距离规范字体非常远。如为追求书写快捷而改变古文字线条的趋势在商代手书体中就有体现[1],在侯马盟书中表现得已经十分明显。洛阳大学文物馆在2005年收藏了1件战国有铭铜鼎[2],上面的文字几乎完全线条化。考古发现的秦砖铭

---

① 如"祝"字之人体就显得草率。
② 《文物》,2006年第11期。

文字已经"又给我们展现了另外一种令人惊叹的式样。特别是'珍'字①、'泛'字二砖铭,已然作出一呼:书法的行书书体产生了。楷书也在萌芽了。此二砖铭结体质朴凝练,笔画随意自然,尤其'珍'字玉字旁的横画一呈隶书笔意,而右半'尔'字呈尽行书之态;'泛'字的三点水写法,点画分明,一寓楷书之形,而右边'乏'字一任行书之笔写来,活脱一个有如当今行书体的'泛'字。"②三点水的这种楷书写法,在里耶简中也有,如"洞庭湖"的"洞"字,有的简就作洄。洛阳大学文物馆藏铜鼎铭文把马的腿写为三点,这种写法只有汉代才比较多见。

洛阳大学文物馆藏战国铜鼎铭　　　秦砖铭"玺"字和"泛"字

这样的变化没有普及开来的原因就是变化的幅度太大,超出了人们能够接受的范围。因为文字是全社会共同使用的符号,在短时间内发生急剧变化,字形变化太大,人们很难接受。

规范字体和手书体总是存在着一定的差异,但是二者的差别总是在一定的限度之内,因为人们普遍熟悉的是规范字体,手书体如果与人们熟悉的规范字体差别太大,人们就很难识别了。所以,写字的人,尽管他想方设法追求书写方便、快捷,他也不得不遵守规范字体的规范。这是规范字体影响、控制手书体的具体表现。

随着印刷术的出现,规范字体楷书已经定型,其后的汉字手书体一直只能在不远离楷书的范围内变化,汉字手书体的各种变化,只能是书写者个人的艺术创造,已经不可能推动汉字字体发生变化了。这也是规范字体影响、控制手书体的表现。

---

① 忠发按:这个字应该是"玺"字。
② 秋子:《中国书法史略》,兰州大学出版社2008年版,第80页。

| 第三章 |

汉字体系的历史变化

◇ 第一节　形声字成为汉字的主要造字类型 ◇

汉字造字之初，以象形、指事、会意字为主。随着社会生活的日益丰富，新的概念大量出现，文字适应社会生活的需要，大量造形声字表达新出现的概念，使得形声字成为汉字的主要造字类型。造形声字表达概念有以下方法。

一、以相同的形旁标示同类或者相关的概念，以不同声旁区别同类或者相关概念中的不同事物

如以"禾"为形旁，在《说文》中有：

"禾，嘉谷也。"禾是象形字，像水稻和粟的植株形，在商代文献中表示水稻，在周代文献中表示粟。[①]

"秀，上讳。"许慎指出"秀"是刘秀的人名用字，没有解释字义。《尔雅·释草》："不荣而实者谓之秀。"

"稼，禾之秀实为稼。"

"穑，谷可收曰穑。"

"種，埶也。"

"稙，早種也。"

"种，先種后孰也。"

"稑，疾孰也。"

"稺，幼禾也。"

"積，種概也。"

"稠，多也。"

[①] 陆忠发：《甲骨卜辞中的禾指水稻说》，《江西社会科学》2005年第2期；《论水稻是商代的主要农作物》，《农业考古》2008年第4期。

"稛，稠也。"

"稀，疏也。"

"穖，禾也。"

"穆，禾也。"

"私，禾也。"

"穤，稻紫茎不黏也。"

"齋，稷也。"

"秫，稷之黏者。象形。"

"稯，穄也。"

"稻，稌也。"

"稬，沛国谓稻曰稬。"

"秔，稻不黏者。"

"杭，稻属。"

"秏，稻属。"

"穬，芒粟也。"

"秜，稻今年落来年自生谓之秜。"

"稗，禾别也。"

"移，禾相倚移也。"

"颖，禾末也。"

"秾，齐谓麦秾也。"

"采，禾成秀也，人所以收。"此为会意字。

"秒，禾危穗也。"

"穟，禾采之兒。"

"稬，禾垂兒。"

"楬，禾举出苗也。"

"秒，禾芒也。"

"穖，禾穖也。"

"秭，一稯二米。"

"秨，禾摇兒。"

"穮，耕禾闲也。"

"葇，轹禾也。"

"秄，壅禾本。"

"穧，获刈也。"

"获，刈谷也。"

"稹，积禾也。"

"积，聚也。"

"秩，积也。"

"稛，絭束也。"

"稞，谷之善者。"

"秳，舂粟不渍也。"

"秏，稻也。"

"稃，穤也。"

"穤，糠也。"

"穅，禾皮也。"

"秸，禾稾去其皮，祭天以为席。"

"秆，禾茎也。"

"稾，秆也。"

"秕，不成粟也。"

"稍，麦茎也。"

"秎，黍穰也。"

"穰，黍㮚已治者。"

"秧，禾若秧穰也。"

"穆，穆䅯，谷名。"

"䅯，穆䅯也。"

"年，谷孰也。"甲骨文形体是人荷禾形，此用人荷禾谢神的行为表达稻谷丰收的概念，是用行为表示导致这种行为的原因的表达概念的方法。

"谷，续也。"

"稔，谷孰也。"

"租，田赋也。"

"税，租也。"

"䅻，禾也。"

"稴，虚无食也。"

"穌，把取禾若也。"

"稍，出物有渐也。"

"秋，禾谷孰也。"

"秦，伯益之后所封国。地宜禾。"

"称，铨也。从禾，爯声。春分而禾生，日夏至，晷景可度。禾有秒，秋分而秒定。律数：十二秒而当一分，十分而寸。其以为重：十二粟为一分，十二分为一铢。故诸程品皆从禾。"

"科，程也。"

"程，品也。"

"稯，布之八十缕为稯。"

"秭，五稯为秭。"

"秅，二秭为秅。从禾，乇声。《周礼》曰："二百四十斤为秉，四秉曰筥，十筥曰稯，十稯曰秅，四百秉为一秅。"

"秲，百二十斤也。稻一秲为粟二十升，禾黍一秲为粟十六升大半升。"

"稘，复其时也。"

"稳，蹂谷聚也。"

"稈，束秆也。"

这些字中，"禾""年""采""秜"见于甲骨文，"禾"是象形字，"年""采"是会意字，"秜"是形声字。"稻"见于金文，是会意字。其他字除了"秜"字外都是晚于甲骨文、金文出现的形声字。

二、以相同的声旁标示声音相同的概念，以不同的形旁区别声音相同的概念所表示的不同事物

例如：著、诸、箸、猪、煮、褚、渚、潴、翥、獝、藸、陼、鲼、楮、蝫、堵、櫧、储、楮、躇、蟖、署、薯、暑、曙、糬、睹、滁、蠩、堵、赌、嘟、都、睹、锗、阇、琽从"者"声。

作、昨、祚、酢、柞、笮、阼、乍、胙、莋、岞、筰、蒢、秨、𡾋、葃、鈼、鮓、炸、榨、诈、砟、鮻、咋、蚱、拃、搾、窄、厏、怎、姹从"乍"声。

这种情况的形声字，有一些字的声旁既是表声音的，又同时具有表意作用，这些字的意义都来源于它们相同的声旁，这样的字我们称为"同源字"。下面举例说明。

冓（构），《说文·冓部》："冓，交积材也。象对交之形。凡冓之属皆从冓。"部分从"冓"为声旁的字都有"交接"的意义，如：

《说文·辵部》："遘，遇也。从辵冓声。"

《说文·竹部》："篝，笿也。可熏衣。从竹冓声。宋楚谓竹篝墙以居也。"

《说文·见部》："覯，遇见也。从见冓声。"

《说文·女部》："媾，重婚也。从女冓声。《易》曰：匪寇，婚媾。"

《说文·言部》："講，和解也。从言冓声。"

《说文·贝部》："購，以财有所求也。从贝冓声。"

《说文·水部》："溝，水渎。广四尺、深四尺。从水冓声。"

句，《说文·句部》："句，曲也。"部分从"句"为声旁的字都有"弯曲"的意义，如：

《说文·足部》："跔，天寒足跔也。从足句声。"

《说文·疒部》："痀，曲脊也。从疒句声。"

《说文·车部》："軥，軶下曲者。从车句声。"

《说文·羽部》："翑，羽曲也。从羽句声。"

《说文·句部》："钩，曲钩也。从金从句，句亦声。"

《说文·刀部》："刨，鎌也。从刀句声。"

《说文·句部》："笱，曲竹捕鱼笱也。从竹从句，句亦声。"

在形声字大量出现的同时，人们也造一些形象、直观的会意字来替换形体复杂的形声字。如：

《说文·金部》："鑯，铁器也。"段玉裁注："鑯，盖锐利之器。"《广雅·释诂四》："鑯，锐也。"《说文·金部》徐铉曰："鑯，今俗作尖。"《玉篇·小部》："尖，锐也。"《释名·释形体》"心，纤也"，王先谦疏证补引叶德炯曰："今人俗书尖字古作鑯，鑯与纤同意。"

鑯就是铁钎，一头大一头小，后来作"尖"，非常形象、直观。

但是，这些已经不是汉字造字的主流。

随着形声字的大量出现，汉字体系的性质也发生了变化。汉字由表意体系的文字，变化为音意兼示的文字。

关于汉字的性质，过去有过讨论。我们认为，讨论文字的性质，还是应该看文字代表语言中的什么。字形代表其音，音与义的联系在字形上不反映出来，这种文字叫表音文字；字形仅仅代表义，义与音的联系在字形上不反映出来，这种文字叫表意文字。字形既代表义，又代表音，音与义的联系在字形上同时反映出来，这样的字就叫音意兼示文字或者简称意音文字。就整个汉字体系来说，象形、指事、会意是表意文字，形声是意音文字。所以我们可以说，汉字在早期阶段，表意文字占绝大多数；战国以来，意音文字占绝大多数。

记录汉语书面语的假借字、联绵字、译音字是用表意汉字或者意音汉字作为纯粹的音符记录词汇的，我们讨论汉字体系的性质，不应该把这种情况考虑进去。

◇　第二节　字的形音义关系趋于复杂　◇

汉字在历史演变中，由于引申、假借和形体代换等原因，字的形、音、义关系趋于复杂。我们分别从字形、字音、字义几个方面来介绍。

一、字形

（一）异体字

从字形上看，表达某一概念的汉字，在同一时代或不同时代往往会使用不同的形体，这些表达同一概念的不同的字体，叫异体字。汉字异体的情况非常复杂，异体字主要是由下面一些原因形成的。

1.字理差异，形体有别

形声字大量出现之前，异体字往往是人们用不同的表意方法造的表达同一概念的字。如金文"奔"作、，都表示奔跑。前者是会意字中的独体会意字，后者是会意字中的象意字。① "廷"，甲骨文作🔲，金文作🔲、🔲，也是这种情况。② 甲骨文🔲是会意字中的合义字，用"口、耳交流的屋子"表达古代君臣处理政务的处所——"廷"的概念。🔲、🔲则是利用人们处身于一面没有墙壁的屋子中，其身体的周围都是一个个立柱，其脚下都是一排排柱基这样的特点表达这个屋子就是"廷"。因为在上古时期，只有"廷"是用众多的柱子支撑屋顶、一面没有墙壁的大空间建筑。

还有的异体字是人们用通俗的方法造的俗字，这其实也是用不同的表意方法造的表达同一概念的字。我前面说的"鐵"与"尖"就是。又如书写用的笔，甲骨文作🔲，是笔的象形。但是，单单用🔲表示笔，表意还不是很明确。所以加🔲为提示符号，提示这是手拿的像🔲这个样子的东西，人们就知道🔲这个东西是笔了。🔲后来写作"聿"，又因为笔是用竹子做的，所以又加了"竹"作"筆"，成了形声字。而人们用"笔"表示书写的笔，则是人们用通俗的方法造的俗字——上面是竹子，下面是毛。

2.因事制字，形体有别

古人造字，因事制字，也是形成异体字的一个重要原因。如同样是古代求天不下雨的祭祀，古人造了🔲字，除了这个形体外，还有🔲、🔲。③ 求天不下雨，要向天表示雨水太多，请不要再下了。作🔲者，描绘人身穿蓑衣、腰佩葫芦之状；🔲形则只佩大葫芦，没有蓑衣；作🔲，🔲表示池塘，🔲乃人张口呼号之状，意思是人行走于深水之中，口中发出惊恐之声。④ 这几个异体字是因为造字者描绘的环境、器具不同，因事制字的缘故。

再如"风"的概念很难表达，古人造字以飘飞之物（如风筝）表达导致其飘飞之原因——风。为了表示字的读音，又添加"凡"声。飘飞之风筝像🔲，故字作🔲（《长沙子弹库帛书文字编》）⑤；飘飞之物像🔲，故字又作🔲（《说文》所载古文）、🔲（王庶子碑）；飘飞之物像🔲，故字又作🔲（《王存乂切韵》）⑥；飘飞

---

① 参考本书第五章的说解。
② 陆忠发：《朝廷本义考》，《语言研究》，2005年第4期。
③ 参考陆忠发：《汉字学的新方向》，浙江大学出版社2009年版，第185—187页。
④ 参考本书第七章的考证。
⑤ "凡"，战国文字往往添加一撇，何琳仪：《战国古文字典——战国文字声系》，中华书局1998年版，第1422页收录有🔲、🔲、🔲、🔲、🔲等形体，可证。
⑥ 据《古文四声韵》。

之物像🜉，故字又作🜉（《碧落文》）①、作🜉（夏承碑）；飘飞之物像🜉，故字又作🜉（孟孝琚碑）。以上皆以飘飞之物加🜉（凡）声以表风的概念。②

"保氏"的"保"，本字甲骨文作🜉、🜉、🜉、🜉、🜉、🜉，乃据🜉之职责分别造字。据其食养王子言之，作🜉、🜉；据其教育王子言之，作🜉、🜉。③

3.六书不同，形体有别

"来"，甲骨文作🜉、🜉，其本义是"燕麦"，甲骨文中引申扩大指"麦子"。"麦"，甲骨文作🜉，从🜉表示（一个人走过）来，从🜉表示其读音，其本义是"（走过）来"。后来，"来""麦"二字意义互换，"来"表示"（走过）来"，"麦"表示"麦子"。④"来"表示"（走过）来"的"来"之后，字又作🜉（长由盉），添加"辶"为形旁。"来"与🜉音、义相同，结构不同（"来"是象形字，🜉是形声字），形成异体字关系。

"来"这个形体不再表示麦子，人们又造"秾"字表示麦子，《说文》："秾，齐谓麦秾也。"因为麦子是农作物，所以添加"禾"为形旁。这样，秾与"麦"音、义相同，形体不同，就形成异体字关系。

4.增减部件，形体有别

许多异体字是添加提示符号形成的。如：

"疑"，作🜉，用一个长者在四处张望表示"疑惑"的概念。又作🜉，添加"彳"为提示符号，提示老者在路上。🜉与🜉形成异体字关系。有的事物，因使用的材质不同，就添加了不同的提示符号，从而形成异体，本书在第五章和第六章讲到提示符号明确材质的作用时举了不少例子，可以参看。

减少部件也是形成异体字的又一个重要原因，如：

"学"，甲骨文作🜉，利用人在屋外练习编织表达"学习"的概念。字也作🜉，省略了"手"，形成异体字。

5.位置不同，形体有别

部件位置不同，也能形成异体字，如"教"字，甲骨文作🜉，也作🜉，形成异体字。古文字中这样的情况非常多见。

---

① 据《古文四声韵》。
② 陆忠发：《汉字学的新方向》，浙江大学出版社2009年版，第200-201页。
③ 陆忠发：《汉字学的新方向》，浙江大学出版社2009年版，第178-185页。
④ 陆忠发：《汉字学的新方向》，浙江大学出版社2009年版，第169页。

添加的提示符号位置不同，也会形成异体。如 🔣（貑）作🔣就是提示符号位置不同形成的异体字。[①]

6. 字形讹误，形体有别

讹误也是形成异体的原因之一。如"廷"，金文有四个形体，作🔣、🔣多见，🔣、🔣少见，🔣、🔣之别是因事制字形成的异体，而🔣、🔣则是前二字讹误所致。[②]

当错字被社会认同，不认为是错字而被使用的时候，它就成为原字的异体字。因此，战国以来，由于书写的原因，许多字的形体发生了改变。这种改变了的形体，如果使用得比较多，它就是异体字。从事古籍校勘，在遇到古书用字与通行的字不一致时，是否断为错字，要根据该形体流行的情况而定。如果已经通行，就应定为异体字。

另外，汉字手书时往往会产生一些改变，这种改变在人们能够接受的范围内，人们都能够认识，也可以接受，并不认为是产生了新的异体字。但是后来人们编写的汉字字典，把手书的汉字形体楷化后，原来人们认同为同一个形体的字，楷化之后就成为两个甚至更多的形体稍有不同的异体字。这些所谓的异体字其实都是假的异体字。[③]

异体字中还包括古今字、俗字和本字与分化字，我们接下来分别介绍。

（二）古今字

异体字里面从造字表达概念的早晚看就有古今字。一般认为，表达同一概念的字，因为通行时间有先后，人们把通行时间早的叫古字，通行时间晚的叫今字，这种字与字之间的关系就叫古今字。不过，我们定义古今字，可能还是要考虑两个条件，一是早期的形体和后来的形体之间有没有形体上的关联；二是看看表达概念是不是完全一致。最容易判定的古今字是一个字通行于不同时代的书写形式，先写的那个是古字，后写的那个是今字，古字和今字的形体有明显的关联。如：

"随从"的"从"先写🔣，后来又作🔣，再后来又作🔣，这些字的形体之间有明显的相互继承发展关系，可以看作古今字。

① 陆忠发：《汉字学的新方向》，浙江大学出版社2009年版，第51—53页。
② 陆忠发：《朝廷本义考》，《语言研究》，2005年第4期。
③ 陆忠发、李艳：《敦煌写本汉字形体变化研究》，上海教育出版社2019年版，第22—34页。

有一些字是人们后来专门为表达某个概念而造的形体，与原来表达这个概念的形体往往没有关联，但是所表达的概念完全一致。它们之间的关系还是古今字关系。我前面说的"鑯"与"尖"就是这样的古今字。

我们说古今字关系要同时考虑这两个条件，因为从表达相同概念的形体看，有时候情况非常复杂。我们前面说"来""麦"二字意义互换，"来"表示"（走过）来"，"麦"表示"麦子"。这样一来，"来"与"麦"其实就互为古今字了。

再如"兑""说""悦""曰"的关系也很特别：

"兑"，甲骨文作兑，像人张口出气貌，本义是"快速走"。[①]"说"，从言，言本舌头，在此为提示符号，提示人张口出气时，舌头可以看得很明显，故当是人哈哈大笑之状，以此表示"喜悦"的概念（《说文》："说，释也。从言、兑。一曰谈说。"许慎的解释不确）。后发展为"悦"，从心。故"说""悦"为古今字。"喜悦"之"悦"造出来后，"说"又被假借来表示"说话"，于是又获得了新生。而表示"说话"的字，最早用的是"曰"。这样一来，如果我们说"说"的古字是"曰"的话，又与"说"的本义表示"喜悦"相矛盾。

表示豆类农作物的字，甲骨文作菽，[②]周代文献称之为"菽"。我们知道，菽是象形字，以豆类作物的植株形表示这类农作物。而"菽"，显然从艹、叔，叔是"拾取"之义。《诗经·豳风·七月》："九月叔苴。"从艹者，豆类为植物，故古人归为草木类。豆类为什么命名为"菽"呢？显然人们是依据其特点命名的。豆类作物成熟后，其子实往往会炸开落到地上，人们辛辛苦苦种植、培育，最后不得不常到地上去捡拾其子实。于是人们就依据这个特点为之取名曰"菽"。按照我们上面对古今字的理解，我们应该说"菽，古菽字"。大概从汉魏时起，"菽"又有了"豆"之新名称。于是我们又得说"菽，古豆字"吗？显然不合理。豆本是盛食物的器具，豆类圆圆的子实与豆相似，故人们又称这类作物叫"豆"，"菽""豆"完全是依据不同的理据分别取的名称，怎么可能是古今字呢？

古人注释古书时说的古今字，不一定都是可靠的。如：

《汉书·高帝纪》："乃目竹皮为冠。"颜师古注："目，古以字。""目"与"以"的关系应该是异体字。甲骨文"以"有㠯、㠯两个形体，作㠯后来形体演变

---

① 陆忠发：《汉字学的新方向》，浙江大学出版社2009年版，第68—69页。
② 陆忠发：《再释几个关于农具和农作物的甲骨文字》，《农业考古》，1999年第3期。

成为"㠯"，其过程大致是：㠯（颂簋）—㠯（石鼓文）—㠯（《说文·巳部》）—㠯（北海相景君铭）—㠯。后来演变成为"以"，其过程大致是：㠯（绎山碑）—㠯（马王堆汉墓出土帛书《老子甲本》）—㠯（定县竹简）—㠯（尹宙碑）—以。

《说文·八部》："余，语之舒也。"段玉裁注："余，予古今字，凡谓古今字者，主谓同音，而古用彼，今用此异字。""余""予"形体没有关联，表达概念也不完全一致，应该看成是假借关系。

《诗经·小雅·鹿鸣》："视民不恌。"郑玄笺："视，古示字也。"

"视"是从"见""示"声的形声字，"视民不恌"句，"视"和"示"的关系应该是假借。

（三）俗字

异体中还有一些是俗字。

我们理解俗字，应跟语言中讲的"俗话"的"俗"作相同观。所谓"俗话"，有两层意思：一是通过形象、直观、易懂的语言来说明道理；二是流行的话。那么俗字也就是用形象、直观、易懂的形体来表达意义的字和人们流行的写法。事实上，前人所称的俗字，都是这两类。

唐颜元孙在《干禄字书》自序中说："所谓俗者，例皆浅近，唯籍帐、文案、券契、药方，非涉雅言，用亦无爽；傥能改革，善不可加。所谓通者，相承久远，可以施表奏笺启、尺牍、判状，固免诋诃。所谓正者，并有凭据，可以施著述文章、对策、碑碣，将为允当。"

宋范成大《桂海虞衡志·杂志》："边远俗陋，谍诉卷约专用土俗书，桂林诸邑皆然。今姑记临桂数字，虽甚鄙俗，而偏旁亦有所依附。奀，不长也；閟，坐于门中，稳也；奎，大坐亦稳也；仦，小儿也；奀，人瘦弱也；歪，人亡绝也；矺，不能举足也；妲，女大及姐也；嵒，山石之岩窟也；闩，门横关也。"

清钱大昕《十驾斋养新录·宋时俗字》："《龙龛手鉴》多收鄙俗之字，如歺为多，矮为矮，甭为弃，暗为暗……夵为宽。皆妄诞可笑，大约俗僧所为耳。"

范成大说的土俗书就是用形象、直观、易懂的形体来表达意义的俗字。其他如"开门"的"开"本作開，《说文》："開，张也。从门从幵。"幵是什么？不详。"開"如何表意亦不清楚。幸好《说文》引古文作開，開显然是用双手打开门闩表示"开门"的概念。后来双手形体变化为廾，连同门闩就成了開。"開"形体很像形声字，其实是会意字。

　　"关门"的概念古代以"闭"表示，请参考本书第五章会意字举例。"關"的本义是门上插门闩的两根木条。《说文》："關，以木横持门户也。从门龻声。"段注："《通俗文》作'楗'。引申之，《周礼注》曰：'关，畍（界）上之门。'"忠发按，《广韵·删韵》引《通俗文》："楗，关门机。"《广韵·删韵》引《声类》："关，所以闭也。"《墨子·备城门》："门植关，必环锢。"从墨子的话语中我们知道"关"是附着在门上的东西。金文作關，从双丨，"门"为提示符号，提示丨是附着在门上的木条，·是指示符号，指示丨就是造字所要表达的事物。所以，"关"之本义是门上插门闩的两根木条。扬雄《太玄经·闲》："关无键，盗入门也。"如果门上只有插门闩的两根木条，没有门闩，"盗入门也"。

　　"關"在先秦、两汉书面语中没有"关门"的意思，但口语中可能存在把门闭合起来叫"关门"的说法，我们从秦公先生的《碑别字新编》中看到"关"也有作"閅"，閅显然是在"開"的基础上加"一"表示门闩，这样，就形象、直观地表达了"关门"的概念，也很易懂。

　　这样的字，我们叫俗字。可以说，俗字是人们依据社会生活所造的形象、直观地表达概念的形体。所以，许多俗字从字的形体上就可以直接看出字的意义来，如"夯、卡、孬、尘、尖"，等等。

　　有些字虽然人们的熟悉程度弱一些，但其意义也是很容易理解的。如：

　　霎（双），两只为双。

　　夳，《玉篇·言部》："夸，逞也。夳古文。"

　　夻，《汉语大字典》："方言。壮实、高大。如：这人长得真夻。"

　　夅，《汉语大字典》："方言。跨。"

　　奃，《龙龛手鉴·大部》："奃，俗；正作旷，开朗也。"呼广反。

　　奆，《广韵·铎韵》谓"顠"的俗字，字义为"脸庞大"。

　　恷，《改併四声篇海·心部》引《龙龛手鉴》曰："恷，忆也。"

　　尜，《字汇补·小部》："尜，小儿戏物。"张江裁《北京崇时志》："杨柳青，放空钟；杨柳活，抽陀罗；杨柳发，打尜尜；杨柳死，踢毽子。"《汉语大字典》："尜尜，一种儿童玩具，两头尖，中间大。也叫尜儿。"

　　尠，《广韵·狝韵》谓"尠"同"鲜"。《楚辞·王逸〈九思·疾世〉》："居嵺廓兮尠畴。"旧注："尠，少也。"

　　尥，《篇海类编·通用类·小部》："尥，康也，健也。"

　　虺，《集韵·僊韵》："虺，虫入火貌。"逵员切。忠发按：实际上就是蜷缩的蜷。

　　妖，《字汇补·女部》："妖，姊称也。"宋赵与时《宾退录》卷五："妖，大女，即姊也。"

　　枑，《改併四声篇海·木部》引《川篇》："枑，音灾。"《字汇补·木部》："枑，音灾，义同。"

　　圳，清顾祖禹《读史方舆纪要·江西五·袁州府》："龙门山在县北九十里，群峰环耸，盘踞如龙，中有圳路，状如龙门。"《汉语大字典》："同'坳'。"

　　洷，《玉篇·水部》："洷，水涨。"《集韵》师庚切。

　　前人注疏所称"俗"体，多指"流行"的字体。如：

　　匊，《说文》："匊，币徧也。"《集韵·尤韵》："匊，俗作週。"

　　匊，《说文》："匊，在手曰匊。"徐铉曰："今俗作掬。"

　　《说文·厂部》："厭，笮也。"段玉裁注："厭，俗作魘。"

　　《释名·释形体》："童子，童，重也，肤幕相裹重也。子，小称也。主谓其精明者也。或曰牟子，牟，冒也，相裹冒也。"毕注："今本童子、牟字皆加目旁，俗字也。"

　　《释名·释丧制》："斩要曰要斩。"毕注："要字《说文》作要，'身中也，象人要自臼交之形，从臼交省声。'今本要从肉旁作，俗字也。"

　　《释名·释丘》"偏高曰阿丘，阿，何也。如人儋何物一边偏高也。"毕注："儋何，今本作擔荷，字俗。"

　　《释名·释言语》："将，救护之也。"毕注："案：《说文》"抍"训'扶'。此当作'抍'，俗通作'将'。"

　　这些所谓的俗，都是流行的意思。流行的写法，后来常常就成了规范的字体，成为"正字"。

　　即使是用形象、直观、易懂的形体来表达意义的俗字，只要使用普及了，也能进入正字中，如掰、嬲等。

　　一些难以造字的概念，用通俗的方法却可以造出字来，这样的字自然也就进入了正字的行列中。如"阻碍"的"碍"不易造，人们用"导"表示。得为得，加一个"一"为提示符号，提示挡住了手与物，阻碍了得到物，这样就形象直观地表达了"阻碍"的概念。请参看第六章。

俗字多为使得字形表意明白而造字，也有为简化字形而造字者，如"麤"字形体复杂，见于敦煌写本中的"麤"常常以"三鹿"概括其形体，作 、、、、①等形体从而使得复杂的字形得到简化。在敦煌写本中，有时候不写形体比较复杂的形声字"餐"，而是重新造从口从食的会意字 、，②也使字形得到简化。

（四）本字与分化字

一个字由于承载的意义多了，引起书面语上的不方便，为使语言表达更加简洁明了，文字上会采用分化的方式将一个字分化成若干个字，其方法就是在原来的字的基础上添加形旁，造出形声字。这样，原来的字就叫本字，后来添加形旁的形声字就是分化字。具体情况，我们在第五章形声字一节作介绍，此从略。③

（五）几种特殊的形体关系

汉字形体关系的复杂性还表现在以下几种汉字形体关系中。我在《汉字学的新方向》中专门提到了汉字形体合并和意义互换两种情况。④我们还应该注意下面两种情况。

1. 汉字形体兼并例

我在本书第五章说，甲骨文"鱻"本义为小鱼。味道鲜美的"鲜"从鱼、羊。"鱻"引申出"味道鲜美"之义，遂与"鲜"同义。既然"鱻"与"鲜"同义，人们就选择形体简单的"鲜"替代了"鱻"。这就是汉字形体兼并现象。我在《汉字学的新方向》中说"御"，甲骨文作 ，亦作 、、、，本义都是迎迓。甲骨文中抵御之"御"字作 。⑤后来，迎迓之"御"完全兼并了抵御之"御"，所以我们一直只使用"御"这个形体了。

汉字形体兼并，带给我们的是麻烦多于方便。

"尸"与"屍"本义不同。"尸"的本义是坐在祖宗牌位上面代替祖先接受

---

① 黄征：《敦煌俗字典》，上海教育出版社1995年版，第67-68页。
② 黄征：《敦煌俗字典》，上海教育出版社1995年版，第35页。
③ 一个字由于承载的意义多了，会进行分化，分化的手段有两种，除了造新字从形体上进行分化外，另一个手段就是用改变读音的方法区分同形异义词。这种方法又分两种情况，一是改变声韵，如"恶"字，"厌恶"和"罪恶"之"恶"声韵不同。二是改变声调，一般表示动作意义或者使动意义的读去声。宋叶梦得《避暑录话》卷下："古一字而分二义者，多以音别之。如自食为食，食人则音'伺'；自饮为饮，饮人则音'荫'之类是矣。"
④ 陆忠发：《汉字学的新方向》，浙江大学出版社2009年版，第168-171页。
⑤ 陆忠发：《汉字学的新方向》，浙江大学出版社2009年版，第128页。

祭祀的人，甲骨文尸作�，"屍（死）"的本义是"尸骨"，①再后来"屍"简化为"尸"，二字遂混同了。现代人的文章中，有人把"尸祭"写成"屍祭"；汉字繁简转换时"云"与"云""雲"，"咸"与"鹹""咸"等的对应常常会产生许多问题。

2. 形体递代

汉字形体关系中还有形体递代现象，如我在本书第五章说，甲骨文中，"首"单独使用指人的头，此外没有别的意思。甲骨文"天"作�，上面的□是人头，下面的部分是人的躯体。因为□很难肯定说像人头，所以造字添加人的躯干作为提示符号，提示□是人的躯干上面的圆圆的东西，所以�的本义是"头"。甲骨文的�没有"上天""天空"的意思，"上天""天空"的意思，甲骨文作�，从二（二即古文字"上"）从大（大表示人）会意。"天空"的概念极难用一字形表达，然而人们知道，人（大）头之上就是天。于是就用"人（大）之上"巧妙地表达了"天空"的概念。②到了周代，文献中�表示"头"的用法被"首"兼并了，�又代替�表示"上天""天空"的意思，最终导致了�这个形体走向消亡。

我在《汉字学的新方向》中说，"聖"，甲骨文作�，从口，从�示意。从口表示一个人在说话，�即闻，表示听，"聖"利用�（听话人）与"口"（说话者）之间的空间关系表示"倾听"之义。③善于倾听的人往往是聪明的人，所以，"聖"引申有"聪明"之义。《孟子·公孙丑上》载子贡评价孔子，称："学不厌，智也；教不倦，仁也。智且仁，夫子即聖矣。"这里的"聖"就是"聪明"的意思。文献中说的"聖人"都是指非常聪明的人。

《说文》："垒，累土坺为墙壁。"按：垒从三厶，厶即土，如甲骨文"圣"作�，厶即土，�字像两手垒砌土块之状，本义是"垒砌"。④垒砌的动作概念，古文字用"圣"表示⑤，垒砌出来的墙壁用"垒"表示，"垒"正像土一层层垒砌

---

① 详本书第六章"汉字表达概念的方法"一节。
② 陆忠发：《古代祭祀十讲》，华文出版社2011年版，第22-28页。道家认为天是气组成的，天的颜色常常是"青"的，所以道教文献表达"天"的概念字作"靝"。"靝"与�是用不同表意方法造的异体字。
③ 陆忠发：《汉字学的新方向》，浙江大学出版社2009年版，第131-132页。
④ 甲骨学界对"圣"字的考释分歧很大，陆忠发《圣田考》（《农业考古》1996年第3期）考"圣"之本义为"垒砌"，这个意义可以解释所有关于"圣"字的商代文献，所以只有这个考释结论是正确的。
⑤ "圣人"的"圣"，古籍中作"聖"。

起来的样子，所以其本义是"墙壁"。

墙壁一般都是用土垒的，所以"厽"又增"土"为"垒"，"厽"与"垒"是古今字。"垒（墙壁）"是用土垒砌出来的，所以，"垒"又引申有"垒砌"之义。《墨子·备穴》："先垒窑壁，迎穴为连。"这个"垒"就是"垒砌"。

这样，语言中"垒"和"圣"就都有"垒砌"之义了。于是，古籍中选择用"垒"表示"垒砌"之义。因此，"圣"之"垒砌"之义就完全被"垒"兼并了。"圣"于是又替代"聖"表示"聖"的所有意义。

二、字音

从字音方面看，由于汉语音节简单，声、韵、调的组合形式有限，而字的数量却远远大于声、韵、调组合的数量，这样就造成许多汉字同音，于是就出现了同音字。而随着语音的发展，字音的变化又受各种因素的制约而出现不平衡性，造成同音字系统不断发生变化，使得上古、中古、现代汉字系统中同音字系统都不一致。原来同音的字，后来可能不同音了；原来不同音的字，后来可能同音了。如，从"可"声的字，其古今字音的不同变化，以及古代不同音的字现代变为同音字的情况可见下表[①]：

"可"声的字的上古音、中古音和现代音

字	上古音	中古音	现代音
柯	见母歌韵[ka]	见母歌韵开口一等平声[ka]	ke^{55}
轲	溪母歌韵[kʰa]	溪母歌韵开口一等平声[kʰɑ]	ke^{55}
珂	同"轲"		
苛	匣母歌韵[ɣa]	匣母歌韵开口一等平声[ɣa]	ke^{55}
疴	溪母歌韵[kʰa]	溪母祃韵开口二等去声[kʰa]	ke^{55}
可	溪母歌韵[kʰa]	溪母哿韵开口一等上声[kʰa]	ke^{214}
坷	同"可"		
笴	见母歌韵[ka]	见母哿韵开口一等上声[kɑ]	ge^{214}
哿	同"笴"		
呵	晓母歌韵[xa]	晓母歌韵开口一等平声[xɑ]	he^{55}
何	匣母歌韵[ɣa]	匣母歌韵开口一等平声[ɣɑ]	he^{35}

① 上古音和中古音采用国际音标最新的修订版（2005年）；现代音采用《汉语拼音方案》；声调采用五度制。上古、中古拟音依据郭锡良先生《汉字古音手册》（北京大学出版社1986年版）。

续表

字	上古音	中古音	现代音
河	同"何"		
荷	匣母歌韵[ɣɑ]	匣母哿韵开口一等上声[ɣɑ]	he^{51}
碍	疑母之韵[ə]	疑母代韵开口一等去声[ɒi]	ai^{51}
隘	影母锡韵[ek]	影母卦韵开口二等去声[ai]	ai^{51}
硙	疑母微韵[ŋuəi]	疑母队韵开口一等去声[ŋuɒi]	ai^{51}
爱	影母物韵[ət]	影母代韵开口一等去声[ɒi]	ai^{51}
嗳	同"爱"		
艾	疑母月韵[ŋɑi]	疑母泰韵开口一等去声[ŋɑi]	ai^{51}

三、字义

（一）引申

从字义方面看，造字之初，字形所表达的概念，在文字学上叫字的本义。随着社会生活日益丰富，新的概念不断产生，字的形体却因为受到造字困难的限制而不可能造出很多来（即使在人们知道造形声字的情况下），于是，人们就用已有的字形来表示与该字形原来表示的概念相似或相关的新的概念。这种现象，文字学上称为字义引申，即字义由本义引申出与本义相似或相关的一系列引申义。

字义引申是有规律可循的。大致说来，有如下一些：

1.因果关系，即因为什么原因，产生了什么结果；

2.扩大适用范围，即词义本来适用于一种情况，后来扩大到别的情况也适用；

3.类推，即由此及彼的引申。

一个字的意义引申，常常是几种情况同时存在的。如：

"解"，《说文》："解，判也。"甲骨文"解"作🝝，从双手扳牛的角。杀牛的时候，人们要扳住牛的角，所以，"解"的本义是"宰杀动物"。《合集》18388："……酉卜……羊解……"，这里的"解"正用本义。因为动物被宰杀了，所以人们分割而食之，故引申表示分割动物。《庄子·养生主》："庖丁为文惠君解牛。"成玄英疏："解，宰割之也。"

后来引申扩大为分割人体。《墨子·节葬》："昔年越之东有輆沐之国者，其长子生，则解而食之，谓之宜弟。"

进一步扩大为分解其他事物。《国语·晋语上》："晋文公解曹地以分诸侯。"韦昭注："解，削也。"

分割动物，其结果是动物被分开，故引申为分判。《说文》："解，判也。"《文选·孔融〈荐祢衡表〉》："解疑释结。"李周翰注："解，判也。"

分判之后往往要破裂，故又引申为破裂。《左传·成公八年》："信不可知，义无所立，四方诸侯，其谁不解体！"《大戴礼记·诰志》："山不崩解"，孔广森补注："解，坏也。"

破裂的结果是裂开，故引申为裂开、开。《后汉书·任李万邳刘耿列传赞》："严城解扉。"李贤注："解犹开也。"

植物种子破裂，就会发芽，故又引申为生长、发芽。《文子·上德》："雷之动也万物启，雨之润也万物解。"欧阳修《钱相中伏日池亭宴会分韵》："粉箨春苞解，红榴夏实初。"

分割动物肢体，就会使肢体分判开来，其结果就导致骨肉离散开来，故又引申有离散之义。《吕氏春秋·决胜》："民解落。"高诱注："解，散也。"

物体离散，其组织往往就会脱落，故又引申为脱落。《吕氏春秋·古乐》："万物散解。"高诱注："解，落也。"刘向《列女传·楚老莱妻》："鸟兽之解毛，可绩而衣之。"

用刀分割动物叫解，类推之，用手把纠结在一起的东西分开也叫解。《韩非子·难一》："恒公解管仲之束缚而相之。"

又类推之，人与物纠结在一起，将其解开也叫解，故又引申为解脱。《汉书·公孙刘田王杨蔡陈郑传赞》："钜儒宿学不能自解。"颜师古注："解，释也。"

再类推，把纠缠在一起的事物分开也叫解。《战国策·赵策三》："所贵于天下之士者，为人排患、释难、解纷乱而无所取也。"

物裂开之后，其内部组织成分往往会消散掉，故引申为消散、融化。《礼记·月令》："东风解冻，蛰虫始振。"

类推之，人与人之间的矛盾消失也叫解，故引申为和解。《墨子·号令》："请有怨仇雠不相解者，召其人，明白为之解之。"《史记·项羽本纪》："项王、范增疑沛公之有天下，业已讲解。"司马贞《索隐》："言虽有疑心，然事已和解也。"

物消融会自我消失，推类之，人为地让事物消失也叫解，故引申为解除。

《周易·系辞下》："故恶积而不可掩，罪大而不可解。"

分割动物，人们对于动物的内部结构必然有所了解，故引申为了解。《庄子·天地》："大惑者，终身不解；大愚者，终身不灵。"成玄英疏："解，悟也。"

因为了解了，就能进行解说，故又引申出解说、解释。《庄子·徐无鬼》："以不惑解惑，复于不惑，是尚大不惑。"

由解释、解说类推之，对自己不当的行为作出解释也叫解，由此引申为辩解。扬雄《解嘲》："人有嘲雄以玄之尚白，雄解之，号曰《解嘲》。"

把纠结的事物解开，原来纠结在一起的地方就松散开来，故引申为松散。

由松散类推之，人思想上松散也叫解，故引申为懈怠之义。《礼记·杂记下》："三日不怠，三月不解。"郑玄注："解，倦也。"《汉书·元帝纪》："今朕获保宗庙，兢兢业业，匪敢解怠。"颜师古注："解，读曰懈。"

由于解开了，原来的约束就结束了，故又引申为停止、结束。司马相如《游猎赋》："于是乎乃解酒罢猎，而命有司曰：'地可垦辟，悉为农郊，以赡氓隶，陥墙填堑，使山泽之民得至焉。'"

由于对事物了解了，人就会、就能够有所作为，故"解"又引申为能够、会。陶潜《九日闲居》："酒能祛百虑，菊解制颓龄。"

故"解"字的引申关系，可如下图：

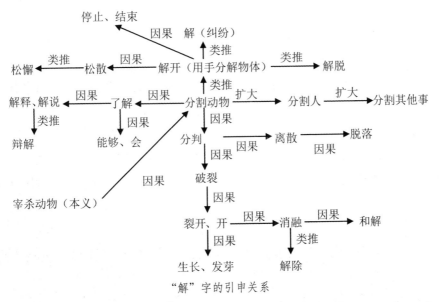

"解"字的引申关系

词义引申的方法除了上面说的因果关系引申、扩大适用对象引申、类推（推而广之）引申外，还有下面一些。

4.相关引申，即一事物与它相关的人或事物之间因联想而引申，如：

（1）工具与使用工具的人。《史记·项羽本纪》："今人方为刀俎，我为鱼肉，何辞为？""刀俎"是宰杀分割的工具，这里指宰杀人的人。

（2）物品与相关的动作。如"佩"，本义为玉佩，玉佩必佩于身上，故引申为佩戴。《诗经·郑风·子衿》："青青子佩。"毛传："佩，玉也。"《文选·张衡〈东京赋〉》："佩玉玺。"薛综注："佩，带也。"

（3）动作与相关的工具。如"锄"，本义为锄头。《释名·释用器》："锄，助也。去秽助苗长也。"引申为用锄头锄的动作。《楚辞·卜居》："宁诛锄草茅以力耕乎？将游大人以成名乎？"又如"错"，本义为打磨玉的石头。《诗经·小雅·鹤鸣》："它山之石，可以为错。"毛传："错，石也，可以琢玉。"引申为琢磨。《潜夫论·赞学》："不琢不错，不离砥石。"《广雅·释诂一》："错，磨也。"

（4）动作与相关的人。如"寇"，本义为入室抢劫。引申为抢劫的人，如"日寇"。

（5）器官和器官的动作：

《逸周书·克殷》："武王乃手太白以麾诸侯。"《史记·周本纪》，"手"字作"持"。

《史记·楚世家》："庄王自手旗左右麾军。"

（6）器物和器物的功能

畐，甲骨文像箩筐之形，本义是箩筐。箩筐功能是承载物品，故引申有"承载"义。

5.相似引申

一个词表示一个事物，这个事物与另一事物的形状相似，那么，这个词也会引申表示另一个事物。陆宗达、王宁先生《训诂方法论》①总结有"同状引申"，可参考。

6.作用相同引申

"关"的本义是附着在门上供插入或者放入门闩（键）的两根相对的木头条

---

① 中国社会科学出版社1983年版。

段。这两根木头条段是闭门的重要部件，有了它，门就关上了。古代闭门，一般都会使用门闩，人们通常是在门闩之外再加一根木头插入上墙和地面的孔中起加固作用。插入上墙和地面的孔中起加固作用的木头也是闭门的重要部件，有了它，即使没有那个附着在门上、有孔供插入门闩的两根相对的木头条段，门也可以关上（《老子》第二十七章："善闭无关键而不可开。"）。所以人们又把这根插入上墙和地面的孔中起加固作用的木头也叫"关"，这是"关"的引申义：

《史记·魏公子列传》："魏有隐士曰侯嬴……嬴乃夷门抱关者也。"所谓"抱关"就是开关城门时取出和放下插入上墙和地面的孔中起加固作用的木头，城门很高，这根木头就是一整棵大树的树干，又粗又重，所以取出或者放下都要"抱"。

《汉书·杨恽传》："闻前曾有犇车抵殿门，门关折，马死。""门关折"的"关"不是"门闩"，应该是插入上墙和地面的孔中起加固作用的木头。因为撞击的反作用力把几匹马都撞死了，这么强大的反作用力可能不是来自门闩，而是来自插入上墙和地面的孔中起加固作用的粗大的木头。

《列子·说符》："赵襄子使新穉穆子攻翟，胜之，取左人、中人；使遽人来谒之。襄子方食而有忧色。左右曰：'一朝而两城下，此人之所喜也；今君有忧色，何也？'襄子曰：'夫江河之大也，不过三日；飘风暴雨不终朝，日中不须臾。今赵氏之德行无所施于积，一朝而两城下，亡其及我哉！'孔子闻之曰：'赵氏其昌乎！夫忧者所以为昌也，喜者所以为亡也。胜非其难者也；持之，其难者也。贤王以此持胜，故其福及后世。齐、楚、吴、越皆尝胜矣，然卒取亡焉，不达乎持胜也。唯有道之主为能持胜。'孔子之劲能拓国门之关，而不肯以力闻。墨子为守攻，公输般服，而不肯以兵知。故善持胜者以强为弱。""善持胜者以强为弱"，从列子的话中，我们知道，列子所说的"孔子之劲能拓国门之关，而不肯以力闻"是说孔子力气很大，但是孔子从来不显露自己力气大。"国门之关"就是插入上墙和地面的孔中起加固作用的木头。

（二）假借

有的概念一开始没法为它造一个合适的字形来表达，而这个概念又需要用文字来表达，于是人们便用一个本来用于表达另外概念的，但声音与需要表达的概念相同或相近的字形来表达，这在文字学上叫假借。如"忧戚"的概念一开始造不出字来，于是假借本表示斧头类兵器的"戚"来表示。《诗经·小雅·小明》：

"我之怀矣，自诒伊戚。"这个"戚"就是"忧感"的意思。又，花费的"花"造不出合适的字形，于是假借"花木"的"花"表示。

假借还有一种情况，就是一个概念本来已经有了表达它的字形了，但由于人们不知道或写不好，人们仍然假借另外一个字形来表达这个概念，这也是假借。于是自然而然地，假借就有了两种情况：本无其字的假借与本有其字的假借。

1. 本无其字的假借

本无其字的假借，是一个概念一开始就没有为它造出字来。汉字用简单的字形来表达概念，因为字形不能太复杂，表意方法也有限，这样有一些概念就很难造出恰当的字形来表达，但这些概念又客观存在于语言之中，于是只好借用表达别的概念的字形来表达它。这就是本无其字的假借。

本无其字的假借又有两种情况：

（1）一直假借别的形体表达概念。

（2）先是假借别的形体表示，后来造出了恰当的字形来。

我们分别举几个例子。

古汉语中的虚词，基本上都是假借别的字来表示却又一直造不出恰当的字形的。如"其"，甲骨文作 ，像竹编的畚箕，本义是畚箕。语气词"其"、代词"其"都没有造出恰当的字形来，于是都假借本义为畚箕的"其"表示。为了与虚词的"其"区别开来，畚箕的"其"后来加了"竹"旁作"箕"。其他如语气词"耳"，假借耳朵的"耳"；副词"亦"假借本义为"腋"的"亦"。有些实词也造不出恰当的字来。如花费的"花"，是动词，一直假借花草的"花"为之。温度的"度"一直假借度量的"度"。

至今汉语方言中仍有许多词没有恰当的字来表示，写成书面语都只好用假借的方式。

有许多概念，一开头假借别的字体来表示，在人们掌握了形声字的原理后，人们用添加偏旁或者另造形声字的方式为它造了专门的字。

如，玻璃引入中国后，人们一开头是假借"颇黎"二字来表达的。几百年后，人们专门造"玻璃"来表达它。《太平御览》卷808引东方朔《十洲记》曰："昆仑山上有红碧颇黎宫，名七宝堂是也。"《十洲记》据考为伪托之书，但其作者仍然是汉魏之人。韩愈《游青龙寺赠崔大补阙》："灵液屡进玻璃盌，忽惊颜色变韶稚。"《玉篇·玉部》："玻，玻璃，玉也。"

因字义假借使得一个汉字形体表达了多个概念，为了使汉字表达的概念在形体上能够有所区别，人们往往要造出新的字体来分别表示原来由一个汉字形体所承载的多个概念。这种造新字的情况，大体上是在原来汉字的基础上添加偏旁造出新的字体。在原来汉字的基础上添加偏旁大体有规律可说：容易添加偏旁者添之；如果两个概念都没有办法添加偏旁，就都不添。如，

"其"假借为语气词和代词的"其"，本字添"竹"为"箕"，专门表达原来"其"所表达的"畚箕"的概念；"其"是表"畚箕"概念的本字，"箕"是后来造的专门表达"畚箕"概念的新的本字，文字学上叫"后起本字"。

本字被假借之后，没有通过在原来汉字的基础上添加偏旁来造新的字体，大体有以下原因：

（1）没有办法造出新的字体，如：

"耳"假借为语气词"耳"，"耳朵"的"耳"和语气词"耳"都不方便添加偏旁，于是都不加。在语气词"耳"上添加"口"或者在"耳朵"的"耳"上添加"月（肉）"，似乎都不合适。

（2）添加偏旁后与表达别的概念的字混同，如：

斧斤的"斤"假借为"斤两"的"斤"，"斤两"的"斤"很难造新的字体，斧斤为金属所铸，照理说可加"金"旁。之所以不加，是因为汉字中已经有了"釿"字。《说文·斤部》："釿，剂断也。从斤、金。"段玉裁注："其义谓以斤斧之属制断金铁物也。今俗间谓戾断坚为釿断，当即此字。""釿"，《广韵》宜引切，又举欣切。举欣切是"斧斤"的"斤"的异体字。《集韵·欣韵》："斤，《说文》：'斫木也。'或从金。"《庄子·在宥》："于是乎斨釿锯制焉。"陆德明《经典释文》："釿，本亦作斤。"然而，表示"斧斤"的"斤"，文献中很少作"釿"，就是因为容易误解为"剂断也"之"釿"。

（3）概念甲的本字被别的意义假借之后，因为没有办法造出新的字体来分别承载原来汉字的本义和假借义，人们再假借另一个本来表示概念乙的字来表示概念甲，如"何"，古文字作何，本表示"担荷"的概念，后来被假借用来表示疑问代词"何"，于是人们又假借"荷叶"的"荷"来表示"担荷"的概念。《说文》："荷，芙蕖叶。"这种情况，"荷"仍然可以看成是"担荷"概念的后起本字。

有的时候，是否添加偏旁，说不出道理来。如"蜘蛛"假借"知""朱"表

其音而加"虫"以明其类别，但"知了"假借"知"和"了"二字表其音，照理说可加"虫"以明其类别，却不加，这很难说出道理。

2. 本有其字的假借

所谓"本有其字的假借"是概念甲一开头有恰当的本字表示，由于使用者不知道或者不会写甚至不愿意写这个本字，而假借了表达概念乙的本字来表示，这样，表达概念乙的本字，就是概念甲本有其字的字的假借字。

例如，"偷袭"的概念，甲骨文有作🦶，从🟡表示面具，🔸为提示符号，提示脚的动作，从人手执兵器（我）藏于身后，合起来用"一个人经过伪装（头戴面具），轻手轻脚，暗藏兵器接近目标"表示"偷袭"的概念。《左传·庄公二十九年》："凡师，有钟鼓曰伐，无曰侵，轻曰袭。""偷袭"的概念传世古籍皆假借《说文》释为"左衽袍"[①]的"袭"为之。

"讯问"的概念，甲骨文有🔸表示，从女而反系其手，从口表示实施讯问动作的人，🔸字利用口和被捆起来的人的位置关系表达"讯问"的概念。然传世古籍皆假表示"消息"的"讯"为之。

就写假借字的情况来说，除了本无其字的假借必须写假借字外，写假借字的情况主要还是因为不知道正字应该怎么写。郑玄就指出写假借字的原因在于口授笔录的过程中"其始书之也，仓卒无其字，或以音类比方假借之，趣于近之而已。受之者非一邦之人，人用其乡，同言异字，同字异言，于兹遂生矣"[②]。古籍中使用假借字的情况大多是这样。

3. 假借字与正字

说到假借字，还要交代"正字"的概念。我们所说的"正字"，是相对于"假借字"说的，指一个概念应该写的那个字。

有的时候正字不好认读，也不好写，于是人们写成了假借字，如《楚辞·惜往日》："何贞臣之无罪兮，被离谤而见尤。"屈原原文实作"被谶谤而见尤"，因为"谶"实在不好认读，也不好写，于是人们写成了假借字"离"。[③]

有的时候，正字很简单，假借字却相对复杂。《左传·隐公元年》："不义不

---

① 大徐本。小徐本释为"加衣也"。

② 陆德明：《经典释文·序录》引郑玄语。

③ 陆忠发：《现代训诂学探论》，浙江大学出版社2008年版，第125页。

暱，厚将崩。""暱"应当是"尼"的假借字，"亲近"之义。①

还有的时候，可能是理解不了上下文的意思，写了一个不应该写的字，正字倒反而没写。如《离骚》"判独离而不服"应当是"独判离而不服"，"判"应当作"拌"，"丢弃"之义，"拌""离"皆"丢弃"义，可能是抄书者不明白"拌离"之义，就写成了"判离"。②

《诗经·邶风·匏有苦叶》："深则厉，浅则揭。""厉"正字当作"砅"，本义是"履石渡水"。人们不知道这句诗是在说反话，按"深则砅"解不可解，于是就把"砅"写成了"厉"，并从上下文猜其义为"提衣涉水"。"厉"在古籍中并无"提衣涉水"之义，释为"提衣涉水"乃是按"深则厉，浅则揭"的上下文估摸释之，并无旁证。③可见，当时人们并没有理解这句话的意思，糊里糊涂地就把"砅"写成了"厉"。④

正字形体容易与表达其他概念的字形体混淆，也采用假借的方法区别其中的一个。如：

"早晚"的"早"，金文作▓（中山王鼎），《说文》篆文作𣊟，睡虎地秦简作𣆪，从日、在。中山王鼎用字往往添加一些装饰性的笔画，所以，睡虎地秦简作𣆪，有可能是"早"字的初文。𣆪从日、在，"在"是测量日影的表杆⑤，立杆测影必在早晨，故以表达"早晨"的概念。

𣆪一个形体同时表示两个概念。因为立杆测影必选择地势高、阳光不会被遮

---

① 陆忠发：《汉字学的新方向》，浙江大学出版社2009年版，第155—156页。
② 陆忠发：《现代训诂学探论》，浙江大学出版社2008年版，第123—124页。
③ 最近看到张青松先生写有《〈诗·邶风·匏有苦叶〉"浅则揭"释义辨正——与陆忠发先生商榷》（《湖南科技大学学报》2011年第1期）一文，文章认为我把"揭"解释为"脱下衣服举在手上"，"纯属臆测"，"无训诂根据"；毛传"褰衣也"的解释是正确的。我先说第一个问题。《说文》："揭，高举也。"我在书中说："揭"训"举"为先秦常义。所以没有论证"揭"应该解释为"高举"。具体到这句诗，"揭"指的是"脱下衣服举在手上"。张先生混同了词义和词在具体语境中所指，这是语言研究应该注意的问题，所以我在这里说一说，不是针对张先生的。再说第二个问题。张先生用生活中人们在水浅、水比较深一些、水很深的不同情况下采取的合理的渡水方式来解释这句诗，认为按照毛传"褰衣也"的解释也是可以的，何必非要"脱下衣服举在手上"呢？看来张先生可能忘记了我前面说的这句诗是在说反话了，更没有想想说反话到底是怎么一回事。所谓说反话，就是水深他按照水浅来对待，水浅他按照水深来对待。再说了，如果仅仅是把衣服提到膝盖以上，又怎么能够叫"揭（高举）"呢？拙著《现代训诂学探论》关于这个问题的考证共3000字。
④ 陆忠发：《现代训诂学探论》，浙江大学出版社2008年版，第143—147页。
⑤ 陆忠发：《汉字学的新方向》，浙江大学出版社2009年版，第54—55页。

挡的地方，所以，旲又表示"高"和"照得到阳光的地方"[1]。

为了有所区别，"早晚"的"早"，义假"蚤"为之。"蚤"的本义是"跳蚤"。《说文》："蚤，啮人跳虫。"《诗经·豳风·七月》"四之日其蚤"，朱熹集传："蚤，蚤朝也。"[2]《广韵·皓韵》："蚤，古借为蚤暮字。"

后来，表示"高"和"照得到阳光的地方"的"早"，形体逐步变化为"昜"，[3]再添加"阜"为提示符号作"陽"。这样，表示"高"和"照得到阳光的地方"的"早"，形体已经与表示"早晚"的"早"区别开来，于是"早晚"的"早"又用原来的形体旲表示了，不再假借"蚤"。

4. 假借字与错字

如果是误解上下文而没有写正字，就不能看作是假借了，应该判定为写错字，如：

《离骚》："薋菉葹以盈室兮，判独离而不服。""薋"当作"资"，"积聚"之义。抄书者不能知，于是抄成了"薋"，这当然还有受下文"菉""葹"皆为草名的影响的因素在里面。[4]

《短歌行》"幽思难忘"，被写成了"忧思难忘"，更是误解上下文而写错字。[5]

所以，这里还得提一下判断假借字与错字的标准。如果因为写了这个字而上下文意可以理解通畅，但是却是被错误解释、不合作者原意的，那就是错字；如果写了这个字而上下文按这个字解释得不很通畅的，则应是假借字，因为假借字只假形，不假义。假借字的字义放在原文中当然不合适。

王梵志诗："无心造福田，有意事奴仆，只得暂时劳，旷身入若毒。""劳"字字义在这里不合适，所以应看作假借。"劳"应当是"憭"的假借字。[6]

5. 假借字与字义引申

判断是不是假借字，还应注意不要把词义引申当作假借。《楚辞·离骚》：

---

[1] 陆忠发：《汉字学的新方向》，浙江大学出版社2009年版，第54页。

[2] 不过，"四之日其蚤"的"蚤"原来应该是"阳"，笔者在《王力〈古代汉语〉注释疑难考证》（浙江大学出版社2020年）中有详考，请参考。

[3] 旲下面的一竖是测日影的表，古人为了判定表是否垂直，在表上系上绳索，于是人们在表上添加ㄑ作为提示符号，这样就演变成了昜。

[4] 陆忠发：《现代训诂学探论》，浙江大学出版社2008年版，第124页。

[5] 陆忠发：《现代训诂学探论》，浙江大学出版社2008年版，第148–149页。

[6] 陆忠发：《王梵志诗小扎》，《古汉语研究》，1996年第4期。

"固时俗之工巧兮，偭规矩而改错。""偭规矩而改错"与"背绳墨以追曲"相呼应，故王逸《章句》训"偭"为"背也"。王夫之、朱骏据《说文》训"偭"为"面对"。有人据东方朔《七谏·谬谏》"固时俗之工巧兮，灭规矩而改错"句，认为"倩曼袭用此文，易偭为灭。灭，言弃也。偭，古音在元部，灭，古音在月部，二字同明纽。元月平入对转，例得通用。……偭规矩，即灭规矩，言弃规矩。"方一新兄说：《七谏·谬谏》用"灭"，是东方朔上句采用《离骚》语句而下句加以改动的缘故。这样的例子在《七谏》中还有不少，如："怨灵修之浩荡兮，夫何执操之不固"（《离骚》下句作"终不察夫民心"）、"不量凿而正枘兮，恐榘篓之不同"（《离骚》下句作"固前脩以菹醢"）等①。忠发按：联系"背绳墨以追曲"句看，"偭"训"面对"，无疑是错误的，背、偭相应，义当近同。然王逸训"偭"为"背"，仍难通。东方朔改"偭"为"灭"，意义是对的。此处的"偭""背"皆当释为"弃"。"绳墨""规矩"为客观存在的事物，人若不用，即弃之不用，不可谓"背"（背对着）之。"背"实有"弃"义，如成语"背信弃义"，"背""弃"对文。因之，"偭"亦有"弃"义。可见，《离骚》乃用"偭""背"之引申义，而非通假。"偭"既不可直接释为"背"，也不可视为"灭"之假借字。

《史记·项羽本纪》述项羽被汉军追至乌江边上，马童杀到项羽跟前，被项羽认出。项羽说："尔非吾故人乎？"这里，《史记》记述曰："马童面之。"这句话一般都解为马童转过头去，盖以为马童羞愧难当，无颜面对项羽。这样理解，其实有很大问题，实在不合乎情理。

项羽勇猛无比，于万军之中斩杀敌将，易如探囊取物，垓下之围就是很好的例证。所以，在项羽面前，任何人都不敢掉以轻心。既与项羽为敌，又敢背对项羽，只能说是他不要命了。如果马童还珍惜自己的生命，那么，马童背转身去，应该马上就跑，所以，这里的"面"解释为"背"就不恰当了，"面"当读为"偭"，用的是引申义——离。马童被项羽认出之后，马上掉头就跑，远远地看着项羽，指着项羽对王翳说："此项王也。"

所以，训诂必注意合乎情理。这两处错误，皆是没有注意词义已经引申，机械地按本义释之之故。

---

① 方一新：《训诂学概论》，江苏教育出版社2008年版，第228页。

6. 写假借字的其他情况

上面所说的写假借字的情况，基本上可以说是不得已而为之。写假借字还有一些别的原因。

（1）追求古奥

"专门"的概念很难造字表示，于是，古籍中一开始是假借"耑"表示"专门"的概念。"耑"，甲骨文作 🌱，小篆作 𣎴，《说文》："耑，物初生之题也。"此字像初生植物之状，本义是"开端"。

后来，人们又假借"专（專）"为表示"专门"概念的字。"專"从叀从寸。"叀"甲骨文作 𠧪，下 ⊿ 是纺轮，丫乃竹、木之枝，⊗ 是圆圆的线锭。叀取象于纺专，甲骨卜辞中假借表示语气词"唯"，本义盖指纺专。

"專"从叀从寸，"寸"与"手"同意，所以，"專"用"用手转动纺轮纺线"表示"转动""旋转"的概念，本义为"转动""旋转"。"专（專）"被假借表示"专门"的概念之后，"转动""旋转"的概念又在"专（專）"的基础上添加"车"造新字"转"表示。

然而，有"专"表示"专门"的概念之后，有人仍写"耑"表示"专门"的概念，这是追求古奥的缘故。

（2）避讳

顾炎武《日知录》卷三二"元"字条曰："元者，本也，本官曰元官，本籍曰元籍，本来曰元来。唐宋人多此语。后人（引者按：指明代人）以'原'字代之，不知何解。"明代以前，"原来"之"原"作"元"，如《敦煌变文集·大目乾连冥间救母变文》："目莲念佛若恒沙，地狱元来是我家。"《敦煌变文集·秋胡变文》："我儿当去，元期三年，何因六载不畈。"裘锡圭先生说，明代改"元来"之"元"为"原"，是避元人之讳。[①]盖是。

（3）回避不雅观的字眼

《左传·文公十八年》"杀而埋之马矢之中。"《史记·廉颇蔺相如列传》："廉将军虽老，尚善饭；然与臣坐，顷之三遗矢矣。"作者使用"矢"字是为了回避"屎"字。"屎"字见甲骨文。

汉语中骂人有时候说"鸟人"，《水浒传》第二十二回："那汉气将起来，把

---

① 裘锡圭：《文字学概要》，商务印书馆1983年版，第186页。

宋江劈胸揪住，大喝道："你是什么鸟人，敢来消遣我！'"《二刻拍案惊奇》卷十四："大夫大吼一声道：'这是个什么鸟人，躲在这底下！'"

其实"鸟人"的"鸟"应该是"了"字，甲骨文中有屌字，从了从刀，表示割除男子生殖器的宫刑。[①]所以，"了"本是男人生殖器的象形，文章中使用"了"实在没有假借"鸟"雅观。

（4）人为的习惯

有一些假借字人们写习惯了，后来就成了专门的字。可能是因为笔画简单，人们都喜欢这样写，于是就成了专字。如"打斗"的"斗"，古文字作鬥，像二人各出手击打对方，是表达"打斗"概念的专字，字后来演变成为"鬥"，非常难写。人们都习惯写"斗"，这是假借本义是量器的"斗"为表示"打斗"概念的专字。"杰"，本是人名用字，《广韵·薛韵》："杰，梁四公子名黤杰也。"因为形体简单，人们都用它表示"豪傑"之"傑"。《正字通·木部》："杰，今人以为豪傑之傑。"

7.假借字与同源字

当一个字由于引申或假借的原因同时表达许多概念的时候，就给书面上的表达造成了许多麻烦，人们必须在理解书面语时从这个字的一系列引申义和假借义中选择一个合适的字义来。这是一件不太容易做的事。

为了解决这个麻烦，人们往往用添加提示符号的方式或者干脆新造一些字来分担原来的字所承担的太多的意义，这样就引出了一个字与一系列后来出现的字之间的关系。这里面除了古今字外，最值得关注的就是同源字。

由于字义引申分化而一字兼表多个概念，这些概念出自同一源头，音近而义通，造出的字就叫同源字。

字音变化和字义引申导致记录语言的文字产生了亲缘关系，大致说来，有以下几种情况。

（1）语转造字

由于字的读音发生变化，同一个词在不同地方读音不一样了，为了使文字能够反映这种不同，人们往往在记录没有分化前的词的文字的基础上加注表示新的读音的声符，另造一个新的字来记录分化后的有了新读音的词。这样，原来的字

---

① 陆忠发：《汉字文化学》，吉林人民出版社2001年版，第96页，2005年修订。

与新造字之间就存在了一定的关系，人们一开始用"转注"来说明它们之间的关系。如："涂"引申为"抹"义，字改从"手"作搽，《龙龛手鉴·手部》："搽①，俗；宅加反。正作搽。"搽方言音转变为"宅加反"，后来又专造"搽"字。语转造字的具体情况请参看下一章的介绍。

（2）字义引申

字义引申使一个字承载的意义过多，为了使语言表达更加清楚明了，人们往往用造新字的方法来分担原字承载的某个意义，这就是所谓的专字，如我们下面说到的"敫"表示"白"，后来，为玉石之白造"璬"字，为丝绸之白造"缴"字，为水流激荡之白造"激"字。这些字，其意义有共同的来源，所以叫"同源字"。

人们一开始往往是在原字基础上添加提示符号来区分各自表达的意义，这些字仍然是会意字。形声字大量出现之后，同源字的分化常常就是以相同的字为基础，添加不同的形旁来区别各个字所表示的意义。这样一来，原来的字就成了声旁，字的意义主要由声旁决定，形旁只起区别这个字的意义类别的作用。由于形声字形旁通常在左边，声旁通常在右边，这种由于字义引申分化造的一系列专字，其意义往往都由右边的声旁决定。许慎在《说文》中专门立"句部""茻部""丩部"等，就是这个原因。到了宋代，有人把这种现象进行了理论总结，创为"右文说"，认为只要字的右边偏旁相同，其意就相同、相关。

北宋沈括《梦溪笔谈》卷一四《艺文一》记载："王圣美治字学，演其义以为'右文'。古之字书皆从'左文'。凡字，其类在左，其义在右。如木类，其左皆从木。所谓'右文'者，如'戋'，小也；水之小者曰浅，金之小者曰钱，歹而小者曰残，贝之小者曰贱。如此之类，皆以'戋'为义也。"

同源字中确实有许多字是在相同的语源用字的基础上孳乳出来的，整个字的意义主要决定于右边的声旁，左边的形旁只起区别这个字的意义类别的作用。但是，同源字的意义相同、相关的根本原因是语言上具有相同的意义来源，字的声旁相同只是因为人们用相同的声旁表示语言中相同的意义和相同的声音的缘故。同源字不一定就是声旁相同的字，只要其意义有相同的来源，声旁表示的字音相同、相近，就是同源字关系。

---

① 中华书局1985年版。搽当是"搽"的形讹。

如《说文》："巖，岸也。"该字与"涯""睚""崖""厓"等字声旁不同，其关系仍然是同源关系。①

"敫"，《说文·放部》"敫，光景流也"；"皦"，《说文·白部》"皦，玉石之白也"；"曒"，《玉篇·日部）"曒，明也"；"缴"，《说文》"缴，生丝缕也"；"璬"，《说文·玉部》"璬，玉佩"，段玉裁《说文解字注·玉部》"璬之言皦也。玉石之白曰璬"；"激"，《说文》："激，水碍衺疾波也。从水，敫声。一曰半遮也"。这些字声旁都是"敫"，字义都有"白"的意思，它们是同源字关系。

但是，"獥"，《尔雅·释兽》"狼，其子獥"；"噭"，《说文》"噭，吼也。从口，敫声。一曰噭，呼也"；"儌"，《玉篇·人部》"儌，儌行也"。这些字也以"敫"为声旁，却没有"白"的意思。这些字相互之间不是同源字关系，它们与前面的一组具有同源字关系的字也没有同源字关系。

其实，与"敫"同源的字还有："皎"，《说文》"皎，月之白也。从白，交声。《诗》曰'月出皎兮'"；"浩"，《说文》"浩，浇也。从水，告声。《虞书》曰'洪水浩浩'"；"皓"，《说文》"晧"的异体字；"颢"，《说文》"颢，白皃"；"晧"，《说文》"晧，日出皃。从日，告声"；"灝"，《说文》"灝，豆汁也"；"皔"，《说文》"皔，晧旰也"，段玉裁注"皓旰，谓黎白光明之皃。俗从白作皔"；"暠"，《玉篇·日部》"暠，白也"；"翯"，《说文》"翯，鸟白肥泽皃。从羽，高声。《诗》云'白鸟翯翯'"，等等。但是，这些字的声旁却都不是"敫"。

大量的形声字都是采用形、声相拼的方式造出来的字，其声旁虽然相同，语言上却不一定具有相同的意义来源，所以，声旁相同的形声字不一定就具有同源字关系。由于汉语中声音相同而意义不同的同音词非常多，表现在文字上就是具有相同声旁的字非常多，如我们前面举例的从"者"和从"乍"声的字就是。"右文说"把只在部分汉字之间存在的现象看成是汉字之间的普遍规律，肯定是错误的。

"右文说"把人们对同源字的认识引向了字形，远离音义关系的同源，是利少弊多的。

值得注意的是，人们为引申义造专字，并不全是在原字基础上添加形旁，有许多是依据形声拼合原则直接造出新的形声字。如"分"，《说文》"分，别也。从八从刀会意",是剖开、分开之义。引申出"纷乱"义。《后汉书·张衡传》:"吉凶分错。"分错即纷乱之义。再引申指事物色彩多而杂乱。人们造"斑""辩"字表示。《说文》:"辩,驳文也。"《礼记·祭仪》"斑白者不以其任行乎道路"注:"发杂色也。"

这些字,由于其字义仍然与"棼、纷、八、分、班、判、别、辨、半、颁、盼"等字有共同来源,因此它们具有同源关系。所以,同源字从本质上说是字义有共同的来源,这些字有一部分在字形上可以看出明显的关系,如有共同的声旁,而有一部分在字形上是看不出关系来的。

(3)概念类推

语言中已有一个概念表示某一事、物,以后再有与之相同、相类的事或物,亦以已有的概念表述之。造字时,为了让彼此区分开来,往往各自以不同的形旁标志其类别。通过这种形式造出的字,我们认为是因为概念类推而造成的同源字。①如我们上面说"分"有"乱"义,类推之,丝织品的乱叫"纷"。《楚辞·招魂》:"放陈组缨,班其相纷些。"王逸注:"纷,乱也。"树木众多,交错生长也叫"分",字作"棼",《正字通》:"棼,林木棼错也。"

---

① 陆忠发:《汉字文化学》,吉林人民出版社2001年版,第75页,2005年修订。

第四章

汉字结构的基本类型（上）

◇ 第一节　六书说 ◇

古代对汉字结构类型和汉字之间的关系进行分类，分成六类，称为"六书"。《汉书·艺文志》："古者八岁入小学，故《周官》：保氏掌养国子，教之六书。谓象形、象事、象意、象声、转注、假借。造字之本也。"《周礼·天官·保氏》："养国子以道，乃教之六艺，一曰五礼，二曰六乐，三曰五射，四曰五驭，五曰六书，六曰九数。"郑司农注："六书，象形、会意、转注、处事、假借、谐声也。"《说文解字叙》："一曰指事，指事者，视而可识，察而见义，上下是也；二曰象形，象形者，画成其物，随体诘诎，日月是也；三曰形声，形声者，以事为名，取譬相成，江河是也；四曰会意，会意者，比类合谊，以见指㧑，武信是也；五曰转注，转注者，建类一首，同意相授，考老是也；六曰假借，假借者，本无其字，依声托事，令长是也。"许慎对六书下了定义，举了例字，这对于我们把握六书很有帮助。

戴震在《答江慎修先生论小学书》中专辨历来论转注者之谬，提出了他的六书四体二用说。认为造字之法只有象形、指事、会意、形声四种，而转注、假借二者乃是用字之法。戴震说："大致造字之始，无所凭依。宇宙间，事与形两大端而已。指其事之实曰指事，一、二、上、下是也；象其形之大体曰象形，日、月、水、火是也。文字既立，则声寄于字，而字有可调之声，意寄于字，而字有可通之意，是又文字之两大端也。因而博衍之，取乎声谐曰谐声，声不谐而会合其意曰会意。四书者，字之体止此矣。由是之于用：数字共一用者，如初、哉、首、基之皆为始，卬、吾、台、予之皆为我，其义转相为注曰转注；一字具数用者，依于义引申，依于声而旁寄，假此以施于彼，曰假借。所以用文字者，斯两大端也。"[1]戴震四体二用说的价值，在于划清了造字之法与用字之法的界限，使

---

[1]　戴震：《戴震集》，上海古籍出版社1980年版。

一千多年来争论不休的六书性质问题得以澄清。"江慎修先生得其书，谓众说纷纭，得此论定，诚无以易。"①于省吾先生说得好："清代学者之论六书，以象形、指事、会意、形声为四体，以转注、假借为二用。凡文字之音近或音同者均可互借，凡文字之义同者均可互注，必如是才能充分发挥二用的效能。"②

所以，六书当中，谈汉字结构的是象形、指事、会意、形声四种，我们在第五章再仔细讨论。这里重点说说转注和假借。

由于人们不怎么明白许慎对转注的定义，所以，历代学者对转注的含义争议颇大，异说不下几十种。清人曹仁虎之《转注古义考》举许慎以至清邵长蘅之说二十五家，《说文诂林》所录有十八种四十五家之多，孙中运先生的《论六书之转注——揭开转注字千古之谜》一书③，列二十种之多，并有分析评说，请读者自己参考，我不一一介绍。我在拙著《汉字学的新方向》中说向光忠先生首先论述了"转注是标记同义异音词的一种孳乳新字的方法"④，向先生举《说文·永部》之"永"与"羕"为例说明"永"声音变化为yang，于是加"羊"以标记新字的读音，造了"羕"，这就是转注。这是我目前所见到的关于因语转而标注字音产生转注字的最早的说法。孙中运先生对转注字的说明更加详细，我在这里节引其书中"转注字的界说"和"转注的真谛"两节以飨读者。

转注字的界说

"建类一首，同意相受"是许慎为转注字的界说。"建类一首"的"类"和"首"，就是许慎在《说文·叙》中所说的"其建首也立为一耑，方以类聚，物以群分"的"类"和"首"，"类"即字类，"首"即部首。"同意相受"就是说部首即义旁和这个转注字的概念完全相同，即新字受意于部首。以"考"字为例，考以老为部首，与老同类，这就是"建类一首"，考以老为义旁，受意于老，老考同义，就是"同意相受"。

---

① 段玉裁《戴东原先生年谱》语。
② 《从古文字学方面来评判清代文字声韵训诂之学的得失》，《历史研究》，1962年第6期。
③ 学林出版社1999年版。
④ 向光忠《考文字之孳乳 溯形声之滥觞》。该文是作者20世纪80年代初的研究成果，论证"形声缘起增益形符示义"新说，原题为"'形声'溯源"。向先生1985年夏出席中国语言学会第三届年会（昆明）时曾宣读并散发此文，而后也在一些高等院校与学术场合讲述这一研究成果。《第一届国际先秦汉语语法研讨会论文集》（岳麓书社1994年版）辑入该文改为此题，例证略有削减。《文字学论丛》第一辑（吉林文史出版社2001年版）载入全文。

再举几个例字，以转注字的界说来验证一下。

"香"字分化出来的转注字馨、馥、馣等都是因香字转语，加注声旁形成。都是因香为部首，与香同类，是"建类一首"，都是以香为义旁，受意于香，与香同义，即"同意相受"。符合转注字界说的要求。

"舟"字分化出来的转注字舮、航、舸、船等，皆以舟为部首，与舟同类，是"建类一首"，皆以舟为义旁，受意于舟，与舟同义，是"同意相受"。符合转注字的界说。

"豕"字分化出来的豬、豛、豨等字都是转注字。皆以豕为部首，与豕同类，是"建类一首"，皆以豕为义旁，受意于豕，与豕同义，是"同意相受"。符合转注字的界说。

"转注"的真谛

"转注"就是"转语注声"的缩语。"转语"就是语言的变化。一个字或因古今音变，或因方言殊异，要按新的读音另造新字。如"赤"字读chi，表示红色的意思，有的方言称红色为xia，就在"赤"字上加注声旁"叚"，这就是因语转而加注声旁造出来的转注字"赧"，赧是以赤为部首，与赤同类，受意于赤，与赤同义，符合转注字界说要求。

转语有两种，一是方言殊异而转语。二是古今音变而转语。

（一）方言殊异转语注声

《方言》："自关而西谓之船，自关而东谓之舟，或谓之航"。《集韵》："蜀人谓舟曰舲。"通用的"舟"字，由于方言的殊异在关西称"舟"为"船"，关东谓之"航"，蜀方言称"舲"，这是因为舟字转语加注声旁分化出来的转注字。

《方言》："豬，北燕、朝鲜之间谓之豭，关东西谓之彘（从豕矢声的变形字），或谓之豕，南楚谓之豨。"

《说文》："豛，上谷（地名）名豬为豛，从豕役省声。"这些豭、豨、豬、豛都是因方言不同加注声旁分化出来的转注字。

（二）古今音变转语注声

《广雅》："爹，父也"。《鸡肋篇》："今人呼父为爹。"古称父，今称爹，以父为义旁，加注声旁"多"，分化出的转注字"爹"。

《广雅》"爸，爹，父也"，王念孙云"爸者父声之转"，说"爸"是"父"字的转语为ba，加注声"巴"分化的转注字。章太炎《新方言》："古无轻唇音，鱼模转麻，故父转为爸。"

"转注"的"注"字是加注声旁，因为原字转语，转语就是变音，原音变作新音，就要加注上新的读音，这是转注字共有的特点。

关于假借，目前人们对戴震在《答江慎修先生论小学书》中所说的假借性质的理解还存在一定的偏差。很多同志因为看到戴震在说解假借时用了"引申"二字，就认为戴震把字义的引申也看成是假借。如黄孝德先生说："戴震过分相信许慎的定义及其所举例字，从而提出：数字共一用者，其义转相为注，曰转注；一字具数用者，依于义以引申，依于声而旁寄，假此以施于彼者曰假借。这就将文字的引申义也算作假借，是不妥的。在戴震之后，段玉裁照搬此说，所以在段注中常常把引申义当假借看待。这是在读段注时需要注意的一个问题。"[①]

黄先生对戴震的这种批评意见，代表了不少学者的观点。那么，这种批评是否公允呢？我们认为，在戴震心目中，字义的引申与用字的假借仍是界限分明的，丝毫没有相混。戴震在《论韵书中字义答秦尚书蕙田》一文中说："大致一字既定其本义，则外此音义引申，咸六书之假借。其例或义由声出：如胡字，惟《诗》'狼跋其胡'与《考工记》'戈胡、戟胡'用本义，至于'永受胡福'义同'降尔遐福'，则因'胡''遐'一声之转，而'胡'亦从'遐'为远；'胡不万年''遐不眉寿'，又因'胡''遐'一声之转而'胡''遐'皆从为何。又如《诗》中曰'宁莫之知'、曰'胡宁忍予'、曰'宁莫我听'、曰'宁丁我躬'、曰'宁俾我遁'、曰'胡宁瘨我以旱'，'宁'字之义，传诗者失之。以转语之法类推，宁之言乃也。凡故训之失传者，于此亦可因声而知义矣。或声同义别：如蜥易之'易'，借为变易之'易'；象犀之'象'，借为象形之'象'。或声义各别：如户关之'关'，为关弓之'关'；燕燕之'燕'，为燕国之'燕'。六书假借之法，举例可推。"从戴震所举的例子中，我们可以看出：戴氏所说的引申，是指从一个字的某个意义，引而为另一个字的某一个意义，并不是我们所理解的从一个字的本义或某一意义出发，辗转演变出一系列与原义有联系的意义来。戴氏所称"引申"包括他所说的义由声出的假借（事实上就是我们现在所理解的本有其字的假借），还包括他所说的声同义别、声义各别的两种假借（就是我们所说的

---

① 《汉字研究中"四体二用"说的确立及其应用——读〈戴东原集·答江慎修先生论小学书〉》,《武汉大学学报》, 1981年第6期。

本无其字的假借）。所以，我们认为，戴震的六书假借与我们所理解的假借（包括本无其字的假借和本有其字的假借）范围没有什么两样。他在《答江慎修先生论小学书》中所说的"依于义以引申，依于音而旁寄"，按我们理解，即是说：从意义上说，假借是从一个字的含义引而为另一个字的意义；从声音上说，假借是从一个字的字音变为另一个字的字音。假借之法，无不如此。

从六书的名与实来看：象形字，字像物之形，名与实相符；指事字，用指示符号直接指示字的字义所指的是象形形体中的哪个部分，名与实相符；会意字，会合若干部件，体现造字意图，名与实相符；形声字，以形旁与声旁组合成字，名与实相符；假借字，本身无字，假借它字，名与实相符。那么，转注字为什么称为转注？只有转语注声这个说法才真正涉及了转注名称的问题，所以这个说法是正确的。可见，因语转而标注字音产生转注字，或者说"转语注声"，就是转注的实质。因为转注字是由于语转而造的字，新字与原字必然是同源关系。但是，同源关系的字却不一定是转注关系。[1]必须是在部首字的基础上加注声音符号造的形声字才能与部首字形成转注关系。因此我认为，转注谈的还是字与字之间的关系，不能把转注看成是造字之法，向先生说转注是一种孳乳新字的方法，其实，我们应该这样看：由于语转的缘故，人们用"注声"的方法造了一个读音更接近语言实际的字，这是造字的过程。造出来的字与原来的字之间的关系，人们用"转注"来指称。所以转注还是讲字与字之间的关系，而不是字的结构类型，转注是用字之法。

从六书的名称上看，象形、指事、会意、形声四者都是从字的结构和表意方法的角度命名的，转注、假借显然是从两个字之间关系的角度命名的。如果说转注还有新的字体造出来，那么假借连造字都没有。从是否直接创造字的形体这一点来说，假借也应归为用字之法。因此，"四体二用"说真正揭示了六书的本质。

既然如此，转注字就应该是形声字中的一部分。向光忠先生《考文字之孳乳溯形声之滥觞》一文、孙中运先生《论六书之转注——揭开转注字千古之谜》一书都把转注字从形声字中独立出来为一类，是不正确的。

按照我们上面的说法，转注字是形声字中的一部分。那么，古人为什么要专门设立"转注"之名目呢？

---

[1] 请参考第三章的相关论述。

意义不改变，因为声音变化而造新字，这个现象是客观存在的。教文字的先生们（保氏）专门把这个现象提出来，学生们接受起来是非常容易的。所以，为教学方便，教文字的先生们就专门设立"转注"一类来揭示这种字与字之间的关系。当然，从语源学的眼光看，转注只是古人对于汉字之间同源关系的一种朦胧的认识。转注虽然不是关于同源字的科学的定义，但最早研究同源字的正是《周礼》记录的这些保氏们。

◇ 第二节　现代学者的汉字分类学说 ◇

现代学者因为没有办法按照许慎的六书说给汉字进行完全分类，于是纷纷提出自己的新的汉字分类主张，张玉金、夏中华先生在《汉字学概论》（153—171页）中有详细的介绍和评价。我这里简单介绍一下现代学者的汉字分类基本情况：

1.王力先生主编的《古代汉语》第一册介绍汉字时说："首先应该认为转注和假借和汉字的构造无关；其次，对于象形、指事、会意、形声还可以作更合理的分类：一类是没有表音成分的纯粹表意字（包括象形、指事、会意），一类是有表音成分的形声字。"[1]

2.张世禄先生区分汉字为写实法、象征法和标音法三种，其写实法大体相当于传统的象形；象征法包括过去的指事、会意；标音法兼指以前的会意兼形声、形声和假借。[2]

3.唐兰先生的三书说。唐兰先生的三书是象形文字、象意文字和形声文字。唐兰先生认为象形文字要具备下述三个条件：①一定是独体字；②一定是名字；③一定是在本名之外不含别的意义。象意文字的范围，包括旧时所谓的"合体象形字"、"会意字"和"指事字"的大部分。至于形声文字，他认为是由象意、象语（指引申义）和象声（指假借来的字）演变而成的。[3]

---

① 王力主编：《古代汉语》第一册，中华书局1981年版，第160页。
② 张世禄：《中国文字学概要》，文通书局1941年版，第4章。
③ 唐兰：《中国文字学》，上海古籍出版社1949年版，第75—78页。

4.陈梦家先生的三书说。陈梦家先生的三书是象形、假借、形声。象形由形得义，假借由音得义，形声由形和音得义。所以，陈氏的象形，大体包括了许慎的象形、指事和会意；假借，就是许慎的"本无其字，依声托事"的假借；形声，跟许慎的"形声相益"的方法相当。①

5.裘锡圭先生的三书说。裘锡圭先生的三书是表意字、假借字和形声字，与陈梦家先生的三书说基本相同，只是把象形改成了表意。裘先生说："陈氏的三书说基本上是合理的，只是象形应该改为表意，这样才能使汉字里所有的表意字在三书说里都有它们的位置。"②

6.林沄先生的三书说。林沄先生的三书是以形表义、以形记音和兼及音义。以形表义，相当于陈梦家的象形；以形记音，相当于陈梦家的假借；兼及音义，相当于陈梦家的形声。③

7.高明先生认为，"总观汉字的形体结构，象形、会意、形声三种方法已足以概括。六书中的指事，无非为象形之分支，乃一体小变，无须另立一类；转注、假借都为用字方法"。④

8.王元鹿先生持五书说。他认为许慎的六书说较为科学地概括了古汉字的创造方法，他的五书说只是对六书进行了一些局部性的修正。他的修正主要有两点：第一，把转注字并入形声字，他认为转注字都是形声字，因此，不必为它另立一类造字法，否则容易造成逻辑上的混乱。第二，他把"合体象形"归入会意，而把"独体指事""独体会意"归入象形。他的五书是象形、指事、会意、假借、形声。⑤

9.王凤阳先生《汉字学》另立六书名目。他的六书是象物、象事、象意、标示、形声、会意。

10.詹鄞鑫先生以裘锡圭先生的三书说为基础经过局部调整提出新的六书：象形、指示、象事、会意、形声、变体。他的象形字大体上相当于旧六书中的象形字。指示字是在象形符号上加比较抽象的指示符号来表现字义。象事字是一些独体字，从表面上看似乎是象形字，但从它所表示的意义看，不是有形的物，而

---

① 陈梦家：《殷墟卜辞综述》，科学出版社1956年版，第77—81页。
② 裘锡圭：《文字学概要》，商务印书馆1988年版，第106—107页。
③ 林沄：《古文字研究简论》，吉林大学出版社1986年版，第28页。
④ 高明：《中国古文字学通论》，北京大学出版社1996年版，第57页。
⑤ 王元鹿：《汉古文字与纳西东巴文字比较研究》，华东师范大学出版社1988年版，第42—44页。

是无形的事。如"大、高、永、交"等。会意字是会合两个或两个以上的意符来表示一个跟这些构字符号本身的意义都不相同的意义的字。形声字由一个形符和一个声符构成，跟传统的形声字基本一致。变体字包括三类：一是取形变体字，如"片、了"等；二是取义变体字，如"叵"等；三是取音变体字，如"乒、乓、毋、义"等。①

11.张玉金、夏中华先生在《汉字学概论》中详细评述了前人的种种汉字分类之说，并提出了四书说。他们的四书是表义法、表音法、音义法和记号法。表义法，是用意符构成新字的方法，又可以叫作以形表义法，包括了传统的"象形""指事""会意"，但又比这三者的涵盖面大。表音法是指用音符构成汉字的方法。音义法是指使用音符和意符构成新字或使用既表音也表义的字符构成新字的方法。记号法是使用记号构成汉字的方法②，或是全使用记号，或是部分使用记号。③

张世禄先生从方法上分出的"写实法""象征法"，其实并不符合汉字的实际。写实，那是画画，不是造字；象征是汉字造字的手段，不是造字方法。

现代学者的汉字分类学说并不比传统六书说好。现代学者的汉字分类，其目的就是把所有的汉字归为若干类别。唐兰先生就对自己的三书说充满自信，他说："象形、象意、形声叫三书，足以范围一切中国文字。不归于形，必归于意；不归于意，必归于声。"张玉金、夏中华先生的分类也以基本上没有兼类而感到成功。所以我们说，过去的汉字分类，目的就是为了让所有的汉字都归入一定的类别中。

当然，我们不能说现代学者的汉字分类研究毫无价值。现代学者的汉字分类与周代的保氏和东汉的许慎分类所涉及的对象是不完全相同的。现代学者汉字分类涉及的汉字更多，许多许慎时代还没有出现的汉字，我们都给它分好了类，甚至还创造了"变体字"这样的新的类别。

---

① 詹鄞鑫：《汉字说略》，辽宁教育出版社1991年版，第151-217页。
② "记号"是裘锡圭先生在《文字学概要》中提出的概念，指的是造字时使用的与语素的音和义都没有联系的字符。就我对古文字形体的分析看，只要是我们能够正确解释其结构和意义的古文字，其每一个部件都是有表意作用的。本书仿效裘先生《文字学概要》的做法，分析了大量的古文字形体和意义，读者可以看看我的分析中有没有记号。当然，在汉字形体演变过程中有的会发生一些错误，如"奔"讹成从"卉"，我们没有办法说明从"大"从"卉"为什么表示"奔跑"的概念。但是这个"卉"我们也不能说它是记号。
③ 张玉金、夏中华：《汉字学概论》，广西教育出版社2001年版，第162-171页。

不过，我们并不主张花很多的精力去做这样的事情。首先，我们要明确分类的目的是什么？如果仅仅是区分类别，以没有兼类为最高标准，那么，王力先生的二书分类是最彻底的。但是，这样的分类又有什么意义呢？

还有，如果我们真的要给汉字分类，古文字和隶书以后的汉字应该采用不同的标准和方法分别进行分类，"变体字"就是把古文字和隶书以后汉字混在一起分类出现的类别。

我想，我们给汉字分类，主要的目的应该是帮助我们理解字义。文字学研究需要做的是探求象形、指事、会意的区别在哪里，进而帮助我们理解字义。而不是忽略它们的区别，着眼于它们的共同点去做分类，从而把它们合并到一起。这样做是开倒车。古代的保氏和东汉的许慎已经着眼于汉字结构的不同，把汉字区分为四类，这已经很了不起了。后来的汉字学研究者，没有认真思考古人给汉字分类的目的和着眼点是什么，把古人已经分开的类别又合并到了一起！

如果说保氏对汉字的分类主要还是为了汉字教学的清楚和方便，那么，许慎是从理论上做过分析的，否则许慎不可能给六书分别作出定义。可以说，前人已经给汉字学研究打好了不错的基础，我们只要着眼于六书之间的区别去研究汉字，就会走向对汉字表意方法的探讨，这是在许慎的基础上继续前进。可惜的是，许慎之后的汉字学研究都着眼于汉字的共同点去作分类研究，结果白白耗费了许多精力不说，还使汉字学理论研究的总体水平倒退到了西周以前！

许慎的六书研究本来应该是我们探索汉字奥秘的基础，是一代代汉字学研究者曾经攀登汉字学科学高峰的里程碑，现在却成了汉字学史上的最高峰，这是谁都不希望看到的事实。

其实，任何学科的研究，对研究对象进行分类都只是这个学科研究的初始阶段，还没有触及研究的核心内容。所以，近两千年来的六书研究，人们写了很多很多的书和文章，虽然这些工作对汉字分类这一课题来说是有价值的，但是，对汉字学理论来说，真正的研究还没有开始。

第五章

汉字结构的基本类型（下）

　　汉字结构问题虽然研究了几千年，但是存在的问题仍然很多。首先是区分汉字结构类型的理论不完善，造成区分汉字结构类型的实践中存在一些错误；其次是区分汉字结构类型的目的不明确，如果仅仅是为了把汉字区分为象形字、指事字、会意字、形声字等几个类型，则没有太大的意义，区分汉字结构类型要为帮助理解字义服务；再次是区分汉字结构类型应该有一个明确的目标，这个目标就是我们应该联系每一个汉字历史演变情况说清楚其形体变化的过程，把字与字之间复杂的形、音、义关系讲清楚。按照这样的要求去研究汉字，我们还有许多工作要做。本章的举例都是按照这样的思路进行的。

◇　第一节　如何区分汉字结构类型◇

　　汉字结构的分类问题其实并不简单，从形式上分类，常常是说不清的，甚至是错误的。许慎《说文》在说解汉字时使用的术语本身就有交叉，如象形许慎表述为"象……之形"，关于指事与象形，段玉裁说"指事也得称象形"，不是说指事、象形可以混同，段玉裁说的是在《说文》中许慎在说解指事时也称之为象形。许慎说解指事使用的术语是"象……之形"和"从某从某"，前者与说象形同，后者与说会意同。段玉裁解释许慎为什么在说解指事时也称之为象形，说有事必有形，故指事也得称象形。因为许多指事字都是在象形的基础上加上指示符号造的，所以说有事必有形。至于天干、地支字是指事、象形中的哪一类，应该结合古文字实际具体分析，许慎、段玉裁的说法不一定可靠。

　　段玉裁说指事、象形的区分在于指事是抽象的，而象形像具体的事物，这也不全部正确。一部分指事字是在象形的基础上加上指示符号造的，另一部分是抽象的。

我在《汉字学的新方向》中说：我们应该从组字部件之间关系的角度给汉字分类，才能分得清楚。我们看到六书中的以形体直接表意的象形字、指事字、会意字等表意字，人们在理解的时候有时还存在分歧，具体的字应该归到哪一类，人们很难下结论。如⺈，张政烺先生说："这个字是会意字，或者说是复体象形字。"①赵诚先生说："亦，甲骨文写作⺈，在人的两臂之左右各加一个点，表示腋下所在之处。可以看成会意字，也可以说是指事字，最好是说成表意字。"②这也是六书研究存在的问题。

如果说张政烺先生和赵诚先生说的这些只能代表几十年前的水平，那么，李学勤先生"集合全国的力量"，编纂的"一部能够反映时代水平的"③《字源》④，其撰写书稿的人员相当多的是中国社会科学院语言研究所研究员及大学的博导、教授，"（十位）核心编委两度集中通稿（忠发按：宜作"统稿"），各位作者对稿件反复修改多次。整个编纂过程，断断续续，前后十余年"⑤。这样精心打造的巨著，应该是《说文解字》之后的又一个里程碑。然而，《字源》中常常表现出编者先生们似乎还没有搞明白六书是怎么一回事。如164页"古"字，编者说解是："指事字。'古'字所从的中、♦等在甲骨文、西周早期金文中都是'盾'的象形，下面加上区别符号'口'构成指事字，是'坚固'之'固'的本字。"指事字得有指示符号，哪个是指示符号呢？这暴露出编者不懂指事字是怎么一回事。

又414页"甘"字，编者说解是："指事字。《说文》：'甘，美也。从口含一。'在口（人嘴）中附加一短画，作为指事字标志，表示香甜美味。"我无法理解这"指事字标志"是什么东西。如果说指事字得有个标志，那么，"古"字没有这个标志，怎么也成了指事字了呢？

再如269页"用"字，编者说解是："象形字。商代甲骨文作桶形，是'桶'的初文。用与桶并东韵，桶可使用，故假桶形表用。云梦秦简用假作'桶'，正

---

① 《释甲骨文俄、隶、蕴三字》，《中国语文》，1965年第4期。
② 《甲骨文虚词探索》，《古文字研究》十五辑，第284页。
③ 《字源·凡例》，天津古籍出版社、辽宁人民出版社2012年版（2013年7月重印）。
④ 《字源》2012年12月才出版，2013年7月就重印，可见是十分抢手的，《字源》的出版是人们期盼已久的大好事。这正好印证了李学勤先生在《字源·序》中说的探求字源是令人着迷的事情。其实，汉字最大的魅力不是在于其形体的变化，而是在于形体如何表意。大众对汉字造字的兴趣超过对汉字形体变化的兴趣。我认为《字源》应该加强对汉字形体如何表意的说解。
⑤ 李学勤《字源·序》。

好证明古初用即桶（《秦律十八种·工律》'县及工室听官为正衡石赢（累）、斗用（桶）升'）。""桶可使用，故假桶形表用"，这似乎应该说是引申。"云梦秦简用假作'桶'，正好证明古初用即桶"，说这样的话，说明编者不知道假借是怎么一回事。

204页"异"，编者引 🦅、🦅、🦅 三个字形，然后说解说："象形字。《说文》：'異，分也。''異'本像手持一物往头上戴的形状。前人早已指出，'異'是'戴'字的初文。'異'与'戴'本为一字，后来分化，义各有当，成为形、音、义各不相同的两个字。许慎据讹变的字形说解文字，不可能弄清'異'的本义及其与'戴'的关系。'異'的字形自商代甲骨文直到汉代印文，一脉相承。"编者把"异"说成是象形字，说明编者也不知道什么是象形字、什么是会意字。把"异"的本义说成是"戴"，明显是望文生义，又没有任何例证。"异"卜辞中为祭名。

219页"鬥"，编者解释说："象形字。甲骨文像披头散发的两个人徒手相搏的形象。"既然是两个人相搏，就是会意字，这说明编者也不知道什么是象形字、什么是会意字。

可见关于汉字的结构分类，到现在学界还是分不好。中国文字学研究了两千年的六书，按理说六书是文字学界先生们的看家本领，可是，到现在字属于哪一书都还是搞不明白。

我说这些的目的是要让立志研究文字学的小伙伴们想一想，你今后的路怎么走？如果沿着六书的老路走，到你都做上了博导的时候，你还是不知道汉字怎么分类。

裘锡圭先生在《文字学概要》中说六书是争论不出结果来的问题。事实不是这样的。研究汉字的表意理论，不仅仅能够搞清楚汉字形体如何表意，从而准确把握字的本义，还能够从根本上说清楚汉字结构属于哪一种类型，是解决汉字分类之分歧的唯一方法。研究了汉字表意理论，我们再来讨论六书问题，我们就会知道，六书是能够讨论出结果来的问题。①

其实，这个问题不难解决。六书名与实相符，造字以勾勒事物形体为方法，

---

① 笔者是2014年3月才在浙江省图书馆看到刚刚上架的《字源》的，本书已经进入二校，所以没法充分吸收《字源》的成果。本书对许多字从形体如何表意的角度作的解释与《字源》的解释不一样。

其字就是象形字。或像全体，或取局部，字皆像物之形；有些事物，光勾勒出它的轮廓，还容易与其他事物的轮廓相混淆，单单凭借这一轮廓还很难让我们想象出造字者所勾勒的是什么事物，这时，造字者就在勾勒事物轮廓的同时，加注提示该事物所处的环境或所作的用途等内容的符号，从而引导我们去想象该形体所像的具体事物，避免我们的思维走向别的方向。如：

🔲（齿），🔲像什么？单凭这个形体我们可以想象出许多事物或是想象不出它是什么事物，于是造字时加提示符号口，提示这是口中的🔲，这样，我们一见就知道是"齿"了。

🔲（眉），🔲像什么，也不清楚，于是加了"目"提示这是目上长毛的部分，那自然就是"眉"了。

象形字中还有几个数目字一、二、三、四，这几个字甲骨文分别作一、二、三、三，它们像筹算的数目之形，所以应该归入象形字之中。

指事字，将造字者的用意指示给我们看，所以，这样的字必然有一部分是指示性的符号，另一部分是具体的被指示者。该指示符号直接指示字义所指的是事物形体中的哪一部分。如：🔲（亦），在人两臂的左右各加一个点，指示腋下所在之处。所以，这个字只能看成是指事字。甲骨文"上"作二，"下"作二，一代表一个平面①，一指示字的字义所指的是平面的上或者下。

文字学界，很多人把🔲（甘）说成是指事字，就是从形式上分类造成的错误。因为🔲从"口"加一点，大家以为这是在象形字的基础上加一点，所以是指事字。如果我们把🔲看成是指事字，按照指事字表意的方法，"甘"的本义应该是指嘴巴里面，就不是"甘美"之义了。🔲中的一点其实不是指示符号，它是会意字的一个表意部件，表示嘴巴里面含着的东西。造字用人嘴巴里含着东西（慢慢品味），表达"甘美"的概念。🔲其实是会意字。

汉字中的表意部件，有些是明确的，有些必须与别的部件组合在一起才能明确是什么事物。如口，在🔲、🔲中表示宫城，在🔲、🔲中表示城市；△，在🔲中表示储存粮食的窖子上面的屋盖，在🔲中表示人的嘴巴；🔲，在🔲中表示宫城，在🔲中表示日晷的晷面；一，在🔲中表示军队被押遣前的驻地②，在🔲中表示地平

---

① 参考本书第六章。
② 《说文》："遣，纵也。"许慎解释的意义是错误的。"遣"字造字从双手，从师，表示强迫把军队押解到别的地方，其本义是"押解"。

线。所以，古文字中形体相同的部件，不一定指相同的事物。这是我不赞同字素说的主要原因。①就拿一点"·"来说，在 🄰 中表示嘴巴里面含着的东西，在 🄱 中表示宫城的主殿②，在 🄲（日）中表示日中传说的三足乌。

判断指示符号的方法是，指示符号必须同时满足以下四点要求：

1.这个符号常常只是一个点或者一个简单的符号，如"内"，甲骨文作 🄳，🄴 是人的两条大腿，丷是指示符号，指出这里就是大腿的内侧，用以表示"内"的概念。③

2.这个点或者某一简单的符号不可能是这个事物的一个部分，如 🄵（尤）中的点是人体的一部分，而"刃"的点则不是，因为刀的上面不可能有"·"这个东西。所以，"刃"的点是指示符号，"尤"的点是象形字的象形部件。

3.这个点或者某一简单的符号与其旁边的事物在人们的生活常识中没有明确的、可以把握的联系。如 🄶 字，手上加的点与手之间，在人们的生活常识中可以有明确的、可以把握的联系。人的手上虽然没有"·"这个东西，但是，生活中还是有长出疣的情况发生的，这个"·"人们可以知道是疣。而 🄷 字的点与人之间，在人们的生活常识中没有明确的、可以把握的联系。所以，🄶 字手上加的点是象形部件，🄷 字的点则是指示符号。

4.指示符号仅仅与单一的象形部件发生关系，所以，甲骨文 🄸（昼）字，〇中间的"·"就不是指示符号。

会意字，会合若干部件，体现造字意图。所以，这若干个部件之间，必然有某种联系存在，否则就不可能"合"了。因此，组成会意字的部件，虽然各像某某具体的事物之形，但是，它不是几个事物的简单的并列，其中至少有一个部件是以某种动作功能参加造字的；或者是其间的空间关系能够体现出一种人们可以把握的状态。如 🄹（执）字，🄺 像夹持的械具，可用以械系罪犯，造字者以 🄺 表示械系之动作。🄻（坠），从阜从人，人与阜之间的空间关系表明这个人正从阜上坠下，"坠落"的概念就这样表示出来了。④

---

① 字素说，参考李圃：《甲骨文文字学》，学林出版社1995年版。
② 请参考陆忠发：《都邑考》，《杭州师范学院学报》，2005年第2期。
③ 我有意识地举"内"字为例，是为了说明一个问题：如果被指示的事物是两个，就要使用两个一模一样的指示符号。再如"亦"的两点就是。
④ "阜"可能像古人登高使用的独木梯子之形。我在杭州萧山跨湖桥遗址博物馆里看到的8000年前的独木梯子，人们用一根树干在上面斜着挖出一个个三角形的踏脚平面，就成为 🄼 的形状。也可能像登高的台阶形状。

有少量的字，其部件代表的事物比较含糊，如，"八"像二物分背之形，以此表示"分"的概念。"ЭЄ"像事物连缀在一起，用来表示"连缀"的概念。我们虽然不能具体说出它们代表的是什么具体的事物，但是，这些事物之间的关系所体现的状态，是确定的、可把握的。因此，这些字也应该归入会意字之中。

于省吾先生《甲骨文字释林·释具有部分表音的独体象形字》认为𦥑、𠂤、𦥑等字都是独体象形字。[①]其实，会意字当中有一部分字是完整的象形形体，但是这个完整的象形形体的某些部位都不是以其名物本身的身份参加造字，而是以其所具有的某种功能参加造字。所以这些部位往往都具有动作的性质，这样，我们就应该把它们看作是一个独立的表意部件。因此，这个完整的象形形体其实就包含了两个或者两个以上独立的表意部件。所以我们应该把这种字看成是会意字。但是，这些字毕竟是完整的象形形体，与普通的会意字又有所不同，所以，我们就把它叫作独体会意字。具体到𦥑、𠂤、𦥑这三个字，𦥑、𠂤应该是独体会意字，𦥑则是勾勒ᐱ（眉毛）的形体，又添加ᐟ及⌀作为提示符号的象形字。其他的独体会意字再如：

大（走），整个字是一个人形，但是，他的四肢均作跑动状。所以，这个字，人形是一个表意部件，四肢又是另一个表意部件，合起来表示"跑"。

大（大），裘先生说：这类字，它们所用的字符跟"日""月"一样也是像实物之形的，可是所代表的词并不是所像之物的名称，而是跟所像之物有关的"事"的名称，这一点却跟"上""下"相近。因此讲六书的人有的把这类字归入指事，有的把这类字归入象形。《说文》说："大，天大，地大，人亦大，故大象人形。"似乎许慎自己是把"大"看作象形字的。[②]其实，大用张扬的四肢和人体共同表示"大"的概念，应该看成是会意字。[③]

以上是我对象形字、指事字、会意字所作的理论上的区分。

会意字与形声字之间也有容易混淆的地方。这种情况主要是：

---

① 这些字与我们前面所说的在勾勒事物轮廓的同时，加注提示该事物所处的环境或所作的用途等内容的符号而造的象形字是不同的，那些象形的部位是直接表示事物本身的，而这里的"目"则表示眼睛的动作。前者是以其名物本身的身份参加造字，后者则是以其所具有的某种功能参加造字。

② 裘锡圭：《文字学概要》，商务印书馆1988年版，第98—99页。

③ 陆忠发：《汉字学的新方向》，浙江大学出版社2009年版，第7—10页。

一、错误理解汉字表意结构

如⊀（彘），现在一般按照《说文》分析为形声字，从彑矢声。甲骨文作⊀，造字者用"以矢射豕"来表示"家猪"的概念。[1]可见，⊀字，豕以象形义（或者叫名物义）参加造字，矢以功能义参加造字。因此，⊀应该是会意字。这些我们都应该通过仔细分析加以分辨。

分析字的形体结构类型，应当注意字的形体发展，注意各部件的表意作用。由于不明白字的表意方法，往往会误解字的结构类型。

如"耤"，甲骨文作♫，本像人执耒启土之形，为"耕耤"之本字。令鼎铭文作♫，加♫为声旁，甲骨文亦作♫、♫。♫即《说文》"耤，从耒昔声"之所本。有的先生说甲骨文"耤"所从之♒♒、♫即"♒♒（灾）"和"昔"。"昔"也以♒♒为声符，是从"日"♒♒声的形声字。忠发按：表达"往昔"概念的"昔"以"日"为形旁，这在后来大量造形声字时当然是可以理解的。但是在商代甚至更早的时代，我们还没有看到如此概括的形旁。同时，灾，古音精纽之韵；昔，心纽铎韵。二字声纽同为齿头音，而韵相隔甚远，也不符合声音相同（近）的标准。所以，♫恐怕还不能看成是形声字。其实，认为"昔"以"日"为形旁，而"耤"的甲骨文形体♫、金文形体♫所从的"昔"皆不从"日"而从▢，本身就矛盾。于是，有先生又说♫、♫所添加的其实不是"昔"声，而是"灾"声（"昔"也以"灾"为声旁）。既然♫、♫从"灾"声，字为什么又从▢呢？有先生解释为添加"口"为繁饰。

然而，甲骨文刻写本来就很困难，除非非常必要，一般是不会添加繁饰的。我在本章第二节说甲骨卜辞中的"它"，单独使用表示蛇时，其形体刻写是非常认真的，不敢草率；而"它"作为部件使用在别的字中就只简单勾勒蛇的形体。说明甲骨文刻写是能简则简的。

可见，关于♫的结构，过去理解为"从日从♒♒，为不忘洪水之日"固不可取，但理解为从"日""灾"声，也是很难成立的。

造成这些先生误解的应该是以下两条卜辞：

《合集》1772正："庚申卜，㱿贞，♫祖丁……黍，惟南庚害。"又"庚申卜，㱿贞，♒♒♒祖丁不……不惟南庚害。"二辞对贞，♒♒♒应该也表示"往昔"的意思。

---

[1] 陆忠发：《汉字学的新方向》，浙江大学出版社2009年版，第80页。

根据这个材料，我们很容易判断〰〰假借𦥯为之。因为𦥯和〰〰可以假借，𦥯肯定就是从"日"〰〰声了。

现在我们已经知道，𦥯分析为"从日〰〰声"是错误的。〰〰表示"往昔"这种情况，应该看成是𦥯省曰。𣉘，也应该看成是𦥯省口，不是从"灾"声。古文字省表意偏旁的情况很多，如"食"，甲骨文作𩚛，省之作𩚌，就是此类。①"又"，古文字中从彳所表达的功能与从人（以及人的动作）是相同的，所以，𣉘就是𦥯省口，又把人及其四肢更换为彳。

"昔"的甲骨文形体所从的曰、口，不是"日"而是宫城②，〰〰、〰〰〰表示大水。中国上古曾经有过大水泛滥成灾的时期，我们可以想见，中原大地一片汪洋。因为宫城往往都建造在高度两米左右的夯土地基上，所以，当时的宫城就处于大水的包围之中。因此，造字就利用宫城被大水包围，表示"往昔"的概念。

再如，"寝"，甲骨文作𡨦、𡨄，从宀从帚。丁山先生认为"帚"为"婦"省，妇人所居之室就是寝。③姚孝遂先生认为其说近是。④按：《说文》："寝，卧也。从宀𡩋声。𡨄，籀文寝省。"寝爵作𡨦，召伯簋作𡩝，铭曰："余献𡩝氏以壶。"召伯簋假借作为姓氏用字，故添加"女"为提示符号，此与"姚""姒"之为姓氏字皆从女相同，学者以为古姓氏源于母系氏族时期。综合《说文》籀文和金文形体考虑，我们认为甲骨文所从的"帚"不是"婦"省，而是表示"扫帚"。甲骨文中的"帚"多表示"妇"⑤，也表示用扫帚扫。

《战后宁沪新获甲骨集》一·一〇八："……申卜帚雨。"

"帚雨"就是扫去雨水，应该是一种对抗天下雨的祭祀活动。⑥金文、籀文从帚从又，显然表示用扫帚扫。所以，"寝"从宀从帚，"帚"其实是提示符号，提示用扫帚扫。人所居住的房间要经常打扫，故"寝"从宀从帚，提示常常打扫以区别于别的房间。

"寝"本作𡨦、𡨄，为明确人用扫帚扫，故金文添加"又"，为《说文》籀

---

① 关于"食"的考释，请参考本书第六章。
② 口表示宫城，曰也表示宫城，不是"日"，我们从夏商之际的二里头宫城看，其主殿在宫城之中央，故从口添加一为提示符号，请参考陆忠发《都邑考》，《杭州师范学院学报》2005年第2期。
③ 《甲骨文所见氏族及其制度》，转引自《甲骨文字诂林》1993页，第68-69页。
④ 《甲骨文字诂林》1994页"寝"下按语。
⑤ 妇是地位极高的妇女之称，后来扩大泛指妇女。
⑥ 陆忠发：《古代祭祀十讲》，华文出版社2011年版，第47页。

文圂所本。寝为人所居，故又添加提示符号"人"，同时为了汉字结构的简略，省去"帚"下面的木，形体遂作"宿"，寝多置床，故又或添加爿为提示符号作"寝"。许慎说"寝"从宀侵声是不对的。从"寝"字表意的角度分析，"寝"是会意字，不是形声字。

二、会意字上添加偏旁如何看待其结构

这种情况造出的新字有的是会意字，有的是形声字，我们在下面将作具体分析，这里就不展开了。

学习中国文字学，学会分析汉字的形体与意义关系非常重要。我这里按照象形字、指事字、会意字的顺序举一些例子分析其形体与意义的关系，希望对读者分析汉字的形体与意义关系有所帮助。请读者朋友注意与下面介绍的汉字造字手段、汉字表意方法联系着看。这部分介绍的汉字形体，参考了徐无闻先生主编《甲金篆隶大字典》①，这些字的出处大多来源于出土文献。介绍字的形体变化主要在于说明汉字从古文字到今文字的形体变化的大致过程；部分字的意义很明确，这样的字我就不引语言用例了，其他的字则稍微作一下论证。

◇ 第二节 象形字 ◇

总的说来，象形字就是用勾勒事物轮廓的方法造的字。大部分象形字表示的都是字形所勾勒的事物，有一些象形字表示的是与字形所勾勒的事物相关的概念。

一、勾勒完整轮廓的象形字

屲，甲骨文"山"，启卣作屲，睡虎地秦简作屲。《说文》："山，宣也。宣气散，生万物，有石而高。象形。"许慎用声训解释"山"声义的来源，不可信。屲像连绵起伏的山峰，表示"山"的概念。

屲，甲骨文"丘"，商代丘叔簠作屲，马王堆汉墓出土帛书《战国纵横家书》

---

① 四川辞书出版社1991年版。

作 ⿰. 《说文》："丘，土之高也，非人所为也。从北从一，一，地也，人居在丘南，故从北。中邦之居，在昆仑东南。一曰四方高，中央下为丘。"丘"的本义是山坳，整个字像山与山之间的低洼地带，四周高而中间低，表达"山坳"的概念。孔子名"丘"，《史记·孔子世家》："（孔子）生而首上圩顶，故名曰丘。"司马贞《索隐》："圩顶，……中低而四旁高也。"

"丘"字，《说文》取二义，是许慎不明"丘"字本义是什么造成的。"丘"的古文字形体像山坳之形，从"丘"之字则有四周高而中间低之义，如《说文》："㲉，反顶受水丘。从丘泥省声。""反顶受水"就是四周高而中间低。又，"丘"有"空"义，《左传·昭公十二年》"九丘"，孔颖达疏引张平子曰："丘，空也。"《后汉书·庞参传》："故县丘城"，李贤注："丘，空也。"《文选·陈琳〈为曹洪与魏文帝书〉》："恐犹未信丘言"，李善注引孟康《汉书》注曰："丘，空也。"《说文》："虚，大丘也。从丘虍声。""丘""虚"之有"空"义，亦当与"四周高而中间低"之义有关。凡此皆证明"丘"之本义为"山坳"。山坳虽然四周高而中间低，其地势仍然是高的，故"丘"引申有"土之高"义。

⿰、⿰，甲骨文"川"，篆文作⿰。《说文》："川，贯穿通流水也。"⿰像河流之形，⿰为两岸，⿰像水流于其间，表达"河流"的概念。

⿰，甲骨文"禾"。《说文》："禾，嘉谷也。二月始生，八月而孰，得时之中，故谓之禾。禾，木也。木王而生，金王而死。从木，从⿰省，⿰像其穗。""禾"造字的时候，五行的概念可能还没有产生，许慎以五行说"禾"的造字，显然不可信。甲骨文既像水稻的植株形，又像粟的植株形，它可能同时表示水稻和粟两种农作物。但是因为粟的产量太低，可能因此不受商王的重视，水稻的产量相对高很多，受到商王重视，所以，卜辞中的"禾"指的是水稻。[1]周代气候变得干燥了，中原地区只适合种植粟，所以周代文献中的"禾"都指粟。为了区别水稻和粟，金文中专门为水稻造了⿰字。

⿰，甲骨文"黍"，亦作⿰、⿰，仲戲父盘作⿰，睡虎地秦简作⿰，马王堆汉墓出土帛书《五十二病方》作⿰。《说文》："黍，禾属而黏者也。以大暑而种，故谓之黍。从禾，雨省声。孔子曰：'黍可为酒，禾入水也。'"甲骨文"黍"是象形字，不是从禾雨省声的形声字。黍这种农作物的谷穗是散穗，⿰像黍的谷穗

---

[1]　陆忠发：《甲骨卜辞中的禾指水稻说》，《江西社会科学》2005年第2期；陆忠发：《论水稻是商代的主要农作物》，《农业考古》2008年第4期。

形，黍往往有多个散穗，故作✲形。黍这种农作物既耐旱，又能够在潮湿的土壤里生长，所以，甲骨文形体有的也添加"水"为提示符号，提示黍能够在潮湿的土壤里生长。①

✦，甲骨文"犬"，贝鼎作✦，侯马盟书作✦，马王堆汉墓出土帛书《五十二病方》作✦，孔和碑作**犬**。《说文》："犬，狗之有县蹏者也。象形。"像犬的躯体形，描绘其大耳、瘦腹、长尾，尾常翘起，表示"犬"。

✦，甲骨文"虎"，召伯簋作✦，师虎簋作✦，描绘其回首之状，更显威猛。篆文讹作✦，石鼓文作✦，魏王基残碑作✦，汉印征作✦。《说文》："虎，山兽之君，从虍，虎足象人足，象形。"篆文将虎足和尾讹为几，这就是许慎说"虎足象人足"的原因。篆文几，楷书作"几"或者"人"，故虎往往直接写成"虎"或者"✦"。甲骨文形体像老虎的躯体形，描绘其嘴大牙长，四脚强健，身有条纹，表示"老虎"。

✦，甲骨文"它"，亦作✦、✦，鱼鼎匕作✦，古玺作✦，马王堆汉墓出土帛书《五十二病方》作✦，武威汉代医简作✦。《说文》："它，虫也。从虫而长，象冤曲垂尾形。上古艸居患它，故相问'无它乎'。"古文字形体像游动的蛇、虫的躯体形，甲骨文中✦字表示蛇。《合集》14354："贞，元示五牛，它示三牛。"毒蛇对人们的生命威胁非常大，所以人们把它当作神，所以它也有"示"（牌位）。"它示"的"它"甲骨文均作✦或✦，不敢草率，其他地方则往往简化作✦，如✦（害）字中的"它"就是。"它"在甲骨文中不作"虫"用。

蛇、虫（如水中的虫类）躯体相近，很难区分②，为使二者区别开来，秦汉时人们又造"蟲"表示"虫"，因为虫往往有很多聚在一起的情况，而蛇则多单独行动。于是✦(甲骨文)、✦（金文）、✦（篆）表蛇，"蟲"表"虫"，二类遂区别开来。

✦，甲骨文"贝"，师遽簋作✦，召伯簋作✦，古玺作✦。《说文》："贝，海介蟲也。居陆名猋，在水名蜬。象形。古者货贝而宝龟，周而有泉，至秦废贝行钱。"古文字形体像贝形，表示贝类。古人不但用海贝作饰物也作货币，商代直接用海贝作货币使用，西周采用铜铸造贝形货币，秦正式废止贝形货币，改用钱，王莽复古，又恢复使用海贝作为货币。所以后来凡与财富、交易、馈赠、赏

---

① 有山西的朋友告诉我，黍旱涝保收。
② 蛇虫有时候在大小上有区别，但是，造字是没有办法区别大小的。

赐、劳资等概念有关的字多从"贝"。

　　✦，甲骨文"子"，小子射鼎作✦，马王堆汉墓出土帛书《老子甲本》作✦，汉晋西陲木简作✦。《说文》："子，十一月，阳气动，万物滋，人以为称。象形。"古文字"子"像婴儿之形。婴儿不会下地走路，大人往往把他们的上身和腿用衣被一起包裹着，所以造字只突出其大大的头和两只动来动去的手，身躯和腿脚就连在一起了。"子"之所以不画出双腿，是为了强调其处在襁褓之中，双腿不可见，以别于成人。若同样画出双腿，则与成人无可别。

　　✦，甲骨文"首"，亦作✦，侯马盟书作✦，秦始皇廿六年诏权作✦，马王堆汉墓出土帛书《老子甲本》作✦。《说文》："首，✦（《说文》："✦，同也。"）同，古文✦也。《象发，谓之鬈，鬈即《也。"许慎把"首"的意义解释为"头"，这可能不是本义。甲骨文中✦与✦都是面具。因为首先，✦与✦不像人头，而像动物的头；其次，✦在别的字中作造字部件用，是表示面具，如✦（"袭击"的"袭"的本字）像人头戴面具（✦不像人头，却安在了人的头上，显然是面具），将兵器藏于身后，脚步很轻地接近目标。这些材料都表明✦的本义是面具。✦也作为造字部件在别的字中使用，如甲骨文"页"作✦，通过我们后面对✦形体的分析，我们可以确定✦是一种面具。

　　✦与✦单独使用时有区别。甲骨文中，✦单独使用指人的头，此外没有别的意思。如《合集》13614："贞，子疾✦。""疾✦"就是头生了病。✦单独使用表示人名或者族名，如《合集》6031："贞，王往聚✦，勿……"[1]"王往聚✦"这里的✦可能表示头戴这种面具的人，如一些部落的首领等。

　　甲骨文中人的头还用"天"（✦）表示，到了周代，✦代替✦表示天神[2]，于是头只用首表示。

　　✦，甲骨文"耳"，耳卣作✦，古玺作✦，睡虎地秦简作✦，马王堆汉墓出土帛书《老子甲本卷后古佚书》作✦。《说文》："耳，主听也。象形。"甲骨文形体像耳朵形，表示"耳朵"。

　　✦，甲骨文"目"，屰目父癸爵作✦，篆文作✦，睡虎地秦简作✦。《说文》："目，人眼，重童子也。"甲骨文像人眼睛之形，表示"眼睛"。篆文把瞳子误为✦，许慎误以为"重童子"。

---

①　"聚"的考证参考陆忠发：《汉字学的新方向》，浙江大学出版社2009年版，第218页。
②　陆忠发、夏利亚：《论商代的天神》，《杭州师范大学学报》（教育科学版），2007年第1期。

，甲骨文"口"，戊寅鼎作 。《说文》："口，人所以言、食也。象形。"古文字形体像人嘴形，表示人和动物的"口"。

，甲骨文"自"，臣卿簋作 ，睡虎地秦简作 。《说文》："自，鼻也。象鼻形。"像鼻子之形（有两翼），本义为鼻子。人自指时往往指向自己的鼻子，故又引申指"自己"。

，甲骨文"心"，克鼎作 ，侯马盟书作 ，武威汉简作 。《说文》："心，人心，土藏，在身之中。象形。"许慎用五行观念说心在身体之中，是没有依据的。古文字形体像心脏之形，表示"心脏"。

，甲骨文"足"，师晨鼎作 ，篆文作 。《说文》："足，人之足也。在下，从止、口。"徐锴曰："口象股胫之形。"这是对的。甲骨文形体像脚和腿相连的样子，古腿和脚连在一起叫足，单独的脚叫" （止）"，像脚的样子，表示"脚"。脚是人的行走器官，在古文字中， 常常表示一个人。

，甲骨文"衣"，袁盘作 ，江陵楚简作 ，居延汉简作 ，《说文》："衣，依也。上曰衣，下曰裳。象覆二人之形。"许慎以声训解释"衣"之所以叫"衣"的原因是衣服依附在人的身上。像上衣，有袖、衣襟相叠压，不是"象覆二人之形"。《诗经·邶风·绿衣》："绿衣黄裳。"毛传："上曰衣，下曰裳"。

，甲骨文"丝"，守宫盘作 ，睡虎地秦简作 ，卫方碑作 ，像两股丝之形，表示"丝"。《说文》："丝，蚕所吐也。"

，甲骨文"鼎"，鼎文作 ，像鼎形，上面是鼎的耳，下面是鼎的足，中间是鼎的腹。甲骨文形体鼎的足从 ， 是提示符号，提示鼎的足向两边分开。《说文》："鼎，三足两耳，和五味之宝器也。"

，甲骨文"鬲"，亦作 ，篆文作 ，像鬲形。《说文》："鬲，鼎属，实五穀。斗二升曰穀。象腹交文，三足。"古代鼎、鬲皆用于煮食盛食。鬲的腹部没有交文，许慎所谓"象腹交文，三足"，是小篆形体讹误造成的误解。

（壶），像壶形。上像壶盖，下像其身，表示"壶"。《说文》："壶，昆吾圜器也。象形。"

，甲骨文"皿"，篆文作 ，像一种有圈足的大口容器。[1]《说文》："皿，饭食之用器也。象形。"凡此形的容器皆多以皿为提示符号。

---

[1] 裘锡圭：《文字学概要》，商务印书馆1983年版，第116页。

豆，甲骨文"豆"，亦作豆，豆闭簋作豆，像一种有高圈足的盛食器。①甲骨文中间的一点，是提示符号，提示里面盛有食物。《说文》："豆，古食肉器也。"古代常常一器数用，豆不仅仅盛肉，也盛其他食物。

行，甲骨文"行"，行父辛觯作行，行气铭作行，马王堆汉墓出土帛书《老子甲本》作行。像通达四方的道路，本义就是道路。《诗经·豳风·七月》："女执懿筐，遵彼微行。""微行"就是小路。《说文》："行，人之步趋也。""行走"义是"行"的引申义。

舟，甲骨文"舟"，亦作舟，舟簋作舟，石鼓文作舟，像没有篷盖的简单的木船，表示"船"。《说文》："舟，船也……象形。"

斤，甲骨文"斤"，天君鼎作斤，仕斤戈作斤，马王堆一号汉墓竹简作斤，像斤（斧头）之形，◁是石斧的斧刃，指代石斧。丁是捆绑石斧的木柄，甲骨文斤字的木柄基本上都作丁，折的甲骨文形体作析，也有作析者，作析者的斧柄是两段木头捆绑在一起做成的；作丁者，其丨往往都稍微弯曲，应该是表示丁是利用树木自然的枝丫做斧柄，或者是表示斧柄是采用竹片之类的有弹性的材料以减轻砍斫时震动的强度。因为斧头砍斫时，斧柄弯曲处承受的力量是很大的，用绳索捆绑不足以承受这样大的力量。斤是木工最有代表性的工具，故以箱子里放着斤（匠）表示木工。《说文》："斤，斫木也。象形。"疑夺"者"字，许慎当云"斤，斫木者也"。

矢，甲骨文"矢"，亦作矢，鄙侯鼎作矢，马王堆汉墓出土帛书《老子甲本》作矢。《说文》："矢，弓弩矢也。"像一支完整的箭。Λ像箭镞，丨为箭，从为羽，用以使矢在飞行时保持平衡。完整的箭，古叫矢，箭只是矢中的一段竹子，其关系如下：

$$矢$$
$$镞\quad 箭\quad 羽$$

韩愈《张中丞传后叙》："射浮图，矢著其上砖半箭。"谓矢射入砖中，到达箭的一半的地方。

戈，甲骨文"戈"，亦作戈，戜簋作戈，《说文》："戈，平头戟也，从弋，一横之。象形。""戈"的古文字字形像戈形，上面是戈的头，下面是戈的柄。戈柄上

① 裘锡圭：《文字学概要》，商务印书馆1983年版，第116页。

斜着的一笔画 **／** 是提示符号，提示人手握持的地方，许慎说"一横之"是错误的。表示一种兵器。

┓，甲骨文如此，小篆作 **厂**（偏旁），字像陡峭的山崖之形，旧释为"石"，实际上当释为"崖"。

《合集》13505正："己亥卜，内贞，王有崖在麓北东，作邑于之。"古人于高大的山崖往往要刻画之，并且作为祭祀的对象，《合集》13505正的这个"崖"就是王刻画上东西的崖，因为常常要来这里祭祀，所以在这里营建一个宫城。

《合集》28180："王其侑于滴，在又（右）崖燎，有雨。"河流的岸边有时候就是陡峭的山崖，《合集》28180说祭祀滴水之神，并且在滴右边的山崖举行燎祭，有雨。

《屯》2118："己丑卜，帚崖、燎，爵于南庚。""帚"《殷墟甲骨刻辞类纂》隶作"妇"，于上下文不通。此当为"帚"，"帚崖"，谓扫除山崖上的枯枝败叶之类。

《合集》9552："己亥卜……岳**┓**，有从雨。"岳**┓**就是大山中的某一个山崖。这一刻辞是说祭祀了大山的山崖，结果下了大雨。因为高山的山崖一般一年四季都会滴水，所以古人会来这里求雨。

我在《都邑考》[①]中引《合集》13505正从《殷墟甲骨刻辞类纂》引作"己亥卜，内贞，王有石在麓北东，作邑于之"，没有核对卜辞原文，把"石"解释为"神主"。今核对原文作**┓**，则不应该释为"石"，解为"神主"。特稍详此条以纠正我过去之失。

还有些象形字只是勾勒事物最具区别特征的部位轮廓来表示事物，我们在第六章再举例。

二、添加提示符号的象形字

彔，甲骨文"升"，《说文》："升，十龠也。从斗，亦象形。"**弔**像量器"升"之形，上面表示方形的器腹，下面是手柄，手柄上的 **／** 是提示符号，提示手所握持的部位。**弔**里面和外面的数小点也是提示符号，提示度量的物品（用升度量物品时要把升的腹部全部深入被度量的物品中，里面和外面的数小点，就提示升的腹部全部在物品中）。表示古代的量器"升"。

---

① 《杭州师范学院学报》，2005年第2期。

❀，甲骨文"向"，金文（向簋）作❀，北海相景君铭作向，篆文作向。《说文》："向，北出牖也。从宀、从口。"《诗经·豳风·七月》："塞向墐户。"❒像窗户，⋂是提示符号，提示❒是屋子上面的像❒的东西。上古时期房屋很小，南面有门无窗，所以"向"的本义应该是朝北的窗户。

❀，甲骨文"页"，从❀、❀，❀是提示符号，提示❀是人头上戴的东西。《合集》22216："……四子❀❀。"① ❀像手把玩东西之形，人手上拿着的东西很可能是古文字"佩（佩）"所从的❒，是玉②，所以❀可能是"弄"的古体。❀是弄的对象，其本义应该是物名。❀像动物的头，戴在人的头上，所以❀是一种面具。"页"的本义是面具。《合集》15684反："丁丑……豕页……""豕页"即做成猪头形状的面具。面具总是戴在头上的，所以后来造的字，以"页"为表意偏旁的，意义大多与"头"有关。

❀，甲骨文"泉"，新莽大泉作❀，涌泉混流瓦作❀，曹全碑作泉。《说文》："泉，水源也。像水流出成川形。"❀像流出的水，━为提示符号，提示水所自出之处，⋂亦提示符号，提示洞穴，整个字用"洞穴中的某个地方流出的水"表示"泉水"。

❀，甲骨文"栗"，亦作❀，石鼓文作❀，篆文作栗，长沙沙子塘西汉墓木封泥匣作栗。《说文》："栗，木也。"这里应该理解成"栗，栗木也"，这就是所谓的"连篆而读"③，古人文字简略，凡是释义语言的第一个字与篆文字头相同的，则省略之。我们在理解的时候要把这个省略的字补出来。❀像栗树的子实，木为提示符号，提示❀是栗树的子实。整个字表示"栗子"。

❀，甲骨文"殳"，趞曹鼎作❀，睡虎地秦简作❀，《说文》："殳，以杸殊人也……从又几声。"❀像"殳"这种兵器，上面菱形的部分是殳的头，头中间的一点是提示符号，提示其金属的头是多棱形的④，头下面的⋂是缨，缨下面是柄，手是提示符号，提示❀为手上所执之物。若没有这个提示，则易与他物相混，整

---

① 曹锦炎、沈建华：《甲骨文校释总集》把❀校订为"祭"，今不取。
② 佩字，❒是玉，下面的"巾"表示玉的垂饰，人是提示符号，提示❒是佩戴在人身上的东西，合起来表示玉佩，"佩"是玉佩的总名。关于"佩"字的考释请参考陆忠发《中学文言文教学研究》第四编《与文言文教学相关的语言文化问题》之"古代的佩是什么东西，有哪些作用？"，群言出版社2006年版。
③ 连篆而读，参考钱大昕《十驾斋养新录》。
④ 可参考湖北省博物馆《曾侯乙墓》（文物出版社1989年版）所附的战国及实物图片。

个字表示"殳"这种兵器。许慎把字义理解成动词，是错误的。其形体也不是"从又几声"。殳的头和柄合起来很长，金文把柄横写，篆文进一步误为"几"。

♀，师趛簋铭"手"，马王堆汉墓出土帛书《老子甲本卷后古佚书》作♀，武威汉代医简作♀。《说文》："手，拳也。象形。"下 ﾉ 表示胳膊，上 ♀ 像伸直的五指，合起来表示手。

♀不等于 ﾔ（又），ﾔ像手指有所发力之状，故往往表示手的各种动作，不直接表示名物的手。

ƀ，甲骨文"弓"，或簋作ƀ，石鼓文作ƀ，篆文作ƀ，像弓形，甲骨文形体弓上有弦，弦是提示符号，金文形体只像弓身。《说文》："弓，以近穷远。象形。"许慎的解释我们同样应该理解为连篆而读，许慎以弓的作用来解释"弓"。

图，篆文"困"，《说文》："困，廪之圜者。从禾在口中。"这里的"口"不是表示嘴巴的"口"，而是一个筒形的东西，表示仓廪的外部轮廓，禾为提示符号，提示里面藏着禾。整个字表示"仓廪"。

ƀ，甲骨文"疆"，不缿簋作ƀ，颂簋作ƀ，秦公簋作ƀ，篆文作ƀ或ƀ。《说文》："疆，界也。从畕、三，其界画也。ƀ，或从彊、土。"甲骨文形体从ƀ像疆界蜿蜒曲折的样子，ƀ（表示一块块彼此相连的田地）是提示符号，提示ƀ所处的环境是在ƀ的外边。合起来表达"疆界"的概念。字或从ƀ，三个 ━ 也是提示符号，提示田地之间的田界。ƀ应该是形声字，从土彊声。

ƀ，甲骨文"叉"，篆文作ƀ。━像手足的指甲，ﾔ为提示符号。整个字表示手足的指甲。《说文》："叉，手足甲也。从又，象叉形。"但是，"又"并不像叉形，《说文》一定有夺字，疑许慎原文作"叉，手足甲也。从又，━象叉形"。

ƀ，吉日壬午剑铭"胃"，徐王炙炉作ƀ，马王堆汉墓出土帛书《老子甲本》作ƀ。《说文》："胃，谷府也。从肉，ƀ象形。"裘锡圭先生说ƀ像胃形，由于形状不够明确，加注了一个"肉旁"。[1]忠发按：裘锡圭先生的说法是对的，但是还没有说清楚肉与ƀ之间的关系，为什么加了肉，意义就明确了？其实肉是提示符号，提示的是质料，这个像袋子或果子一样的东西，是用肉做的，所以它是胃，而不是袋子或果子。[2]

ƀ，甲骨文"面"，江陵楚简作ƀ，马王堆汉墓出土帛书《养生方》作ƀ，

---

[1] 裘锡圭：《文字学概要》，商务印书馆1983年版，第120页。
[2] 参考陆忠发：《汉字学的新方向》，浙江大学出版社2009年版，第75页。

武威汉简作⯒，《说文》："面，颜前也。从首，象形人面。"裘锡圭先生说："面本指人头前部的表面，所以字形在'首'前加曲线以示意。这条曲线既可以认为是起指示作用，也可以认为是象人面的纵剖面。"①按：按裘先生的说法，字义仍然不可解。徐中舒先生《甲骨文字典》考甲骨文"面"从〇从目，"首"为"目"讹所致。②"面"字从〇像面部之廓，目是提示环境的符号，这样就把"面部"的概念表达出来了。

⯒，甲骨文"辰"，亦作⯒、⯒，矢方彝作⯒，篆文作⯒，马王堆汉墓出土帛书《老子乙本卷前古佚书》作辰，《说文》："辰，震也。三月，阳气动，雷电振，民农时也，物皆生。从乙、匕，象芒达，厂，声也。辰，房星，天时也。从二，二古文'上'字。""辰"表示房星是假借义。⯒是"蜃"的本字，⯒像海蜃，为了与形体相似的事物区别开来，造字者加⯒为提示符号，⯒表示蜃伸出到外面的蜃肉。这样，⯒表示海蜃就容易理解了。这种事物的外形像⯒，它还可以向外伸出像⯒一样的肉，那么，这种事物就是海蜃了。

⯒，甲骨文"舌"，篆文作⯒，睡虎地秦简作⯒，马王堆汉墓出土帛书《足臂十一脉灸经》作⯒，《说文》："舌，在口，所以言也、别味也。从干从口，干亦声。"⯒像蛇的舌头形，不是"干"，⯒是提示符号，提示⯒是从口中伸出的东西，从而明确⯒是舌头。③

⯒、⯒，甲骨文"不"，天亡簋作⯒，《说文》："不，鸟飞上翔不下来也。从一，一犹天也。象形。"姚孝遂先生考"不"表示一切草木之根。④忠发按：甲骨文形体像植物之不定根（俗称"须根"），植物之定根垂直向下生长，如树木之"本"是也。"不"之甲骨文形体所从的⯒、⯒是提示符号，提示植物入土的部分，其下面的⯒、⯒像植物的须根。

⯒，甲骨文"石"，篆文作⯒，《说文》："石，山石也。在厂之下，口，象形。"姚孝遂先生说："⯒、⯒均当释石。⯒象石之形，或增⯒为饰作⯒。《说文》：

---

① 裘锡圭：《文字学概要》，商务印书馆1983年版，第121页。
② 《甲骨文字典》，四川辞书出版社1988年版，第992页。
③ 很多动物都有舌头，为什么单单选择蛇的舌头？因为其他动物的舌头都是条状的，而社会生活中，条状的东西实在太多，如果造字从一个条状的东西，从"口"，组合起来，人们很容易误解为嘴巴在吃这个条状的东西。而生活中⯒这种样子的东西很少，人们应该都知道这是蛇的舌头。因为古时候蛇很多，所以人们路上相见，都会关心地问对方："无它乎？（没有遇到蛇吧？）"因此，蛇和蛇的舌头都是人们非常熟悉的东西，造字选择蛇的舌头，人们都能理解。
④ 《甲骨文字诂林》第2510—2511页"不"下按语。

'石，山石也。在厂之下，口，象形。' 金甲文皆从ㅂ,《峄山碑》亦从ㅂ。许书盖以从ㅂ不可解，故改从O，以象石形说之。"[①]ㅂ像石头，ㄱ像陡峭的山崖，ㄱ是提示符号，提示环境，ㅂ是山崖上滚下的象ㅂ的东西，所以是石头。姚孝遂先生说"增ㅂ为饰"是错误的，是姚先生不会分析"石"字表意所致。

□甲骨文啚，鄙的初文，亦作□，表示邑（宫城），□、□像储粮的窖仓。邑的主要功能，一般来说是住人的，但是，古代在边境地区营造的邑主要是储存战争物资，如军粮等，这样的邑与境内主要用来住人的邑不同，于是就出现了"边邑"的概念。"边邑"的概念极难表达。边邑的主要功能是储存粮食。故造字从□、□是提示符号，提示这个邑的功能是储存粮食。所以，啚（鄙）的本义是"边邑"。《说文》："啚，啬也。""鄙，五酇为鄙。"《说文》分啚、鄙为二字，不妥。

三、本义不表示所像事物的象形字

有一部分象形字，其形体像某某事物，但是，整个字表达的概念却不是这个事物，如甲骨文"高"作□，亦作□，秦公簋作□，绎山碑作□，定县竹简作□，均像城楼之形，□表示城楼上面的建筑，□表示墙体，ㅂ表示出入口。古代的城楼都很高，人来到城楼下面，自然就会感到城楼很高，因此造字利用人们在城楼下的感受表达"高"的概念。[②]

"风"的古文字形体很多，其基本形体都像风筝之形，造字者是利用风筝在天上飘飞表达使风筝飘飞的风。[③]

"酉"的甲骨文形体是盛酒的容器，这个字不表示盛酒的容器，而是利用盛酒的容器，表达容器中盛的酒。

□，甲骨文"甾"，甲骨文单独使用是表达"承载"概念的字，[④]但是，这个器物本来是箩筐，如"璞"之甲骨文形体作□、□，用"拿辛（一种刀具）在山洞里挖下来盛在箩筐里的玉"表达"璞"（没有加工过的玉）的概念。从□在"璞"这个字中作偏旁的情况看，□是箩筐。

① 《甲骨文字诂林》第2195页"ㄱ"下按语。

② 按照象形字的表意方法，"高"应该有"城楼"的意思。但是卜辞中还没有可以确定为"城楼"意义的用法。《合集》9229："□入二在高。"《合集》21826："癸酉，子卜，高作，不若。""高作"是不是"作高"的意思？这种语法表达，即所谓的"宾语前置"。如果是，那么，"高"的本义是"城楼"，表达"高"的概念，是引申义。

③ 陆忠发：《汉字学的新方向》，浙江大学出版社2009年版，第200-201页。

④ 陆忠发：《汉字学的新方向》，浙江大学出版社2009年版，第98-99页。

◇ 第三节　指事字 ◇

指事字在象形形体的基础上，加注指示符号，指出造字者所要表达的意义是这个象形形体的某一个部分。如：

𣎵，篆文"本"，本鼎作木，楚帛书作木，《说文》："本，木下曰本。从木，一在其下。"徐锴曰："一，记其处也。"木是树木的象形，一是指示符号，指示造字者要表达的是树木的根部，所以"本"的本义是"树根"。

朱，甲骨文"朱"，毛公鼎作朱，银雀山汉墓竹简《孙子兵法》作朱，武威汉简作朱。《说文》："朱，赤心木，松柏属。从木，一在其中。"木是树木的象形，一是指示符号，指示造字者要表达的是树木的树干部分，所以"朱"的本义是树干，是"株"的本字。

末，蔡侯钟铭"末"，马王堆汉墓出土帛书《五十二病方》作末，《说文》："末，木上曰末。从木，一在其上。"木是树木的象形，一是指示符号，指示造字者要表达的是树木的树梢部分，所以"末"的本义是树梢。

刃，甲骨文"刃"，马王堆汉墓出土帛书《五十二病方》作刃，《说文》："刃，刀坚也。象刀有刃之形。"刀是刀，一点是指示符号，指示造字者要表达的意义是刀的刀刃部分，所以"刃"的本义是"刀刃"。

亦，甲骨文"亦"，毛公鼎作亦，东周时期哀成叔鼎作亦，马王堆汉墓出土帛书《战国纵横家书》作亦，《说文》："亦，人之臂亦也。从大，象两亦形。"亦是一个人的象形，左右各一点是指示符号，指示造字者所要表达的意义是人体的腋下部位，所以，"亦"的本义是"腋下"。

指事字也有形体比较复杂的，如"关"的古文字形体作關（陈猷釜），"关"的本义是附着在门上的供插入门闩用的两个相对的木头条段。[①]關的形体我们应该这样理解：垂直的两竖是描绘供插入门闩用的两个相对的木头条段的形体，因为人们很难理解这垂直的两竖表示什么，所以添加"门"为提示符号，提示这垂直的两竖是附着在门上的东西，人们就明白这垂直的两竖是供插入门闩用的两个相对的木头条段了。这垂直的两竖上面的两个点，是指事符号，指出这两个垂直

---

① 陆忠发：《孔子"举国门之关"解》，《孔子研究》，2019年第5期。

的竖就是供插入门闩用的两个相对的木头条段。所以，開是比较复杂的指事字。

◇ 第四节 会意字 ◇

会意字是由两个或者多个表意部件会合在一起表达一个意义的字，会意字的造字最能反映古人无穷的智慧。

一、不同部件组合的会意字

（图），甲骨文"宿"，马王堆汉墓出土帛书《老子乙本卷前古佚书》作（图），武威汉简作宿。《说文》："宿，止也。从宀佰声。佰，古文夙。""宿"是会意字，（图）是席子，（图）表示人躺在席子上，不是佰，∩是提示符号，提示在家里。用"在屋子里，人躺在席子上"，表达"住宿"的概念，《说文》释义是正确的。

（图），甲骨文"疾病"的"疾"，亦作（图）、（图），毛公鼎假借（图），侯马盟书作（图），睡虎地秦简作疾。《说文》："疾，病也。从疒矢声。（图），古文疾。""疾"是会意字，（图）是床，（图）表示人躺在床上。∴是提示符号，提示人在出汗。古人生活简朴，一般都睡在席子上，但病人睡在席子上往往不利于身体康复，故特为设床。于是，造字就用"人躺在床上，并且在出汗"表达"疾病"的概念。古文"疾"作（图），是（图）与（图）合并之字：（图）即（图）；（图）即，（图），二者取其一；（图）即（图）。于是，合起来即"疾"字。[1]

（图），甲骨文"从"，从二人，利用二人之间的一前一后的位置关系表达"跟随"、"随行"的概念。《说文》："从，相听也。从二人。""從，随行也。从辵、从，从亦声。"许慎区分"从""從"为二字是错误的。"从"本作（图），本义是"随行"，随行必然与道路有关，故形体又作（图）（芮公鼎），添加"彳"为提示符号，表示道路。随行必动脚，故又添加提示符号"止"，表示脚的动作，字作（图）（從鼎），亦同时添加"彳"和"止"，字形作（图）（过伯簋），今体作"從"。"从"的意义又由"随行"引申为"听从"。

（图），甲骨文"北"，"背"的初文，利用二人之间的位置关系表达"向背"的"背"的概念。《说文》："北，乖也。从二人相背。"

---

① 陆忠发：《汉字学的新方向》，浙江大学出版社2009年版，第169-171页。

甲骨文"比"，《说文》："比，密也。二人为从，反从为比。""比"不能理解为"反从为比"。"比"的甲骨文形体的两个人的腿呈弯曲之势，其表意应该是利用二人蹲在一起，表达"亲近""朋比"的概念。

甲骨文"無"，亦作𣲗，金文作𣲗（般甗）、𣲗（史颂簋）、𣲗（昶仲匜）。《说文》："𣲗，丰也。从林、𣎴。或说'规模'字。从大、廿，数之积也；林，木之多也。廿与'庶'同意。《商书》曰：'庶草繁無。'"许慎说形说义都是错误的。甲骨文形体像人操尾而舞的样子，表达"舞蹈"的概念。甲骨文或作𣲗，添加"雨"，是表示求雨的舞蹈的专字①，除去添加的"雨"，这个字与般甗的"舞"是一样的，都像人操尾而舞的样子。史颂簋从二𣲗而添加一提示将二𣲗贯穿于人的身体，表示将𣲗系在人的身上；𣲗上从🪢，与甲骨文𣲗、般甗𣲗所从的🪢一样，表示用绳子打结留出的环，以方便手持取或者系连；𣲗下从𣲗，表示木节。②所以，史颂簋的𣲗像人身上系木节而舞的样子。昶仲匜直接从大从二木，同样表示人身上系木节而舞。《说文》所谓"从林、𣎴"，是误木节为"林"，误绳环和贯穿的一为廿，以附会其"丰也"之义。"庶草繁無"之"無"是"蕪"的假借，"無"没有"丰也"之义。《说文·舛部》又有"舞"字，许慎曰："舞，乐也。用足相背。从舛，無声。"这个形体本作𣲗（匽侯舞戈），是"舞蹈"的"無"添加两足为提示符号，提示舞蹈时脚的动作，与"無"是异体字关系。许慎别为两个字，是错误的。

甲骨文"夹"，祀三公山碑作夾，曹全碑作夾。《说文》："夹，持也。从大侠二人。"裘锡圭先生说："字形表示二人夹辅一人。"③《史记·鲁周公世家》："周公旦者，周武王弟也。自文王在时，旦为子孝，笃仁，异於群子。及武王即位，旦常辅翼武王，用事居多。武王九年，东伐至盟津，周公辅行。十一年，伐纣，至牧野，周公佐武王，作《牧》誓。破殷，入商宫。已杀纣，周公把大钺，召公把小钺，以夹武王，衅社，告纣之罪于天，及殷民。释箕子之囚。封纣子武庚禄父，使管叔、蔡叔傅之，以续殷祀。"司马迁用"辅""佐""夹"区分明显，"夹"可能专指祭祀中左右辅佑主祭者，故引申有"夹持""辅助"义。

① 陆忠发：《汉字学的新方向》，浙江大学出版社2009年版，第203页。
② 古代有击节奏乐之事（参考本书第七章第二节对甲骨文䰜的考释），当然也就会知道木节相击可以发出有节奏的声音。
③ 裘锡圭：《文字学概要》，商务印书馆1983年版，第124页。

，甲骨文"即"，石鼓文作，马王堆汉墓出土帛书《老子甲本》作。《说文》："即，即食也。从皀卪声。"按："即"从皀，皀是盛食物的器物，在这里表示食物；从卪，卪是一个呈跪姿的人。古人居家生活都采用跪姿，从皀从卪，字在甲骨卜辞中是一种祭祀的名称，很可能是专门的献食祭祀。《合集》32256："丁未卜，其即上甲。"造字用神灵就食这样的结果表示导致这一结果的原因——献食祭祀。这种表达概念的方法也是汉字表达概念常用的方法之一，请参考本书第六章。

献食祭祀导致神灵走近食物，故"即"又引申有"走近""接近"的意思，这是古书中的常用义。许慎以"即食"释其义，不确。又释其形体为形声字，是错误的。

，篆文"晨"，，《说文》"晨"或体，楚帛书作，马王堆汉墓出土帛书《五星占》作。古者天不亮人们就起床，农人下地干活，官员上朝议政。故用星星与（辰，蜃的本字。古以蜃壳作为农具）表达"晨"的概念。或省晶为日，遂讹为从日。《说文》："晨，房星，为民田时者。从晶辰声。"作为星星的名称，应该是假借义。

，甲骨文"今"，"吟"（噤）之本字，矢方彝作，诅楚文作，马王堆汉墓出土帛书《老子甲本卷后古佚书》作。字从或表示闭着的口，－是提示符号，古时候军队秘密行动，为了不让人发出声音，就令军士口中咬着一根小棍子，人只要一说话，这小棍子就掉了。为了保证小棍子不掉，就只能不开口说话。这里的－就提示口中含着的小棍子。合起来表示"闭口不言"的概念。假借表示"今天"的"今"，《说文》："今，是时也。""今"假借表示"今天"的"今"之后，本义又添加"口"造"吟"字表示。《史记·淮阴侯列传》："虽有舜、禹之智，吟而不言，不如喑聋之指麾也。""吟"就是"闭口不言"的意思。后来，"吟"又引申表示"呻吟"，《说文》："吟，叹也。"本义"闭口不言"又造"噤"字表示。有人认为甲骨文是采用改变（曰）字形方向（即将其倒置）的方式造出来的一个字，"曰"是说，反过来则是缄口不言。①所从的"口"是甲骨文"口"通常的写法，②所从的"口"是甲骨文中表示口撮合起来的写法，二者的功能义不同。所以不能把看成是倒置的形体。

① 董莲池:《说文解字考正》，作家出版社2005年版，第205页。
② 董莲池:《说文解字考正》，作家出版社2005年版，第205页。

，甲骨文"埶"，毛公鼎作，从女，石鼓文作，篆文作，从朱（木）从土（土）从，突出人双手的动作，整个字像人在土上种植树木，表示"种植"的概念。《说文》："埶，种也。从坴、丮——持亟种之。《书》曰：'我埶黍稷。'"篆文从是朱和土合在一起的形误，不能理解为造字"从坴、丮"。

，甲骨文"得"，亦作、，智鼎作，秦泰山刻石作，改"又"为"寸"，马王堆汉墓出土帛书《战国纵横家书》作。"得"，从手持贝，商代以海贝为货币，有贝就无所不能得到，故以"手持贝"表达"得到"的概念。所从的"彳"是提示符号，提示道路，因为人得到海贝往往要经过长途跋涉。《说文》："得，行有所得也。从彳导声。，古文省彳。""得"不能分析为形声字，所从的彳直接参加表意，应该看成是表意部件之一，所以"得"是会意字。至于什么样的才是形声字，请参考下面关于形声字的分析。小篆"得"作，误从"贝"为从"见"，古文"得"从"见"也是"贝"之讹。"得"本作，不能看成是省彳。《说文·见部》："，取也。从见从寸，寸，度之；亦手也。"此与《彳部》"得"之古文全同，疑后人误加。如果是许慎所为，肯定归《寸部》。

，甲骨文"及"，保卣作，绎山碑作，从人从彐，彐表示一个人用手抓，整个字用"一个人从后面抓住了前面的人"表达"追及""追赶上"的概念。毛公鼎作，添加"水"为提示符号，提示人奔跑时汗流浃背，"追及""追赶上"的概念表达就更加形象。《说文》："及，逮也。""及"在文献中使用的意义，还是以"追及""追赶上"为妥。因为"逮捕"义只能用于个人，而先秦文献中"及"常常用于军队和军队之间，显然不能理解为逮捕。"逮捕"义是"追及""追赶上"义的引申义。"及"在先秦文献中还引申出"杀""屠杀""死亡"等意义。

，甲骨文"秉"，井人钟作，马王堆一号汉墓竹简作，从朱（禾）彐，《说文》："秉，束禾也。从又持禾。"人收割稻禾总是用手抓住一把禾再用镰刀割下，然后再捆扎成一束。"秉"从彐从朱，就表示"一束禾"。《诗经·小雅·大田》："彼有遗秉。"正用本义。引申为"拿着""持"。

，篆文"兼"，诅楚文作，居延汉简作，从二禾，从彐，用一个人同时拿着两把禾，表示"合并"的概念。《说文》："兼，并也。从又持秝。兼持二禾，秉持一禾。"许慎说"兼"的意义是对的，但是形体不当理解为"从又持秝"。《说文》："秝，稀疏适也。从二禾。""秝"利用禾苗与禾苗之间的空间关系

表达"稀疏恰到好处"的概念。稻禾之间需要有合适的间距，间距太大，浪费土地；间距太小，稻禾生长会受到影响。所以，人们在种植稻禾时，总是会保持合适的间距。故造字利用禾苗与禾苗之间的空间关系表达"稀疏恰到好处"的概念。"兼"的形体应该理解为"从又持二禾"。"兼持二禾，秉持一禾"疑不是许慎所说，应该是后人读《说文》所加的旁注，误采入正文中。

，甲骨文"采"，亦作，南宫中鼎作，睡虎地秦简作，武威汉简作。从或从木、从，用手在树上采摘树叶或果实，表示"采摘"的概念。《说文》："采，捋取也。从木从爪。"

，甲骨文"孚"，"俘"的本字，亦作。从表示一个人用手抓，是小孩，整个字用"抓着小孩"表达"俘获"的概念，引申为"俘虏"。《说文》："俘，军所获也。从人孚声。《春秋传》曰：'以为俘馘。'"《说文》："孚，卵孚也。从爪从子。一曰'信'也。，古文孚从禾，禾，古文保。"许慎分"俘""孚"为二字，非。"俘"应该是在"孚"的基础上孳乳的专门表示"俘虏"概念的字，后来又反过来取代"孚"表示"俘获"。《希麟音义》卷八"孚附"注引《说文》曰"孚，鸟孚卵也"，徐锴曰："鸟之孚卵皆如其期，不失信也。鸟裒恒以爪反覆其卵也。"许慎把"孚"的本义理解为鸟孚卵，徐锴进一步说明其字形从爪从子之意以及引申有"信"义的原因。但是，甲骨文中"孚"的意义是"俘获"，《合集》137反："……五日戊申，方亦征，孚人十又六人。"其意义正与形体相合。可见"孚"的本义正是"俘获"。

俘获来的俘虏肯定要把他们集中在一起，还会派人在俘虏身边昼夜看守以防止他们逃跑。鸟孚卵会把卵集中在一起，昼夜伏在卵上孵化这些卵，二者相似，故"孚"由"俘获""俘虏"义引申为"鸟孚卵"。"鸟孚卵"不是"孚"的本义，而是引申义。

，古文"孚"把"子"之躯干部分改为"不"，应该是表示读音。同样，"保"，甲骨文作，周原甲骨作，大保鼎作，十年陈侯午錞作，复添加"缶"表示读音。"孟"，邹伯鼎作，可见，凡唇音字之从"子"者，往往把"子"之躯干部分改为"不"，都是表示读音。

，亚且父乙己卣铭"共"，牧共簋作，共覃父乙簋作，善鼎作，《说文》古文作，睡虎地秦简作，马王堆汉墓出土帛书《老子甲本》作。从或从，像双手供设器物，表示"供设"之义。《周礼·天官·宫人》："宫人掌王之六寝之修，为其井匽，除其不蠲，去其恶臭，共王之沐浴。凡寝中之事，埽除，执烛，共炉炭。"《说文》："共，同也。从廿、廾。""廿"是鼎之类的器物形状凵的形误，"同也"这个意义也是引申义。《说文》："供，设也。从人共声。一曰供给。""共"与"供"是古今字，人们造"供"字表示本义"供设"之后，本字"共"就专门表示"共同"这个意义了。

　　夫，甲骨文"戒"，戒鬲作夫，马王堆汉墓出土帛书《战国纵横家书》作戒，从二手（表示一个人），从戈，用一个人持戈表示"警戒"的概念。《说文》："戒，警也。从廾持戈，以戒不虞。"

　　丞，甲骨文"弄"，王作弄卣作丞，篆文作丞，马王堆汉墓出土帛书《老子乙本》作弄，从王（玉）从二手，用两手拿着玉，表示"把玩"之义。《说文》："弄，玩也。从廾持玉。"《诗经·小雅·斯干》："乃生男子，载寝之床，载衣之裳，载弄之璋。"古代把玉制成玩具，让孩子玩耍，所以用双手拿着玉表达"把玩"的概念。

　　盥，甲骨文"盥"，篆文作盥，汉熹平石经作盥，从臼（两只手），从水，从皿盛洗过手的水，合起来表达"盥洗"的概念。《说文》："盥，澡手也。从臼、水，临皿。"

　　兴，甲骨文"兴"，亦作兴，兴壶作兴，父辛爵作兴，鬲叔盨作兴，侯马盟书作兴，睡虎地秦简作兴，马王堆汉墓出土帛书《战国纵横家书》作兴，汉熹平石经作 兴。从两双手表示两个人，从凡，凡是担架之类的东西，合起来表示"抬"的概念。或添加"口"，口是提示符号，数人共抬一物，往往伴随着喊出口号（如嗨哟嗨哟之声），故加"口"提示喊口号。后来凡与口并在一起就误为"同"。《说文》："兴，起也，从舁，从同，同力也。""兴"由"抬"引申为"起"，从同为形误，"同力也"显然是误解。

　　闢，盂鼎铭"闢"，从門从廾，廾表示双手向相反方向用力，故字表示双手打开门。《说文》："闢，开也。从门辟声。闢，《虞书》曰：'闢四门。'从门从廾。"今本《说文》疑文字顺序有误，合理的表达应该是"闢，开也。从门辟声。《虞书》曰：'闢四门。'闢，从门从廾。"引申为"开着"，如《左传·宣公二年》："寝门闢矣。"

　　伐，甲骨文"伐"，默钟作伐，侯马盟书作伐，睡虎地秦简作伐，从戈从人，戈是砍伐的工具，在这里表示人持戈从事砍伐的动作，砍伐的对象是字所从的

"人"，整个字表达"砍伐"的概念。《说文》："伐，击也。从人持戈。一曰败也。"许慎理解字形为"从人持戈"是不对的。

悬妃簋"悬"，邵钟作，从木从丝从首，用"用绳子拴着人头挂在树上"这样的状态表达"悬挂"的概念。《说文》："縣（简化作'县'），系也。从系持。"徐铉曰："臣铉等曰：此本是县（悬）挂之县，借为州县之县。今俗加心，别作懸，义无所取。"许慎把本义理解为系，徐铉已经指出其本义是悬挂。《说文》篆文作，睡虎地秦简作，曹全碑作。从系，从倒首。"系"是"木"和"绳索"合在一起形成的。"縣"本义是"悬挂"，引申之，人心悬着也叫"縣"，于是添加"心"专门表示心悬着的"縣"，字作"懸"，简化为"悬"。

甲骨文"毓"，毓且丁卣作，邵仲爵作，史晨碑作毓，从女或从母，从（倒子）、从（水），用"一个女子正在生孩子"表达"生育"的概念。《说文》："育，养子使作善也。从肉声。《虞书》曰：'教育子。'，育或从每。"许慎说解本义误。另外，"育"的形体来源目前还不清楚，古陶文有作者，从倒子从月（肉）。甲骨文有字，李孝定先生《甲骨文字集释·存疑》（4580页）解释为"育"字，这个解释可能是正确的。可能表示女人的产道口，向两边分开的是提示符号，提示水从产道口流出来。生孩子的时候羊水破裂，总会有水流出来的。"益"金文作（益公钟）、（王臣簋），所从的八正是表示水流出的意思。字用子与产道口的空间关系表达"生育"的概念。后来讹为月（肉，其讹变的过程可能是先讹为，再讹为月），遂成为"育"字。

甲骨文"曰"，金文作、，诅楚文作，从口，从-或，-或像气流从口中出来。人一般都用鼻子呼吸，气流从嘴巴出来，是说话的结果。所以用嘴巴中有气流出来，表达导致气流从嘴巴出来的事情——"说话"的概念。《说文》："曰，词也。从口乙声。亦象口气出也。"许慎把"曰"的本义理解为虚词，是错误的。作为虚词的"曰"应该是动词虚化的结果。其形体是会意字，利用气流与嘴巴的空间关系表达"说话"的概念。所从的不是"乙"，也不表示字的读音。段玉裁注引《孝经音义》曰："从乙在口上，乙象气，人将发语，口上有气。"这样的解释基本上把握住了"曰"字造字的表意方法。

甲骨文"益"（溢的本字），篆文作，睡虎地秦简作。从水，从，利用水与的位置关系，表达"满溢"的概念。《说文》："益，饶也。从水、皿。皿，益之意也。""丰饶"之义应该是"满溢"义的引申义。"从水、皿。皿，益之意也"疑衍"皿"，许慎分明是说"从水、皿"表示"益之意"也。

🔸，甲骨文"至"，盂鼎作🔸，马王堆汉墓出土帛书《老子甲本》作🔸，马王堆汉墓出土帛书《春秋事语》作🔸，银雀山汉墓竹简《孙子兵法》作🔸，古文字"至"从矢、——，——表示射箭的靶子。古文字的上下结构往往表示前后位置关系，所以🔸像箭射到了靶子上，表达"到达"的概念。"到达"的概念极难表达，当矢射入靶子时，肯定就到达了，所以就用"矢射入靶子"表达"到达"的概念。汉代书写的隶化习惯，把箭羽讹为〇，使"至"的上部变得平直，于是，平直的横上面又加了一横①，遂成为今天的形体。《说文》："至，鸟飞从高下至地也。从一，一犹地也。象形。不，上去；②而至，下来也。"古文字形体的"矢"确实像鸟的形状，加之许慎不知道古文字的上下结构往往表示前后位置关系，所以就误以为是"鸟飞从高下至地"了。

🔸，甲骨文"正"，"征"的初文，亦作🔸，趞盂作🔸，格伯簋作🔸，马王堆汉墓出土帛书《老子乙本》作正，从口从🔸，本义是往。甲骨文中口往往表示城，🔸代表行走的人，🔸朝口，代表人向城的方向行走。🔸利用城与人的方位关系表达"朝……去"的概念。《合集》6066反："……五日丁未允有来[警]……告曰：舌方🔸于我……三邑。""🔸于我……"就是"去了我（什么地方）"。引申为"征讨"，《合集》6308："贞，呼正舌方。"《说文》："正，是也。从止，一以止。凡正之属皆从正。🔸，古文正从二，二，古上字。🔸，古文正从一、足，足者亦止也。"🔸，不是从二，是🔸上面添加一横。🔸，不是从一、足，🔸就是🔸，上面的一横也是添加上去的。唐兰先生《古文字学导论》在总结古文字形体演变规律时有大量例证，可以参看。

🔸，甲骨文"之"，毛公鼎作🔸，侯马盟书作🔸，马王堆汉墓出土帛书《老子甲本》作🔸，银雀山汉墓竹简《孙子兵法》作🔸。从🔸从一，一代表地面。人们往往用踩脚表示"这里"的意思，所以，从🔸从一，表示"这里"的概念。"之"在卜辞中表示"这里"。《合集》2498正："惟之其凡（风）。""惟之其凡（风）"是"这里大概要刮风"的意思。《合集》13505正："王有崖在麓北东，作邑于之。""作邑于之"即"在这里（麓北东）营造宫城"。《合集》28399："……南，于之擒兕。""于之擒兕"就是"在（……南）这里捕捉了兕"。引申为"这"，作

---

① 这是古文字形体演变的规律之一，可参考唐兰先生《古文字学导论》。
② "不，上去"，参考象形字中的"不"的分析。

为代词。《合集》12936："贞，惟雨。之日允雨。"[1]"之日允雨"就是"这天果然下雨了"。《合集》13351："贞，今夕雨，之夕启，风。""之夕启，风"就是"这天晚上云开了（天晴了），起了风"。或以为 ⚇ 从一代表地，⚇ 向前表示人向他处去，所以 ⚇ 的本义是"往"。这样的理解可能不正确。甲骨文中表达"往哪里去"的概念用"往"，如《合集》19289："……戌卜，𝅘𝅥𝅮贞，往于之。"[2]"之"在后代的文献中有"往"的意思，可能是"这里"的引申义（一个人说"这里"，另一个人就朝那个方向走过去，因此，"这里"能够引申出"往"的意思）。《说文》："之，出也。象艸过中，枝茎益大，有所之。一者，地也。"甲骨文形体的"脚"的形状在演变过程中讹与草木相似，所以许慎误以为是草木从地里长出来。许慎分析形体和意义都是错误的。

"之"在先秦文献中常常与"止"混同，如《诗经》中的句尾语气词"止"其实都是"之"。《说文》："止，下基也。象艸木出有址，故以止为足。""止"，甲骨文作⚇，是"趾（脚）"的象形字，召伯簋作⚇，小篆作⚇，形体与毛公鼎作⚇极其相似，这就是"之"与"止"在先秦文献中常常混同的原因。许慎也因此误解其形体为上是草木，下是草木生长的基址，以为由此引申表示人的足。

𝅘，甲骨文"卫"（衞），亦作𝅘、𝅘、𝅘、𝅘、𝅘等，或从 屮（方）表示方国，从"行"表示道路，利用方国出动，我们必然要作出防卫这样的必然来表达"防卫""保卫"的概念。或从 口 表示城，或从人，⚇代表人。当人和人的动作器官同时使用在一个字中的时候，人往往以名物义参加造字，人的动作器官以功能义参加造字。所以在𝅘、𝅘这两个形体中，人的功能与 口 相当，⚇代表的人是发出动作的人。⚇是提示符号，表示四通八达的道路，提示地点，整个字用"许多人把守在通往城、需要保卫的人所在地的道路路口"表达"保卫"的概念。《合集》7888："癸丑卜，𝅘贞，师往卫，无𝅘。"金文作𝅘，从 口 表示"城"，从四个止，四个止从东西南北拱卫着城，表达"保卫"的概念。[3]《说文》："衞，宿卫也。从韋、帀，从行，行，列卫也。"我们宜作一些说明。

"韦"，甲骨文作𝅘，亦作𝅘（𝅘显然就是金文𝅘），篆文作𝅘，张迁碑阴作𝅘，从表意方法上看，𝅘从 口 从𝅘、𝅘，口 为城，𝅘、𝅘表示城的四周站立的人，利用

---

[1] 曹锦炎、沈建华：《甲骨文校释总集》校订为"贞，惟雨"和"之日允雨"两条卜辞。

[2] 曹锦炎、沈建华：《甲骨文校释总集》校订为"……戌卜，𝅘贞，勿往于之。"

[3] 我们之所以不能理解为包围这个城，是因为止的方向不是朝向城，所以应该理解为拱卫着城。

人拱卫城的位置关系，表达"保卫"的概念，应该是"衛"的异体字。在卜辞中作人名、族名用。《合集》634正："丁亥卜，殼贞，呼比取臣。""比"是"率领"的意思，是率领的对象，是人名、族名。甲骨文、金文均不从"帀"，帀是形体讹变的结果。司寇良父壶作，古鉥作，把下面的止讹为。于是有人误以为"衛"从，因把字形又写作，①小篆又讹作，这就是从"帀"的由来。许慎分析"衛"字的形体为"从韋、帀，从行"，意思是守卫的人列于道路上，环卫一周，表示"守卫"。其实，从"行"也不是为了"列卫"，行是提示符号，提示守卫的人在路口设防；"帀"是形体讹误的结果，也不是表示守卫的人环卫一周；在衛中，也不能看成是"韋"字，而应该看成是口和、三个表意部件，表示人守卫在城的周围。

，甲骨文"出"，亦作，鄂君舟节作，睡虎地秦简作，小篆作，从止从凵，凵表示居穴，古人在地上挖一个一米左右的坑，在坑中立一柱子，支撑起屋顶，这样的居住方式叫"穴居"。凵就像在地上挖的居穴，在这里表示居住的地方，代表一个人，的方向朝凵外，表示一个人从居穴中走出，以此表达"出去"的概念。《说文》："出，进也。象艸木益滋，上出达也。""出"所从的"止"在形体演变中讹与草木相似，故许慎有此误。

，甲骨文"吉"，亦作、、等形，、是箭镞，、是斧头，均表示兵器，从表示水池。打造兵器需要淬火，以提高其强度和韧性。"吉"用淬火的兵器表达"坚韧"的概念，引申有"善""好"等意义，再引申为"吉凶"之"吉"。②《说文》："吉，善也。从士、口。"林沄先生解"吉"字云："吉字的造字用意殆与古（固之本字）、弜（强之初文）相类，古字乃就中（盾）形加口示其坚……则吉字乃就戈或钺形加口示其利。"③为什么加口形就可以示其坚利？这样解释也是不正确的。④

，甲骨文"陟"，亦作，从阝或从，阝或像古人登高使用的独木梯子或者台阶之形。有人认为像古人进出居穴、上下台基或登降山阜时所用的脚窝或

① 高明、葛英会：《古陶文字征》，中华书局1991年版，第212页。
② 姚孝遂先生说"吉"用为"吉凶"的"吉"，与字形无涉（《甲骨文字诂林》713页），看成是假借，非。
③ 林沄：《士王二字同形分化说》，载张政烺先生八十庆寿论文集《尽心集》，中国社会科学出版社1996年版。
④ "固"的解释参考本书190页。

步磴。①⚡表示一脚前一脚后地爬行，⚡与⚡合起来表示"登陟"的概念。《合集》20271："壬申卜，王陟山。"《诗经·周南·卷耳》"陟彼高冈，我马玄黄。"《说文》："陟，登也。从阜从步。⚡，古文陟。"许慎把⚡看成是"步"是不对的。⚡应该看成是人的两只脚，表示一个人在向上攀登。古文"陟"添加"日"表示读音。

⚡，甲骨文"降"，亦作⚡，瘐钟作⚡，楚帛书作⚡，武威汉简作⚡，用独木梯与人行动的方位关系表达"降下"的概念。《说文》："降，下也。从阜夅声。"⚡不能看成是"夅"，应该看成是人的两只脚，表示一个人在向下行走。"降"是会意字，不是形声字。

⚡，甲骨文"逐"，周原卜骨作⚡，添加提示道路的符号⚡，周代金文全部添加提示道路的符号，如逐簋作⚡。篆文作⚡，马王堆汉墓出土帛书《战国纵横家书》作⚡，从⚡从⚡，⚡代表行走的人，利用人与⚡的位置关系表达"追逐"的概念。《合集》190正："王其逐兕，获。"

⚡，甲骨文"追"，周原卜骨作⚡，添加提示道路的符号⚡，绎山碑作⚡，而睡虎地秦简作⚡，张景碑作⚡。甲骨文从⚡从⚡，⚡是师，表示军队，⚡代表人。利用人与⚡的位置关系表达"追赶"的概念。《合集》32815："己亥，历贞，三族，王其令追召方，及于⚡。"《说文》："追，逐也。从辵自声。"许慎误为形声字，谓从辵自声，这是不对的。杨树达先生说"追必用于人，逐必用于兽"②，是对的。

⚡，甲骨文"省"，省瓤作⚡，中山王鼎作⚡，睡虎地秦简作⚡，篆文作⚡，从⚡从目，本义是"察看"。《合集》9611："丙辰卜，永贞，呼省我田。"《说文》："省，视也。从眉省，从屮。⚡，古文从少从囧。""省"本从⚡从目，古文字凡垂直的一竖常常加一点，故省瓤作⚡添加一点，中山王鼎把一点拉长成为一横，篆文把一横斜书，故许慎误以为"从眉省"。古文从"少"，"少"也是⚡讹变的结果，"囧"则是"目"讹变的结果。

⚡，甲骨文"相"，睡虎地秦简作⚡。从目从米，古籍中表示"察看"之义。草的类别、树的年轮都要仔细观察才能分辨③，故用从⚡从目或者从米从目（目

---

① 裘锡圭：《文字学概要》，商务印书馆1983年版，第128-129页。
② 杨树达：《积微居甲文说·释追逐》，中国科学院1954年版，第15-16页。
③ 如中药绞股蓝跟一种俗称五爪金龙的草本植物就很难区分。

表示人用眼睛察看）表达"察看"的概念。《说文》："相，省视也。从目从木。《易》曰：'地可观者，莫可观于木。'《诗》曰：'相鼠有皮。'""省"与"相"本来可能是同一个字的不同形体，后来分化成为两个字。

（字形），甲骨文"明"，亦作（字形），这两个形体后来演变为"明"的两个形体。前者毛公鼎作（字形），泰山刻石作（字形），侯马盟书作（字形），马王堆汉墓出土帛书《老子甲本卷后古佚书》作（字形），今字作"明"。《字汇·目部》："朙，俗以为明暗之明。"后者三体石经作（字形），今字作"明"。从（字形）、（字形）（皆表示窗子），从（字形）（月）。（字形）像窗子，中间的三个点是窗子的木格条，（字形）中间的点是提示符号，提示地点，在（字形）这个字中提示月光从窗中的那一点处照进来。造字用月亮与窗子之间的位置关系表示"月光从窗子里照进来"以表达"光明""明亮"的概念。古人住在低矮的地穴式的房子里，晚上，月光从窗子里照进来，感觉非常明亮，故以表达"光明""明亮"的概念。《说文》："朙，照也。从月从囧。（字形），古文朙，从日。""囧"是（字形）的形讹，"日"是（字形）的误解。

（字形），默钟铭"閒"，即"间"（间）的古体，中山王墓宫堂图作（字形），银雀山汉墓竹简《孙子兵法》作（字形），从門从（字形），利用从关起来的门上可以透进月光，表达"缝隙"的概念。"缝隙"的概念也非常难表达。古人晚上关起门休息，黑暗的房间里，可以清晰地看到从门缝里透进来的月光，故用"从门缝里透进月光"表达"缝隙"的概念。《说文》："閒，隟也。从门从月。"徐锴曰："夫门夜闭，闭而见月光，是有閒隟也。"徐锴的理解是对的。

（字形），甲骨文"朝"，亦作（字形），从日、月，从（字形）或从（字形）表示林莽。字用太阳刚出来，月亮尚可见，表示"清早"的概念。金文把"月"改换为"川"，矢令彝作（字形），盂鼎作朝，朝讶右库戈复改从"舟"作（字形），小篆作（字形），讹为（字形）。《说文》："朝，旦也。从倝舟声。"许慎是根据已经讹误的形体作的分析，非是。但是，战国以来人们仍然写成从"月"的形体，如马王堆汉墓出土帛书《老子甲本》作朝，这就是今体的由来。

（字形），甲骨文"莫"，"暮"的初文，亦作（字形），睡虎地秦简作（字形），马王堆汉墓出土帛书《老子甲本》作（字形）。从日，从（字形）或从（字形）表示林莽。字用太阳处于林莽之中，表示"傍晚"的概念。《说文》："莫，日且冥也。从日在茻中。"

古人对"朝""暮"的表达，利用了社会生活常识。就常识来说，太阳落入林莽的时候，虽然有时候月亮也运行到了将落下去的地方，但那时的月亮弦已很小，几乎不可见。而太阳要出来时，月亮也运行到了太阳出来的地方，这时的月亮却很亮，容易看见。故造字用加月为提示符号提示这段时间是太阳出来，表示"朝"，用不加月表示"暮"。"莫"假借为否定性的不定代词，"傍晚"的概念又添加"日"作"暮"。

🐭，篆文"竄"，马王堆汉墓出土帛书《养生方》作🐀。《说文》："竄，匿也。从鼠在穴中。"①"藏匿"的概念很难表达，用"老鼠躲在洞穴中"表达"藏匿"的概念，也是十分生动的。

🚪，同簋铭"闲"，《说文》："闲，阑也。从门中有木。"《说文》："阑，门遮也。"古代的门，两扇门都安装在石臼上，为方便开关门，门的下边必须离地面有一定的距离。这样，门关上之后，门的下边与地面之间必然留下一条缝隙。古人为了挡住这条缝隙，就用一根横木挡在门边（现代人把它叫门槛），这根横木就叫"闲"，故造字从木在门下，🚪字利用门和横木之间的位置关系，表示"门槛"的概念。许慎误以为"从门中有木"。

🚪，豆闭簋铭"闭"，子禾子釜作🚪。金文"闭"从门从十，表达"关闭"的概念。古代的木门，关闭时往往用门闩闩上，然后用一根大木顶住上墙和地面以加固关闭的门，这正是十所表示的意思，横的表示门闩，竖的表示加固的木头。篆文作🚪，阜阳双古堆西汉汝阴侯墓竹简《仓颉篇》残简作🚪，睡虎地秦简作🚪，马王堆汉墓出土帛书《春秋事语》作🚪，从"门"从"在（才）"。"在"甲骨文作十，本义是古代测日影的表，后来假借表示"才"。所以，"在"和"才"古文字共用一个形体。金文所从的表示门闩和加固的木头的十，与古文字"在（才）"的形体十非常接近。所以，战国时期，人们不知道"闭"所从的十不是十，把它当成了十，于是就把"闭"写成了从"门"从"才"的形体，《说文》："闭，阖门也，从门、才，所以距门也。"这就是《说文》"从门、才"的由来。我们读《说文》，一定要联系每一个字的古文字形体，这样才能知道字形的来龙去脉。臧克和、王平先生的《说文解字新订》②为我们提供了许多方便。

《礼记·礼运》："是故谋闭而不兴，盗窃乱贼而不作，故外户而不闭，是谓大同。""外户而不闭"，人们往往存在误解，我稍微解释一下。

古代的木门，门的外面和里面都有可供放入或者插入门闩（古代叫"楗"，

---

① 大徐本作"竄，坠也。从鼠在穴中"，当从小徐本。
② 中华书局2002年版。

后来也写作"键"）的两个相对的木头条段，外面的叫"扃"（《说文》："扃，外闭之关也。"），里面的叫"关"。上古没有锁，门不可能任由风来开合，所以，主人外出，则以楗插入或者放入扃中以从外面闭户（如果两个木头条段做成Ω形附着在门上，这样，木头条段和门之间的上部就留下了空缺的位置，这个空缺的地方就是用来放入门闩的）；主人入户，则以楗插入或者放入关中以从里面闭户。这样，门的开合就可以由人控制而不是由风控制了。

古代防止入室偷窃的方法有两个，一是把门闩和关捆在一起，这样门闩就移除不了了，所以"关"的形体金文作闗，小篆作闗，闗在闗的基础上添加"丝"为提示符号，提示用绳索把两扇门上各自附着的一根木头条段和门闩捆在一起。这个形体就是现在的繁体字"關"的源头。第二个方法就是用一根大木顶住上墙和地面以加固关闭的门。

"外户"就是说人外出时，门没有锁，只是从外面插入或者放入门闩把门合上。"不闭"是指晚上睡觉时，门只是插入或者放入门闩，而不用一根大木顶住上墙和地面以加固已经合上的门。

厵，克鼎铭"原"，"源"的本字。泰山刻石作厵，小篆作厵，睡虎地秦简作原。"源头"的概念，不容易表达。造字从厂表示山崖，从𤽄（泉），利用泉水与山崖的位置关系（泉从山崖中流出）表达"源头"的概念。《说文》："厵，水泉本也。从灥出厂下。原，篆文，从泉。"

庫，篆文"库"，《说文》："库，兵车藏也。从车在广下。"广即厂，表示一面没有墙的屋子。车停于屋内，用以表达"车库"的概念。

监，甲骨文"监"，亦作监，应监甗作监，马王堆汉墓出土帛书《战国纵横家书》作监，从臣、皿（皿），从人从目，目是提示符号，提示人使用眼睛在看，皿中的一点，也是提示符号，提示皿中有自己的影像，合起来用"人睁大眼睛对着器皿看"表示"照自己"的概念。《尚书·酒诰》："古人有言曰：'人无于水监，当于民监。'""于水监"就是在水里照自己。《说文》："监，临下也。从卧，衉省声。监，古文从言。"人们一开始没有镜子，照自己一定要在器皿中盛水，用水来照自己。所以照自己总是要俯首的，由此引申出"临下"的意义。古文从"言"的形体未见，"言"可能是形讹所致。

饮，甲骨文"饮"，曩中壶作饮，甲骨文从酉从人从欠，欠即甲骨文舌、舌（舌）的倒书，提示舌向下，金文饮从酉从欠，欠是人而以彐提示其张嘴伸舌，合起来用"人向下伸出舌头或口向下在酒尊中饮酒"表示"饮"的概念。金文形体加 ⌒（今），提示字音，是从 🔸 "今"声的形声字。可饮之物不独有酒，饴（稀饭或者米糊）也可以饮，故字又以 🔸 替换了酒[1]，谏盆作 🔸，隶书作 飮（武威汉简），成为现代汉字"饮"的古体。🔸 用人张口饮饴，表达"饮"的概念。《说文》："歙，歠也。从欠酓声。🔸，古文歙，从今、水；🔸，古文歙，从今、食。"许慎分析"歙"为"从欠酓声"的形声字是错误的。《说文》古文 🔸，可以看成是 🔸 省略了 🔸，又以水替换了"酉"，因为水也是人们饮用的物品，可以看成是从"水""今"声的形声字。又作 🔸，这是从"食""今"声的形声字。所以，"饮"的本义是动词"饮（喝）"，引申为喝的东西——饮品。

🔸，甲骨文"既"，颂鼎作 🔸，马王堆汉墓出土帛书《老子甲本卷后古佚书》作 🔸，孔宙碑作 🔸，从 🔸 从人从 🔸，🔸 像簋盛满了食物，🔸 是人的嘴巴，在这里是个提示符号。人的嘴巴应该朝着食物，但是 🔸 却离开了食物，所以 🔸 用"人的嘴巴从簋这里转开"提示人吃饱了不想吃了，合起来用"人不想吃了"表示"结束"的概念。"结束"的概念非常难表达，人不想吃了，其吃饭的动作肯定结束了，故用以表达"结束"的概念。《合集》21302："庚寅雨，日中既。"这里的"既"正是"结束"的意思。《说文》："既，小食也。从皀旡声。《论语》曰：'不使胜食既。'"古人一日两餐，晚餐叫小食。吃晚餐的时候，一天就快结束了。所以，"既"由"结束"引申指"小食"。许慎把"小食"当成是"既"的本义，是错误的。"既"是会意字，也不是形声字。

🔸，甲骨文"邑"，小篆作 🔸。《说文》："邑，国也。从口，先王之制，尊卑有大小。从卪。"许慎解释"邑"的意思是正确的，但是历代学者把许慎的话都理解错了。"邑"和"国"的本义都是"宫城"。[2]另外，许慎解释的文字疑有错简，当为"邑，国也。先王之制，尊卑有大小。从口，从卪"。"邑"，从口从 🔸，口表示城，利用"城外有人聚居"这样的人与城的位置关系表达"宫城"的概念。[3]许慎所说的"卪"，是 🔸 的形讹。宫城，在商代叫邑，周代的宫城对老百姓开放，

---

[1] 🔸 的本义是动词食，周代文献中也作名词用，表示饮食的东西。

[2] "宫城"是国王他们一家人生活居住的小城，占地面积都很小，按照周代制度的规定，地位不同的国王，其宫城占地大小有严格的规定："大都不过三国之一，中五之一，小九之一。"（《左传·隐公元年》）

[3] 陆忠发：《都邑考》，《杭州师范学院学报》，2005年第2期。陆忠发：《"国"字本义考》，《杭州师范大学学报》，2012年第6期。

这里每天都聚了很多人，所以周代又把宫城叫"都"。"都"得名于聚集。

占，甲骨文"占"，从卜从口。"占"之事就是观察卜骨上的裂纹（即兆），把这样的裂纹所蕴含的神灵的旨意说出来，故造字从卜、口。《说文》："占，视兆问也。从卜从口。"

衔，篆文"衔"，《说文》："衔，马勒口中，从金从行。衔，行马者也。""衔"是马嚼子，驾马者用缰绳系在马嚼子上，控制马的行动。故造字从金从行。

名，甲骨文"名"，睡虎地秦简作名，《说文》："名，自命也，从口从夕。名者，冥也。冥不相见，故以口自名。"《说文》用声训的方法说明"名"的概念的由来：天黑了，对面来的人看不清是谁，于是就用嘴巴说出我是谁，这就叫"名"。因为"名"是天冥了自报其名，与"冥"有关，所以声音也与"冥"相近。

二、相同部件组合的会意字

会意字中有一部分是用相同的部件组合成字的。如：

羴，甲骨文"膻"，或作羴，从多个"羊"。羊聚在一起，人远远地就能闻到膻味，故用人的感受表达"膻"的概念。《说文》："羴，羊臭也。从三羊。"

鱻，甲骨文"鱻"（后来与"鲜"共用一个形体"鲜"），《说文》："鱻，新鱼精也。从三鱼，不变鱼。"徐锴曰："三，众也，众而不变是鱻也。""鱻"的本义为小鱼。《老子》第六十章："治大国,若烹小鲜。"《抱朴子·广譬》："小鲜寓身于龙池，而渔夫为之息网罟。"《文选·张衡〈南都赋〉》"黄稻鱻鱼"、《郭璞〈江赋〉》"食惟蔬鱻"，李善注均引《声类》曰："鱻，小鱼也。""鲜"（鱻）的本义为小鱼。人们都知道，大鱼不喜欢在水面上活动，小的鱼最喜欢成群结队地在水面上活动，故用许多鱼聚在一起表示"小鱼"。"鲜"（鱻）为"小鱼"，故人没有成年，夭折也叫"鲜"。《左传·昭公五年》："葬鲜者自西门。"杜预注："不以寿终为鲜。"再引申为"自杀"。司马迁《报任安书》："故士有画地为牢，势不入；削木为吏，议不对。定计于鲜也。"

鲜，鲜父鼎"鲜"，古玺作鲜，《说文》："鲜，鱼名。出貉国。从鱼羴省声。"忠发按：鲜是会意字，从鱼、羊。鱼、羊都是味道鲜美的食物，故以这两种味道鲜美的食物表达"味道鲜美"的概念，引申为"新鲜"。超出一斤重的鱼味道就差了，所以小的鱼味道比大鱼更加鲜美。因此，"鱻"引申出"味道鲜美"之义，遂与"鲜"同义。既然"鱻"与"鲜"同义，人们就选择形体简单的"鲜"替代了"鱻"。

🚗，简化为"轰"，《说文》："轰，群车声也，从三车。"此利用人的感受表达概念。当群车滚过时，人总会听到巨大的声响，故用🚗表达"轰鸣"的概念。

三、合义字

会意字中有一些后来造的合义字，把几个部分的意思加起来表达概念，如：

"凭"，《说文》："凭，依几也，从几从任。"

🔤（尟），《说文》："尟，是少也。"今为鲜少之鲜。

《说文·马部》："馱，马八岁也，从马从八"。

《说文·隹部》："雀，依人小鸟也，从小隹。"

四、独体会意字

会意字中有一些是独体会意字，如〇、凹、凸应当归为独体会意字。裘锡圭先生《文字学概要》表意字中的抽象字，多为独体会意字。

独体会意字有些是一个完整的象形形体，因为其形体本身表现为某种状态，这种状态也具有表意作用。这样，这个完整的象形形体就有了两个表意部件，所以是会意字。如：

〇，《说文》："〇，回也，象回帀（匝）之形。"首先，它是完整的形体；其次，该形体以"回匝之形"示"包围"之意，故为独体会意。

"回"，《说文》："回，转也。从口，中象回转形。⌇，古文。"《说文》"回"字古文作⌇，睡虎地秦简作⌇，从口是形体讹变的结果。裘锡圭先生谓以回旋的线条示意。按：其表意部件有二，一为连续不断的线条，二为旋转之状态，合起来表达"旋转"的概念。《荀子·致士》："水深而回。"杨倞注："回，流旋也。"

𠃊，甲骨文"丩"（纠的本字），丩方鼎作𓏏，《说文》："丩，相纠缭也。一曰：瓜瓠结丩起。象形。"字像两根绳索纠合在一起（为一根），纠合的状态又为一表意部件，合起来表达"纠合"的概念。

🐾，甲骨文"走"，休盘作🐾，马王堆汉墓出土帛书《相马经》作🐾。前面

我们说甲骨文 🕱 为独体会意字，从人而其四肢作跑动状，以表示"跑"的概念。《孟子·梁惠王上》："弃甲曳兵而走。"人跑时脚要快速地交替向前，故后来又加"止"为提示符号，提示脚的动作，故金文作 🕱。《说文》："走，趋也。从夭止。夭止者，屈也。"徐锴曰："走则足屈，故从夭。"许慎把 🕱 理解为夭，又曰"夭止者，屈也"①，这些解释都是错误的。

🕱，甲骨文"桑"，亦作 🕱（🕱 所从的偏旁），篆文作 🕱，上像桑树枝条之形，下像株、根。桑树是千树万树中的一种，如何表达这个树一定是桑树而不是别的树呢？造字必须找到桑树不同于其他树的特点。那么，桑树不同于其他树的特点是什么呢？是剪枝。现代园艺常常要修剪树枝，远古不一定有这样的事情。别的树可以不修剪，桑树是常常要剪枝的。剪枝后的桑树发出的新枝长出的桑叶比不剪枝的桑树枝条长出的桑叶要厚，营养成分更高。所以，人们采桑叶养蚕，必然会经常给桑树剪枝，剪下桑枝后，其末端枝、叶交结处往往又长出不止一个枝头来。这样，桑树由于不断被人剪去枝头，又不断长出多个枝头，于是桑树枝条歧出远多于其他树种。根据桑树的这个特点，造字用歧出的枝条（🕱）或者被剪断的枝条（🕱），表达这是"桑"树。🕱 中的点是提示符号，提示其枝条被剪断。字当归独体会意：字像树木植株，此其一；其枝条歧出或剪断，此其二。合起二者，以表达"桑树"的概念。

《说文》："桑，蚕所食叶木，从叒、木。"桑是独体会意字，许慎据小篆形体分析为"从叒、木"，不妥。应该说"象桑木之形"。

🕱、🕱，甲骨文"左""右"二字。二者皆像手，此其一；又分别像左、右手，故用以表达"左""右"的概念。《合集》33006："丁酉贞，王作三师，🕱、中，🕱。"《说文》："ナ，ナ手也。象形。""又，手也。象形。"②"左""右"二字本来是"帮助"的意思，《说文》："左，手相左助也。从ナ、工。""右，手口相助也。从又从口。"后来，"帮助"的意思字作"佐""佑"，"左""右"二字取代 🕱、🕱 表达"左""右"的概念。

🕱、🕱，甲骨文、金文"夭"，《说文》："夭，倾头也。"字像一个完整的人体，此其一；此人头倾，此其二，合起来表达"倾头也"。

🕱，甲骨文"芀"，小篆讹作 🕱。甲骨文形体是一个人，此其一；人的行动

---

① 疑夺"足"字，似应作"夭止者，足屈也"。
② 这里疑应该连篆而读，读为"又，又手也"。

方向与"我"（参照者）相反，此其二，合起来表达"顺逆"之"逆"。《说文》："屰，不顺也。从干，下屮，屰之也。"许慎据讹误的形体分析，结论是错误的。"顺逆"之"逆"与"迎逆"之"逆"古不同字。"迎逆"之"逆"作 或 ，利用来者与迎接者的方向关系，表达"迎接"的概念。[①]

，"孑"。《说文》："孑，无右臂也。"

，"孓"。《说文》："孓，无左臂也。" 、 是从"子"而分别缺失左右臂，同样有两个表意部件，是独体会意字。

独体会意字有些是一个完整的象形形体，但是突出其某一个器官的动作功能。[②]这样，这个字也就有了两个表意部件，如：

，盂鼎铭"奔"，井侯簋作 ，石鼓文作 ，银雀山汉墓竹简《孙子兵法》作 ，从 表示跑，从三"止"或三 。"止"表示人的脚，人不可能有三只脚，从三"止"之意应当是提示其两脚交替的速度极快，看上去像是有好几只脚似的。合起来表示"快速奔跑"的概念。

"奔"又从走从三 ， 表示一个宽广的平面上面都是草，即长着草的地面。 乃是利用"奔跑的人在草上"这样的人与草之间的位置关系，表达人奔跑速度极快。我们形容人奔跑极快，有时还说"他脚不着地地跑了"。"奔跑的人在草上"就是我们说的"脚不着地"。《说文》："奔，走也。从夭，贲省声。与'走'同意，俱从夭。"许慎的分析，显而易见是错误的。

，甲骨文"欠"，小篆作 。甲骨文从人、 ，从 突出其口张开。合起来用"一个蹲着的人张开嘴巴"表示"打哈欠"的概念。此用动作的结果（张开嘴巴）表示导致这种结果的事情（打哈欠）。为独体会意字。《说文》："欠，张口气悟也。象气从人上出之形。"小篆人上面的 是形讹，故许慎误以为像气从人上出之形。

，甲骨文"企"，篆文作 ，从人从 ， 是提示符号，提示踮起脚。《说文》："企，举踵也。"

，甲骨文"寻"，从人、目，目是提示符号，提示人的眼睛巡视的功能，与人合起来表示"一个行走的人，他的眼睛在巡视着"，以此表达"搜寻""寻找"

---

① 陆忠发：《汉字学的新方向》，浙江大学出版社2009年版，第127—129页。
② 这个器官是这个象形事物中不可分割的一部分，只是为了强调其功能，将其单独描绘出来。这与添加形旁造形声字是不同的。

的概念。《合集》6167："贞⚆人五千呼𢔶舌方。"①搜寻到敌人，常常要歼灭之，《合集》6193："贞呼𢔶舌，屮（歼）。"故这个意义的"寻"引申有"征讨""投降"的意义。如《国语·周语中》："夫三军之所寻，将蛮夷戎狄之骄逸不虔，于是乎致武。"韦昭注："寻，讨也。"墙盘铭："方𤔍（蛮）亡不𢔶𣂪。"②　"𣂪"在甲骨文、金文中都是人双手举戈的形象，是"投降"的意思，墙盘铭𢔶与"𣂪"连用，义当相近，是"投降"的意思。

𢔶这个字的形体隶为方块字后，极容易与𢔶混同（都是从"人"从"目"），可能是因为这个原因，𢔶这个形体被废弃不用了，"搜寻"以及其引申义"征讨""投降"等意义都假借"尋"为之，后来简化字作"寻"。

今天的简化字"寻"还有一个古文字形体，是𨾱、𨾱，这个字，前人已经考其意义为祭祀之名③，但是对于"寻"字如何表意，尚不甚了了。我稍作分析如下。

甲骨文𨾱、𨾱的形体像人铺设席子之形（双手各拿着席子的一头将席子展开铺设好），古代祭祀要设席，如《仪礼·士昏礼》："主人筵于户西，西上右几。"注："主人，女父也。筵，为神而席也。户西者，尊处，将以先祖之遗体许人，故受其礼于祢庙也。席西上右设几，神不统于人。"这里记载的是婚姻过程中的纳采，女方的家主要告祭祖先，祭祀祖先时，祖先的牌位应该是安放在席上的，这就是"为神而席也"。《仪礼·特牲馈食礼》："尸即席坐，主人拜妥尸。"这条文献的记载似乎是说尸祭时尸坐在席上。我们认为，这个材料恰恰说明尸是坐在上大下小的神主上的。既然有席，那么神主就不可能直接放在地上，应该放置在席上面，这是出于对祖先的尊敬。"尸即席坐"，说的是尸走上席坐下；"主人拜妥尸"，"妥"应该读为"绥"，谓主人拜后把尸扶着在神主上坐稳。因为神主上大下小，稳定性差，尸又往往是个孩子④，没有大人扶着，是不大可能稳稳地坐在神主上的。如果尸直接坐在席子上面，就不必"妥尸"了。⑤

可见，祭祀的时候，祖宗牌位是安放在席子上的。设席是祭祀的一个必要环

---

① 曹锦炎、沈建华：《甲骨文校释总集》把𢔶释为"见"，今不取。
② 《殷周金文集成》10175器。
③ 参考《甲骨文字诂林》第970-974页。
④ 《诗经·召南·采蘋》："谁其尸之?有齐季女。"
⑤ 陆忠发：《古代祭祀十讲》，华文出版社2011年版，第76页。

节，"寻"表达概念的方法与"将"一样①，用行为表达行为的目的——祭祀。所以"寻"有祭享的意思：

《合集》34200："辛丑，贞，寻、燎于岳，雨。"

《合集》28205："……其寻，告秋……"

《合集》33286："癸丑贞，寻、求禾于河。"

《合集》261："辛丑卜，贞，𠦪以羌，王于门寻。"

《合集》14894："贞，王勿寻、告于示。"

《合集》24608："……丑卜，行贞，王其寻、舟于滴，无灾。在八月。"

《合集》24609："乙亥卜，行贞，王其寻、舟于河，无灾。"

《合集》24608、24609二辞的"寻舟"，前人考释以为是动宾结构，其实是并列关系，"寻""舟"都是祭名：

《合集》1221："庚……贞，舟上甲。"

《合集》9772："丙子卜，贞，舟叔，受年。"

上面两辞的"舟"都是祭名②，则《合集》24608、24609二辞的"寻""舟"都是祭名，就很好理解了。

"寻"之行为是设席，设席当展开双臂，人展开双臂约长八尺，故"寻"引申有"八尺"之义。至于"寻"的形体演变情况，目前材料有限，还难以详细说明。李孝定先生《甲骨文字集释》引唐兰先生的分析，可备一说（1033–1035页）。③

我认为，"寻"这个形体就是由甲骨文🔲变化而来的。🔲从🔲表示"席"，从🔲表示双手和展开的双臂。甲骨文中席子作🔲，也作"口"，如🔲（宿）之部件"席"作🔲，🔲（因）之部件"席"作"口"；双手一隶作彐（小篆尚从"又"，显然是手），一作寸，寸表示手在古文字中是极其常见的，"寸"与表示手的"又"

---

① "将"的考说参考本书209页。

② 卜辞中"舟"常常与叔同时举行，结果是粮食丰收。叔从手持龙，可能就是夸父逐日神话中说的"操蛇"，因为蛇象征龙，或者就是做一个龙的模型拿在手上。我在《古代祭祀十讲》第二讲考夸父逐日神话是古人强行求雨的祭祀，则叔也应该是强行求雨的祭祀。"舟"与叔同时举行，说明"舟"也是求雨祭祀。中国古代之"划旱船"游戏，很可能就来源自"舟"这种求雨祭祀。这种祭祀告诉雨神，船没有水，都划不走了，快给点雨吧！

③ 李孝定：《甲骨文字集释》，台湾"中研院"历史语言研究所1965年版，第1033–1035页。

在古文字中常常可以互换①；两臂变化为"工"（人展开两臂作╮状，如《合集》30275"寻"作╓，展开的双臂正作╮状，因变化为"工"），合起来就是繁体字"尋"。

《说文》："尋，绎理也。从工，从口，从又，从寸。工、口，乱也。又、寸，分理之。彡声。此与𤕦同意。度人之两臂为寻，八尺也。"许慎解释的意义都是引申义。《甲骨文字诂林》"寻"下姚孝遂先生按语说"寻"的本义是"八尺"，是错误的。②

𥄗，甲骨文"见"，从𠂆、目，目是提示符号，提示人眼睛的视物功能，与𠂆合起来表示"一个人守在某处，眼睛注视着什么"，用以表达"监视"的概念。《合集》799："癸酉卜，王贞，自今癸酉至于乙酉，邑人其见方印，不其见方执，一月。"引申为"见到"。③《说文》："见，视也。从儿从目。"

𪆵，甲骨文"鸣"，亦作𪆶，从鸡或鸟从𠙵，𠙵是提示符号，提示张口向上的动作，鸡和鸟张开口向上，肯定是在鸣叫，故用以表示"鸣叫"的概念。《说文》："鸣，鸟声也。从鸟从口。"

𤝜，篆文"吠"，从犬、𠙵，𠙵是提示符号，提示张开嘴巴向上，狗张开嘴巴向上，必是在吠，故用以表示"吠"的概念。《说文》："吠，犬鸣也。从犬、口。"

𥄗（瞿），从隹、𡆥，𡆥是提示符号，提示眼睛的注视动作。生活中人们都知道，小的鸟类，受到惊吓会立刻飞走，而大的鸟（如鹰）受到惊吓则往往用眼睛紧盯着惊吓它的目标，故造字用"鸟类眼睛注视着对方"表示"受惊吓"、"惊瞿"的概念。《说文》："瞿，鹰隼之视也。从隹从䀠，䀠亦声。"许慎只是分析了字形，没有准确说明这样的字形表达的意义是什么。

𡙡，古玺"𡙡"，"触"的初文，从牛、𠁥，𠁥即角，是提示符号，提示牛角的动作。牛用角在进行某种动作，这动作必然是在触，故用以表达"触"的概念。《说文》："觸，抵也。从角，蜀声。"

说到独体会意字，我要说说裘锡圭先生《文字学概要》所说的变体字。

---

① 王慎行先生《古文字与殷周文明》（1—66页，陕西人民教育出版社1992年版）总结"古文字义近偏旁通用例"22组就有"又"与"寸"通用例，可参看。

② 《甲骨文字诂林》，中华书局1996年版，第2142—2146页。

③ 𠂆与𥄗旧均隶为"见"，大多数学者以为同字。其实二字在卜辞中使用区别非常大，不是同一个字。请参考陆忠发：《汉字学的新方向》，浙江大学出版社2009年版，第106—109页。

裘先生所说的变体字，有的是独体会意字，因为独体会意字的表意方法过去人们还没有认识，所以裘先生解释为变体。还有的是形讹所致，形讹可能不能称为变体。如：裘先生《文字学概要》举南北朝人把"恶"写作"悳"，谓"恶"是德的反面，是去掉"德"字的"彳"旁来表示"恶"，这样，"恶"就是"德"的变体。①

实际上，"德"的由来是这样的：甲骨文䙰，用木工检测木条时用一只眼睛视木条的动作表达木工这样做的结果——直②，"直"孳乳出"循"。甲骨文"循"作埗，从埗、彳，表示沿着道路直行，乃"循行"之义。《合集》6391："王埗土方。"谓王循行土方。到了西周，人们有了"道德"的观念。什么叫"德"？德，就是人之正直的品性，故字作悳、德，从"直"或从埗，皆取"正直"之义；③加"心"为提示符号，提示悳、德是人的心性方面的概念。④古文字垂直的一竖往往加一横，所以，悳、德就写成了"悳"和"德"。⑤

当然，对"恶"就是"德"的变体的说法，裘先生自己也不敢确定，所以他接下来又说：南北朝时期"恶"字比较常见俗体是"恶"，《颜氏家训·书证》所说的"恶"上安"西"，就是指这样的俗体而言的。东汉碑刻上又有作"悳"的"恶"字，见杨君《石门颂》等。这两种"恶"字的上半既有可能是"亚"的讹形，也有可能是"悳"所从的"�"的讹形。东汉碑刻上的"德"字有时就写作德，见张迁碑等。所以，以"悳"为"恶"有可能在东汉时代已经开始了。⑥由裘先生自己举的这些材料看，"恶"之作"悳"，看作是"亚（亞）"讹作"�"更为合理。

黄征先生《敦煌俗字典》中"恶"有恶1、愚2、恶3、恶4.1、恶4.2、恶5、恶6、恶7、恶8、恶9、恶10、恶11、恶12、恶13、恶14、恶15、恶16、恶17、恶18、恶19、恶20、恶21、恶22、德23、恶24、恶25、恶26、恶27二十八种写法，我们可以看出，"恶"的种种写法，都是书法上的问题，是书写时一个个形

①　裘锡圭：《文字学概要》，商务印书馆1983年版，第139-140页。
②　陆忠发：《汉字学的新方向》，浙江大学出版社2009年版，第90页。
③　"德"，古籍中也直接写成"直"。如《诗经·邶风·谷风》"既阻我德"，安徽阜阳双古堆汉墓出土《诗经》"德"正作"直"。
④　陆忠发：《汉字文化学》，吉林人民出版社2001年版，第106-107页。
⑤　《说文》说"德"本是从"彳""悳"声之字，本义是"升"，这在文献中是没有依据的。
⑥　裘锡圭：《文字学概要》，商务印书馆1983年版，第140页。

讹的结果，不是字的表意方法上有什么不同。

"德"去掉"彳"还是"德（悳）"，不可能就成了"道德"之"德"的反面——"恶"。因为"恶"被写成了"悪"，与"悳（德）"形体很难区分，于是人们就把"德"只写成"德"，不再使用"悳"这个形体了。

裘先生又说巛为浍，是省巛的缘故。其实巛像水沟形，其本字作𝄞，见甲骨文[1]，不是省巛的缘故。

不过，汉字中确实有少量的字是变体字，如"寂"俗体作"冭"，就是。但其表意方法，不是裘先生说的"'家'字去掉'豕'旁右边跟'人'字形近的两笔，表示家中无人"。其实，"寂"字甲骨文作𝄞、𝄞，利用猪寂静无声的特点，表达"寂静"的概念。[2]𝄞省为𝄞，因与"家"混同，于是人为去其两笔作"冭"。所以，我们说这样的字是变体。

我认为真正的变体是人为规定的没有理据可求可说的字体，像"冭"较之"家"少两笔，以及"有"省两笔变为"冇"，表示没有，这样省变的结果，字变得无法说解其形义理据，它们纯粹只是一个人为规定的、形不能显示意义的符号。这样的字，我们可以称之为"纯符号字"。就其来源说，它们是在对表意字进行改造之后人为制定的符号。"乒""乓"也是这样的"纯符号字"。关于变体字的问题大家还可以讨论。

◇ 第五节　形声字 ◇

形声字是在汉字发展过程中逐步发展起来的，最终成为汉字最主要的造字结构类型。关于形声字，还有许多问题不是很明确，下面谈谈我的一些想法。

一、添加提示符号与形声字的产生

形声字就是由形旁和声旁组合成的字。向光忠先生探明文字"孳乳浸多"的

---

① 陆忠发：《释𝄞并说井田制等农史信息》，《农业考古》，2007年第4期。
② 陆忠发：《汉字学的新方向》，浙江大学出版社2009年版，第59-60页。

原因在于增益形符与增益声符两种情况，而主要的是增益形符。①裴锡圭先生说："形声字起初都是通过在已有的文字上加注定符或音符而产生的，后来人们还直接用定符和音符组成新的形声字。不过就汉字的情况来看，在已有的文字上加注定符和音符，始终是形声字产生的主要途径。"②黄德宽先生说：形声结构导源于早期会意字个别构形部件的经常性游动而形成的声义分工。③

在汉字发展的早期，形声字是不多的。形声字最初是在表意字（包括象形、指事、会意字）的基础上通过添加提示符号的方法造出的。④

在表意字的基础上添加提示符号，大致有以下一些情况：

（一）添加与字义表达相关的事物

如"祭"，甲骨文作𝌆，从手持肉，或作𝌆，添加"示"，即今字"祭"的古体。"在"，甲骨文作𝌆，也作𝌆。𝌆像测量仪器，用测量仪器表达"测量"的概念。⑤测量仪器多插入土中，故又加提示符号"土"作𝌆。

（二）明确状态

"疑"，金文作𝌆(康侯簋)、𝌆(疑觯)，𝌆字很显然是在𝌆字基础上添加𝌆以提示行走的动作，用"一个老者在路上行走时东张西望"表达"疑惑"的概念。𝌆与"疑惑"没有义类上的关联，它只是提示这个老者当时的状态。

（三）明确字义

甲骨文𝌆，是"艺"的异体字，裴锡圭先生考"艺"与"设"古音相近，可以通用。《屯》2170："其置，于北方𝌆，禽。"这里的𝌆就是指设置捕兽的置。

《屯》778："……王𝌆置，禽。""先王𝌆置，禽。"𝌆、𝌆显然是设置捕兽的置的专字。⑥裴先生的说法非常正确。添加的置为提示字义的提示符号。

（四）明确环境

"从"，甲骨文作𝌆，后作𝌆，添加的"彳"是提示环境的提示符号，表示两个人在路上一前一后地行走；"学"，甲骨文作𝌆、𝌆。𝌆这个形体，∩表示屋子，

---

① 向光忠：《考文字之孳乳 溯形声之滥觞》，《第一届国际先秦汉语语法研讨会论文集》，岳麓书社1994年版；又向光忠先生主编：《文字学论丛》第一辑，吉林文史出版社2001年版。
② 裴锡圭：《文字学概要》，商务印书馆1983年版，第7页。
③ 黄德宽：《汉字理论丛稿》之《形声起源之探索》，商务印书馆2006年版，第40页。
④ 陆忠发：《汉字学的新方向》，浙江大学出版社2009年版，第202-206页。
⑤ 陆忠发：《汉字学的新方向》，浙江大学出版社2009年版，第54-55页。
⑥ 转引自《甲骨文诂林》1918页。

是提示环境的提示符号，𦥑表示双手练习编织，合起来用"在屋子前练习"表达"学习"的概念。

（五）明确材质

伯侯父盘"盘"字作𤮺,中𤰆父盨"盨"字作𥂖，蔡侯匜"匜"字作𤮺。"金"都是提示符号，提示其质料是铜。

（六）明确发出动作的人

金文"学"作𦥯，从子。"子"是提示符号，提示练习者为孩子。

（七）明确器物中的物品

杜伯盨铭"盨"字作𥂖，从米，米提示所盛为米；蔡侯盘铭"盘"字作𤮺，从酉，酉提示盛酒。①

（八）明确用途

兮甲盘铭"盘"字作𣪊，此于舟上加攴，提示舟是可敲击之物。古以盘为打击乐器，但是舟既像盘子形又像舟形。加攴，提示舟为可敲击之物以别于舟。

（九）明确器物形状

"皿（皿）"左右的两斜撇是提示符号，提示皿的口沿向外翻，是敞口的，所以古文字中从"皿"多表示器物是敞口的，如"盘"，作𤮺，而虢季子白盘作𤮺，中𤰆父盨"盨"字作𥂖，蔡侯匜"匜"字作𤮺，蔡侯盘铭"盘"字作𤮺，诸字所加皿，皆提示其形状是敞口的。𤰆伯盨"盨"字作𥂖，加升（升），亦提示其形状是升形。不过，"盉"假借"禾"字而添加皿为之，皿就不是提示器物的形状了，因为盉都不是敞口的。这种情况添加的皿明显具有类化的性质。

（十）明确字音

"齿"，甲骨文作𤘁，战国中山王方壶作𤘁，添加"止"为提示声音的符号。"凤"，甲骨文假鳳（凤）为之，三期甲骨作𤘁，增凡为声，此假借"凤"而添加提示声音的符号凡。"服"，甲骨文作𤘁，用"人被按住屈服之形"表示"屈服"的概念。在卜辞中用作人牲，表示屈服的人。《合集》22047："癸未卜，御余于祖庚羊、豕、𤘁。"后来为了提示字音，加提示符号"凡"作𤘁，这就是"服"的古体。

---

① 酒是挥发性比较强的物品，用盘盛酒，在今天看来是不可思议的事情。古人还没有掌握蒸馏分离酒和酒糟的技术，把酒和酒糟一起（就相当于我们现在的酒酿）放在盘子里，是可以的。

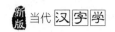

甲骨文"疑"作㲋，疑觯金文作㲋，是在㲋的基础上添加"牛"声的形声字，古音牛、疑均"语其切"。战国时期的大良造鞅方量作㲋，从㲋从止从子，这是"疑"字的今体所本。于省吾先生考"子"为"牟"之讹。"牟"与"牛"通。①

（十一）添加提示动作器官的提示符号

如"走"，甲骨文作㚑，后来又加"止"，就成为现在的"走"。"止"表示人的脚，脚是奔跑的器官，所以，添加的"止"是与表达的概念相关的动作器官提示符号。"从"又作"趴"，"趴"是在"伙"上添加"止"这个动作器官提示符号。

在表意字的基础上添加提示符号，创造出的新的字体，有的是形声字，有的仍然是会意字。我们一一分析如下：

1. "祭"甲骨文作㸚，从手持肉，或作㸚，添加"示"，即今字"祭"的古体。所以，一般都认为㸚是形声字，从示㸚声。事实上，㸚添加"示"，与"祐、禧、禛、禄、祥、祉、祐"等字所从"示"是完全不同的。祭祀是把肉献到祖先的牌位前，甲骨文从㸚（肉）从㸚会意，㸚是在㸚上添加提示符号丶，提示这个肉是血淋淋的肉。手拿着肉虽然可以理解为人在吃肉，但是，没有人吃这种血淋淋的肉。人们手拿着生的肉往往是为了献给鬼神，故"手持肉"表达"祭祀"的概念，人们都能够理解。但是随着人们吃肉的增多，手拿着肉就不一定是在祭祀了，再用"手持肉"表示"祭祀"，就越来越牵强了，容易引起别人的歧解。所以，后来又加了"示"，"示"甲骨文作丁，是祖宗牌位（神主）。这样，加"示"为提示符号，则字形用"持肉献给祖先"表达"祭祀"的概念，便不会使人产生歧解了。所以，㸚添加的"示"是表达"祭祀"概念的一个重要的表意部件，没有这个"示"，㸚表达"祭祀"的概念是不明确的。"在"，甲骨文作㐅，也作㐅。一般认为㐅从土才声，是形声字。实则"在"本作㐅，因为测量仪器多插入土中，故又加提示符号"土"作㐅，字仍然是会意字。

2. 明确环境的提示符号，因为直接参加表达概念，应该是会意字的组字部件之一，所以它不是形旁。因此，在表意字的基础上添加提示符号明确环境的字都不是形声字。②

3. 明确动作的人的提示符号，其功能与动作器官所表达的是同一个对象。具

---

① 于省吾：《释"㸚"和"亚㸚"》，《社会科学战线》，1983年第1期。
② 陆忠发：《汉字学的新方向》，浙江大学出版社2009年版，第201页。

体到"学"这个字，提示符号"子"是明确那两个手是"子"的，"子"应该是两个手所表示的人的下位结构，与添加提示符号前的整个字⿱不是并列的、对等的关系，所以，"子"没有作形旁的资格，这样的字也不是形声字。

4.明确状态的提示符号，是强调会意字的某一个部件的状态，它只是某一个偏旁的下位结构，具体到⿱这个字，𠃌只是对这位老者作出说明，与整个字⿱不是并列的、对等的关系，所以，𠃌没有作形旁的资格，这样的字也不是形声字，仍然是会意字。

5.如果是在表意字上面添加提示声音的符号，字的意义完全由一个部件表示，另一个部件纯粹表音，这样的字是形声字。

上面的字是会意字还是形声字非常明确，对于其他的情况，我们应该作具体分析。

6.明确字义的情况，所添加的提示符号都是以其自身的意义参加造字，添加了提示意义的符号之后的新字，其意义是原来的部件和添加的提示符号的各自意义相加的结果，这两个部件之间具有非常明确的关系。⿱、⿱表示设置捕兽的置，其两个部件之间的关系是动宾关系。其他如我在第七章所举的在⿰上添加"日""口""彳"的⿱（太阳开，主谓关系）、⿱（口开，主谓关系）、⿰（开路，动果关系[1]）都是这样。

这些字都是会意字，如果分析为形声字，那么，"彳"为军队兵种的形旁，就不伦不类。

当然，汉字中的大量同源分化字，是人们在明白了概念类化的道理之后拼造出来的形声字，与早期古文字中添加明确字义的提示符号的字还是不能混同对待的。

7.明确材质的提示符号如果看作形旁，那么，这个提示符号实在难以看出与字所表达的概念有什么类属上的关系，所以仍然是会意字。

8.明确器物形状的提示符号，有两种情况，一种是所添加的提示符号具有类化的性质，如上面的例字，从"皿"的显然具有类化性质，这种方法在战国以后被大量用来造形声字，那么，这种在战国以前就存在的添加具有类化性质的提示符号应该看成形旁；另一种是添加的提示符号只是用来强调某某具体事物的个性

---

[1]　动果关系是汉语中没有被认识的新的语法关系类型，请参考陆忠发：《王力〈古代汉语〉注释疑难考证》，浙江大学出版社2020年版，第175页，又183—194页。

特征，如"盨"添加"升"为提示符号，"盨"一般是椭方体器物，升除了有一个柄之外，一般是口和底为正方形的长方体的器物，之所以添加"升"为提示符号，可能是为了强调这个盨的口和底接近正方形。这种情况应该看成是会意字。不过，尽管造字者明白添加"升"的目的是突出盨的个性特征，但识字者往往都不可能在接触到这个字的同时看到这个口和底接近正方形的盨，这样，他就会产生疑问。所以，添加突出个性特征的提示符号，有时候也会引起不必要的混乱。

9.其他的如添加明确器物中的物品的提示符号和添加明确主要用途之外的其他用途的提示符号，都是为了强调事物的个性特征。盨和盘除了可以盛米和酒外，还可盛非常多的其他东西，虽然造字者本人明白自家的盨是盛米的，自家的盘是盛酒的，但别人就不一定能理解了。盘主要是用来盛物品的，敲击作为乐器使用只是盘子的一个非主要用途，添加这样的提示符号也容易引起歧解，所以，添加强调个性特征的提示符号的情况，在古文字中是不多的，这种做法也没有被继承下来。这些字还是会意字，否则，"盨"归"升"部，岂不就成了"升"了？"盨"为"米"属，"盘"为"酉"属，岂不成为笑话？"盘"归"攴"部，是谁也不会同意的。以上添加用来强调某某具体事物的个性特征的提示符号，添加明确器物中的物品的提示符号和添加明确主要用途之外的其他用途的提示符号等几种情况也都是会意字。

10.最后我们要分析的是添加提示动作器官的提示符号的情况。添加提示动作器官的提示符号之后的字仍然是会意字。"从"又作"趩（從）"，似乎是以"辵"作形旁、"从"作声旁的形声字，其实，从发展到从，再发展到"趩（從）"，是一步步添加提示符号形成的，是按照会意的方法造字的，其形式上虽然与"逝"（《说文》"逝，往也，从辵折声"）、"遵"（《说文》"遵，循也，从辵尊声"）、"迅"（《说文》"迅，疾也，从辵卂声"）、"迎"（《说文》"迎，逢也。从辵卬声"）等字的直接由"辵"和"折""尊""卂""卬"等声旁拼合形成的形声字相同，而从表意的角度看，是有根本的不同的。所以，添加提示动作器官的提示符号，创造出的新字体是会意字。

从这里我们可以看出，在表意字的基础上添加明确字音和具有类化性质的明确器物形状的提示符号的是形声字；添加与表达的概念相关的提示符号、添加强调事物非本质特征的或者强调具体事物个性特征的提示符号、添加明确动作环境的提示符号以及添加的提示符号只是某一个部件的下位结构等，造出的新的形体都不是形声字，仍然是会意字。但是，我们同时指出，后来人们采用拼造方式创造的与早期添加提示符号创造的在形体上非常相似的汉字形体就是形声字。

按照我们的说法，我们在判断现在的汉字哪些是会意字哪些是形声字时，我们还要考察其有没有甲骨文、金文等古文字形体，再作具体分析。这项工作确实非常烦琐。但是，事物由量变到质变必然会有一个过程，处在这个变化过程中的不同阶段的事物，其性质是不同的。我们都明白这样的哲学道理，因此，我们提出判断一个字到底是会意字还是形声字应该进行历史的考察这样的主张，也就没有什么不能接受的了。

如《说文·辵部》的字，许慎基本上都作形声字处理。如果要具体分析，前面提到的"逝""遵""迅""迎"没有甲骨文、金文形体，可以判定是战国以后按照形、声拼合的原则拼造的字，所以是形声字。"逆"，先作𭊵，后添加"彳"作𰀝，显然是会意字，许慎误以为从辵屰声。"遘"，本作𤕟，是会意字，后来添加"彳"作𰁕，复添加"止"作𰁺，显然不是按照从辵𤕟声的原则造字，当然是会意字。同样，𠯢、𢓊、𢔏这三个"正"的形体，也都是会意字。其他没有表意古文字形体的字，都是形声字，如"过"，金文作𱂇，从止𤕟声，是形声字，又作𱁏，应该看成是从彳𤕟声的形声字。其他如"徒"之有从彳和从辵的形体，"徂"之有从彳和从辵的形体，"通"之有从彳和从辵的形体，"徙"之有从彳和从辵的形体，都应该看成是形旁不同的形声字。

二、形声字的大量产生

添加提示符号为什么会导致形声字大量出现？可能与人们在添加提示符号时所认识到的概念可以类化有关。由于古代的器物往往以敞口的居多，添加明确器物形状的提示符号，显然就具有了类化的性质。在古文字中，凡是与行走或者脚的动作有关的概念，其字形往往都添加"彳"作为提示环境的提示符号，或者添加"止"，这显然具有了类化的性质。因为"彳"与"止"是相关联的提示符号，后来干脆把它们合并为"辵"，凡是与行走或者脚的动作有关的概念，其字形往往都添加"辵"为提示符号，"辵"又进一步演变出"辶"，"辶"已经完全看不出与"彳"和"止"有什么关系了。可以说，添加"辵"和"辶"已经完全是概念类化的结果。人们明白了概念可以类化的道理，形、声拼合创造形声字的条件就完全成熟了。

　　由于概念的类化有的时候并不准确，人们创造形声字所添加的形旁有时候只是一个意义虚化的偏旁。如"祜、禧、禛、禄、祥、祉、祐"等字所从"示"，与祖宗牌位已经没有什么明显的关系，比较虚化。

　　至于表意字为什么要添加提示符号，我以为是文字由表意形体逐渐符号化之后，变得不太能够明确表达意义了，文字所表达的概念也变得模糊了。概念的两个要素——音、义，因为义（即字形所像者）变得模糊后，人们对于这个不太象形的形（表达概念中的义）所表达的是什么概念就不十分确定了。这样，人们就在心理上要求提示其另外一个要素——音，希望通过音和义（在书面上即这个变得不太能够明确表达意义的形）的结合，相互提示，来最终确定这个变得不太能够明确表达意义的字形到底表达什么概念。这就是在表意字基础上提示声音的形声字产生的心理因素。如 （灾），商代晚期作 ，添"在"声为形声字，就是因为造字用 （大水）表达"灾害"的概念，对后人来说，形成了理解上的困难，于是提示其声音，使人们尽可能多地把握概念的两个要素——义、音的全部。这种类型的形声字，其形旁完全表达字义，声旁纯粹表示字音。再如"勹"与"匍""匐"。《说文》："匍，手行也，从勹甫声"，"匐，伏地也，从勹畐声"，"勹，裹也，象人曲形有所包裹"。"勹"即甲骨文 所从之 ，于省吾先生谓此字本象侧面伏地手行之状，后加"甫""畐"为声，成为两个形声字，进而发展为"双声谎语"。①

　　有的形仍可示义，表意形体所表示的事物的质料并不清楚，于是人们心理上就有欲知其质料的需求，如有人说："今天买了一件外衣。"听者已经知道了买的是外衣，然后马上就想知道的问题有："什么颜色？""什么料子？"为什么会有这样的心理需求？因为就目前的生活常识而言，颜色有很多种，你买的是哪一种？质料有三四样，你买的是哪一样？"鬲"发展为"鬵"，加"瓦"，是人们已知鬲之有陶质（瓦）、铜质之别，看见鬲，马上就会有欲知其质料之心理需求，由此即有"表意+提示符号"之字出现了。这种类型的字，字的意义其实也是这两个部件所表示的意义的合并，所以是会意字。

　　及概念渐多，文字之形来不及满足表达新生概念的需要，或新概念是从已有概念引申而来，或新概念无法造本字而借他字为之，这样就出现了一形同时表达

---

① 于省吾：《甲骨文字释林》，中华书局1979年版，第374页。忠发按："匍""匐"的关系应该是转注关系。

数个概念（即数个音、义）的情况。于是，在使用上，人们就会产生想知道"在这里，这个形到底代表哪一个'义'"的心理需求，为了满足人们的心理需求，就在原来的形体基础上各加"形"以提示其所代表的"义"，于是就有了"形旁+原字"的"声中有义"的所谓"区别字"了。这样的字仍然是会意字。

会意字如果表意有不甚明确的地方，往往也添加表示其意义的部件，如"鄙"，《说文》："鄙，边邑也。从邑，啚声。"其本字作"啚"，此字之表意亦有不甚清楚处，故加"邑"旁以明确其字义乃邑之类。本无其字，假借他字以表示概念的字往往加表示义类的偏旁为形声字。如徐中舒先生《汉语古文字字形表》邑部所列地名字、国名字，往往加邑为形声字。如：耶、邛、郯、鄯、鄙、鄅、郑、邶、邯、鄃、郾、邓、鄂、邦、郶、邻、邽，等等。凡是添加的部件与字所表达的概念之间有义类上的关联的，这些字就是形声字，不是会意字。

我们说表意字添加声符成为形声字，往往都是因为表意字表意存在一定的模糊性的缘故。这还可以从下面的情况得到证明。

象形字中的表意十分明白的字，如"牛、羊、马、犬、日、月、木"等绝不添加提示符号。会意字中（启）、（企）、（望）、（无），亦绝不添加提示符号。"争"，甲骨文作，像二人争夺之形，表意明确，故也不加提示符号。

一字假借为他字之后，一个汉字形体就要表达一个以上不同的概念。于是，在使用上，人们也会产生想知道"在这里，这个形到底代表哪一个'义'"的心理需求。汉字仍然是采用添加"形"以提示其所代表的"义"的方法来区别。凡可加旁者加之，不可加者则仍用原形：

"莫"，本"暮"字之本字，借为否定词"莫"，否定词的形体难以加形旁表示，于是加"日"表达"日将落"的概念"莫"，原来的会意字"莫"就变为从日莫声的形声字"暮"。"暮"就专门表达"日将落"这一概念，人们称这样的字为"后起本字"。

"其"，本"箕"之本字，象形字，假为虚词"其"，虚词无可加者，乃反加注"⺮"表示竹编之器，创造出后起本字"箕"，为形声字。

如果本字上面没有办法添加偏旁，也可以添加在假借字上面。

如"须"，本胡须之本字，周雒盨铭作，此假借本义为胡须的字表示盨这种器物。克盨铭作，这是在上添加提示器物形状的"皿"，本字胡须没有办法添加偏旁，乃添加在借字上。

117

"匜"，甫人匜铭作 ⟨字形⟩，此假借"它"字。本字也无可加，乃加借字。

假借之后，一字而表达两个概念，有时两个概念都没有办法添加偏旁，于是就两个都不加。如，"胡"，器物之弯曲内壁之称（字作 ⟨字形⟩，盖本作 ⟨字形⟩ 表示弯曲内壁，后来加古声为形声字。⟨字形⟩ 表示弯曲内壁，不是很明确，故添加"古"提示声音），假借为疑问词，疑问词无可加者，胡弯亦不知加何为是，于是皆不加。

⟨字形⟩，"须"，表示胡须，假借为"等待"。"等待"无可加，胡须已有彡示胡须，亦无可加，故皆不加。

有的概念用一个字表示，字表达的概念是明确的。在这样的字上再加旁，加旁之后表意并不能更加明确，这样的加旁字，往往弃而不用。如：

弋——⟨字形⟩，弋射或以箭张网，故字加网，但弋射也有不张网者，加网反使表意不明确，故不用。

戈——鈛，戈以金属为之，故加金，但戈为金属为之，人皆知之，不必提示，故不用。

江——邔，江为水名，加邑反而不明确，故不用。

少——沙，"少"本沙粒形，可能是"沙"的本字，因表意不明确而加水为"沙"。"少"是象形字。沙粒细小，故引申表示"小""人之小者"。"小""人之小者"不知加什么才明确，于是反在本字"少"上加形为"沙"。"人之小者"又别造会意之字"⟨字形⟩"，但是，古书竖写，此字易与语言中王之继承人"小子"混①，故亦不用。

这些都证明，汉字添加提示符号的心理因素是通过提示使表意更明确。

经过这样的提示，人们终于悟出了一个道理：表达一个概念，我们在心理上既想知其音，又想知其义，只要音、义兼备就行了。于是，形、声相拼的形声字就大量出现了。人们终于找到了表达概念的最方便的方法——拼造法。向光忠先生从历时的角度研究形声字的发展问题，揭示了汉字由表意向表意加表音方向发展的历程。向先生考察文字演进的历程，探寻汉字繁衍的踪迹，通过对各式各样孳乳之字的考察，探明文字"孳乳浸多"的原因在于增益形符与增益声符两种情况，而主要的是增益形符。向先生认为形声原是滥觞于增益形符示义。先民从增形示义而读若原音的这类孳乳字中得到了启示，便进一步地悟出了"以事为名，

---

① 《礼记·曲礼下》："天子未除丧，曰'余小子'。"又："君大夫之子，不敢自称曰'余小子'。"

取譬相成"的形声法，而有意识地造出了"一体主义，一体主音"的形声字。①

向先生的说法是正确的。造形声字，一开始是无意识的。人们通过添加提示符号造出新的汉字，渐渐地才开始有意识地造出"一体主义，一体主音"的形声字，汉字中的形声字，就开始大量出现了。这个问题，向先生论证得非常详细，读者可以参考，我不再赘言。

由于可以大量拼造形声字，概念的复杂性使得人们没有办法顾及形旁与字义的一致性，这样，拼造出来的这种类型的形声字，形旁与字义的关系往往只存在某种关联。黄德宽先生研究认为：很多形符往往以特定的方式和字义构成一定的关系，而这种关系又是极为复杂而巧妙的。如"抉、择、捭、抡"等字中，形符"手"，古文字作"又"，只是表明这些字的意义与"手"相关，换句话说，形符只表明这些动作是用"手"完成的。"依、倍、偶"等字中，形符"人"是行为的主动者；"珦、理、琢"等字中，形符"玉"则是行为的受动者。"博、戮、戰、割"等字中的形符"干、戈、刀"等，只注明使用的武器或工具，而"钟、棺、组、鞲"等字中，形符"金、木、糸、革"等，则是制造这些物品的质料。除此以外，有的形符表示事物存在或行为发生的场所，还有的形符表明字义的范围或表达对象的性状，关系相当复杂。这是因为形符所包含的概念，可以从不同的角度与不同的字义发生关系，而同一字的字义，则又可以从不同角度与不同的形符发生联系，所以，造成了形符分歧的普遍存在，以及形符与字义关系复杂化的局面。形符与字义的不同关系，体现了人们构字时"心理联想"的特点，形符选择的不同，反映了心理联想的方向不同。一般说来，同一字义可以与众多的形符发生联想关系，但是，由于文字的社会性及构字的"习惯"和"经验"，往往使得联想有一个"定势"（心向），这样联想就获得相对的稳定性，形符的选择才不至于漫无边际，我们今天寻求形符与字义的关系才有了可能。②

三、形声字产生的途径

综合起来看，形声字产生的途径有三个。

---

① 向光忠：《考文字之孳乳　溯形声之滥觞》，《第一届国际先秦汉语语法研讨会论文集》，岳麓书社1994年版；又向光忠先生主编：《文字学论丛》第一辑，吉林文史出版社2001年版。
② 黄德宽：《汉字理论丛稿》之《论形符》，商务印书馆2006年版，第72—79页。

（一）在表意字的基础上添加提示声音的符号

这种类型的形声字往往都是早期的汉字，甲骨文、金文中稍微多一些。《说文》中的许多转注字也是这样造字的。如：

《说文》："匚，饮器，笝也。从匚坒声，筐，匚或从竹。""匚"从匚，匚本是"笝"的象形形体，表示竹笝。后来又造转注字"匚"，其物仍然是竹笝之类的东西，其声音是坒声，所以字作"匚"；因为这种器物常常是用竹子编制的，所以又添加提示符号"竹"作"筐"。

《说文》："匸，藏也。从匚夹声，篋，匸或从竹。"情况与"筐"相同。

（二）在已有汉字基础上添加与表达的概念相关的提示符号

这种类型的形声字早期多见于提示手和脚的动作。后来拼造形声字凡是与手和脚的动作有关的概念都加"手"和"止"，显然是受到这种添加提示符号方式的启发。

汉字同源孳乳也是采用这种方法，如：

"止"，本义是人的脚，后来添加提示符号"足"作"趾"，《诗经·周南·麟之趾》："麟之趾。"毛传："趾，足也。""止"是人的最基础的地方，因此，引申为其他事物的基础，字添加提示符号"阜"作"阯"。《汉书·郊祀志上》："禅泰山下阯。"师古曰："阯者，山之基足。"建筑物的地基往往都是垒土而成的，所以，又添加"土"为提示符号作"址"。《说文》："阯，基也。址，阯或从土。"

"厓"，《说文》："厓，山边也。从厂圭声。"本义是山边，即山比较陡峭的山崖。故又添加提示符号"山"作"崖"。《说文》："崖，高边也。"《一切经音义》十六引《说文》曰："崖，岸高边也。"山崖下面往往是河流，因此，山崖就是水边。故水边也叫"厓"。《尔雅·释丘》："涘为厓。"郭璞注："谓水边。"后来又添加提示符号"水"作"涯"。《说文新附》："涯，水边也。"

厓是山的尽头，故"厓"又引申指"尽头"。《庄子·山木》："君其涉于江而浮于海，望之而不见其崖。"《古诗十九首》："各在天一涯。""崖""涯"都是"尽头"之义。人的眼角边是眼睛的尽头，眼睛的尽头又添加提示符号"目"作"睚"。

"屋"，本义是帐幕。《诗经·大雅·抑》："尚不愧于屋漏。"传："屋，小帐也。"后来引申指居住的屋子。《说文》："屋，居也。"帐幕往往用布匹围成，故又添加提示符号"巾"作"幄"。《左传·哀公十四年》："子我在幄。"注："幄，帐也，听政之处。"

（三）形、声相拼拼造形声字

这种情况是形声字的主要类型，战国时期开始，这种类型的形声字大量出现。

文字记录语言，语言交流凭借的是声音，人们渐渐就明白了声音是语言最根本的东西。所以，有的字其形体表达意义是明确的，但是为了提示其声音，人们就把字的某一个部分改造成为表示字音的部件，使整个字具备表音的成分。这种类型的字数量不多。如"何"，甲骨文作 𠂤，改造为"何"，将担荷的东西改造为"可"表示声音。"奇"，甲骨文作 𠂤，把 𠃌 改造为"可"表示声音。裘锡圭先生在《文字学概要》中把这种情况的字看成是形声字产生的途径之一。

但是，这样看，有许多矛盾没法解决。"何"分析为从人可声，"奇"分析为从大可声，担荷、骑乘均为人的动作，从"人""大"为形旁，似乎还可以说解。𠂤之为"羞"，我们分析"羞"是"羊"为形旁、"丑"为声旁的形声字，用"羊"作为"珍馐"概念的形旁，总觉得二者离得太远了一些。

𠂤，甲骨文"望"，亦作 𠂤，保卣作 𠂤，从人、目，或又从土、━（表示地面）。正常人的目应该都是横着的，不可能竖着。竖目是提示符号，提示人睁大眼睛极目远望，合起来表示"远望"的概念。《合集》6186："呼望舌方。"或从土，表示人站在垒高的土台或墙壁上，"远望"的概念表达得更加形象。《诗经·谷风》："乘彼危垣，以望复关。"𠂤和土或人与━合起来就演变为"壬"（音 tǐng），故篆文"望"作 𠂤。引申指"望日"，即农历每月的十五或者十六日。《释名·释天》："望，月满之名也。月大十六日，小十五日，日在东，月在西，遥相望也。"金文中"望"除了假借为"遗忘"之"忘"外，基本上都表示"望日"。"望日"月最大最亮，故又添加"月"为提示符号，专表"望日"，字作 𠂤。《说文》："朢，月满与日相朢，以朝君也。从月，从臣，从壬。壬，朝廷也。"董莲池先生说许慎"不了解'臣'乃竖起的目形，而以君臣之'臣'为解，遂云'朝君也''从臣，从壬。壬，朝廷也'，均为附会之谈"[1]，这是对的。因为"朢"表示"月满"之日，其表意的中心部件已经转移到了"月"上，"目"的极目远望功能已经淡化。为了明确表示字的读音，人们又把"目"改换成"亡"，遂演变为今天的"望"：

---

[1]　董莲池：《说文解字考正》，作家出版社2005年版，第326页。

休盘作㌱，无吏鼎作㌱，三体石经·僖公作㌱，曹全碑作㌱。裘锡圭先生说"望"是把"朢"字的"臣"旁改为形近的声旁（亡）而成的。如果真的是这样，"望"应该分析为从呈亡声的形声字。但是，王宁先生说："检验拆分是否正确，首先要根据构意的体现是否符合客观，其次要检验每一个过渡构件是否属于汉字族谱中可能出现的形体。"①"呈"当然是汉字族谱中没有的形体，再说，"呈"作为形旁，也实在不能使人明白它表达的是什么。

因此，我认为，这样改造后的字形，既不是会意字，也不是形声字，是六书中包含不进的字。我在《汉字学的新方向》中指出：六书本身就是跟小孩子们说的篆文分类的基本类型而已，不是什么高深的理论。因此，六书只是关于汉字类型的一个大致的分类，并不是要涵盖每一个汉字。②

四、形声字形旁的表意功能

一般说来，形声字的形旁具有程度不同的表意作用。但是，由于汉字造字历史久远，有些字形旁的作用我们已经很难确定。黄德宽先生研究认为，某些形符的选择有可能仅凭某种习惯，本来就与字义的关系模糊不清。如小篆中的"風"为何从"虫"？就是一个难于说明的问题，许慎尽管努力解释，但很难令人信服。③又如甲骨文中"唐"，从口庚声，从"口"何意？"霁"字甲骨文不从"云"而是从隹今声，为什么从"隹"？这些都是无法理解的。这类形符或者由于构字时选择它原本就是出于一种朦胧的意识，或者由于今天各方面研究的局限，我们尚不能发现它们与字义间的确切联系。但无论如何，它们与字义间的关系在今天看来是不明确的。由于社会、思维、语言诸方面的发展，以及字形分化、简省、讹变、混用等原因，形符的有理性常常遭到破坏，或发生这样那样的变异，使形

---

① 王宁：《汉字构形学讲座》，上海教育出版社2002年版，第47—48页。
② 陆忠发：《汉字学的新方向》，浙江大学出版社2009年版，第202—206页。
③ 忠发按：今本许慎《说文》曰："风，八风也。东方曰明庶风，东南曰清明风，南方曰景风，西南曰凉风，西方曰阊阖风，西北曰不周风，北方曰广莫风，东北曰融风。风动虫生，故虫八日而化。从虫凡声。𝄞，古文风。"其实许慎没有说"风"从"虫（蟲）"，"虫"在许慎生活的时代不表示"虫（蟲）"，"风动蟲生，故蟲八日而化"这句话是解释"风"为何从"虫（蟲）"的，既然许慎没有说"风"从"虫（蟲）"，那么，"风动蟲生，故蟲八日而化"这句话就不可能是许慎所说，一定是后人加上去的。敦煌文书中"蟲"常常写作"虫"，所以我推断这句话是魏晋到唐宋时期的人加上去的。

符与字义的关系变得模糊的，就更不在少数。①

不过，有些被认为形旁与字义的关系模糊不清的形声字，我们深入研究之后，还是可以搞清楚这个形旁之所以存在的原因的。如"风"，我现在研究的结果是：所从的乀本是风筝的象形，被误书为"虫"。造字用"飘飞的风筝"表达"风"的概念，为提示字音，加"凡"声为"风（風）"。②纳西古文字彡表示"风"的概念，也是用飘动的事物来表示"风"这种不容易表达的概念。

黄德宽先生研究认为形符的选择通常受字义的制约，不管它以何种方式与字义发生何种程度的关系，这种联系一般都应该是可以寻求到的，"形符表意"正部分地揭示了这一客观事实。但是，这个概括显然不能确切指明形符的实际作用。因为能表示或大致表示字义的形符在数量上是微乎其微的，大多数形符只能不严格地标明类属意义，或从某一方面与字义发生一定的联系，而且还有一部分模糊成分进入形符系统，这客观地使形符的表意功能减弱。就整个形符系统而言，形符与字义相关，但表意功能相当微弱。

在大多数情况下，形符具有十分明显的标示和区分作用。从形符的来源看，在本字或借字上加一个标志性或区别性的符号形成注形形声字，出现得最早，而且比较普遍，这使我们看到，开始形符的加入只是为了对该字的意义给予某一方面的标志，或者使一字多义中的某一义项与其他义项区分出来。如"冓"本来有多种义项，后加"辵、女、言"等，写作"遘、媾、講"，通过形符的区分，从而造出几个分工明晰的专用字，新字之间因形符的限制而不至于相混。如果从同一形声谱系看，形符的区别作用似乎显得更为重要，如以"工"为声符的形声字，古文字中有"仜、巩、项、恐（中山方壶从心，工声）虹、雎、红、杠、邛、江、攻"等，若没有形符的附着，这一系列字在形体上就无法区别了。尽管每一个形符并不都是能确切表义的，但是，因"仜"从"人"，而不至于当作从"隹"的"雎"；"江"从"水"，而不至于混同从"虫"的"虹"，这里形符至少可以规定和指示，让我们将同一"工"声而含义不同的字，按不同的联想方式辨别出来，因此，形符在形声谱系中的区分作用就发挥出来了。

古汉字阶段形符的特点，以及它与字义的关系和它产生与发展的事实，都使

---

① 以上各段出自黄德宽：《汉字理论丛稿》之《论形符》，商务印书馆2006年版，第72—79页。
② 陆忠发：《汉字学的新方向》，浙江大学出版社2009年版，第200—201页。陆忠发：《"风"从"虫"辨》，《杭州师范大学学报》2010年第2期。

我们有理由作出这样的判断：从作用上看，形符通过物质符号刺激人们的视觉，规定、指示人们联想的方向，以造成对相同语音符号的区别；就性质而论，它只是一种与字义相关的约定俗成的区别性（标示性）符号。[①]

五、形声字声旁的功能

古汉字阶段声符具有准确表音的作用。据钱玄同先生《金文通借释例》所提供的材料，两周金文中同声符之间相通者，占全部通假字的79.1%，黄德宽先生对秦汉之际《睡虎地秦墓竹简》等十余种简帛书通假字材料进行分析，共统计有通假字1675对，其中同声相通者1344对，占80.2%。[②]但是，由于字音发展不同步，相同声旁的字读音不一致的现象非常普遍。周有光先生对现代汉字声符的表音实际作过统计，声符有效表音率为39%。[③]

造成同声旁而读音不同的原因繁杂。

（一）有造字方面的原因：

1. 造字时选用的声旁与字音不完全相同

如"燦"从火粲声，但现在使用的简化字则作"灿"，"山"与"燦"的读音本来就不同。

2. 因破读的原因，分化的字读音会有不同

如"解"本是宰杀动物，引申表示分解动物的肢体，再引申出"松散"之义。由此分化：思想上松散也叫"解"，《礼记·丧服四制》："三日不怠，三月不解。"后来为这个"解"造出"懈"字，虽从解声，但读音却与原来的"解"不同。

（二）更多的是语言变化方面的原因，同声旁的字读音不是同步变化，这是主要原因。

（三）再一个就是受方言的影响，有些方言的读音被吸收到普通话中，造成读音不同。如"癌"，从疒喦声，音当读yan，但吴方言区有的方言读ai（鼻化音），吸收到普通话后就读ai了。

（四）还有人为规定的原因，如汉字审音，大陆和台湾对许多字的字音选择不一致。

① 黄德宽：《汉字理论丛稿》之《论形符》，商务印书馆2006年版，第72-79页。
② 黄德宽：《汉字理论丛稿》之《古汉字形声结构声符初探》，商务印书馆2006年版，第86页。
③ 《现代汉字中声旁的表音功能问题》，《中国语文》1978年第3期。

黄德宽先生说：形声结构二要素（形符与声符）各有分工，又相辅相成，组成一个完整统一体。在形声结构中二要素是平分秋色呢，还是有主有次？这是研究形声结构所不能回避的问题。将二者看作是"半主形，半主声"，还是"以形为主"或"以声为主"，对形声结构性质的认识就可能会不同。在形声结构研究史上，"以形为主"或"半主形、半主声"的论点影响甚大。[1]我以为从形符与声符各自的特点看，形符的不稳定、不定型及表意的不明确，使之只能处于配角的地位，而声符的相对稳定性和单一性，其较强的表音功能，足以决定它在形声结构中的主导和核心地位。[2]

形声结构的性质是由其构成要素形符、声符的功能、特点和性质决定的。就古汉字形声结构的形符而言，它只是一种与字义相关的约定俗成的标志性（或区别性）符号；就古汉字形声结构的声符而论，它确实是作为记录语音的符号参与构形的。因此，形声结构实际是一种依靠形符标示的表音文字符号，这就是形声结构的性质。实际上在古汉字阶段，形符"表意"的功能就很有限，它的主要作用是利用形符的标指，暗示字义的范围，引导人们通过合理的联想，从而区分同声符的形声字。形符在形声结构中的分工虽然与字义相关联，但是它不可能将字义有效地显现出来，以起到"表意"的作用。由于声符的功能是表音的，在形声结构中占据主导和核心的地位，因而也就决定形声结构主要是一种表音性质的符号，是一种借助形符标指的"准表音"的文字符号。虽然它的出现和发展，反映出汉字符号系统内产生了依音构形的新方式，但这还不是一种彻底的表音构形的观念，它在一定程度上带有它的母体——象形表音符号系统遗传下来的某些因子。尽管如此，形声结构的出现毫无疑问地表明了汉字构形由以形表意向记音表义的根本性转变。[3]

六、形声字产生的意义

形声字最初是在表意字基础上加注提示符号形成的，随着人们对事物分类概括能力的提高，更主要的是人们已经认识到意义其实与声音联系最为紧密，要表

---

[1]　参阅胡朴安：《中国文字学史》，商务印书馆1937年版。

[2]　黄德宽：《汉字理论丛稿》之《古汉字形声结构声符初探》，商务印书馆2006年版，第88-89页。

[3]　黄德宽：《汉字理论丛稿》之《论形声结构的组合关系、特点和性质》，商务印书馆2006年版，第104-109页。

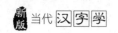

达一个概念，关键的是表达其声音。为使字表达概念更为明确，又加形旁提示其义类，这样，"形旁+声旁"拼造的形声字便大量出现了。

所以，我们可以说，形声字的产生，是人们对语言的实质有了正确认识的结果。形声字的出现，其意义是划时代的。因为人们可以方便地造出大量的形声字，使汉字能够很好地适应社会生活发展的需要，社会生活中出现的新概念，都可以有效地用汉字来表达。我们可以设想，如果没有形声字，表意字的造字手段是有限的，汉字适应社会生活发展的唯一方法就是无止境地加大数量有限的表意字所承载的信息量，其结果必然导致书面语系统给人们带来理解上的极大困惑，甚至导致书面语无法被正确理解。最终人们将不得不放弃用汉字系统来记录汉语。

我们可以说，汉字之所以能够与汉语长期相伴，正是因为形声字的出现。

◇ 第六节　汉字结构的层次性与层次分析 ◇

汉字的形体具有层次性。除了勾勒事物轮廓和勾勒事物最具有区别性特征的部位轮廓的象形字外，所有的汉字都是可以区分出两个或者更多的部分来的。这两个或者更多的组字部件，有一些是并列关系，即组成汉字的几个部件是处在同一个层面上的；有一些是增累关系，即组成汉字的几个部件是逐步增累起来的。

并列关系的造字部件，从表意方法上看，有的是相关关系。如"从"，甲骨文作𠘧，由两个𠆢组成，这两个𠆢之间的关系，从汉字结构关系上说是并列关系，从表意关系上说是相关关系，整个字通过这两个𠆢之间的相关关系表达"跟随"的概念。

也有的是说明关系。如"果"，甲骨文作𤓷，由⊕和米两个部件组成，⊕是圆圆的果子，米是对⊕的说明，说明⊕是树上的像⊕这样圆圆的东西，所以是"果子"。

还有的是支配与被支配关系。如甲骨文"劓"作𠲸，从刀从自（鼻子），自（鼻子）是刀支配的对象。

有的时候，并列关系的部件有很多，整个字是多种表意关系的组合。如"寇"就是这样。请参考第六章的举例。

组字部件是增累关系的汉字，因为组成汉字的几个部件是逐步增累起来的，所以结构上具有层次性。如"从"，甲骨文作 ，后来添加"彳"作 ，"彳"是对一前一后的这两个 的说明，说明他们是在道路上一前一后地走着，通过这两个 之间的相关关系表达"跟随"的概念。金文作 ，显然是在 上添加 形成的， 是行走器官，提示这两个人正在道路上行走。"從"，现在文字学界分析为从辵从声的形声字。如前所述，这违背了"从"字字体演变的史实，显然是不合适的。同样，"走"，甲骨文作 ，我们前面把它分析为会意字，后来增加 ， 是行走、奔跑的器官，《说文》："走，趋也。从夭、止。"

因为汉字形体是组字部件逐步增累起来的，所以，一般说来，汉字的结构是可以进行层次分析的。如我们可以把"從"分析如下：

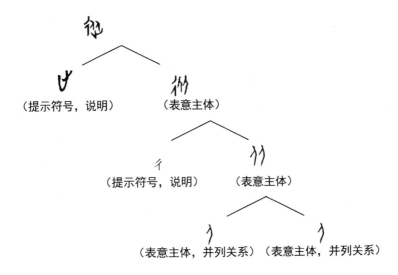

应该注意的是，我们分析汉字结构的目的是清楚地说明汉字表意部件及其关系。如果不能正确说明部件之间的关系，其分析就肯定是错误的。如 ，李圃先生《甲骨文文字学》99页分析为：

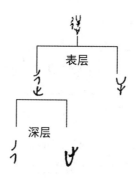

这样分析就错了。其实，本作，表示一个人走过来，表示一个人走过去，合起来用"两个人相向而行"表示"迎接"的概念。作者，是个提示符号，提示道路。合起来用"在道路上，两个人相向而行"表示"迎接"的概念。[①]所以，、、三者的关系，一旦如李圃先生的上述分析，就会割裂开来[②]，与的关系就再也说不清了；与之间的关系也就说不清了。

对于汉字的层次分析来说，由于"辵"和"辶"这两个形旁从来源上说是"彳"与"止"合并形成的，之后就基本上取代了"彳"与"止"，大量地用于拼造形声字。这样拼造出来的形声字，形旁应该是"辵"或者"辶"。而在"辵"和"辶"没有取代"彳"与"止"之前，人们造的从"彳"或者从"止"以及在从"彳"的基础上又添加"止"造出的字，与以"辵"或者"辶"为形旁拼造的形声字应该区别对待，应该按照其添加提示符号的实际顺序、部件的实际组合关系去分析。如康侯簋的"疑"作，就不能分析为从"辵"。我们前面已经说过，字是在字基础上添加以提示行走的动作。

分析汉字形体结构，如果不是为了清楚地说明汉字表意部件及其关系，那么分析错了，自己往往是看不出来的。如：

---

① 李圃先生说"逆"字的字义是古人运用移位造字法将人体（大）倒置所创造出来的形意表词方式的字，借以表示动词"逆"的"逆迎"义（《甲骨文文字学》132页），也是不对的。
② 李圃先生的分析，其实是按照《说文》的分析进行的。《说文》："逆，迎也。从辵屰声。"问题是我们应该对许慎的解释有一个正确的判断。

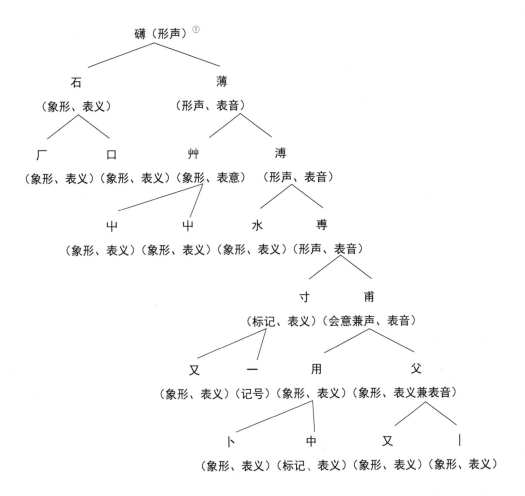

作者把"寸"分析为"又"和"一"两个部件，"寸"是指事字，"一"是指示符号，标为"记号"是不合适的。② "用"是象形字③，属于勾勒全部轮廓的象形字，所以形体不应该再作切分，作者按照《说文》分析为"卜"和"中"显然是错误的。

李圃先生《甲骨文文字学》把构成汉字的结构要素（汉字中形与音、义相

---

① 张其昀：《汉字学基础》，中国社会科学出版社2005年版，第141页。
② 简单地说，所谓记号，就是说不清其作用的部件。"寸"中的一点分明是指示符号，其作用是明确的，标为"记号"是不合适的。而且，汉字结构中说不清其作用的部件是极少的，我们分析汉字结构，如果分析出大量的记号来，说明我们的分析肯定是有问题的。
③ 本书第七章有详细考证。

统一的最小的造字单位）叫字素[1]，把由两个以上的字素组成的字叫"复素字"，"复素字"的字素之间具有表层或者深层的结构关系。[2]王宁先生说：汉字的构形单位是构件（也称部件）。当一个形体被用来构造其他的字，成为所构字的一部分时，我们称之为所构字的构件。……我们把汉字进行拆分，拆到不能再拆的最小单元，这些最小单元就是汉字的基础构形元素，我们称之为形素。汉字由有限的形素组成数以万计的单字，有两种不同的组合类型，我们分别称之为平面结构和层次结构。平面结构是由构件一次性集合而成的。……汉字的大量组合是层次组合，全字是由形素或构件分作若干层次逐步累加上去而构成的。[3]因为平面结构与层次结构在构意的体现上，前者是一次性集合式的，后者是两两生成式的，所以在分析汉字的形体结构时，正确区分这两种结构类型，才能正确分析造字的理据，也才能保证构件的拆分不出错误。依照汉字结构的客观类型和组合程序来拆分汉字，我们称作有理据拆分（简称有理拆分），这种拆分不但保证拆分的最后结果是合理的，而且保证每一个过渡构件都是合理的。例如"缴"字，如果拆分到第二步时不是拆出"白"和"放"，而是先把"反文"拆出来，就会出现一个"白"加"方"的过渡构件，这个构件在汉字族谱中是没有的，因此是不合理的。又如，在拆分"徒"字时，应当先拆出"土"和"辵"，再把"辵"拆成"彳"和"止"（变体），如果先拆成"彳"和"走"，就把一个形声字变成会意字了，当然是错误的。检验拆分是否正确，首先要根据构意的体现是否符合客观，其次要检验每一个过渡构件是否属于汉字族谱中可能出现的形体。[4]

主张对汉字形体进行分析，最早是李圃先生和王宁先生提出来的，这样的分析对汉字教学是有积极意义的。我们进一步主张，在对汉字进行形体分析时，应该充分注意说明部件之间的表意关系。

我们还应该注意的问题是，汉字的造字部件是按照一定的关系组合在一起的，后来增累的部件可能只与某个部件有关系，而与另外的部件就没有关系。如"学"，甲骨文作爻、爻，金文作学。作爻，用"一个人在练习编织"表达"学习"的概念；作爻、爻表示双手练习编织，⌒即屋子，在这里是提示符号，提示

---

① 《甲骨文文字学》，学林出版社1995年版，第9—10页。
② 《甲骨文文字学》，学林出版社1995年版，第83—102页。
③ 《汉字构形学讲座》，上海教育出版社2002年版，第五讲《平面结构与层次结构》。
④ 《汉字构形学讲座》，上海教育出版社2002年版，第47—48页。

练习编织的人所在的环境是在屋子前面。古人都住在狭小的地穴式的屋子里，一般的手工劳动应该多是在屋子前面的空地上面进行的。合起来用"在屋子前练习编织"表达"学习"的概念。作学，添加"子"为提示符号，其功能是说明。从结构层次上看，"子"是在学上添加的提示符号；但是，"子"不是对学的说明，而是对犭（表示这个从事练习的人）的说明，说明这个从事练习的人是孩子。合起来用"孩子在屋子前练习编织"表达"学习"的概念。所以，如果我们要用图示的方法分析这个字，就应该特别注明：

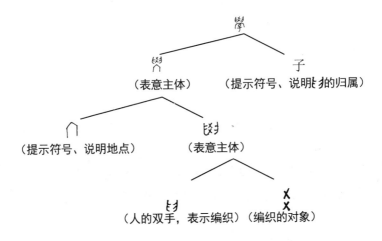

这种用图形结构的方式分析汉字结构的方法，能够把汉字部件与部件之间的关系醒目地标示清楚，但可能不是每一个汉字都能够这样分析。《说文》在分析汉字结构时，常常分析为"从某省，某声"或者"从某省，从某"，又曰"从某，某省声"。汉字表意部件省略一部分笔画的，叫"省形"；表音的部件省略一部分笔画的叫"省声"。汉字形体为了追求结构平衡、匀称，对一些有碍结构平衡、匀称的部件的笔画进行一定的省略，这是客观存在的现象。①这类汉字如何分析，是尚待研究的问题。

---

① 《说文》关于"省形""省声"的分析，有的是正确的，有的是错误的。已经有人作过系统研究（如冯玉涛先生《说文解字"省形"分析》等），这里不再展开讨论。

第六章

汉字表意理论

◇ 第一节　汉字的造字手段◇

汉字造字有自己的独特手段，这些手段使汉字既区别于世界上的其他文字，又区别于同样用形体表意的图画。

汉字造字的手段有三个。

一、象征

象征，即用事物的轮廓象征某一事或物。这是汉字区别于图画的根本方法。图画是写实的，虽然图画不像照片那样实，但是，事物的轮廓、细节都是必须具备的，否则就不是图画。而汉字则只用简单的轮廓来表示事物。具体说来，以轮廓象征事物，一般是用事物的全部轮廓或事物最具区别特征的部分的轮廓来象征该事物。如：

（豕），造字勾勒了猪的身体、头、耳、尾、蹄，每一个部位都不是写实的。但是，这个简单的轮廓已经足以表示这个动物是豕。

（鱼），造字勾勒了鱼头、鳍、身、尾，这个轮廓足以表明它是鱼。

（鹿），造字勾勒了鹿角、头、身、尾、四蹄，这个轮廓足以表明它是鹿。

以上用物体的全部轮廓来象征该事物。我们见到轮廓就会看出它所像为何物。汉字中的许多象形字都是如此。

用事物最具区别于其他事物的部分的轮廓来象征该事物，如：

（牛），造字勾勒了犄角向上圆弯之形，以此象征牛。因为水牛的角就是这个样子的，这个特征非常独特，所以，见到这个轮廓，人们自然就会认为是牛。

（羊），造字勾勒了犄角向下折弯曲之形，以此象征羊。因为山羊的角就是这个样子的，这个特征非常独特，所以，见到这个轮廓，人们自然就会认为是羊。

这类字抓住事物与其他事物的区别特征来像该事物，难度较前一种加大，而且所造的字较上文所举的字更难见形知义，故这种类型的字在文字中数量相对较少。

汉字造字的部件也是一个个象征体。如：

劦（初），这个字由左边的"衣"和右边的"刀"两个部件会意而成。"衣"勾勒了衣领、袖子、衣襟的轮廓，"刀"勾勒了把柄、刀身的轮廓。在这里，衣表示做衣服的布，刀可实施剪裁的动作，用刀表示剪裁。"初始"的概念非常难以表达，然而，人们知道，做衣服的初始工作肯定是剪裁布匹。所以就用"剪裁布匹"来表达"初始"的概念。

二、联想

造字部件是一个具体的事物，但是它往往不是以其名物义参加造字，而是通过这个具体的事物来表示其具有的动作功能。这种联想来自造字者和理解汉字的人共同的生活经验。联想的手段使汉字能够用简单的事物的轮廓表达复杂的动作，从而使汉字的形体不至于很复杂。具体说来，有以下一些联想。

（一）以具有某种功能的器官来表示动作，如：

邦（妻），"妻"的本义是"抢妻"。古代地位高的人娶妻要经过媒人介绍，一般人则在自由恋爱中找到伴侣。如果在自由恋爱中找不到伴侣，那么只能抢一个女子为妻，这就是"抢妻"。邦，从帚从彐，帚勾勒的是成年女子的轮廓，彐勾勒的是侧面的手的轮廓。但是，这里的彐不是表示人的手。人们凭借生活经验可以知道，手可以抓取东西，所以人们在理解邦这个字时就把具有抓取功能的彐理解成为"抓取"的动作。

前面我们说甲骨文"望"作阝，亦作阝，甲骨文"望"还作阝，字从臣、从亻、从止（止），本义是"远望"。臣表示"睁大眼睛看"的意思。止是人的脚的轮廓，代表人的脚，在这里表示的是脚的动作——踮起脚跟。目有"看"的功能、止有"企立"的功能，在这里都是以功能义参加造字。造字用"一个人踮起脚跟、睁大眼睛看"表达"远望"的概念。

（二）以可以实施某动作的工具表示动作，如：

劓，甲骨文"劓"，从刀从自（鼻子）会意，刀在这里表示"用刀割"的动作，劓从刀从自表达"割鼻子"的概念，是古代刑名之一。篆文作劓，把"自"

替换为意思相同的"鼻"。

𩵋，篆文"劋"，《说文》："劋，楚人谓治鱼也。从刀从鱼。"刀在这里表示"用刀剖开"的动作，治鱼即剖鱼。[1]

（三）以可实施某动作的器官和工具来表示该动作，如：

𠜱（刖），从大（表示人）从𢦏，像锯子类的工具，与手合起来表示截锯动作。𠜱用"一个人用锯子截锯另一个人的足"表示"刖足"的概念。

𤘝（牧），从𤘽（牛）从𠂤，像鞭或棒形，与手合起来表示"驱赶"的动作。𤘝用"一个人拿着鞭或棒驱赶牛"表示"放牧"的概念。

象征和联想的手段，使汉字能够用简单的形体表达复杂的概念，这是保证汉字形体比较简单的重要手段。

三、义素意合

汉字造字，其意义元素都是有机地组合在一起的，共同体现一个造字意图。这是汉字造字的又一个重要手段。汉字的意义元素不是简单地组合在一起，它们之间有主从关系（或者支配与被支配关系），有相关关系（如环境、场合、位置等）；即使是简单的画面，没有明显的支配与被支配关系，也肯定有画面的中心——那个有生命的事物（就如中国画一样）。如：

𡨥（寇），从宀、从亻（人）、从•、从攴，•是提示符号，提示亻的头部；攴表示一个人手持锤子之类的凶器，𡨥像一个人手持凶器去敲击另一个人的头部。攴是起支配作用的部件，亻是被支配的部件，攴与亻之间的支配与被支配关系是主要关系，"宀"也是提示符号，它提示一个人手持凶器去敲击另一个人的头部这一动作发生的地点是在亻的家里，它与亻和攴之间的关系是相关关系。这些组字部件所表示的意义元素组合在一起就表达出"入室行凶抢劫"之义。曶鼎铭文："匡众厥臣廿夫寇曶禾十秭。"引申为入侵，《尚书·费誓》："无敢寇攘。"再引申为入侵者、盗贼，《玉篇》："寇，贼寇也。"

𦫳（集），从隹从木，像鸟停在树木之上，表示停止之义。《诗经·葛覃》："黄鸟于飞，集于灌木。"这是一个静止的画面，画面中的鸟和树之间没有明显的支

---

[1] "治"应该是"劋"音转之后的假借字，现在的合肥方言仍然有这个词，读chi。但是，合肥人所谓"治"是使用小刀，用大的刀具则叫"剖"。参看陆忠发《现代训诂学探论》36-39页，浙江大学出版社2008年版。

配与被支配关系，但是，"鸟停在树上"就是这个画面的中心。其他元素都忽略不计了。

形声字的造字更加简单，人们认识了意义承载于声音的道理，意义不同而声音相同的概念，人们用形旁加以标示，加以区别。这样，用两个部件就可以明确地表达概念了。

汉字的意义元素不会很多，汉字造字总是把最核心的意义元素组合在一起，适当地添加其他相关的意义元素共同体现一个造字意图；汉字表达每一个意义元素的轮廓也很简单。这样，意合之后的汉字形体一般比较简单，这是汉字一直保持方块字形态的根本原因。

拼音文字的意义元素之间是叠加关系或者限制关系，其文字总是呈线性排列，如英语、日语都是这样。

◇ 第二节　汉字的表意方法◇

意就是意图。造字者造一个形体，他要表达什么？这就是他的意图。这个意图是通过部件与部件之间的关系来表达的。

文字是全社会共同使用的语言符号系统，表意汉字直接用字形代表概念或者说是口语中的词，其结构就必须为全体成员所共同理解。造字要为识字者所共同理解，造字者所采用的表意方法，必须能够为全体社会成员共同理解。这样，造字者与识字者才能达到心灵的互通，从而使识字者理解造字者的原意，领会汉字结构所要表达的意思。

探求汉字结构部件之间的关系，可以从根本上搞清楚汉字是如何把造字者所要表达的意图表达出来的，这是汉字学研究的核心问题。下面我们就着重分析一下象形、指事、会意字的表意方法。

一、象形字的表意方法

许慎说象形字的造字方法就是"画成其物，随体诘诎"。汉字的起源与绘画可能存在一定的联系，甚至有人就认为汉字起源于图画。当然，如何理解汉字起源于图画？我认为我们不能理解成：先有图画后来才有文字，或者，没有图画便没有文字。我们现在还不能把图画与文字的这种关系说得很清楚。严格地讲起来，图画与文字并没有必然的联系，图画往往与语言中的概念之间没有固定的联系，比方说一个人画了一幅画，别的人可能并不知道他画的是什么，所以它不能作为交际的工具来使用。文字代替语言中的概念作为交际的工具，其一开始应该是在人们的语言交际中对概念的理解存在困难的时候，为了使语言交际更加清楚明白，说话者在发出声音的同时把要表达的概念的图形画出来，这样，图便与声音和意义的结合体——概念形成了对应。于是，这个图画便具有了文字的功能。如，说话者要表达"马"这种动物，他嘴里发出"min"（马的得名应该是人模仿它的嘶鸣声min来指称这种动物，后来音转为ma）的声音，听者不明白他要表达的是什么，于是，这位说话者在嘴里发出"min"的声音的同时又画了一个马的图形，听者就很容易明白说话者的意思了。这样，这个马的图形便具有了文字的功能。当然这种具有了文字功能的图画，一开始可能画得比较写实，因为写实比较麻烦，后来就逐渐趋向于勾勒事物的轮廓，于是就成了后来的文字。所以，汉字中有许多字的形体具有图画的性质，这样的字就是象形字。

总的来说，象形字的表意方法就是用线条把事物的轮廓勾勒出来，让人们见形知物。具体说来，这种勾勒事物轮廓的表意方法有三类。

（一）直接勾勒事物的全部轮廓，让人见形知物。如：

🐘（象），勾勒出象的外形，有大耳朵、长鼻子、身体、四肢，一见就知道是大象，不会想到是犬或是猪、马。

需要注意的是：直接勾勒事物的全部轮廓，这个方法造的字不一定都是象形字，有的时候在勾勒事物的轮廓时把事物本身的动作状态也勾勒出来了，这样的字往往就是独体会意字，如我们前面说过的"大"和"走"。它作为部件使用的时候，我们也要考虑其动作所表达的意义。

（二）勾勒一事物最具区别于其他事物特征的部位轮廓来表示该事物。

事物之间总是存在着一定的差别。有的时候，只要抓住了一事物最具区别于他事物特征的部位，我们就足以明白这是什么事物。所以，造字者只要勾勒出一事物最具区别于他事物特征的部位轮廓，就能简单地把造字意图表达出来。如前面举"牛""羊"的例子就是。

（三）勾勒轮廓并加提示符号。

事物之间的区别有很多，有的轮廓不同，所以只要勾勒出轮廓就足以区别不同的事物；有的局部特征不同，勾勒一事物最具区别于他事物特征的部位轮廓也足以区别不同的事物；有的事物轮廓相同、相近，局部特征也差不多，这样的事物在生活中我们可能还需要用别的区别方法，如鸡蛋和鸭蛋、鹅蛋，我们在生活中可以凭借大小将其区别开来。但是这样的方法在造字者那里就用不上了。画在纸上的东西，其大小是没办法判断的。所以，采用上面的方法，有许多事物是区别不开的。于是造字者就在勾勒事物轮廓的同时添加提示符号，通过提示把识字者的思维限定在一定的范围内。这样，在一定的范围内，某一个轮廓表达的是什么事物，就比较容易判断了。如：

❀（葉），从❀从木。❀本不明所像，我们很难明确说❀像什么东西，于是造字者在勾勒❀时就加"木"提示❀是树上长的这种扁平的东西——树叶。所以，❀这个字中，❀勾勒的是树叶的轮廓，"木"提示❀所处的环境是在树上。

❀（果），从⊕从木。⊕为何物亦难明，我们很难明确说⊕像什么东西，于是造字者在勾勒⊕时就加"木"提示⊕是树上长的圆而饱满的东西——果实。所以，❀这个字中，⊕勾勒的是果实的轮廓，"木"提示⊕所处的环境是在树上。

⊕中间的十也是提示符号，表示向四周发散的意思，在这里提示〇是圆而饱满的事物。了解绘画的人都知道，扁平的事物和圆而饱满的事物反射光线的能力是不同的，圆而饱满的事物朝向"我"的这个部分，越是中间的部位反射光线越强，所以其中间部位我们看起来更亮，⊕中间的十正是提示中间部位更亮，看上去好像光线在向四周发散的样子，以表示〇是圆而饱满的事物。这就是❀与❀的区别所在。许多文字学著作都把❀当成是"果"的甲骨文形体，这是不明白提示符号的作用造成的错误。

🜨（金），早周金文字作🜨，🜨表示叠在一起的铜锭。考古证实，古代使用铜往往把开采的铜矿石就地冶炼成铜锭，然后把铜锭运输到铸造场铸造器物。[①]一个个铜锭累码在一起，就是🜨这个样子，所以，古文字一开始用🜨表示铜（金）。但🜨表意并不十分明显，易被误解为他物，所以后来又加上🜨，🜨由↑（其尖锐的部分是箭镞，丨是提示符号，提示那个尖锐的部分就安装在丨的上面。合起来表示箭镞）和🜨（斧头）两个部分组成，🜨在这里是提示符号，提示🜨是制造箭镞和斧头的原

---

① 陆忠发：《汉字文化学》，吉林人民出版社2001年版，第99-101页。

料。这样表意就清楚了。①

过去，有许多象形字都被当作了指事字，如：

㔿（膝），这个字中㇇单独使用，人们不明为何物，所以造字者加㇄，㇄像腿和脚之形，有了㇄的提示，我们就明白㇇是腿的中间凸起的部位，即膝部。因此，㔿这个字，㇇勾勒的是膝盖的轮廓，㇄是提示㇇所处的环境的提示符号。所以㔿应该是象形字。

丬（尤，疣的初文），·是人体生出的瘤状物，但是单单看·很难说出是什么东西。加手为提示符号，提示这是手指上长出的这个样子的东西。手指上原本不可能有·这样的东西，但是现在手指上有了这个东西，人们便知道这个东西就是疣了。

二、指事字的表意方法

指事字的表意方法就是在事物形体上面加一个指示符号，指出造字者所要表达的意义是这个事物的某某部位，这个问题已见前面的介绍，此从略。

三、会意字的表意方法

会意字的特点是"比类合谊，以见指㧑"，它集合两个或两个以上形体来体现字义。会意字的表意方法可以区分为五大类：

（一）象事

我这里所说的象事，指的是会意字的各个组成部分或若干组成部分之间存在着主宾关系，它利用一方对另一方的支配关系来象征某些事情。主宾双方之外的其他部分，提示事情发生的场合、环境等因素，从而共同达到明白地表意的目的。如：

棄（弃），从𠫓从𠙴从廾，𠙴为畚箕之类的弃秽之器，廾是两只手，古文字中手往往表示手的动作，这里的廾表示两只手拿着什么，廾与𠙴结合在一起，就表示扫除什么或者丢弃什么的动作。再加一个𠫓，𠫓、𠙴、廾这三个部件组合在一起就表示"丢弃"的概念。从廾持𠙴表示抛弃之动作，这是发出动作的一方，𠫓是被支配的一方。甲骨文棄又作②，即《说文》"弃"之古文形体所本，廾是发出动

---

① 最早正确解释这个字的人是康殷先生。参见康殷：《古文字学新论》，容宝斋1983年版，第234页。
② 《甲骨文合集》21430片。

作的一方，𢀕是被支配的一方。后稷生下来后曾三遭丢弃，故取名为弃。

𤎬（熯），𤎬从大（表示一个人），从凵为提示符号，提示人张口向上，𤎬表示人张口向天祝告。凵也是提示符号，表示用绳索系人的颈部。火即火。合起来表示在祭坛上用绳子捆着一个人，然后在坛下用火烧，是焚人求雨的祭祀活动。《合集》25370："……大贞，来丁亥熯……"引申为烧、烤，《粹》786："求雨，唯熯羊，用。又大雨。"再引申为干燥、热，《周易·说卦》："燥万物者，莫熯乎火。"

我们在分析会意字字义时，要分清各部分之间的主宾关系，这对准确理解字义极有好处。一般说来，会意字形体各部分之间的主宾关系，可以从以下四个方面来把握。

1.物或人与工具结合，物或人是宾，工具是主。如：

𡠦（执），从𡥓从丮，𡥓是夹棍之类的刑具[①]，丮即人。此字𡥓为主，丮为宾，表示用夹棍拘执罪人之意，而不能理解为人去执夹棍。《合集》697反："贞，执屯。王固曰：执。"因拘执罪人，须先逮捕、捉拿他，故引申为捕、捉之义：《诗经·大雅·常武》："铺敦淮濆，仍执丑虏。"再引申为握、持之义，《诗经·邶风·简兮》："左手执籥，左手秉翟。""执"与"秉"对文，正握持义。《广韵》："执，持也。"

𣓤（焚），从林从火，火为主，林为宾，𣓤的本义是焚烧树林以驱赶动物的狩猎活动。《合集》10408正："翌癸卯其焚……擒。癸卯允焚，获……兕十一、豕十五、虎……兔二十。"引申为焚烧，《周易·旅》："旅焚其次，丧其僮仆。"

2.人或物与人的动作器官结合，人或物是宾，器官为主。如：

𢍜（奠），从酉（表示酒）从𠬞（表示双手捧的动作）从𠂤（表示台阶，在这里是提示符号，提示登台阶），酉为宾，𠬞为主，三个部件合起来表示两手捧酒登阶进献给神，本义是向神进献酒的祭祀。《合集》9767："贞，我奠，受年。"引申为把祭品进献给神的祭祀，《诗经·召南·采蘋》："于以奠之？宗室牖下；谁其尸之？有齐季女。"引申为进献，《尚书·康王之诰》："一二臣卫，敢执壤奠，皆再拜稽首。"孔传："敢执壤地所出而奠贽也。"再引申为放置，《礼记·内则》："其相授，则女受以篚；其无篚则皆坐，奠之而后取之。"郑玄注："奠，停地也。"

[①] 1937年，殷墟第15次发掘时在一个坑穴内发现了三个带枷的奴隶陶俑，或双手枷在胸前，或双手枷在身后。详见胡厚宣：《殷墟发掘》，学习生活出版社1955年版，图版57。从陶俑看，此刑具即两根棍子捆扎在一起做成的夹棍。

�（俘），从爪从子，爪为主，子为宾，表示俘获、掳掠（人口）。《合集》137反："……四日庚申，亦有来警自北，子㷋告曰：昔甲辰，方正（征）于㚯，俘人十有五人。"引申为被俘虏的人口、俘虏，《合集》903正："贞，我用𡘫俘。"

3.人或物与器官和工具的结合体结合，人或物为宾，器官与工具的结合体为主。如：

𦦏（农），从林（表示林莽），从爪持辰，辰是"蜃"的本字，在这里表示蜃壳。丁兴濂说：古者工艺未兴，一切器用，均利用自然物质。大地初出海面也，大蚌巨介，触目皆是，其物边际犀利，中部穹隆，以之启土，殊为便利，故初民尝以为耕具。[1]所以，从爪持辰，就表示拿着耕具从事劳作。此字林为宾，爪与辰为主，三个部件组合在一起表示伐去林莽，字的本义为耕（翻土）。《说文》："农，耕也。"《左传·襄公九年》："其庶人力于农穑。"引申为农事、农业，《商君书·垦令》："民不贱农，则勉农而不偷。"再引申为从事农事的人、农民，《尚书·盘庚》："若农服田力穑乃亦有秋。"《庄子·让王》："舜以天下让其友石户之农。"成玄英疏："农人也。"

𦥑（舂），从爪从丨即"午"，古"杵"字，从𠙴象臼形，其点代表谷物。此字臼中谷物为宾，爪与丨为主，象双手持杵在臼中捣谷之形。本义即捣谷去谷皮，《诗经·大雅·生民》："或舂或揄，或簸或蹂。"引申为从事舂谷的人，《墨子·天志下》："丈夫以为仆圉、胥靡，妇人以为舂、酋。"

4.人或人的器官与人或动物组合，能发出积极的支配性动作的一方为主，另一方为宾。

我在这里所说的"积极的支配性动作"，指的是结合的双方，都有发出动作的能力，但其中的一方发出支配性动作的可能性更大、更快、更积极，这一方就是我所说的能发出积极的支配性动作的一方。如：

𡥆（好），从女从子，二者均可发出动作，但子为幼孩，女为大人，女当更有可能发生积极的支配性动作，所以"好"字子为宾，女为主，像女子怀抱幼子之形，其本义当是喜好之好，《诗经·大雅·彤弓》："我有嘉宾，中心好之。"引申为亲爱、和好，《诗经·卫风·木瓜》："永以为好也。"再引申为美、优良，《说文》："好，美也。"《诗经·大雅·崧高》："其风肆好，以赠申伯。"再引申为美色、女

---

① 详见丁兴濂：《文字学上中国古代社会勾沉》，《学风》3卷第6期、第7期。

子美貌,《战国策·赵策三》:"鬼侯有子而好,故入之于纣。"

𡧢(害),从𠙴从↑(蛇),足与蛇均可发生动作,但相比之下,蛇咬脚的可能性更大。故此字𠙴为宾,↑为主,像蛇咬人足之形[1],其本义是伤害、降祸,是个动词。《合集》10124:"贞唯帝害我年。"引申为祸害、危害,《合集》34101:"其作害。"

近年来,裘锡圭先生把甲骨文害字隶作"䖵",说𡧢字所从的↑是虫,学界多从之。其实裘先生的说法自相矛盾,他分析甲骨文害字像人的脚为虫虺所咬,其实还是把↑看成蛇(虺)。

结构双方分别向对方发出支配性动作,双方互为支配者和被支配者,这种情况也是象事。如:

𩰚(鬥,习惯假借"斗"为之),从二𠂤,人长长的头发是提示符号,提示这个人是成年人。[2]𠂤像一个人伸手出击之形,𩰚用两个成年人各自出手击打对方以表示打斗之义。《尉缭子·制谈》:"金鼓所指,则百人尽斗。"引申为战斗。《孙子·虚实》:"敌虽众,可使无斗。"再引申为争胜、比赛,唐代秦韬玉《贫女》:"敢将十指夸针巧,不把双眉斗画长。"

𠨍(奇,骑之初文),从二人,像一人跨在另一人身上,又像一人勾着背驮着身上的人,二者互为支配对象。𠆢像一勾背之人,后为表其音读,改𠆢为可。其本义为奇(骑),后添加"马"作骑。

𢧜(搏),从戈,表示人持戈,从虎。虎要吃人,人持戈与之相搏,皆欲置对方于死地,双方分别向对方发出支配性动作,双方互为支配者和被支配者。

东汉孝堂山画像石画像摹本(局部)[3]

---

[1] 高明先生《古文字类编》解释这个字的形体时说是人的脚踩踏蛇表示伤害之意,非是。

[2] 为什么一定要加这个提示符号?因为两个人各自出手打击对方,不一定就是打斗,如小男孩就喜欢这样打来打去,但这不是打斗,而是嬉戏。成年人是不这样嬉戏的,所以要添加提示符号,表明是成年人,这样,对打斗的表达才不会产生歧解。

[3] 图片取自刘旭《中国古代兵器图册》21页,北京图书馆出版社1986年版。

（二）象意

我所说的象意，指的是组成会意字的几个部分之间地位均等，不分宾主，通过几个部件之间的空间关系来表示字义。象意方法细分又有两类。

1.不同的部件组合，利用各部分之间的空间关系来象征某种意义。如：

𠤎（尼），从二人，林义光先生《文源》说："𠤎，人之反文，𠃌亦人字。象二人相昵形，实昵之本字。"古文字中上下的结构往往表示前后的位置关系，因为古文字竖着写，如果前后的位置关系在书面上横着排列，那么，横向占的位置就太宽，这样就会影响其他竖行的书写。所以，𠤎虽然是上下结构，其实像两个人背靠背依偎在一起的样子。造字者用人的这种动作表达亲近、亲昵的概念。① 于省吾先生说"尼"字构形象一人坐于另一人背上，二人相接近，故典籍多训为近。② 《尸子》："悦尼而来远。"人之背部不容易坐稳，于先生之误是不明白古文字中上下的结构往往表示前后的位置关系造成的。"尼"之训"近"，当是"亲近"义的引申。"尼"又引申为安、和，《广雅·释诂》："尼，安也"。又"尼，和也"。人相安则定，故"尼"又有安定、静止义，《尔雅·释诂下》："尼，定也。"郭璞注："尼者，止也。"

𢓊，甲骨文"各"，亦作𢓊，从𠙵或者𠙵从夂，𠙵，像居穴形。古人穴居，在地上挖一个一米左右的坑，用一根立柱支撑屋顶，就建造出房屋。③夂是人的行走器官，古文字中往往表示一个行走的人。夂的方向往往表示人行走的方向。行走的人不对𠙵、𠙵发出支配性动作，𢓊字用夂与𠙵、𠙵之间的空间关系，即行走的人已至门口，正在进入房屋以表达"进入"的概念。"各"的本义当是"进入"。《合集》29802："御各日，王受又。""各日"即入日、落日，与"出日"相对。引申为至、来，《合集》33348："大水不各。"宰𣂪角铭文："王在东门，夕，王各。"字后来又作"徦"，添加"彳"为提示符号，表示道路。《方言》卷二："徦，来也。"《尚书·尧典》："徦尔众庶，悉听朕言。"

不同部件组合的象意字，其组字的两个部件在人们熟悉的社会生活中，有必

---

① 两个人面对面在一起，那是"色"，即所谓"食、色，性也"之"色"，而脸色的"色"古人造字作𢿛（《说文》收录的古文形体），从疑从彳从止，表示人的行走时不知道往哪儿走了，从页，强调这个人的面部表情。用一个人不知道往哪儿走了的时候其面部表情表达"脸色"的概念。

② 详于省吾：《甲骨文字释林·释尼》，中华书局1979年版。

③ 参考杨鸿勋：《建筑考古学论文集》（文物出版社1987年版）关于仰韶文化建筑的相关研究。

然的在一起和不在一起的情况存在，所以，当其在一起时，人们就能够理解是什么情况，从而明白表达的是什么概念。如人行走有两种情况，一种是一个人单独走，一种是跟别人一起走。所以，从字，我们就能够理解这是跟别人一起走的情况，是利用行走着的人的位置关系，表达"跟随"的概念。所以，不同部件组合的象意字中的两个部件，至少有一个是具有动作能力的事物。

2.没有主观动作能力的部件组合，利用部件之间的关系表达概念。

有一些事物自己没有动作能力，或者其动作是受到其他事物的规定的，这样的事物我们称为没有主观动作能力的事物。如水可以流动，但是，水的流动是受到容器的规定的，所以，水就是没有主观动作能力的事物。没有主观动作能力的事物，其不同的组合状态是受到外界事物规定的，所以，我们可以根据没有主观动作能力的事物呈现的某种状态，知道规定其呈现这种状态的事物或者人的主观意图。因此，汉字造字就用没有主观动作能力的事物呈现的某种状态表达某个确定的意图。

如△像一个帐篷，好多的帐篷一个个连接起来就是6的样子，只有军队宿营的时候才把好多的帐篷一个个连接起来的情况，所以造字用把好多的帐篷一个个连接起来的状态，表达"军队"的概念。

△即"土"，把土一层层垒起来，字作品。《说文》："垚，累土坺为墙壁。""垚"用土一层层垒砌起来的状态，表达"墙壁"的概念。

"林"，两个"木"，表示树木一字排开，表达"树林"的概念。

"森"，甲骨文作森，三个"木"，表示横向树木一字排开，纵向树木看不到边际，从而表达"森林"的概念。

"淼"，三个"水"，表示横向、纵向都看不到边际，以此表达"宽广的水面"的概念。《说文》："淼，大水也。"

树木和水虽然有动作能力，如树木可以长大，可以利用自然条件繁衍后代，但是，水流到哪里，树木生长到哪里，都是受到自然和人的规定的。所以，用这些事物组合的状态来表达概念，人们同样可以理解。

（三）相关

组成汉字的部件之间，没有必然的在一起和不在一起的情况存在，是一个事物主观地与另外一个事物形成了一定的关系，或者人为把没有必然在一起关系的事物放到了一起，这两个事物就形成了相关关系。造字通过事物的相关关系，体现造字意图。如：

甲骨文"作"作 、，从 （尺）、（矩）、（规），此三种工具没有一定在一起的必然，现在你把它们搜罗在一起，这几种工具就有了相关关系，这些工具的相关关系说明你的目的是准备"制作"什么，你的意图是"造做"。所以，古人造字表达"造做"的概念，就用 、 表示。

量，甲骨文作 、、 等，東即囊橐之"橐"的初文，"口"表示的是升、斗等度量之具，"口"和東之间的"一"即概。这些东西本没有一定在一起的必然，现在你把它们拿到了一起，这几种事物就有了相关关系，这些事物的相关关系说明你的目的是准备度量囊橐中的粮食，你的意图是"度量"。所以，古人造字表达"度量"的概念，就用 、、 表示。

甲骨文吉作 ，亦作 、、 等形，、 是箭镞，、 是斧头，均表示兵器， 表示水池。兵器与水池本没有一定在一起的必然，现在你把它们拿到了一起，于是兵器与水池就有了相关关系，它们的相关关系说明你的目的是给兵器淬火，打造兵器时进行淬火，会提高兵器的强度和韧性。兵器与水池的相关关系说明你的意图是令兵器坚韧，所以，古人造字表达"坚韧"的概念，就用 表示。

，篆文"突"，《说文》："突，犬从窗中暂出也，从犬在穴中。""突然"的概念极难表达。造字利用了社会生活常识，巧妙地表达了这个概念。至今某些农家仍用狗看家护院，主人在墙角处留一个洞，便于鸡鸭出入。狗在家里或院里看家护院，有人走近屋院时，如果这只狗判断（可能是凭声音和气味来判断）来者是不熟悉的人，它往往会突然从洞中冲出来驱赶来人，其速度之快，足以让人吓得心惊胆战。

犬本无处不在，当看门的犬来到孔穴附近的时候，犬与穴就有了相关关系，这样的相关关系表明犬的意图是要冲出来驱赶来人。而犬的所作所为，人预先是一无所知，毫无准备。当犬突然出现在他跟前的时候，人才感受到事情来得极其突然。故造字用"狗从洞中冲出"表达"突然"的概念。

古文字上下结构往往表示前后位置关系，所以 应该看成是狗从洞中冲出，而不是"从犬在穴中"。

（四）合义

会意字还有一种"合义"的表意方法，就是许慎所说的"合谊"。合义就是组成会意字的几个部分的各自原有意义相加之后体现出来的意义。如：

恕（恕），《说文》："恕，仁也。从心如声。忠，古文省。"《论语·里仁》："忠恕而已矣。"朱熹注："如心为恕。"《离骚》"羌内恕己以量人"王逸注："以心揆心为恕。"贾谊《新书·道术》："以己量人谓之恕。"孔子弟子问孔子"有一言可以终身行之者乎"，孔子说大概是"恕"吧。孔子所说的"恕"就相当于我们现在说的"将心比心"。故造字者用"如心"表达"将心比心"的概念。

《说文》："祏，宗庙主也。……从示从石，石亦声。"商代，神主称为"示"，神主往往以石头为之，"祏"就是石头做的神主，所以许慎分析其结构说"从示从石"。

"军"，金文作軍，《说文》："军，圜围也。四千人为军。从车从'包'省。""包"，篆文作包，从匕像胞衣形，已（像胎儿形）为提示符号，提示匕是胞衣。所以，"包"是"胞"的本字。胞衣包裹着孕育中的生命，所以引申出包裹、包围的意思。

"军"从"车"从"包"，表示用车围起来。古代通行车战，军队驻扎下来的时候都用车围成营垒，士兵住在车子围成的营垒中。所以，"军"的本义是军队驻扎下来的意思。《战国策·齐策一》："军于邯郸之郊。"高诱注："军，屯也。"

"儶"，《字汇补·大部》："道经佛字。"佛教经西域传入中国，传教的佛教徒学养很高。同样是宣传教义的道家，认为这些佛教徒都是西域来的聪明人，故用"西域的哲（聪明）人"表示这些佛教徒，写成字则作"儶"。[1]

（五）独体会意

我们提出独体会意字的概念，是因为有些字其形体是一个事物的完整的形体，但是它又不同于"直接勾勒事物的全部轮廓"的象形字。直接勾勒事物的全部轮廓的象形字，直接按照事物最常见的形态勾勒其形态的轮廓，人们一看就知道是什么事物。但是，有些字其形体虽然是一个事物的完整的形体，但是勾勒的不是事物最常见的形态的轮廓，其形体的某些部位显然正处于进行某种动作的状

---

[1] 这种把一句话或者一个词按照汉字的结构规律写成一个字的现象还有很多，如"招财进宝"合书为"𤵢"，这些字有的可能很难读出音来。"儶"与"佛"只是表达的概念相同，还不能看作是异体字关系。后来为什么不用"儶"而另造"仏"或假借"佛"，可能正是因为"儶"读不出音来的原因。能够读出音的一般都是双音节词形成的合义字，取上字之声母和下字之韵和调拼合成合义字的字音，这样的字一般能够进入被使用的汉字行列，如方言中使用的把一个双音词拼合在一起的字就是这种类型的合义字，如："不要"合书为"嫑"、"不用"合书为"甮"、"勿用"合书为"覅"，等等。

态。这样的字，我们看上去是一个事物的形态，但同时其形态又表现出正在从事某种动作。所以，这样的字形体虽然是一个事物的完整的形体，但它其实包含了两个或者更多的表意部件。如前面第五章说到的**大**（走）、**大**（大），人形是一个表意部件，四肢又是另一个表意部件。那么这样的字，其形体虽然是一个事物的完整的形体，却又与会意字一样包含了两个或者更多的表意部件，从表意方法上说它是会意，从形态勾勒的事物说它是一个单独的事物。所以我们把这类字叫作独体会意字。再如：

大（奴）[1]，**大**用反缚的双手和人体共同表示"奴"的概念。这个字其形态勾勒的是一个人的形体，但是，平常的人双手是自然放置的，这个人的双手是反缚于身后的，所以**大**有两个表意部件，我们把它归为独体会意字。

使用提示符号，突出事物的某一个部位的功能，这样造出来的字因为这个部位仍然属于这个事物的一个部分，我们仍然把这样的字归为独体会意字。再如：

甲骨文"祝"作**大**，下面是一个人的形体，人作跪姿，上面的**ㅂ**是提示符号，提示这个人张口说话。甲骨文中表达"说话"的时候往往只用**ㅂ**表示，人作跪姿、**ㅂ**提示他张口说话，这个人就是在祝祷。**大**包含了三个表意部件：人的形体、人作跪姿、张口说话。这三个表意部件合起来就表达出了"祝祷"的概念。

◇ 第三节　汉字表达概念的方法[2] ◇

研究汉字表达概念的方法，也就是研究造字选择用什么东西来表达一个概念。有些字形体与意义之间没有对应关系，形体是A，意义却是B，如"尼"，形体是一个人依偎另一个人，意义是"亲近"，不能理解为依附；"在"，形体是表杆，意义是"测量"；"既"，形体是人吃完饭转身欲走之形体，意义是"结束"。还要注意某些部件，单独使用表示一个事物，在别的字里面往往又表示另一个意义。如**水**是水的形象，单独使用表示灾害，而在**昔**（昔）中又表示大水。所以，

---

[1]　于省吾先生说甲骨文**大**从人反缚其手，即"奴"字的本字。见于先生《释奴婢》，《考古》1962年第9期。

[2]　这里讨论的是表意字（象形字、指事字、会意字）表达概念的方法，形声字表达概念的方法，我们在第三章第一节已经介绍了。

要恰当地表达一个概念，需要考虑方方面面的许多因素。而且有些概念非常难以表达，很抽象，对于这些概念到底该怎么表达，造字者需要深思熟虑。所以古人创造文字表达概念，既要注意部件的组合表意明确，又要注意不能与别的形体混同，还要注意避免歧解。造字确实要挖空心思、费尽心机。

汉字造字的过程凝结了古人无穷的智慧和巧思，这是汉字具有永恒魅力的根源。

汉字表达概念的方法，与前面说的汉字表意方法着眼点不同。汉字表意方法研究，是探索造字者怎样安排字的结构、怎样利用部件与部件之间的关系来表达造字的意图。汉字表达概念的方法研究着眼于探索造字选择用什么样的部件组合来准确、恰当地表达出一个个概念又不会使人在理解时产生歧解。

语言中，一个声音与一个意义相结合就形成一个概念，概念相当于口语中的一个词。概念（口语中的词）有了专门的字体来表示它，就成为书面语中的词。我们平时说话时说的"词"，大多指书面语中的词，也有的指口语中的词。造字表达的一定是口语中的词，不能是书面语中的词。为了避免混淆，我们把造字表达的对象统一说成是概念。我们说汉字造字表达概念，指的是汉字的形体最初表达的那个概念，造出来的字后来又表示与汉字的形体最初表达的那个概念相关的一系列新的概念，那是字义引申，我们在第三章讨论过了，这里不讨论这些。

研究汉字表达概念的方法，首先应该研究字的本义，在明白本义的基础上，分析其表达概念的方法；掌握了汉字表达概念的方法，又可以指导我们正确把握汉字的本义。这两方面是相互促进的关系。

根据笔者十多年的研究总结，我们知道汉字表达概念的方法主要有以下一些。

一、勾勒事物轮廓

（一）勾勒事物的轮廓

我们在介绍汉字表意方法时介绍了象形字的表意方法，其基本方法都是勾勒事物的轮廓。我们在这里就不再举例。

不过，我们在理解勾勒事物的轮廓表达概念的方法时，应该注意的问题是，有的事物只有明确的名物义，没有明确的功能义。如𦍋字，它只有明确的名物义，即一种家养的动物。在人们的社会生活中，我们很难说出羊有什么明确的功能，所以丫字没有明确的功能义。有的事物往往有其明确的名物义，也有其明确的功能义。如丿字，它既有明确的名物义，即一种农具；又有明确的功能义，丿可以用来启土。

汉字造字功能义大于名物义。所以，我们在理解勾勒事物的轮廓的字所表达的概念时，应该首先从其功能义方面分析这个字所表达的是什么概念。我在《汉字学的新方向》中说古文字用工具表达相关的概念①，如果进一步提炼总结，就是文字的形体表现的是一个事物的轮廓，而造字者所要表达的概念是这个事物所具有的功能义。如"甾"，甲骨文作凵、屮、凵、屮象笭筐形，"笭筐"是其名物义。然而，笭筐的最主要功能是承载货物，所以，凵、屮表达的是"承载"的概念，凵、屮的本义是"承载"。②

《合集》150正："弗其甾王事，一二告。"

《合集》5500："甾朕事于……"

卜辞"甾王事""甾朕事"就是"承办王事"。由"承载"引申为"驾驭"。

《合集》10405正："小臣甾车马。"

"甾车马"，赵诚先生说是"驾王车马"③，是。

（二）勾勒事物的轮廓并指出概念的内涵是事物的某个特定部位

指事字表达概念的方法就是这样，如"身"字，甲骨文作ᐟ、ᐟ、ᐟ、ᐟ等形。"身"作ᐟ、ᐟ乃是象形字，从C像人之胸腹部之形，丿是提示符号，用以提示环境，表明C是人的身体中的一部分。作ᐟ、ᐟ乃指事字，·指示字义，特指人之胸腹部这个位置。

二、利用画意表达相关概念

用简洁的图画把社会生活中概念的内涵勾画出来，人们见到字形，就知道是什么。如"哺乳"的概念，造字者就造"乳"来表达。"乳"，甲骨文作ᐟ，甲骨文用具有画意的形体，绘出了"哺乳"的动作：一个女性双手把孩子搂抱在怀

---

① 陆忠发：《汉字学的新方向》，浙江大学出版社2009年版，第53—54页。
② 《说文》："甾，东楚名缶曰甾，象形。"忠发按：缶，承载物品的器具，所以有的方言把承载物品的缶也叫"甾"，"缶"是"承载"的引申义。许慎没有搞清楚"甾"的本义，所以只好引方言说之。《说文·甾》的"畚""䡅"从"甾"而意义皆为蒲器，就证明"甾"的本义肯定不是"缶"。
③ 《甲骨文虚词探索》，《古文字研究》第十五辑。

里，把乳房对着孩子的嘴巴；孩子张开嘴巴吮吸着乳汁。

"耤"，甲骨文作🔣、🔣是翻土的农具耒，🔣是一个人而突出其双手和两脚的动作：一只脚支撑身体、一只脚踩住耒的踏脚处，两只手扶着耒的柄。字形勾画的是一个人用耒在翻土的情景，所以，"耤"表达的概念是"翻土"。《合集》8："……卜，贞，众作耤不丧……""作耤"就是从事耕耤劳动。

"丧"，甲骨文作🔣、🔣，从很多的口，从桑，桑表示字的读音。"丧"这个概念的内涵是"活人死了"，这个概念极难表达。造字者用很多的口表示很多人同时哭泣①，描绘出一个死了人、很多人在一起哀哭的场面。这个场面已经基本上可以清楚地表达出"丧"的概念。造字者又添加"桑"提示字的读音。这样，表达概念就更加明白。引申为"失去"，《合集》50正："贞，我其丧众人。"

"梁"，《说文》古文作🔣，字表达的概念是渔网的网浮②，🔣是两个水，两个水相连，表示宽广的水面；右边是两个"木"，木与木之间的🔣也是水，木与木之间用🔣隔开，表示一个接一个木，或者一段接一段木。整个字表示：在宽广的水面上，一段接一段的木节一字排开。这个画面正是渔网的网浮漂浮水面的景象。

利用画意表达相关概念的方法是会意字中使用最为普遍的方法，只不过有时候我们在理解这个画面时要适当作一些转换。如

"道"，貉子卣作🔣，从🔣（首）从🔣，🔣表示道路，"首"则应该理解为表示一个人，因为有🔣作为提示符号提示这个人在路上，所以这里的"首"就应该理解为一个行走着的人。散盘作🔣，侯马盟书作🔣，添加"止"表示"我"在行走。③因此，"道"这个字描绘的画面是：在道路上，一个人行走在前面，"引导"着"我"前进。这样就把"引导"的概念表达出来了。

"讯"，甲骨文作🔣、🔣④，从人，反缚其手，🔣是个提示符号，提示用绳索缚手。🔣代表一个说话的人，造字用两个人之间的空间关系（一个人在审讯另一个人）巧妙地表达了"审讯"的概念。对于这个字，只有把"口"转换成一个说话的人，才可以从审讯者和被审讯者组成的画面中体会出造字者的用意。

---

① 生活中很多人同时说话的情况是不多的，因此，很多口只能理解为表示很多人同时哭泣。

② 陆忠发：《汉字文化学》，吉林人民出版社2001年版，第122—124页。

③ 古文字中，"止"表示一个行走着的人，这时的这个"止"往往是画面的中心人物。具体到"道"这个字，我们可以把"止"表示的人看成是造字者自己。

④ 此从于省吾先生释，《甲骨文字诂林》，中华书局1996年版，第488—491页。

三、利用生活中事物与相关概念之间的联想来表达概念

社会生活中，特定事物与相关概念之间存在着非常明确的对应关系，见到这个事物，人们就会通过联想把事物和与事物相对应的概念联系起来。当然，一个事物对应的概念可能不止一个，到底对应哪一个，还需要看有没有其他附加的条件。这些附加的条件，在字形上就是添加提示符号。如看到一个身着武警服装的战士的图片，我们一般是想到这个人是武警战士，或者武警。如果添加一些附加的条件，如这个人旁边是某某政府机关的大门，这时候人们联想的概念是"站岗"。汉字表达概念，往往就利用这种事物与概念之间的联系巧妙地用有形的事物的形体把难以用形体表达的概念表达出来。事物与相关概念之间的联想，我们可以细分为若干类。

（一）工具和相关的动作概念之间的联想

造字只能用几个简单的部件组合在一起表达概念，有许多动作的概念都非常难以用一个简单的图形来表达。有的是因为这个动作涉及的事物多种多样，有的是因为这个动作场面、范围很大……但是，不管这个动作涉及的事物有多少，不管这个动作的场面、范围有多大，人们在实施这些动作时使用的工具总是固定的。造字者就利用特定的工具与动作概念之间的特定联系来表达动作概念。

如"造做"的概念涉及的事物很多，但是，无论造做什么，规、矩、尺这些工具总是少不了的。于是造字者就造 、 表达"造做"的概念①， 像尺子， 表尺， 为尺上所契量度。 像矩形， 像规形。《墨子·天志上》："轮匠执其规矩，以度天下之方圆。"《孟子·离娄上》："孟子曰：离娄之明，公输子之巧，不以规矩，不能成方圆。"规、矩和尺这些工具都是造做器物、建造宫室必不可少的工具②，人们见到这些工具，就自然而然地联想到了"造做"的概念。

狩猎场面大、内容多，如果描绘追逐动物的场景，则字与"逐"类同；如果描绘射击动物的场景，又容易与"彘"相混；况且以上场景都不是狩猎的全部内容。如果同时描绘追逐动物的场景和射击动物的场景，字形又极其复杂。因此，要表达"狩猎"的概念又不与表达别的概念的形体相混，就需要非常巧妙的构思。然而，无论在哪里进行狩猎，无论有多少人参加狩猎，狩猎的人总要拿上狩

---

① 参考拙著《汉字学的新方向》，浙江大学出版社2009年版，第96页。
② 规、矩产生的年代非常早，传说伏羲发明规、矩。如：山东嘉祥县东汉武梁祠石室造像有"伏羲氏手执矩，女娲氏手执规"之像。

猎的工具，带上驱赶和追逐动物的猎犬。人们看到有人拿着狩猎工具、带着猎犬向郊野进发的时候，就必然会明白他们是去狩猎。因此，造字者就造⼭（狩）表达狩猎的概念。

⼭，像一种有长长的柄的网捕工具，用以捕获奔跑的猎物。《合集》33362："……卜，王往田，从（追赶）来祟豕⼭。"这里⼭就是"擒获"的"擒"，是利用专门的工具表达"擒获"的概念。金文作⼭（擒簋），从⼭、今声，这就是"禽"的古体。后来"禽"引申表示"禽类"，"擒获"的概念又造"擒"字表示。

当人们看到手铐的时候，必然会联想到拘执罪人。甲骨文⼭像夹棍之类的刑具，用于夹系罪人。因此⼭在卜辞中就表示用夹棍拘执罪人之意，如《合集》6333："乙酉卜，争贞，往复从臬⼭舌方，十二月。"

《说文》："冶，销也。从仌台声。"忠发按："冶"是会意字。"冶"，战国文字作⼭、⼭、⼭、⼭、⼭、⼭等形[1]，从⼭、口（或⼭）、⼭、火、土等部件，⼭是匙，是从坩埚中舀金属液注入范中的工具，口（或⼭）表示冶金使用的坩埚，⼭象坩埚形；⼭是古文字"金（铜）"，表示待熔化的金锭；火是冶金使用的燃料；土是垒灶使用的材料。"熔化金属"的概念非常难以表达，古文字造字就使用熔化金属必须使用的工具来表达。从造字方法上说，这是利用工具和使用这些工具所做的事情之间的联想造字。后来⼭讹为仌，⼭和口讹为"台"，就成了现在的"冶"。

（二）行为和发出该行为的人之间的联想

⼭（男），从田从⼭，⼭是一种单齿木末（新中国成立初期新疆、青海地区还有使用，叫点种棒），用以点种或挖据。⼭这个字中，⼭不是表示单齿木末，而是表示耕种的动作。男女的分别从外形上比较难区分，人又不能像区分动物公母那样用提示符号提示其性器官之不同[2]，于是，依据当时生活分工区别男女就是一个非常好的选择。远古男人在外耕种、打猎，女人在家操持家务、扶养孩子。⼭用"在田地里耕种（的人）"表示男人。

"匠"，《说文》："匠，木工也。从匚从斤。斤，所以作器也。"匚是竹筐之类的盛物器，斤是木工使用的斧头，字形表现的是把斤放在竹筐之中，而造字者所要表达的概念是木工。古代木工制作器物，使用最多的工具就是斧头。在平常不

---

① 何琳仪：《战国古文字典：战国文字声系》，中华书局1998年版，第542—544页。
② 请参考下文对提示符号的相关介绍。

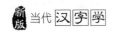

使用斧头的时候，木工总是会把斧头等工具放在竹筒中。所以造字者就以"把斧头放在竹筒中"这样的动作表达发出该动作的人——木工。

（三）行为和这个行为的目的之间的联想

人的行为和他行为的目的之间也可以建立起特定的联想。很多人可能都看过一段视频广告：著名演员海清捧着一碗方便面在吃，视频的画外音说："海清，你在做方便面广告？"海清说："不是。我在吃某某某湿面。"虽然海清否认是在做广告，但是，地球人都知道海清是在做广告。这就是人的行为和他行为的目的之间建立起的联想。造字就常常利用这种联想，用一个描绘人行为的形体来表达难以用图形表达的行为的目的。如甲骨文"将"作𤔲、𤖕，从爿表示俎，从双手，字的形体是双手把俎供设好。俎是献牺牲的器物，造字用供设俎表达"献享"的概念。

《合集》32767："丁巳贞，于来丁丑将兄丁，若。"

《合集》13532："贞，于南方将河宗，十月。"

《合集》30763："其将祀鼓，其……佑。"①

这里的"将"就是"献享"的意思。《诗经·小雅·楚茨》描绘的是祭祀的场面："楚楚者茨，言抽其棘，自昔何为？我蓺黍稷。我黍与与，我稷翼翼。我仓既盈，我庾维亿。以为酒食，以享以祀，以妥以侑，以介景福。济济跄跄，絜尔牛羊，以往烝尝。或剥或亨，或肆或将。祝祭于祊，祀事孔明。先祖是皇，神保是飨。孝孙有庆，报以介福，万寿无疆！"郑笺"或剥或亨，或肆或将"曰："……有解剥其皮者，有煮熟之者，有肆其骨体于俎者，或奉持而进之者。""将"是"奉持而进之"，是我们所说的"献享"之义。

金文中有𢝆字②，旧不识。这个字从四手搬鼎，字形象两个人搬一个大鼎，造字用供设鼎表达"献享"的概念。这个字应该是𤔲的异体字。金文中正是"献享"之义。"𢝆父癸"就是"献享父癸"。

下面我说说"卜"字。中国人笃信鬼神。鬼神是人们想象出来的具有超凡力量的事物，所以鬼神具有控制自然和人的能力。鬼神的控制自然和人的能力是人通过观察社会生活、自然变化，通过想象赋予神的。因为鬼神控制着自然和人类，所以，人如果想要有什么所求的话，就要求得鬼神的同意和支持。

---

① 曹锦炎、沈建华《甲骨文校释总集》校订为"其将乃鼓，其……又正"。
② 𢝆父癸簋铭。张桂光主编：《商周金文摹释总集》，中华书局2010年版，第1902页。

如何才能求得鬼神的同意和支持呢？人们又在观察生活的基础上，依据自己的想象，把鬼神想象成为一个具有和人一样情感的事物，然后尽量投其所好，想方设法把自己认为好的东西都给鬼神，期望自己的所求能够得到鬼神的同意与支持，于是祭祀就产生了。

人们无论大事小事，都要占卜一下，向鬼神问问吉凶。占卜的材料主要是龟的腹甲、背甲和牛的肩胛骨，占卜时先在甲骨的正面刻上时间、占卜人和要向鬼神问的事情，然后再在甲骨的背面钻出一些小坑，然后灼烧小坑[1]，使甲骨正面因受热不均匀而出现裂缝，古人认为这些裂纹就是鬼神的旨意，占卜者即依据这些裂缝的多少、曲折、走向等来判断吉凶。"卜"，甲骨文作𠁡，𠁡像纵置的甲骨形。《说文·卜部》："卜，灼剥龟也。象灸龟之形。"《说文·火部》："灼，灸也。"《刀部》："剥，裂也。"《说文》的意思是"卜"的形体表示灸甲骨而使之开裂。《仪礼·士丧礼》："卜人先奠龟于西墅上南首，有席，楚焞，置于燋，在龟东。"郑玄注："楚，荆也。荆焞，所以钻灼龟者。燋，炬也，所以燃火者也。"𠁡很难说像燃火的炬。其实，𠁡表示刻刀（取其刀刃之形），𠁡用在甲骨上刻字，表达"卜问"的概念。

前面说的都是祭祀，离我们远了些。我再举一个更容易理解的例子。甲骨文"买"作𧵳，从网从贝。商承祚先生称"象以网取贝之形。"[2]其实贝往往生活在泥中，不可网取。甲骨文中的贝多指贝壳，古代用作货币。𧵳应该理解为用网兜盛上贝壳。当时人们都知道，这个人是带上货币去购买东西，所以，汉字表达"购买"的概念，字就作𧵳。

（四）工具和使用工具的人之间的联想

甲骨文"史"作𠸖，从手执𠱠，𠱠是一种兵器。"史"的本义是王室的卫队。[3]史亦直接作𠱠，《合集》33049："癸酉贞，方大出，立𠱠于北土。"[4]

立𠱠即立史。可见，这也是直接使用相关工具表示使用这种工具的人。商王的卫队叫𠱠，我们把军队叫枪（如"党指挥枪"），表达概念的方法完全一样。

---

① 灼烧的目的可能是通过烟气把人们要问的消息传达到天上去。

② 于省吾主编：《甲骨文字诂林》，中华书局1996年，第1890页。

③ 请参考胡厚宣先生《殷代的史为武官说》，胡厚宣主编《全国商史学术讨论会论文集》，《殷都学刊》增刊，1985年。陆忠发：《商代的史为王室卫队说》，《殷都学刊》2004年第4期。

④ 曹锦炎、沈建华：《甲骨文校释总集》校订为"癸酉贞，方大出，立中于北土"，误把𠱠当成了"中"。"立中"是为了测时，"立史"是组织防卫。因为敌方出来侵扰，所以要立史。

表达"战斗"概念的古文字我们现在没有看到，但是《玉篇》说"战"之古体作"犇"，我非常相信这是对的。古文字的上下结构往往表示前后的位置关系，所以，"犇"之"止"表示前面一个人在跑，后面两个"干"表示两个拿着"干"这种兵器的人在后面追击。"战斗"的概念只能用这种激烈的战斗场面来表达。

（五）特定事物与与之相关概念之间的联想

我们在看战争片时都知道，一支队伍中，佩手枪的人一般都是领导，拿长枪的人肯定都是士兵。特定的事物往往是某一特殊地位的象征。五千年前的良渚先民用钺作为最高权力的象征，持钺者就是部族的首领。甲骨文"王"的字形作土，是斧头的形象，斧头是王权的象征，故以土表示"国王"。"圣书字用王笏的图形 表示'统治'，因为王笏是统治权的象征。"[1] 这些都是特定事物与相关的概念建立了一一对应的关系，所以，造字就可以用描绘事物的形态来表达这个事物所对应的不容易描绘出形态的那个概念。

再如"夕"的概念极难表达，人们用夕所特有的事物——月亮表达"夕"的概念。

禸，卜辞中表示"灾祸"之义，一般释为"祟"，字像蜈蚣形。灾祸的概念很难表达。古人居住在地穴之中，阴暗潮湿，这样的环境是蜈蚣最喜欢的。所以，古人的居室中一定寄居着蜈蚣这样的毒虫，并常常给人们带来灾祸。古人就用常带给人灾祸的蜈蚣表达"灾祸"的概念。

《说文》："祓，除恶祭也。从示友声。"友，小篆之形为，即之稍变之形，禸为灾祸之源，人畏之，进而敬之祭之，遂有祓祭。[2]

"兆"，甲骨文作川，《说文》："卟，灼龟坼也，从卜、兆，象形。卅，古文兆省。"古文形体即本甲骨文。"兆"象甲骨被灼烧之后出现的裂纹之形。古人认为这些裂纹就是鬼神的旨意，是鬼神告诉人们吉凶的征兆。所以造字者就用川这种特定的事物表达"征兆"的概念。

---

① 裘锡圭：《文字学概要》，商务印书馆1988年版，第3页。
② 中央电视台10套2007年的一期《走近科学》曾介绍武汉某退休教师（已记不清其姓名、所居及职业的确切信息了，因写作至此，偶然想起）从卖蛇人处买得一眼镜蛇，卖蛇人为之斩头去皮，将蛇肉与蛇头置塑料袋中，该教师将塑料袋置自行车车兜里，至家，停好车，将取盛蛇的塑料袋，未及接触袋子，蛇头腾起一尺有余，咬了该教师一口，令该教师断指保命。从此，该教师将一条眼镜蛇的蛇皮钉于门上，视为神物。远古之人，吃尽蜈蚣之苦，受尽蜈蚣之恶，亦必敬畏之，遂有祭祀蜈蚣之事，欲除恶远祸。理亦同此。

（六）盛物器具与所盛物品的固定联系的联想

许多物品都没有固定的形态，因而是没法绘其形的。这些没有固定形态的物品，人们在使用时总是把它存放在一定的器具里的。这样，物品与器具就形成了固定的联系。因为这种联系是固定的，人们看到器具就必然产生对器具中的物品的联想。如我们看到一个人坐在办公室里拿着杯子送入口边，我们绝对不会说他在吃杯子，一定是说他在喝茶。这就是由茶和杯子的固定联系产生的联想。

♉，甲骨文"酉"，臣辰盉作♉，象盛酒的尖底瓶。"酒"的概念无法表达，古人乃以专门的器物表示器物中所盛之物，故"酉"在卜辞中表示酒。《合集》1777："又酉于辛。"

甲骨文有吕、♊、♋三字，《甲骨文字诂林》之编者从于省吾先生说皆释为"雍"，按，吕、♋是地名或者人名：

《合集》811正："贞，吕不其受年？"

《合集》5723："贞，祟马，吕乎多马。"

上面两条关于吕的卜辞，前者为地名，后者为人名。

《合集》9798："戊午卜，♋受年。"

《屯》2070："辛卯卜，子♋……"

上面两条关于♋的卜辞，前者为地名，后者为人名。

♊是祭名：

《屯》4404："甲午贞，其御♊于父丁百小宰。"

《合集》721正："贞，翌乙亥酚♊伐于廷。"

吕、♋二字能不能确定为同一个字，我们还没有办法下肯定的结论。♊与吕、♋二字肯定不能确定为同一个字。

在大多数情况下，甲骨文形体的刻画不是十分在意其细节，字的形体稍微有一些不一样，可能还是同一个字。但是，如果字形稍微有一些不一样就可能不是同一个字的时候，甲骨文在刻画时是十分注意的，如表示城或者宫城的口和表示"口"或者池塘（如"吉""鲁"所从）的口，虽然形似，但是刻画的区别还是非常明显的。再如吕和♌形似，但是其实区别很大。吕是两个方块相叠，♌则努力刻成两个圆相叠。所以，我们可以判定，吕是两个方块相叠，♌是两个圆相叠。

在卜辞中，♌是一种物品：

《合集》3823："……未卜，古贞……令……易♌。"

《英》2367："王其铸黄奠盟，惟今日乙未利。"

邱德修先生考是"铝"的初文。姚孝遂先生《甲骨文字诂林》下按语亦然之。①其实就是金文，是"金"字。

与、三字也同样非常注意对细节的刻画。一概是两个方块相连，既不分开，也不重叠；与之分开和之重叠区分非常明确，而字义则完全不同。说明在刻写甲骨卜辞的人那里，他们就已经明确与、不是同一个字。我们现在把与、看成是同一个字，肯定是错误的。、二字，郭沫若先生释"房"，白玉峥先生释为"窖"（《说文》："窖，地室也。"）②，李孝定先生释为"宫"③，皆以为像古人居穴之形，此外再没有有力的证据，只能成一家言。不过，、与"宫"在卜辞中虽同作地名，但辞例不同，可能不是"宫"字。

，于省吾先生释为"雍"，为"饔"的本字，我认为是正确的。《说文》："饔，熟食也。"献熟食之祭祀也叫"雍"。至于"熟食"的概念为什么作形，我以为取象于列鼎鬲之形。古人熟食盛于鼎鬲之中，饮食则列鼎鬲于坐者前，鼎鬲相互并列，故作形，示器物之口相互并列在一起，既不分开，也不重叠。

前面我们说"酉"是酒瓶的象形，表示瓶中的"酒"。同样，是列鼎鬲之形，表示这一列鼎鬲之中的食物——熟食。

（七）特定物品与所从事的事情之间的联想

我们来到一个大厅，里面有许多的桌椅，桌子上整齐地摆放着餐具。我们就知道这是酒店，已经做好了迎接客人的准备。"迎接客人"是一种行为，把这种行为表现出来的是摆放整齐的餐具。这就是特定物品与所从事的事情之间的联系使我们产生的联想。④有一些事情描绘其形体比较困难，造字就描绘从事这个事情必须使用的物品，我们见到这些物品，就会通过联想而知道造字者表达的概念是与这些物品相关的事情。

如"礼"，古文字作，从二、，是鼓，鼓是祭祀使用的物品。《礼记·礼运》："陈其牺牲，备其鼎俎，列其琴瑟、管磬、钟鼓，修其祝嘏，以降上

① 俱见《甲骨文字诂林》第2099页。
② 《甲骨文字诂林》第2096-2098页。
③ 《甲骨文字诂林》第1985-1986页。
④ 我从中央电视台数年前的一次《走近科学》节目中看到纳西文字"欢迎"用表示，盖像蒸馒头，此用热情款待客人的物品表达"欢迎"的概念（云南多山地，过去人们的主食是土豆）。

神与其先祖，以正君臣，以笃父子，以睦兄弟，以齐上下，夫妇有所，是谓承天之祜。"本书第七章在考证甲骨文鼓字时引用了许多祭祀使用鼓的卜辞，这里不再引述。《左传·庄公二十五年》："日有食之，于是乎用币于社，伐鼓于朝。"伐鼓乃是古人祭天方式的一种。从二玨表示不同的玉、各种玉，古代以玉为祭祀物品，《周礼·春官·大宗伯》："以苍璧礼天，以黄琮礼地，以青圭礼东方，以赤璋礼南方，以白琥礼西方，以玄璜礼北方。"《说文·豊部》："豊，行礼之器也。""豊"的本义不是"行礼之器"，而是使用鼓、玉等行礼之器表达"祭祀"的概念。①《合集》27459："壬戌卜，狄贞，王父甲……其豊，王受佑。吉。""其"的后面应该是个动词，所以这里的"豊"就是祭祀的意思。"豊"后来孳乳出"礼（禮）"，《说文·示部》："礼，履也。所以事神致福也。"

甲骨文"帝"作𣎴、𣎴、𣎴等形，郭沫若先生认为像花蒂之形。我的研究生朱燕作毕业论文《说文误释古文字集释》以为郭沫若等先生"花蒂"说是对的。我认为"帝"的形体从米从一，一为提示符号，提示捆扎（如甲骨文"帚"作𢆶）、缠绕（如甲骨文"央"作𣎴），故"帝"的形体像把柴木捆扎在一起，上面一横也是提示符号，提示把柴木上面削整齐或者放置一个平整的东西（以便放置祭祀的牺牲）。所以，"帝"用燔柴祭祀的物品表达"燔柴祭祀"的概念。因此，"帝"是以架起的柴搭建的摆放牺牲的平台，表达"帝祭"的概念。《合集》33291："庚戌卜，巫帝一羊一豕。"《合集》14313正："贞，帝于东。"

（八）特定动作和动作涉及对象的固定联系的联想

特定动作和动作涉及对象之间也存在着固定联系，因而，通过特定动作可以使人联想到动作涉及的对象。如"饴"的概念的表达，就是这样。

《说文·食部》："饴，米蘖煎者也。𩚳，籀文饴从异省。"段玉裁注："者字今补。《米部》曰：'蘖，芽米也。'《火部》曰：'煎，熬也。'以芽米熬之为饴，今俗用大麦。"忠发按：古人所说的"饴"就是我们现在的稀饭或者米糊，段玉

---

① 从字形上看，似乎玉是放在鼓上面的，所以有人认为是鼓上饰玉。鼓在使用时是要用力击打的，振动非常厉害，鼓上饰玉，很快就会掉落下来。因此，古人是不会在鼓上饰玉的。古文字上下结构往往表示前后位置关系，"豊"字的上下结构，其实表示鼓和玉摆放在一起，不是把玉放在鼓上，也不是在鼓上饰玉。

裁理解为饴糖，是错误的。[①]"饴"从食、台声，是形声字；籀文▨不是从"食"，"异"省声的形声字，而是会意字。▨从▨从▲从▨，▨像人捧着东西的样子[②]，▨和▲与甲骨文"食"所从相同。甲骨文"食"作▨、▨，▨是盛放食物的食器，▲旧认为是食器的盖子[③]，林光义《文源》以为是倒过来的"口"，近是。"龠"，金文作▨；"龢"，甲骨文作▨，▲均是吹奏乐器的"口"。吹奏乐器的"口"为什么要作▲？我们再看看"今"。前面第五章我们说"今"甲骨文作▲，▲表示的是撮合的"口"。撮合的"口"能够聚集气流，故▨、▨均从▲。

然则，"食"何以从▲？明白了古代社会生活的实际，就会明白古人造字的用心了。古代干的食物以手抓食，详下。▨、▨像嘴巴在食器上喝食物的样子，从食器中喝食物，嘴巴肯定要撮合起来，故"食"从▲。▨、▨用吃的具体动作表达"食（吃）"的概念。▨里外的点，是提示符号，提示食器里面盛放食物以及在喝的时候，从嘴边掉落的食物。因此，▨从▨表示食器，从▲表示撮合的口，▨的几个部件组合起来，表示一个人捧着食器在喝里面的食物。

那么，描绘一个人双手捧食器在喝里面的食物之状，何以就可以表达"饴（稀饭或者米糊）"的概念呢？这就得联系当时的社会现实了。古代用五谷做的食物无非干的和稀的两种。吃干的食物，人们用手抓。宋镇豪先生说抓食起自原始时代，商代以后很长时期仍沿袭。[④]吃干的饭，喝不得，只能抓；吃饴（稀饭或者米糊）抓不得，只能喝。所以造字就用一个人双手捧食器在喝里面的食物之状

[①] 麦芽糖和饴糖的制作不是熬制出来的。麦芽糖在家庭作坊中便可生产，主要制作方法是：1. 选料。选择干燥、纯净、无杂质的小麦（或大麦）、玉米（或糯米）以及无霉烂变质的红薯作原料。小麦与其他原料的配比为1∶10，即1千克小麦（或大麦），配以10千克玉米（或糯米）以及红薯等。玉米需粉碎成小米大小，红薯需粉碎成豆渣状，但不能粉碎成粉状。2. 育芽。将小麦麦粒或大麦麦粒洗净，放入木桶或瓦缸内，加水浸泡。浸泡的水，夏天用冷却水，冬天用温水。将麦粒浸泡24小时后捞出，放入箩筐内，每天用温水淋芽两三次，水温不要超过30℃。经过3至4天后，待麦粒长出二叶包心时，将其切成碎段，且越碎越好。3. 蒸煮。将玉米碎粒或糯米洗净，在水中浸泡4至6小时，待吸水膨胀后，捞起沥干，置于大饭锅或蒸笼内，以100℃蒸至玉米碎粒或糯米无硬心时，取出铺摊于竹席上，晾凉至40℃—50℃。4. 发酵。将晾凉的玉米碎粒或糯米，拌入已切碎的小麦芽或大麦芽，发酵5至6小时，再装入布袋内，扎牢袋口。5. 压榨。将布袋置于压榨机上或土制榨汁机上，榨出汁液，即为麦芽糖。见group.china.alibaba.com/news/detail/v0-d1 ... 2011-4-7—百度快照。
[②] 人的上身被▨挡住了，所以没有画出来。甲骨文"孝"作▨，亦作▨，像小孩搀扶老人之形。▨这个形体，老人的身体没有画出来，是被小孩子遮挡住了的缘故。与此同理。
[③] 参考《甲骨文字诂林》2759页"食"下姚孝遂先生按语。
[④] 宋镇豪《夏商社会生活史》268页，中国社会科学出版社1994年版。

158

表达"饧（稀饭或者米糊）"的概念。"饧"就是我们现在的稀饭或者米糊。

先秦文献中使用的"饧"不是"饧糖"。《战国策·楚策四·庄辛谓楚襄王》："王独不见夫蜻蛉乎？六足四翼，飞翔乎天地之间，俯啄蚊虻而食之，仰承甘露而饮之，自以为无患，与人无争也。不知夫五尺童子，方将调饧胶丝，加己乎四仞之上，而下为蝼蚁食也。""调饧胶丝"者，童子用丝编织成网，因为这种网没有黏性，所以他们又在网上涂上粘的米糊，用有黏性的网去粘取蜻蛉。"调饧"的"饧"如果是饧糖，恐怕就要损坏丝网了。因为饧糖一旦变硬就很脆，容易折断，从而弄断丝线。小孩子们怎么可能在丝网上涂饧糖呢？再说饧糖应该是比较珍贵的东西，人们怎么可能随便让小孩子把它糟蹋掉，用它粘到丝网上去捕捉蜻蛉呢？所以，《庄辛谓楚襄王》中的"饧"绝对不是饧糖。这里的"饧"就是稀饭或者米糊之类的东西，所以要调到合适的浓度黏性才会最大。

汉代学者对"饧"字的解释也没有说"饧"是"饧糖"。《说文·食部》："饧，米蘗煎者也。"首先，饧糖不是"煎"出来的，从这里我们就可以大致判断许慎解释的"饧"不是饧糖。刘熙《释名·释饮食》："饧，洋也，煮米消烂，洋洋然也。""饧，小弱于饧，形怡怡也。""小"读为"少"，"稍微"的意思。从刘熙的解释中看，"饧"就是把米煮烂得到的比较稀薄一些的东西，这个东西不是稀饭或者米糊又是什么呢？

这说明，一直到东汉，"饧"都不表示"饧糖"。《楚辞·招魂》："胹鳖炮羔，有柘（一作'蔗'）浆些。"言吃煮熟的鳖和炮炙的羔羊，喝甘蔗的汁水。说明在战国时期人们虽然知道甘蔗很甜，但是还不知道如何用它来做蔗糖。先秦时期，人们可以利用的甜的食物可能只有蜂蜜。《楚辞·招魂》："粔籹蜜饵，有饧餭些。"王逸注："言以蜜和米面熬煎作粔籹，捣黍作饵，又有美饧，众味甘美也。"洪兴祖补注："粔籹，蜜饵也。吴谓之膏环饵，粉饼也。《方言》曰：'饵谓之糕。'"综合王注和洪补，粔籹蜜饵应该就是糕点之类的美食，饧餭就是饧。① 黄金贵先生考"饵"是上古以米粉合多种粉或肉蒸制的精美粉糕，有时加油炸、蜜浸。②"蜜饵"就是用加入了蜂蜜的米粉蒸出来的粉糕。"糖"始见于《玉篇》，所以，中国古代人工制造糖肯定是东汉以后的事情。"饧"什么时候开始表示"饧

---

① "饧"是"饧"的别称。《方言》卷十三："饧谓之饫餭，饧谓之馂，馂谓之馂，饧谓之馓。凡饧谓之饧，自关而东陈楚宋卫之通语也。"

② 黄金贵：《古代文化词义集类辨考》，上海教育出版社1995年版，第903—904页。

糖"，我们应该到东汉以后的文献中去找证据。

不过，还有一个问题应该说明一下。许慎说"饴"是米和蘖煎出来的，刘熙说"饴"是米煮烂得到的。为什么一个加了蘖，一个不加蘖？这里我们不能不说一个有关系的题外话。世界上的发明，往往都来源于意外的发现。世界上没有一个人生来就会做麦芽糖，麦芽糖的发明同样是意外的发现。古人舂稻为米，因为有的稻壳没有舂掉，与米混在一起，遇到潮湿结果受潮发芽了。人们用混了发芽的稻（蘖）的米煮稀饭，发现这样煮出来的稀饭带有一点点甜味（因为米析出的淀粉有一些被米芽转化成了麦芽糖），所以人们煮稀饭就掺和一些蘖进去。许慎说"饴"是米蘖煎出来的，刘熙说"饴"是米煮烂得到的，二者并不矛盾。麦芽糖的发明就是在人们用混了发芽的稻（蘖）的米煮稀饭的基础上摸索出来的。

（九）特定的动作与心理之间的联想

人的动作都会受到心理的支配。所以，通过人的动作可以联想到他的心理状态。因此，古人造字以可描绘的动作表达不可描绘的心理，就是用特定的动作与心理之间的联想造字。如"哀"概念的表达就是这样。

"哀"就是伤心到了极点。《礼记·檀弓下》："哀之至也。"郑玄注："哀，痛甚。"人们伤心往往就会哭出来，以释放、缓解心里的哀痛。如果一个人伤心了，连放声哭出来都不能，岂不是痛之甚矣？！然而，"痛甚"是人内心的感受，没有特定的形象可以描绘。所以，这个概念极难表达。人伤心哀哭的时候总要抬起一只手的手臂，另一只手拿衣袖擦拭眼泪，这样衣服就挡住了面部。《离骚》："揽茹蕙以掩涕兮，沾余襟之浪浪。""哀"，沈子簋作🅰，哀成叔鼎作🅱，从"口"表示口的动作——哭，从衣掩口，形象地描绘了一个人以衣掩面哭泣的样子，表达出"伤心到了极点"的概念。《说文》："哀，闵也。从口衣声。"把"哀"看成是形声字，是错误的。

唐哀哭俑

160

"惊恐"的概念利用"瞿"表达，用鸟眼睛睁得大大的和快速向两边看这样的特定动作表达其内心惊恐的感受。

（十）事物和人的必然的动作之间的联想

有些事物，人见之必然会发生特定的动作。因为事物和人的动作之间具有必然的联系，造字就可以用事物的图形表达不容易表达的人的动作。

"杀"的概念极难表达。《说文》："杀，戮也。从殳杀声。籂古文杀；籂古文杀；籂古文杀。"徐铉曰："《说文》无'杀'字，相传云音'察'。未知所出。"忠发按：由《说文》提供的古文形体看，籂就是甲骨文的籂，本是蜈蚣之形。人类居住在地穴之中，必然常常遭受蜈蚣的伤害。所以，人们对蜈蚣必定是恨之入骨。同时，蜈蚣这样的害虫，攻击性不强，逃跑的速度不快，人人得而杀之。因此，人们见到蜈蚣，必然立刻打死它，所以古人造字就用蜈蚣表达"杀死"的概念。从表达概念的方法上说，正是用特定的事物与人们必然的动作之间的联想表达概念。

因为甲骨文的籂又同时表达"灾祸"的概念，后来人们又造籂、籂字表达"杀死"的概念。籂应该就是籂的形讹，也是蜈蚣。籂从籂从支，表示人在击打蜈蚣。人见到蜈蚣必杀之，故籂表达"杀死"的概念，人人都能理解。籂从人从籂从支，籂同样是蜈蚣的象形，人身上的点，是提示符号，表示蜈蚣咬人的伤口，支表示另一个人见而杀之。

（十一）特定事物与该事物导致的结果的联想

生活中有些概念表示的事物无色、无味、无形、无声，没办法用文字形体去表达，这些概念表示的事物的发生可能有各种各样的原因，但是其中肯定有某一个事物必然会导致概念表示的事物的发生，这是一种必然的结果。所以，这个特定的事物与这个必然的结果之间就可以在人们的认识中产生联想，于是造字就可以用这个人们可以描绘其形体的特定的事物的形体表示该事物导致的必然的结果。汉字表达"消失""消除"的概念就使用这种方法。

甲骨文有籂字，亦作籂、籂，旧释"龙"，读为"宠"，曹锦炎、汤余惠先生《古文字学概要》释为"𡱴"，解其义为"长"为"益"，姚孝遂先生说籂释为"𡱴"是，其义是"病情好转"。[①]前人释义于卜辞多不通，姚孝遂先生释其义是"病情

---

① 《甲骨文字诂林》，第1767—1774页。

好转"，多数卜辞能够解释通顺，但是我们下面要引的几条卜辞似乎不是占病情好转而是占疾病消除、病痛消失。🐛、🐛、🐛像地蚕之形，地蚕在地里啃食农作物的果实，导致农作物果实莫名其妙地消失，卜辞用🐛表达"消失""消除"的概念。如：

《合集》4611正："贞，王🦴，异其疾不🐛。"

🦴，旧释为"囚"，非。🦴与"囚"之作🦴、🦴，以骨裂表示"灾祸"是完全不同的。字形不同，卜辞中用法也很不同，我考证是"疼痛"之义①，《合集》4611正言：王疼痛了，哎呀！是他的疾病还没有消除啊。实际上这条卜辞说的是王旧病复发，所以王疼痛又起，人们才感叹他疾病还没有消除。如果按照姚先生的解释，则王一直在病中，疼痛就没有什么好大惊小怪的了，何必占卜呢？

《合集》13707正："乙未卜，古贞，妣庚🐛王疾。"

这样的卜辞按照姚先生的释义也不如解释为"消除"好。这条卜辞占卜的事情显然是王的疾病消失了，想看看是哪位先人保佑的结果，而不是病情好转了去问问是哪位先人保佑的结果。

《合集》32679："辛亥……告🐛于父丁一牛。"

这是为🐛而告祭父丁，似乎也是疾病消失之后告诉父丁，而不是疾病有所好转就告诉父丁。

《合集》6482正："🧎以之疾齿，鼎，🐛。"

🧎旧释为"祝"，但是，按照"祝"理解，这条卜辞就讲不通了。② 🧎像人抱持神主之形，应该是🧎、🧎的异体字，是古人强行求雨的一种祭祀，其方法是抱持雨神的神主在太阳下面暴晒。③ "🧎以之疾齿"，是说抱持雨神的神主在太阳下面暴晒，因为这个牙齿得病了。其实就是人站在太阳下面晒的时间太长，热了、累了，结果上火了，牙痛了。"鼎"，作为祭名，是"献享"的意思，《合集》6482正中正是"献享"的意思。《合集》6482正这条卜辞说：抱持雨神的神主在太阳下面暴晒，因为这个牙齿生病了。祭祀了神灵之后，结果牙病消失了。可见🐛正是"消失"的意思。

---

① 详《汉字表意理论指导下的甲骨文考释研究·释"痛"》，中国社会科学出版社即出。

② 曹锦炎、沈建华：《甲骨文校释总集》校订为"讯"，不取"祝"字之释，是对的。

③ 陆忠发：《古代祭祀十讲》，华文出版社2011年版，第45—47页。

四、利用人或物的状态表达相关概念

（一）利用人的动作状态表达相关概念

把人身体的某种动作状态描绘出来，可以表达出与这种身体状态相关的概念。我们前面讲独体会意字时说，用人跑的状态，表达"跑"的概念；用人被反缚着这样的状态表示"奴"的概念。再如：

甲骨文"女"作，用操持家务的身体状态表达"女人"的概念。古代男人从事耕战，女人在家里操持家务。由于古人的居室都很低矮，人在室内都采用跪姿，其双手正作劳作的状态，造字用描绘女人通常的身体状态表达"女人"的概念。

甲骨文"御"初文作，描绘的是跪迎来宾的人的身体状态。古者迎宾于道，迎接者必跪迎于道旁，迎候宾客到来；宾客乘车经过迎候的人身边时则要站起身、扶着车轼对迎候者行扶轼之礼。1986年，湖北荆门包山2号墓出土战国漆画《聘礼行迎图》正反映了古跪迎之俗。故字作正是利用人跪迎来宾的身体状态表达"迎御"之意。《合集》22047："癸未卜，余于祖庚，羊、豕、艮。"[1]

（二）突出人的动作器官的功能，表达与这些器官的动作相关的概念

人的动作器官的功能是人们非常熟悉的，人的动作器官处于某种动作状态，表明这个人正在进行着某种动作。所以，通过描绘人的动作状态，可以表达相关的动作概念。

，亦作，从、人，人是提示符号，提示是人的口。甲文"祝"之像人张口向上祝祷之形，之亦像人张口向上祝祷之形，之表示人口向下之形。则字之当是表示人作"撮口吮吸"的动作。《说文》："吮，嗽也。"《韩非子·备内》："医善吮人之伤，含人之血。"《白虎通·号》："衣皮毛，饮泉液，吮露英。"吮吸之义，正与"允"的字形所示字义相合，故"允"正像人撮口吮吸之形，表达"吮吸"的概念。"允"乃"吮"之本字。通过吮吸，可以真切地感受到事物的真实存在，故引申为"真实的""果然""的确"等义。赵诚先生说："允，象人鞠躬低头双手向后下垂，以表示尊敬、诚信的样子。用象形字来表示一种较为抽象的意思。"[2]这是不对的。

---

[1]　曹锦炎、沈建华：《甲骨文校释总集》校订为"癸未卜，午余于祖庚，羊、豕、艮。"不知道是不是打字错误。

[2]　《甲骨文虚词探索》，《古文字研究》第十五辑。

（三）用事物的状态表达相关的概念

前面我们说独体会意字"走"，用人跑步的状态表达"跑"的概念，又如"帀"，《说文》："帀，周也。从反之而帀也。凡帀之属皆从帀。周盛说。"小篆作帀，钟伯鼎作不，蔡大师鼎作才，古陶作帀，睡虎地简作帀。"帀"表达的概念是"四周"，《说文》释义正确，说形是错误的。"帀"的古文字形体取象于植物的根，不是从反"之"。与"不"一样，丅是提示符号，提示植物入土的部分，其下面的个、屮像植物的根向四周伸展，所以，"帀"的古文字形体像植物的根[1]，根呈现向四周伸展的状态，故以植物的根向四周伸展的状态表达"四周"的概念。蔡大师鼎和古陶添加的一横或者一点，是唐兰先生所说的古文字平的一横上面往往加一横，垂直的一竖往往加一点的结果。

"帀"的本义是"四周"，引申为"周回"，《资治通鉴·汉纪三十二》："环城一帀而归。"胡三省注："帀，周回也。"引申为"环绕"，《文选·颜延之〈车驾幸京口侍遊蒜山作〉》："巡驾帀旧坰。"这里的"帀"就是"环绕"的意思。"环绕"往往与道路有关，故添加"辶"，汉字书写时，辶往往草书为乚，遂形讹为"匝"。

《说文》："师，二千五百人为师，从匝从自。自四匝，众意也。"“师”，甲骨文、盂鼎作𠂤，令鼎作𠂤帀，睡虎地简作𠂤帀，自是甲骨文𠂤的形讹，𠂤是军帐的象形，这里表示军帐，从匝表示围合的意思。古代军队驻扎下来，军帐要围合成一圈。故造字用军帐一个个围合起来的状态，表达"军队"的概念。"师"的本义是军队，引申指二千五百人的队伍。

最初造字，本来用军帐𠂤表达军队的概念[2]，但是，毕竟造字只有两个军帐，表意还可能欠明确，于是后来又造从𠂤从匝的合意字"师"。

五、利用行为或者原因和结果的相互联系来表达概念

（一）运用有形之物的形体变化表示导致这种变化的事物或者原因

有的事物无形，无形之物最难表达。人们往往是用有形之物的形体变化表示导致这种变化的事物或者原因。如《古诗十九首·行行重行行》："相去日已远，衣带日已缓。""衣带日已缓"是人的身体日渐消瘦造成的。因此，作者用人身体

---

[1] "帀"与"本"的区别就在于根的状态是向四周伸展。

[2] 陆忠发：《汉字学的新方向》，浙江大学出版社2009年版，第60页。

的日渐消瘦来写导致身体消瘦的原因——相思之苦。

语言表达如此，用形象表达概念也是如此。古人有"画人难，画鬼易"之说，那是因为人们没有看到过鬼，画出来的只要不是人，便是鬼了。所以画鬼容易。但是画一个人们都能够感受得到，却又无影无形的事物，就没有那么容易了。假如我们画风，那该怎么画？最合理的画法是画一棵柳树，柳树的垂条都向一个方向飘动。这就是风。台风来临的时候，电视上的报道，其画面总是有被吹弯了腰的树。柳条的飘动、大树的弯曲，这是有形的物；然而，这有形的物所表现的不是有形的物本身，而是无形的风。

画画如此，造字也这样。≋像飘动之物，在纳西文字里，≋既代表"风"，又代表"春季"，因为春天常刮风，所以，"春季"应该是"风"的引申义。≋表示"风"，就是用飘动之物表达导致其飘动的事物——风。在汉字中，无形的"风"的概念则是用飘飞的风筝来表达的。①甲骨文"兑"字作，用一个人气喘吁吁的样子，表达导致他气喘吁吁的原因——"疾速行走"。②"微"，甲骨文作，用人头发向后飘动，表示风③，"发（發）"甲骨文作，用弦的颤动表示导致颤动的"發（射出去）"的动作。④

（二）用行为表示该行为产生的结果

有些行为产生的结果是比较抽象的概念，没法用图形表达。但是，这种行为跟结果之间存在必然的联系，而行为可以用图画表示，所以造字就利用行为跟结果之间存在的必然联系，用图画画出行为来表达这个行为的结果。

"乱"，召伯簋作，上下从手，中间是丝，⊢是提示符号，提示把丝捆扎起来。丝捆扎起来就不会乱了，所以《说文》曰："乱，治也"。

"寺"，伯寺簋作，从止、又，后来"又"被改换成动作功能相同的"寸"。"止"表示一个人在向前走，"寸"表示另外一个人从后面拉住他。这样，欲走的人只能"停滞"了。所以，"寺"的造字是用两个人的动作表示他们的动作产生的必然结果——"停滞"。⑤凡从"寺"声的字往往都有"停滞"之义。

---

① 陆忠发：《汉字学的新方向》，浙江大学出版社2009年版，第201页。
② 陆忠发：《汉字学的新方向》，浙江大学出版社2009年版，第68页。
③ 陆忠发：《汉字学的新方向》，浙江大学出版社2009年版，第68页。
④ 陆忠发：《汉字学的新方向》，浙江大学出版社2009年版，第69页。
⑤ 纳西东巴文字用性交的图画表达"变化发展"的概念（方国瑜先生著、和志武先生参订的《纳西象形文字谱》，云南人民出版社1981年版，第244页），令人费解。其实这是采用"用行为表示该行为产生的结果"的方法表达概念。

《说文·止部》："峙，踶也。从止寺声。"《说文》"峙"字的说解连篆而读，所以应该理解为"峙，峙踶也"，"峙踶"就是"踟蹰"。

"待"，《说文·彳部》："待，竢也。从彳寺声。"《论语·微子》："齐景公待孔子。"邢昺疏："景公止孔子。"《穆天子传》卷二："天子四日休群玉之山，乃命邢侯待攻玉者。"郭璞注："待，留之也。"

《说文·广部》："庤，储置屋下也。从广寺声。"

《说文·水部》："偫，水暂益且止，未减也。从水寺声。""偫"的意思是水不增益且停滞，不减少。

甲骨文"若"的表意人们常常不理解。《说文》："若：择菜也。从艸、右，右，手也。一曰：杜若，香草。"后人解释有"理发使其顺""诺字重文""海神""巫术活动"诸说，董莲池先生说："'若'甲骨文作🌿(《合集》一二八七八正)、🌿(《合集》一四五八)等，象人跪跽用双手理发使顺形，用以表示顺义。甲骨文中'若'字数见，几乎均用为祥顺义。许慎释'若'之本义为择菜不确。又，其篆文形体中所从的'艸''又'是由独体的🌿形体割裂逐渐讹省而成。讹省过程是由🌿而🌿而🌿而🌿而🌿(参见拙著《金文编校补》一六页)，许慎释形亦不确。"[1]王襄说："🌿古与诺通，诺字重文。"[2]

从卜辞中看，神"诺"之义以"若"为之。既然是神"诺"，解释为"祥顺"是非常牵强的。"若"当为"诺"之初文。

从字形上看，"若"甲骨文作🌿、🌿等形，臧克和先生认为："若"字取象，为巫者两手向空中舞动（甚且披头散发），以传达进入降神、神我为一，施行巫术活动的状态，由是以"事无形"。[3]我的研究生朱燕认为"若"是"羽舞"在汉字中的遗存，类似于云南沧源岩画记录的宗教祭祀舞蹈。[4]

① 董莲池：《说文解字考正》，作家出版社2005年版，第32页。
② 王襄：《簠室殷契类纂》，天津博物院1927年版，第3页。
③ 臧克和：《释若》，《殷都学刊》1990年第1期。
④ 朱燕：《说文误释古文字集释》，杭州师范大学硕士论文2009年。

岩画

忠发按："若"之本义就是"诺"，造字利用一种巫术祭祀的行为，表达神"诺"的结果。巫术仪式中的"一些表示欲望的辞句，一经说出，便算达到目的"。①美国语言学家富兰克林·福尔索姆指出："几乎所有美国人都熟悉一节民歌的前几个词：快成熟，大麦燕麦，大豆豌豆……当时人认为，这样反复吟唱就会带来丰收。"②江林昌先生指出："原始人相信巫术施行时，反复吟诵咒语，便能达到控制自然的目的，祷雨即雨至，咒风则风来。"③《礼记·郊特牲》记载了伊耆氏在腊祭施巫时唱道："土，反（返）其宅；水，归其壑；昆虫，毋作；草木，归其泽！"江林昌先生认为这就是黄帝时代早期的巫术咒语。当时人们试图通过吟唱巫术咒语，以控制自然，命令土神、水神、昆虫、草木各归其所。④这个说法是可信的。现在，有大量的材料可以证实，中国古代在距今5000年前，曾经经历了一场大水，洪水冲走了良田和家园，害虫纷纷迁徙到仅剩的土地上，吃掉人们辛苦种植的作物。"土，反（返）其宅；水，归其壑；昆虫，毋作；草木，归其泽！"正是处于大水时代的伊耆氏愿望的体现：人们希望被冲走的良田能够回来，大水回到沟壑中去流淌，害虫不再猖獗，草木回到河边生长。

"诺"的概念是极难表达的。在原始人类看来，人们通过祭祀所求于神的事

---

① 李安宅等编译：《巫术与语言》，商务印书馆1936年版，第13页。
② 富兰克林·福尔索姆：《语言的故事》（中译本），山东大学出版社1985年版，第27页。
③ 江林昌：《诗的源起及其早期发展变化——兼论中国古代巫术与宗教有关问题》，《中国社会科学》2010年第4期。
④ 江林昌：《诗的源起及其早期发展变化——兼论中国古代巫术与宗教有关问题》，《中国社会科学》2010年第4期。

情都是可以达到目的的。因此，造字者就用祭祀的行为，表达神"诺"的结果。

"若"甲骨文作🜲，后来又添加"口"作🜲，因为巫术祭祀在舞蹈的同时，必然伴随吟诵咒语，所以又添加"口"。

《说文》："福，佑也。""福"，从示、畐，畐是酒瓶的象形，表示酒。所以，"福"的形体就是把酒献给神灵。所以，人们表达"保佑"的概念，使用的方法也是用行为表示该行为产生的结果。人们认为，我祭祀了，神灵就会保佑我。

（三）用结果表示产生这个结果的原因

"梦"，甲骨文作🜲、🜲、🜲、🜲，从爿表示床，从人，⊘、乚、🜲、🜲、🜲都是提示符号，⊘、乚提示人睁大眼睛、手舞足蹈，惊恐万状；🜲提示紧锁双眉、痛苦万分；🜲、🜲提示人头发散乱之状。人躺在床上应该是放松的、舒适的，人躺在床上睡觉而惊恐万状、痛苦不堪，肯定是做噩梦的结果。这样就巧妙地表达了"梦"的概念。

"复"，甲骨文作🜲，从🜲像墓室，从🜲表示人，🜲的方向与墓室相背，表示人离开墓室。"复"在卜辞中为一种类似祭祀的活动。

《合集》10679："……丑……焚……复。"

《合集》15484："丁未卜，争贞，勿复先以岁，害。在涂。"

《英》719："……复母……于商。"

这几条卜辞中的"复"都是一种活动。"复"与"焚"同占，应为同类。不复会有害，复母使回到商。母应该都在商，此言通过"复"使之回到商。

结合"复"从🜲表示墓室，以及在卜辞中为一种活动看，我们认为"复"应该相当于周代的招魂活动。《周礼·天官·王府》"复衣裳"郑玄注引郑司农云："复，招魂也。"《礼记·檀弓下》："复，尽爱之道也。"郑玄注："复，谓招魂。"

甲骨文"复"作🜲，正像人离开墓室回来之形。此用死者（当然是灵魂）离开墓室，表示导致死者灵魂离开墓室归来的招魂行动。故"招魂"之祭乃"复"之本义。招魂而使亡者魂归，故引申为回、归。

《英》189："贞侯循不其复。"[1]

再引申为往复、再一次。

《合集》5409"己巳卜，争贞，王复涉……"

---

[1] 曹锦炎、沈建华：《甲骨文校释总集》校订夺"循"字。

"孔（洞）"概念的表达也是这样。

"孔"，孔鼎作🔳，虢季子白盘作🔳，石鼓文作🔳，篆文作🔳，从子从𠃌或从𠃋，𠃌和𠃋是乳房的轮廓，表示乳房。因为篆文"孔"所从的𠃌就是篆文"乳"所从的𠃋。"乳"，篆文作🔳，而甲骨文作🔳，甲骨文用具有画意的形体，绘出了"哺乳"的动作。显然篆文"乳"从🔳表示一个人怀抱着孩子，𠃋表示乳房。篆文"孔"所从的𠃌显然是𠃋的形变。所以𠃌和𠃋是乳房的轮廓。则"孔"利用孩子从母亲的乳房中吮吸出乳汁表达"孔（洞）"的概念。这是用结果表达导致这个结果的原因——有孔。

林光义《文源》卷二："孔，通也。古作🔳。本义当为乳穴，引申为凡穴之称。𠃋象乳形，🔳就之，以明乳有孔也。"

林光义的思路是对的。但是说"孔"的本义是"乳穴"，则是错误的。汉字表达抽象的概念，也必须用具体的事物来表示，我们对这个字形进行理解时，就不能局限于造字者选择的事物本身。字形表达的到底是与造字部件相关的具体事物还是一个具有普遍意义的抽象概念，一般要结合这个字在文献中的使用情况来判断。因为我们印象中，文献里从来就没有使用过"乳穴"这个概念，说明"乳穴"这个概念是不存在的。因此，"孔"的本义不是"乳穴"，而是表示抽象的"孔（洞）"，即凡孔（洞）之称。《说文》解释字义也常常局限于造字者选择的事物本身，如"得，行有所得也"。因为"得"从"彳"，就非要解释为"行有所得"，这就拘泥于"彳"的形体了。这是读《说文》应该注意的问题。

（四）用行为表示行为的原因

人的行为都是有原因的，所以行为和发生这个行为的原因之间存在着可以把握的联系。

"朕"，《说文》："朕，我也。阙。"许慎阙的是字形与字义的关系。段玉裁注："按：朕在《舟部》，其解当曰'舟缝也'。何以知为舟缝也？《考工记·函人》曰：'视其朕欲其直也'，戴先生曰：'舟之缝理曰朕。'本训'舟缝'，引申为凡缝之称。"

那么，"朕"的本义为什么是"舟缝"？不懂得字的表意方法，确实非常难以接受"舟缝"这个意义。"舟缝"就是舟的缝隙，舟的缝隙就是制造舟的木板与木板之间的缝隙。在没有看我下面的解释说明之前，我请求读者先想一想，如果让您造一个形体不太复杂的字表达"舟缝"的概念，您如何去造一个形体，让人们能够理解您表达的是"舟缝"的概念,并且您造的这个形体又不要与已有的汉字形体相混同呢?

我对造字的古人充满崇敬之情,常常为古人造字的智慧所折服。古人做到的事情我常常做不到,我远没有古人聪明。而每当我经过苦思冥想理解了古人造字的巧妙构思之后,禁不住拍案叫绝!

"朕",臣谏簋作㑒,谏簋作㑸,从双手持丨;或从舟,从双手持丨。用木板造舟,木板与木板之间必然会有缝隙。怎么办?木匠造木桶的方法是:把木板的接缝处刨平整,使拼接之后木板之间的缝隙非常小,再用铁圈把木桶箍起来。这样木板之间就紧密地拼接在一起了。如果是用木桶盛水,水的作用会使干的木板膨胀,木板之间的缝隙就更加小了。所以木桶可以盛水又不会漏水。造舟与造木桶又不同。舟的木板之间不可能从外面用金属箍起来,也不能使用8000年前的跨湖桥人和7000年前的河姆渡人早就已经掌握的榫卯技术拼接木板,因为人踩踏或者装载货物时,木板所承受的力会使榫卯的咬合处渐渐松动,舟总有一天是要散掉的。

如何才能不用箍、不用榫卯把木板与木板牢固地拼接在一起呢?我请教了造木船的师傅。师傅告诉我,在紧挨着的两块木板上斜着钻一个个小洞,小洞从上面的一块木板斜着穿入下面的一块木板中,然后把一段段小木头楔子钉入一个个小洞中,这样,木板与木板就紧紧地拼接在一起了。㑒正是双手持木头楔子的形象,表示人们把一段段小木头楔子钉入舟的木板与木板之间的一个个小洞中。因为舟的木板与木板之间有缝隙,所以人们要把小木头楔子钉入舟木板之间的小洞中。这是用把楔子钉入木板间的小洞中这样的行为表达之所以要这样做的原因——舟的木板与木板之间有缝隙。㑸添加"舟"为提示符号,㑸的本义"舟缝"就表达得更加明确了。[①]

2011年中国南方干旱，鄱阳湖见底，小渔船木头拼接清晰可见（图片取自新华网）

笔者居住的小区湖边木船拼接的钻孔和楔子清晰可见

　　"尽"，甲骨文作，字形表示的是人在洗刷器皿。《说文》："盡，器中空也。""盡"表达的是"完结"的概念，这个概念极难用一个形体来表达。古代，器皿一般是盛食物的，食物吃完了要把器皿洗刷一下备下一次使用。所以古人用洗刷器皿表达"完结"的概念。

六、用人的感受表达相关的概念

所谓用人的感受表达相关的概念，就是造字选择的部件组合起来表示的是一个事物或者一个事件、事情，但是造字者要表达的概念不是这个事物或者事件、事情，而是人看到这个事物或者在经历这个事件、做这个事情时的感受。

如甲骨文矣字，从大、矢，字的形体是一支箭向一个人射来，而字的意义表达的是"急速"的概念。[1]生活中人们都能感受到，当一支箭向人射过来的时候，其速度之快，简直让人来不及避让。[2]

再如"吉凶"的"凶"概念的表达也是这样的。

篆文"凶"作凶，《说文》："凶，恶也。象地穿交陷其中也。"字形表现的是大地陷落，而造字者要表达的概念是"凶险"。因为大地陷落无论是过去还是现在，都是一件凶险的事情，因此就用大地陷落表达"凶险"的概念。

兇，《说文》："兇，扰恐也。从人在凶下。《春秋传》曰：'曹人兇惧。'"忠发按：《左传·僖公二十八年》："曹人兇惧。""兇"是恐惧的意思，字从凶从人，凶像大地陷落的样子，人站在陷落的大地前面的感受一定是恐惧的。[3]因此，造字就利用人站在陷落的大地前面的感受表达"恐惧"的概念。

"重"，商代金文作重，井侯簋作重，从人、从橐、从ㄑ，橐是囊橐，字形是一个人背负一个囊橐，甲骨文形体添加ㄑ为提示符号，提示这个人在吃力地行走。人吃力地背负囊橐行走时必然感受到囊橐很重。因此造字就用人负橐时的感受表达"沉重"的概念。

金文"寒"作寒，《说文·宀部》："寒，冻也。从人在宀下，以茻荐覆之，下有仌。"段注："冻当作冷。十一篇曰：冻，仌也。冷，寒也。此可证矣。合一宀，一人，二茻，一仌会意。""寒"表达的概念是"寒冷"。字从宀表示房屋，茻是草，从人，表示人在室内拥草而卧。仌是提示符号，提示环境，表示屋外

---

[1] 陆忠发：《汉字学的新方向》，浙江大学出版社2009年版，第169–171页。

[2] 现代射箭运动射出去的箭速度达到240公里/小时，比子弹头列车还要快。古代的箭速度恐怕也不会慢太多，如果箭是从弩中射出的，其速度有可能会更快。

[3] 古文字上下结构往往表示前后位置关系，所以，许慎说"从人在凶下"是不对的。

已经结冰。① ⊻也是提示符号，提示脚的感受。人冬天睡觉的时候，如果感觉冷的话，脚的感觉最明显。因此，造字就用冬天睡觉时脚的感受表达"寒冷"的概念。

"黑"，《说文》："火所熏之色也。从炎上出囧，囧，古窗字。"甲骨文作🙾，于省吾先生考卜辞中意义为"黑色"和"昼盲（白日黑暗）"。此字从人而遮其面目，以人的感受表达"黑暗"的概念，引申为"黑色"。《说文》篆文的"黑"，是甲骨文"黑"的异体字，用行为表示该行为产生的结果——烟气从窗户流过，必然留下黑的东西。表意方法都是象事，表达概念的方法是不同的。

"冥"，甲骨文作🙽，字形是用双手拉着帘子之类的东西遮住自己②，这样，光线被挡住了，人就感觉很昏暗，所以，🙽的本义应该表达"昏暗"的概念。《说文》："冥，幽也。"后来双手讹为人，所以，其本字应该隶作🙽。傍晚的时候光线昏暗，所以🙽在甲骨卜辞中又引申表示"傍晚时分（冥）"这个时间。如《集合》635正"贞，呼去伯于🙽。"因为"傍晚时分（冥）"是个时间概念，后来又添加"日"，又进一步讹为"冥"。甲骨文中表示时间的"冥"作🙽，分娩的"娩"作🙽。③

《说文》："品，众口也。从四口。"《说文》："嚣，声也。气出头上。从品从页。页，首也。"品是"叽叽喳喳"的"叽"的本字，利用很多口（即很多人同时说话）表达"叽叽喳喳"的概念。"嚣"从页表示一个人，从品，利用很多人同时说话，这个人的感受表达"嘈杂"的概念。《左传·成公十六年》："甚嚣矣，尘上矣。""甚嚣"就是"非常嘈杂"的意思。

---

① 古文字上下结构往往表示前后位置关系，所以这里的仌应该理解为室外结冰，有人在说解这个字时说是冬天了屋子还漏水（王贵民《汉字与文化》），这样理解是不对的。王宁先生主编《古代汉语》（高等教育出版社2012年版）54页解释"寒"字说："寒从宀从人从茻从仌（冰），表示人在屋内用草垫覆于身下以御冰寒。"这样解释"寒"字的字义也是不准确的。72页又说："人在室内，用草垫覆于身下，草下有冰，会'寒冷'义。"这样理解"寒"字的结构也是不准确的。
② 双手在这里就代表"我"这个人。"我"在这个帘子的遮挡之中。🙾，是人的整个头被东西罩住。二者是不同的，人的感受也是不同的。
③ "冥"下面的"六"其实是人的讹变。有友人说"冥"的形体来源于🙽，非是。🙽用"双手扒开产道帮助婴儿的头出来"表达"分娩"的概念。《集合》641正："乙亥卜，古贞，妇㛪🙽，嘉。"有人又说篆文㝃的古体是🙽（见《古汉语研究》2007年第2期《释娩》），亦非是。㝃的古体是㝃，本义是"冕"，人经常要脱冕，故㝃引申为"脱免"；妇女生产的过程是子与母体脱免的过程，故㝃再引申为"分娩"义，并且进而取代了🙽。🙽就废弃不用了。🙽之所以会废弃不用，可能是因为🙽添加"日"之后，形体与之很难区分的缘故。

七、结合社会生活表达概念

古人造字往往要在观察生活的前提下，选择唯一恰当的事物、事件表达概念。如古代战争，必杀尽战败方的青壮男子，而将其妇孺掳归。所以，要表达"俘获"的概念，可以用抓获敌方的妇女儿童的形象来表达，造字就可以造成🔶或者🔶。那么，后来为什么选择🔶来表达"俘获"的概念呢？因为作🔶，人们很可能会理解为抢妻，而抓一个小孩子，人们就不可能理解为抢妻了，只能理解为"俘获"①，因为生活中不可能有人去抓一个小孩子作老婆，也没有人会如此粗暴地对待自己的孩子。这就是在观察生活的前提下，选择唯一恰当的事物、事件表达概念。

古人以圈养的家猪表达"寂静"的概念②。因为生活中人们知道，只要不让猪饿着，它基本上都是寂静无声地躺着睡觉。以圈养家猪表示"寂静"的概念，人们都能理解。

现代汉语中表示"停止"意义的"止""停"，在上古都不表示"停止"的概念。"停止"的概念非常难以表达。画一棵柳树而枝条不动，人们仍然理解为树；画一个人站在地上不动，人们把这个字理解为"大"；……只有一种事物可以准确表达"停止"的概念而又不会使人产生歧解，那就是鸟在树上而又不展开翅膀。鸟在树上而又不展开翅膀必然是停止的，所以造字就用🔶（集）表达"停止"的概念。《诗经·葛覃》："黄鸟于飞，集于灌木。""集"就是"停止"的意思。

有几位研究文字学的朋友指出"集"的形体从多个鸟，《说文》释为"群鸟在木上"，本义当是"聚集"，"黄鸟于飞，集于灌木"，"集"解释为"聚集"，非常顺畅。这种意见可能也是许多读者的意见。从汉字形体如何表达概念的角度研究汉字的本义是我倡导的新的方法，大家对我分析得出的结论有疑惑，是很正常的。只要是跟我提出来的问题，我都要进行论证。通过我的论证，让大家认识到我的分析确实是正确的，大家才会信服我的汉字表意理论和方法，汉字理论研究的中心才有可能从研究六书转移到研究汉字表意理论和方法上来。所以我欢迎大家提意见，欢迎大家说说对汉字表意理论的看法。

下面我论证一下"集"的本义。

---

① "俘"的本义应该是"俘获"，因为甲骨文"俘"亦作🔶，从彳，说明其本义与动作有关，应该是"俘获"，"俘虏"之义乃是引申义。
② 陆忠发：《汉字学的新方向》，浙江大学出版社2009年版，第59-60页。

　　"集"训"止"是先秦常训。《诗经·唐风·鸨羽》："集与苞栩。"毛传："集，止也。"《楚辞·九章·惜诵》："欲高飞而远集兮，君罔谓女何之？"朱熹集注："集，鸟飞而下止也。""远集"是指到远处停下来，这个"集"不能以"聚集"释之。《左传·襄公二年》："亲集矢于其目。"孔颖达疏："集是鸟止之名。""集矢于其目"是指一支箭射到眼睛中，"集"显然也是"止"的意思，这个"集"也不能以"聚集"释之。《孟子·离娄下》："苟为无本，七八月间雨集，沟浍皆盈，其涸也，可立而待也。"朱熹集注："集，聚也。"忠发按：此"集"解释为"止"，可能更加符合孟子的意思。孟子的意思是：如果没有源头来水，七八月间雨停了，即使沟浍都满了，也很快就干涸了。可见，在先秦文献中，"集"训"止"是常训，训"聚"则寡有例证。这证明"集"的本义正是"停止"。鸟停止飞翔的时候常常群聚在树上，所以引申出"聚集"义。若据"集"的字形是"群鸟在木上"，就以为"集"的本义是"聚集"，这是望文生义，不是从汉字形体表达概念的角度作出的科学的分析。

　　"军队"概念的表达，也非常困难。所谓军队，就是武装起来的很多人。如果要画成其物，那么字形将极其复杂。如果写成手拿兵器的人，则又与"戒""𢧵""兵"等字混同。如果用举着旗子行走的一群人表示，又与"旅"混同。古人造𨸏字来表达"军队"概念。𨸏实像一个个△连接之形。甲骨文横向占空间多的字，皆竖写，故字作𨸏。古军队宿营必搭建简单的帐篷，帐篷彼此连接，"师"正取像于此。用一个接一个军帐表示"军队"的概念，这也是唯一可行的表达了。

　　"归来"概念也很难表达，古人造𠂤字以表达"归来"的概念。𠂤从𨸏从彐，𨸏表示军队，彐像扫帚之形，其本义是扫帚。在甲骨卜辞中，彐单独使用表示扫晴的祭祀：

　　《战后宁沪新获甲骨集》一·一〇八："……申卜，帚雨。"

　　《合集》33964："……酉帚……雨。"

　　《合集》34283："戊子卜，帚𠬝雨。"

　　这三条卜辞，"卜"后面直接跟要问的事情，类似的卜辞如：

　　《合集》34214："甲戌卜，其求雨于伊𠬝。"

　　《屯》783："甲辰卜，𠬝惟戚，三牛，兹用。"

　　《屯》2396："戊戌卜，其侑于妣己、祖乙𠬝，王受佑。吉。"

《合集》27516："戊寅卜，其有岁于妣已，惟翌日……"

《合集》4665："丁卯卜，角其兔。"

《合集》32289："辛未卜，烄天于凡，享。壬申。"

《屯》148："辛卯卜，烄兩，雨。"

《合集》33690："癸巳卜，复耤舟。"①

这些卜辞都是"卜"后直接跟要问的事情。所以，"……申卜，帚雨"，"帚雨"是要卜问的事情，"帚"是动词，"帚雨"就是"因为雨而帚"的意思。"……申卜，帚雨"这条卜辞问的是要为天下雨而帚吗？所以，"帚"是一种与雨有关的祭祀活动。

古代止雨祭祀有扫晴者，妇女执扫帚扫天。后来就有了扫晴娘之风俗。我们这里所引的卜辞，帚的对象是"雨"。所以，这些卜辞是求不下雨的祭祀，相当于后世的扫晴祭祀。《合集》33964和《合集》34283的两条卜辞"帚"后面跟地名，然后再接"雨"，都是说帚某地的雨，是因为某地下雨而进行扫晴之祭的意思。

"帚"像扫帚之形，其义又是一种与雨有关的祭祀活动，我们可以确定"帚"的意义就是扫晴之祭。能够从事扫晴之祭的人都是地位极高的妇女。所以，卜辞中"帚好""帚井""帚喜""帚従""蚰帚""妝帚"等都是妇女的名字前面或者后面添加了"帚"表示其地位极高。《合集》94正："辛丑卜，瑴贞，帚好有子，三月。王固曰：好其有子，御。"②王称"好"，他人称"帚好"，显然"帚"是地位尊贵的意思而不是人们通常理解的"妇（老婆）"的意思。

扫帚是妇女扫晴使用的专门工具，所以"帚"指代"妇女"：

《合集》21796："癸酉余卜，贞，雷帚（妇）有子。"

于是后来又造了"婦"字以区别表"扫帚"义的形体。

知道了帚的意义发展过程，就能够明白甲骨文中帚可以表示妇女。因此，歸从𠂤从帚，其实就是从师从女。从师从女，何以就表示"归来"呢？

古者，男人征战，妻女不能不担心。当军队回来的时候，女人们必然会出城迎接。这样，我们可以想见：道路中间是归来的将士，道路两旁则是迎候的妻

---

① 曹锦炎、沈建华：《甲骨文校释总集》校订耤作"桵"，非是。

② 白于蓝先生《殷墟甲骨刻辞摹释总集校订》（福建人民出版社2004年版）与下一辞合在一起校订为："辛丑卜，瑴贞，帚好有子二月。""辛丑卜，亘贞，王固曰：好其有子，御。"

女。这是将士征战归来的必然场景。《左传·成公二年》:"齐侯免……遂自徐关入。齐侯见保者,曰:'勉之,齐师败矣。'辟女子,女子曰:'君免乎?'曰:'免矣。''锐司徒免乎?'曰:'免矣。'曰:'苟君与吾父免矣,可若何!'乃奔。齐侯以为有礼,既而问之,辟司徒之妻也。"为什么要"辟女子"?是因为妇女们把路堵住了。这里记载的就是齐国军队归来时,将士的妻女迎候的场景。从从,造字者正是利用将士征战归来的必然场景巧妙地表达出了"归来"的概念。虽然"归来"的概念非常难以表达,但是,古人的造字还是非常巧妙地解决了这个问题。①

"尘土"概念的表达也是观察生活的结果。

现代汉字用"尘(小土)"表达"尘土"概念,这是俗字。古文字以塵、麤表示,从鹿(或从群鹿)从土会意。鹿善奔跑,其修长的四肢有力地蹬地,使得其奔跑的速度非常快,其四蹄抓地后又用力向后扬起,能够扬起很大的灰尘。所以,古人造字用鹿和土的空间关系表达"尘土"的概念。

那么,善于奔跑的动物很多,为什么要用鹿奔跑扬起灰尘表达"尘土"的概念呢?如果仔细观察社会生活,我们不难发现,虎豹善于奔跑,但是其爪掌是肉质的,不能扬土;牛羊有蹄,但是因为速度不是很快,扬土也不高。所以造字选择鹿的奔跑。这是观察生活的结果。②

甲骨文"死"作、,从表示骨头,是提示符号,提示骨头已经残缺不全。甲骨文"骨"作、,、、都是骨头,骨头之间有韧带连接,所以甲骨文用、表示"骨头"的概念。就是残缺的骨头。《说文》:"歺,列骨之残也。"远古的时候,人死后,尸体就扔到荒野草丛中,让飞禽野兽任意撕咬,所以尸骨总是残缺不全的,"死"从、从人或者、表示一个哀哭的人。人面着残缺不全的骨头伤心欲绝,表明这个骨头是其死去的亲人的尸骨。所以用表示"尸骨"的概念。《左传·哀公十六年》:"白公奔山而缢,其徒微之。生拘

---

① 军队出征时,妻女应该是不会被同意去送行的。否则哀哭者有之,不舍者有之,何以壮军威?
② 一日看《动物世界》,丛林中,一只老虎欲袭击鹿群,鹿群觉之,快速逃离,扬起了如烟的灰尘。

白乞而问白公之死焉。对曰：'余知死所，而长者使余勿言。'"①《吕氏春秋·离谓》："郑之富人有溺者，人得其死者，富人请赎之。""尸骨"引申为"死亡"，"死"在卜辞中的意义是"死亡"。《合集》21890："……卯贞，子母不死。"②后来，"死"常常用来表示"死亡"，"尸骨"的概念则重新造"屍"字表示，"屍"从死尸声，是形声字。

"尸"与"屍"本义不同。"尸"的本义是坐在祖宗牌位上面代替祖先接受祭祀的人，甲骨文"尸"作𤉡，"屍（死）"的本义是"尸骨"，再后来"屍"简化为"尸"，二字遂混同了。③

知道"死"的本义是"尸骨"，则小篆"葬"作𦱌，其表意方法就非常容易理解了。字上下从艸，中间是"死"，"死"下面是"一"，表示抬尸体的担架之类的东西。《周易·系辞下》："古之葬者，厚衣之以薪，葬之中野，不封不树，丧期无数。"𦱌的形体正是按照社会生活的实际造字。

《说文·几部》："尻，处也。从尸得几而止。""处"是"坐"的意思。"坐"的概念非常难表达，因为古人坐下来的姿势都是跪在地上、席子上或者榻上④的。而古文字中的人作为偏旁常常是跪着的姿势，可以表示正在做事情、吃饭、行礼和坐等情况。怎样才能表示一个人是坐而不是正在做事情、吃饭、行礼呢？这就显得非常困难。

古人造"尻"字表达"坐"的概念，就巧妙地利用了社会生活中的细节。古人坐下来是跪着的，时间稍长，人就很累。所以，古代要为年长的人设几，使他在坐的时候可以依或者靠在几上，减轻身体的疲劳程度。《礼记·曲礼上》："谋于长者，必操几杖以从之。"《庄子·齐物论》："南郭子綦隐几而坐，仰天而嘘，答焉似丧其耦。颜成子游立侍乎前，曰：'何居乎？形固可使如槁木，而心固可

---

① 《左传》中许多地方都说到人死了，"死且不朽"，如《成公三年》："以君之灵，累臣得归骨于晋，寡君之以为戮，死且不朽。"王力先生《古代汉语》第一册37页解释"死且不朽"说："等于说死了将很光荣。"把"死"解释为"死亡"。不知道这个"死"是不是也是"尸体"的意思。"死且不朽"的解释请参考陆忠发《王力〈古代汉语〉注释疑难考证》，浙江大学出版社2020年。
② 曹锦炎、沈建华：《甲骨文校释总集》校订为"……卯贞，子妾不死"。查原片作𡥪。
③ "尸"与"屍"古籍中也有混用的情况，如《左传·成公二年》："襄老死于邲，不获其尸。"这个"尸"应该用"屍"，不知道是不是后人误改之故。
④ 《三国志·管宁传》注引《高士传》："管宁自越海及归，常坐一木榻，积五十余年未尝箕股，其榻上当膝处皆穿。"说明是跪坐在榻上的。

使如死灰乎？'"《孟子·公孙丑下》："孟子去齐，宿于昼。有欲为王（齐宣王）留行者，坐而言。不应，隐（倚）几而卧。客不悦，曰：'弟子齐宿而后敢言，夫子卧而不听，请勿复敢见矣。'"说明孟子坐是有几的。这位要挽留孟子的人跪坐着跟孟子说话，孟子不听，隐（倚）几而卧。隐几而卧，是趴在几上低头打瞌睡。孟子本来是躺着的，这位客人来跟孟子说话时，孟子出于礼貌坐起来（跪着），但是继续打瞌睡，表明不想听。

知道古代坐的文化背景，就容易理解"屄"的造字了。"屄"篆文形体是🄰。"尸"，甲骨文作🄰，是尸祭时坐在祖宗牌位上代替祖先接受献享的人，故其形体取坐姿。[1]可见"屄"从人，不从尸。但是"人"和"尸"很容易混同。所以现代字体"屄"所从的"尸"是一个人，不是"尸"。这样，🄰的字形我们就应该理解为一个人的旁边设了几。[2]一个人的旁边设了几，说明他肯定是在坐。这样就把"坐"的概念表达出来了。

"灶"的繁体作"竈""竃"，《说文》："竈，炊灶也。从穴，黽省声。竃，或不省。"许慎的分析是错误的。"竃"与"竈"的关系是："竃"是本字楷化的形体，"竈"是从土竃声的形声字。之所以从土，是因为灶往往都是用土垒成的。"竃"的古文字形体作🄰（00270秦公钟[3]），从"穴"从🄰，为什么字义不是"虫子的窝"，而是烧饭的"灶"？"灶"的概念非常难以表达，"画成其物"非常难。选择什么样的部件组合才能表达出"灶"的概念呢？造字者巧妙地利用了人们熟悉的社会生活表达出了"灶"的概念。人们生活中使用的灶就是在地面上挖一个穴，烧饭时烧柴烧草，柴草中往往会寄居一些昆虫（如灶马[4]），而堆放在灶穴旁边的柴草下面由于长期不清理，会积有一些灰尘碎土，这些灰尘碎土中也往往会寄居甲虫（如土鳖）。所以，灶穴之不同于其他穴的特点是灶穴边上往往会寄居着昆虫或者甲虫。因此造字表达"灶"的概念，就用🄰（土鳖）作为提示符号，提示这个穴的边上寄居有🄰（土鳖），人们就知道这个穴是"灶"了。故"灶"

---

① 陆忠发：《中国古代尸祭的文字学考证》，《寻根》2001年第1期。

② 我们不止一次说到古文字上下结构往往表示前后的位置关系，这个字也是这样。

③ 秦公钟："丕显朕皇祖，受天命，🄰有下国。"🄰通"肇"，始也。张桂光先生主编《商周金文摹释总集》63页（中华书局2010年版）以为通"篚"，恐误。

④ 灶马学名突灶螽，可入药，《本草纲目》有载。

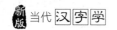

之古文字形体从穴从 ![图] （土鳖）。①

但是，![图]还是比较容易被误解为"虫子的窝"，所以后来又造"灶"字替换了![图]。②

许多动物都有自己的特性，在观察社会生活的基础上，根据动物的特性，也能表达相关的概念。狗在外面喜欢到处嗅嗅，公鸡白天常常会伸长脖子鸣叫一下，牛没事的时候老喜欢用角去触一触东西，造字者依据这些动物的特性，造![图]、![图]、![图]表达"嗅""鸣""觕（触）"等概念；造![图]，运用许多鱼在水面上活动，表达"小鱼"的概念。请参考第五章的介绍。

因为古人往往结合社会生活造字，我们如果能够设身处地地想想古人的社会生活，往往就会明白古人造字的理据了。如"孙"概念的表达就是这样。

《说文》："孙，子之子曰孙。从子从系。系，续也。"许慎分析"孙"字的结构，说"孙"从子从系，"系"有"延续"的意思，"子"的延续，所以是"孙"。这样解释，似乎是可以接受的。但是，"孙"的古文字形体其实是从子从丝，睡虎地简作![图]，讹为了从子从系。所以，我们应该着眼于从子从丝的"孙"去理解"孙"的结构和意义。

"孙"，甲骨文作![图]，孙是子之子，这个概念非常难以表达。甲骨文从子从丝。徐中舒先生《甲骨文字典》解释"孙"为什么从子从丝，说是上古结绳记录世系，系在子后面的就是孙。忠发按：上古有没有这回事无从考证。我们认为，从子从丝，丝常常表示绳索，如古文字"悬"就是。联系上古的社会实际看，成年男女应该是忙于生产生活，无暇看管孩子。看管孩子的事情应该落在祖辈的身上。上古社会，小孩子在户外活动，常常危机四伏。从仰韶文化考古的情况看，古人居住区外围有一条环绕居住区的壕沟，其功能应该是阻挡外敌和野兽的侵袭。如西安半坡遗址古人居住地外环绕的壕沟深和宽都超过5米，壕沟里理所当然地注满了水。小孩子活力强，祖辈已经老迈，所以祖辈看管孙子辈实在是力不

---

① 灶边往往会寄居一些昆虫，这种生活常识在语言中也有反映，如成语有"蛛丝马迹"，口语中有"露出马脚"，这个"马"就是被称为"灶马"的昆虫。因为它喜欢寄居在灶边，所以叫"灶马"。![图]这个形体，我们不能理解成土鳖寄居在灶穴中，灶穴是烧火的地方，没有虫子会寄居到灶穴里面。我们不止一次说过，古文字上下结构往往表示前后的位置关系，![图]这个形体就应该理解为前后关系。

② 裘锡圭先生也说：繁体"灶"的结构难以说清楚。简体"灶"还是可以理解的（《从纯文字学角度看简化字》，《语文建设》1991年第2期）。看来![图]的形体确实很令人费解。

从心，祖辈不可能像小孩子一样在外面不停地奔跑。为了防止小孩子户外活动发生意外，祖辈们能够做的就是用绳子把孙子拴起来，自己通过绳子控制孙子的活动范围，确保孙子不发生意外。因此，当人们看到小孩子在户外活动时身后拖着一根绳子，就知道这是祖辈在带孙子辈做户外活动。所以，造字就用孩子身上拖着绳子表达"孙"的概念，对这个字形，当时的人们都能够理解。

图片取自《中国原始社会》①

　　人们熟悉的历史传说，也是社会生活的内容之一。所以，运用人们熟悉的历史传说，也可以巧妙地表达概念。汉字对"往昔"概念的表达就是这样。

　　《淮南子·览冥》："往古之时，四极废，九州裂；天不兼覆，地不周载；火滥焱而不灭，水浩洋而不息；猛兽食颛民，鸷鸟攫老弱。于是女娲炼无色石以补苍天，断鳌足以立四极，杀黑龙以济冀州，积芦灰以止淫水。②苍天补，四极正；淫水涸，冀州平；狡虫死，颛民生。"说明中国上古时期曾经经历一次大洪水。

　　甲骨文以"昔"表达"往昔"的概念。"昔"甲骨文作⛤、⛤、⛤、⛤诸形，叶玉森说："〰、〰乃象洪水，即古灾字，从日。古人殆不忘洪水之〰，故制字取谊于洪水之日。"姚孝遂先生《甲骨文字诂林》"昔"下按语，徐中舒先生《甲骨文字典》说"昔"字字形皆取叶玉森说。忠发按："日"在卜辞中尚无"时

①　陕西省西安半坡博物馆《中国原始社会》，文物出版社1977年版，第46页。
②　"芦灰"当为"芦荻"之误，皆芦苇之属。女娲补天神话的科学解释请参考陆忠发《中国古代文化研究》，浙江大学出版社2023年即版，第一章。

日"的意思，按叶玉森说"洪水之日"，即洪水之时，这显然是错误的。我们在第五章的开头分析了⊖、▢仍是宫城之象，因此，"昔"字造字利用宫城与大水之间的关系，表达宫城都被大水包围的时代，即往昔。大约5000年前，地球曾经历一次大水，大地成为泽国。宫城因建于夯土地基之上，才免于被大水淹没。然宫城四周已一片汪洋。这一次大水，成为人类永久的记忆，故造字用答表示"往昔"的概念。

结合社会生活表达概念，要注意结合造字时的社会生活。董作宾先生《〈纳西族象形标音文字字典〉序》："甲骨文的'家'作俞，是房子里一头猪，这并不奇怪，汉代的陶制明器，养猪是在住家的楼下，现在各地也还有这种古风。因为古代的人，日出而作，日入而息，白昼里男的女的，都到田间工作去了，家里面只剩下这饱食终日懒洋洋地睡着的一头猪了。"[1]董作宾先生的说法好像很有道理，"家"见于甲骨文，其造字不晚于商代。商代的时候，即使是国王的宫城中也没有楼房，平民的住房更是半地穴式的房屋，怎么可能上面住人下面养猪呢？这是典型的脱离造字时的社会生活说解汉字的错误。于省吾先生也说："家从豕，少数民族豕就在屋中。"[2]

其实俞从宀（宅）从豕，利用"宅"和"豕"之间的空间关系表意。"豕"是提示符号，造字者利用豕依附于宅这样的空间关系提示这个"宅"是贵族居住的院落。因为上古粮食紧张，一般人家养不起猪，所以不养猪；只有贵族为了祭祀的需要，才养猪以供祭祀。因此，只有贵族的院落旁边才豢养着猪。"家"本义指贵族居住的院落，所以造字俞从宀（宅）从豕。我的《科学地说解汉字造字理据》一文可以参考[3]。

八、使用提示符号来表达概念

提示符号的作用是提示。不明确的事物，经过提示，往往就容易使人明白。我在前面介绍汉字表意方法和下面介绍提示符号理论时都有介绍。在表达概念的时候，造字者往往使用提示符号。

---

[1] 董作宾：《〈纳西族象形标音文字字典〉序》，李霖灿：《纳西族象形标音文字字典》，云南民族出版社2001年版，第12—13页。
[2] 陈世辉：《怀念于省吾先生》引于先生说，《古文字研究》十六辑。
[3] 陆忠发：《科学地说解汉字造字理据》，《中国社会科学报》2017年3月7日。

（一）使用提示符号使不明的事物明确化

禀也作禀，吴其昌先生说像向屋上有禾、来之形。"向"即后世之"廪"。禾、来之属藏于廪屋，是农稼事也。因而，禀即"稼"字。姚孝遂先生说，禀即"稼"字，向而藏之，示收获之义。①今按：禀字，用向屋上有禾、来表示藏谷于屋，此有违史实。古者谷物窖藏，并不是"屋上有禾来"。UU显然像藏谷之窖，△为屋盖，向示屋中有藏谷之窖，禾、来为提示符号，提示窖中所藏为禾、来。故禀、禀应该是仓廪之"廪"的本字。禀、禀为藏谷之处，引申有"收藏谷物"之义。后别造"廪"表示仓廪之"廪"，禀遂专表"收藏谷物"之义，进而滋乳出"稼"字表示"收藏谷物"之义。

从表达概念的方法看，向表示屋中有藏谷之窖，但是并不明确。有了禾、来作为提示符号，向表示屋中有藏谷之窖显然就明确了许多。

甲骨文有δ、δ，有δ、δ。δ像葫芦形。徐中舒先生指出：δ、δ均是"卣"字，为古时盛酒的葫芦。葫芦底部不稳，故盛以盘作δ。②徐先生说是。○是葫芦之身，上面的人是葫芦的藤，是起提示作用的提示符号，提示环境。有了人的提示，○就明确是葫芦之身了。所以δ像葫芦之形，是象形字。

δ中的一点也是提示符号，提示δ中有盛放的物品。有了这个提示符号，就明确δ不是葫芦，而是葫芦形的器物。

葫芦底部没有圈足，放置不稳，因此添加〵、〵为提示符号，提示将葫芦放置在地上的凹坑里或者放置在盘子里，以明确这个δ不是葫芦而是盛酒的器物。因为如果是葫芦，就没有必要如此小心地放置了。

如果说δ表示的是葫芦还是葫芦形的酒器还不够明确的话，δ、δ、δ因为添加了提示符号，就明确是盛酒的器物了。所以，δ、δ、δ、δ造字表达的概念就是葫芦形的盛酒器。③

---

① 以上各家说见《甲骨文字诂林》，中华书局1996年版，第1971-1974页。
② 徐中舒：《怎样研究中国古代文字》，《古文字研究》第十五辑。《甲骨文字诂林》，第1842页。
③ 卜辞中上述形体的意义已经分化，δ用作地名和人名。
《合集》28076："戈（奸）δ，吉。"
《后》下十六·十六："癸亥卜，δ贞……"
δ表示盛酒器。
《合集》30910："贞，鬯三δ……缩。"
《屯》766："蒸鬯二δ，王受佑。"

（二）运用提示符号可以使事物的区别明确化

有一版人民币的图案是工人、农民、解放军，怎么区分哪一位是工人、哪一位是农民、哪一位是解放军呢？人们都知道，拿着锤子的是工人，抱着麦子的是农民，握着钢枪的是解放军。图案要表示的是三种人，锤子、麦子、钢枪确实只是提示性的物品。图画如此，造字亦然。甲骨文"妾"作🔒，《说文》："妾，有罪女子给事之得接于君者。从辛从女。"从字的结构方面说，"辛"应该是个提示符号，提示这个人是被施过黥刑的人。童、仆等字的古文字形体中的"辛"都是这样的提示符号。另外，如动物雌雄的区分，利用提示性器官的符号，也是非常有效的方法。

（三）用"一"作为提示符号，表示合并在一起，进而表达与合并相关的概念

我们前面说过，提示符号⊢提示捆扎，我已经举了"帝""央"等字。再如"绳索"的概念不太好表达。绳索就是把纤维编结在一起形成的长长的东西，丝也是把纤维编结在一起形成的长长的东西。那么，绳索和丝怎么区分？一般说来，绳索比丝粗。但是，大小、粗细这些区别，在字形上是没有办法区分的。要区分绳索和丝，还是应该想别的办法。我在第五章举例说甲骨文"丝"作🔒，其实这个形体也像绳索。不过，丝和绳索在形体上很难区分，但是在功能上却大不相同。丝是纺织用的，绳索则是用来捆扎东西的。睡虎地简"索"作🔒，从🔒而添加提示符号⊢，提示其功能是捆扎。这样就巧妙地把"丝"和"索"区分开来了。

其实⊢也是用一表示合并，两个提示符号🔒，提示从🔒这里合并到🔒这里，合起来表示捆扎、捆在一起。

用一表示合并，再如：

"并"，甲骨文作🔒，单单作🔒，两个人之间的关系不清楚，是相从、相握，是授受，并不清楚。用一表示合并在一起，这样，🔒就表示这两个人肩并肩站着，从而表示出"合并""并列"的概念。

九、用"一"表示静止的平面，进而表达与静态相关的概念

如"上""下"概念就是这样。上作🔒，下作🔒，这两个字中的一表示一

个平面，▬是指事符号，指出在平面的上面或者下面，用以表达"上""下"的概念。

　　👣（次），▬提示地面，军队停在地面上，表示"临时驻扎"的意思。

十、通俗表达

　　我们在介绍汉字表意方法时介绍了"合义字"，这些字往往都是后来造的俗字。从表达概念的方法的角度看，这些字就是用人们已经熟悉的字，将其意义相加、形体拼合在一起，从而形象、通俗地表达出新的概念。这种方法，我们可以叫作"通俗表达"的方法。如：

　　"圸"，表达的就是土凹下去形成的坑；

　　"尘"，表达的就是小的、可以被风吹得飘起来的土；

　　"尖"，表达的就是物体一头小、一头大的尖锐的状态；

　　"夳"，表达的就是物体一头大、一头小的尖锐的状态；

　　"籴"，表达的就是物体两头小中间大的状态；

　　"卡"，表达的是事物上又上不去，下又下不来的状态。

　　早期文字尚未定型，许多部件形体相近或相同，但所表达的概念却差别很大；或者同一个部件所表达的概念并不相同，如"大"所表达的概念就有多种。只有到文字形体与意义都确定了，不会产生歧解了，才能使用"通俗表达"的方法造字。比如，古人造了一个🔲字，我们理解起来是很费劲的。因为🔲既可以理解为"土"，又可以理解为食案、房子等，但是歧解不会很多；但🔲在理解上就会有许多问题，而不一定会被理解为"小"，比如可以理解为沙子、屎、糠、稻谷，等等，这样就不可能准确表达概念了。所以在文字形体与意义没有确定的时候，使用"通俗表达"的方法造字是行不通的。

十一、人为规定汉字形体

　　汉字有人为规定的形体，《说文》："叠，扬雄说以为古理官决罪，三日得其宜，乃行之。从晶从宜。亡新以为从三日太盛，改为三田。"其他如"寂静"的"寂"，甲骨文作🔲，后省变为家，就是人为规定的符号。[1]"冇"表示"没

---

① 参考陆忠发：《汉字学的新方向》，浙江大学出版社2009年版，第59-60页。

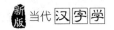

有",也是人为规定的符号。军队临时驻扎,作⚃;驻扎作⚃。⚃是在⚃上再添加一个"一",这也是人为规定的形体。从表意方法上说,是说不出道理来的。但是,这样的字是极少的。

现代汉字偏旁有"左耳朵""右耳朵"之说,"左耳朵"的来源是"阜",表达"梯子""台阶"等意义,所以"降""陟"和表示高地的"阳"以及"险""阻"等字都从"阜"。"右耳朵"来源于"邑",表达"城邑",所以地名用字往往从"邑"。汉字形声字的偏旁有时候左右无别,但是,"左耳朵""右耳朵"的使用却丝毫没有混淆,这也是人为规定的结果。

研究汉字如何表达概念,除了可以指导古文字考释、帮助正确理解汉字结构外,还有非常重要的作用:通过把握概念,可以把古文字与今文字对应起来。每一个汉字最初都代表一个概念,文字的功能是把口语转换成为书面语,由于记录书面语的材料和古人所记录的内容的限制,有许多文字都不可能频繁地在古人留下来的文献如甲骨卜辞、金文辞、简帛文辞以及其他文献上面出现,最终,这些字不被《说文》所收录;再者,有的时候,一个概念已经有了一个汉字表达,人们仍然会为这个概念再造一个或者几个字来。这些字在同时代的文献中出现,我们称为异体字;在不同时代的文献中出现,我们称为古今字。这两种情况导致的结果是:当我们见到一个古文字时,由于没有《说文》可以对照,又没有大量的材料可以排比归纳其意义,这个字我们往往就解释不好。但是,如果我们从汉字表达概念的角度来看,这个古文字所表示的概念,一般在后来的语言中也都是存在的,这样,我们通过表达概念相同这个条件,便很容易判断这个古文字就是后来的某某字。从而把古文字与今文字对应起来。如我在说古文字考释方法时提到的根据甲骨文🔲的形体确定它就是"菽"字,[1]就是通过古今概念的对应得出考释结论的。

---

① 请参考本书第七章。

◇ 第四节　汉字形体避免歧解的方法 ◇

　　文字是全社会共同使用的语言符号，汉字的形体结构不能太复杂，造字者使用简单的形体表达一个概念，如何能够让使用这个文字的人们在看到这个字的时候，头脑里形成的概念与造字者所要表达的概念完全一致，这是造字者必须考虑的问题。

　　我们发现，古文字中，容易使人产生歧解的形体人们往往又为它重新造了新的形体，如古者君臣谋议政务之所，谓之"廷"。甲骨文则作"庭"表示君臣谋议政务之所，此字合宀、耳、口会意，谓口、耳授受之屋，这是根据建筑物的功能造字。[①]但是，人在屋子里总会有口、耳授受之行为，所以，"庭"表示君臣谋议政务之所，不是非常明确，容易使人产生歧解。于是，金文别造㘴、㘴，根据建筑物的结构特征造字，这样就不会有歧解了。

　　造字者采用什么方法使得他所要表达的概念，在使用这个字的人那里不至于产生歧解，这也是我们需要总结的。

　　文字形体如何避免使人产生歧解，这里面也充满了古人的智慧。我的研究表明，古文字一般用以下几种方法避免表意形体产生歧解。

一、用相同功能的部件替换容易使形体产生误解的部件

　　《说文》："喿，鸟群鸣也。从品在木上。"金文"喿"作𤤺，许慎言"鸟群鸣"，显然许慎是懂得这里的三个"口"其实是表示三个"隹"。造字之所以使用三个"口"而不使用三个"隹"，是用相同功能的部件"口"替换容易使形体产生误解的部件"隹"，因为"集"是从三个"隹"在木上的，"喿"自然就不能再造三个"隹"在木上的形体了。

　　《说文》："和，相譍也。"金文"和"从木从口，口也应该理解为鸟。

　　"善"，毛公鼎作𦎫，从羊，而从二"言"，"言"就是人的舌头，有时也用"言"表示饮食的器官，如"饮"作𩚣就是。我们知道，古文字的上下结构往往

---

① 有人认为是从宀㘴声的形声字。我认为，如果要分析为形声字，也应该分析为从宀㘴，㘴亦声。

表示前后位置关系，所以，上从羊，下从二"言"，就表示两个人在吃羊肉。羊肉又是人最爱的食物，所以，吃羊肉的感觉是最好的了。因此，造字就用吃羊肉时人的感受表达"善"的概念。

然而，羴字不从"口"、不从"人"，而从二"言"，这是为了避免歧解的需要。从人，容易误解为"姜"①或者"牧"。从"口"，口有两个功能。《说文》："口，人所以言、食也。"所以，"善"字如果从"口"，既可以理解为人吃羊肉，也容易误解为"羊的叫声"。从"言"，只能理解为人的舌头，在这里表示嘴巴的动作——吃。因此，羴字的结构就只能理解为人吃羊肉。

运用人的动作器官代替人表达概念，也可以有效地避免汉字结构产生歧解。甲骨文"及"作，表示"追及"的概念。所谓"追及"，就是前面一个人在跑，后面一个人在追，后面的人追上了前面的人。这时候，两个人的空间位置关系是一前一后，如果造字直接把两个人的空间关系描绘出来，则与"从"形体混同，必然会引起歧解。"及"，甲骨文又作，像一个人从后面抓住另一个人，表示"追及"的概念。但是，这个字与（虏）很容易混淆。②造字把追赶者替换为手，这个形体与"从""虏"就不可能混同了。这就是运用人的动作器官代替人表达概念在造字中的好处。

笔者在《汉字学的新方向》中说过争议颇大的"尹"。"尹"，甲骨文作，前人的考释之所以都是错误的，就是因为大家没有注意到这个形体中的"又"其实表示的是一个人。所以，的形体不能理解为"以手执笔之形"③，不能将其意义理解为史官。卜辞表现的"尹"司圣田、作寝之事，作寝、圣田皆非史官之职。也不能把尹说成是"从又持杖之形"，认为"尹"本搏兽之官，进而为祭祀之官，再进而为文书之官。④"尹"字作，从（杖）从，应该理解为人挂杖形⑤，本义是督察劳作之官。"尹"的主要工作是替商王掌管劳作之事：圣田和作寝。这样的人在劳作现场，不从事具体的劳作，只持杖站着对奴隶劳作进行指挥、监督。

---

① 《说文》："姜，西北牧羊人也。"
② "虏"的考释参考拙著《汉字学的新方向》，浙江大学出版社2009年版，第171-172页。
③ 李孝定《甲骨文字集释》"尹"下。赵诚《甲骨文字的二重性及其构形关系》，《古文字研究》第六辑和《甲骨文简明词典》，第60页。姚孝遂《甲骨文字诂林》，中华书局1996年版，第902-905页。
④ 陈梦家：《史字新释》，《考古学社社刊》第五期，第7-12页。
⑤ "尹"字不像握笔形，笔下当有毛。亦不像持杖形，持杖不会持其上端。

他们站久了，则腰酸背痛，于是就拄杖支撑身体以减轻身体的疲乏程度。所以，这种人区别于其他人的特征是常拄杖支撑身体。造字正是抓住这种人的特征巧妙地表达出了"督察劳作之官"这个概念。①"尹"由"督察劳作之官"引申为一般的掌管百工之官，《尚书·顾命》"百尹御事"之"尹"即是；再引申为一般的官吏，如古代官员称"尹"，即是。《左传·文公元年》："使为大师，且掌环列之尹。"杜预注："环列之尹，宫卫之官。"由督察劳作之官，又引申为督察、治理。《说文》："伊，殷圣人阿衡，尹治天下者。""尹治"连文，尹亦治也。《尚书·多方》："天惟式教我用休，简畀殷命，尹尔多方。"《左传·定公四年》："故周公相王室，以尹天下。"这里的"尹"都是治理的意思。

现在我们要讨论的是，"尹"为什么不写成人拄杖形，而要用彳代替人呢？如果从人，则字的形体作彳，这样就与"老""考"混为一字。因为古文字中彳与彳表达的动作功能是相同的，都表示一个人在进行某种动作。把人替换为彳之后，"尹"与"考""老"形体上的区别就十分明显了。

"前"，甲骨文作彳，小篆作彳，从止从舟会意。"止"往往表示行走的人，彳谓人走在舟前牵引舟行进，因为纤夫走在舟前，故用纤夫与舟的位置关系表达"前面"的概念。造字者用"止"代替"人"的目的就是为了防止人们在理解时理解成"人站在船上"，但是许慎《说文》把"前"解释为"不行而进"，恰恰是理解成"人站在船上"了。人站在船上，故"不行而进"。看来，许慎已经知道这个"止"代替"人"，但是错误理解了人与舟的关系。古文字上下结构往往表示前后左右平面关系，为什么古人造字要把前后左右平面关系写成上下关系？因为古人书写文章是竖着写的，一个字如果左右方位站的位置太宽，就势必影响左右竖列的书写，所以古人才不得已把前后左右位置关系写成上下关系。

"武"，作彳或彳，"止"也代替"人"。"止"若换成"人"，则与"伐"混同。

会意字的组字部件，常常有一个部件是以其功能义参加造字的。从功能上说，具有动作能力的人或者动物，其象形形体本身具有表示动作的功能，其动作器官也具有表示动作的功能；但是，其象形形体本身除了具有表示动作的功能外，还可以是被支配的对象，而动作器官则只有表示动作功能的一种可能。所

---

① 陆忠发：《汉字学的新方向》，浙江大学出版社2009年版，第86-87页。

以，会意字中，象形形体本身有两种理解的可能，动作器官则只有一种理解的可能。因此，用动作器官替代人的象形形体往往可以有效地避免人们理解汉字结构时产生歧解。

二、以工具代替使用这个工具的人

工具是人使用的物品，我们看到这个工具，就会联想到人用它从事某种工作或者使用这个工具的人。人在汉字结构中具有支配和被支配两种可能，而工具只有支配一种理解的可能。所以，汉字结构中以工具代替使用这个工具的人，就只有一种理解的可能了。这样就可以避免歧解的发生。

"戋"，甲骨文作，《说文》："戋，贼也。从二戈。《周书》曰：'戋戋巧言。'"段玉裁《说文解字注》、朱骏声《说文通训定声》、王筠《说文句读》都认为是"残"的初文。徐锴曰："兵多则残也，故从二戈。"从甲骨文字形看，"戋"字从从，是一正一反两个戈的形状，代表两个人在执戈搏击，从而表达"残杀"的概念。如果不用戈代替人，则字形就是两个人在搏击，这样就与"鬥"没有办法区分了。

"耒"为男人使用的工具（如：以使用耒耕田表达男人的概念），在"嘉"这个字中"耒"就表示男人。《集合》641正："乙亥卜，古贞，妇嬟娩嘉。""嘉"作，女人不使用耒，从女从耒，显然不能理解为女人耕田，而应该理解为女人和男人。因此，"嘉"的概念以男女欢爱来进行表达（"食、色，性也"，食、色皆人之本能的最爱。这样，我们就不难理解为什么要用男女欢爱表达"嘉"的概念了）。这样，以工具代替使用这个工具的人，有效地避免了这样形体的出现，如果出现了这样的形体，则非常容易使人理解为女人使用耒耕田。

我在前面说从从，是利用将士征战归来时妇女夹道迎接的场景巧妙地表达"归来"的概念。如果造字者没有用替代妇女，而是直接使用"女"造了或者字，这样的字表达的意义是非常令人费解的。

"古"，甲骨文作，盂鼎作，墙盘作，从（甲，即盾牌），为"固"之本字。裘锡圭先生说是从盾之象形本字加"口"以示区别而构字。[1]忠发按：裘说非也。裘先生所说的"口"，实际上就是甲骨文（出）、（各）所从的，乃是

---

① 裘锡圭：《古文字论集》，中华书局1992年版，第645页。

古人的居穴。"古"从廿从♠，♠是盾牌，在这里指代防守人员。所以，"古"字用居穴外有人防守，以示稳固不可破，以此表示"稳固"的概念。

如果把♠替换为人，作🔲，则字与"出""各""众（屭）""邑（𠂤）"就不容易区分了。

三、造字用生活中的"不可能"来引导人的思维

前面我举例说海清吃方便面，见者认为她是在做方便面广告。为什么我们吃方便面，见者就不认为我们在做方便面广告？这就是生活常识引导人们思维的结果。海清是名人，她怎么可能吃方便面呢？她不可能吃方便面，却又在吃方便面，唯一合理的理解就是她在做方便面广告。

汉字造字也用生活中的"不可能"来引导人的思维。我们在讲汉字表意方法时说，物或人与工具结合，这种组合关系往往是支配与被支配关系。但是，有的物或人与有的工具结合，在生活中不可能存在这样的支配与被支配关系，于是，人们不得不从新的角度考虑这种组合表达的意义是什么。如"狩"甲骨文作🔲，从单从犬，单是工具，犬是动物。这种组合，我们不能理解成用单击打犬或者驱赶犬。因为生活中不可能有这类事情发生。人用单击打犬或者驱赶犬，犬早就跑了。那么，单和犬的组合表达什么意思呢？我们想到单和犬都是狩猎的工具，当一个人扛着单、带着犬时，显然他是去打猎。这就提示我们，单和犬的组合表达的是"狩猎"的概念。

《合集》28771："王其田狩无灾。"

这里的"狩"正是"狩猎"。

又如"斩"，从车从斤，斤是斧头，是砍东西的工具。按照会意字表意的一般原则，工具与物品组合往往是支配与被支配关系。这样，"斩"就应该理解为"用斧头砍车子"。车子是人们的交通工具，人们对之爱惜有加，怎么会去"用斧头砍

车子"呢？所以，"用斧头砍车子"这样的事情，生活中是不可能出现的。①古代，车子是重要交通工具，但是，人们又发明了用车子杀人的方法——车裂。斧头是砍伐的工具，当然也可以用来杀人。"伐"甲骨文中有一个异体字作😀，正是用斧头砍人头之证。所以，"斩"实际是用车子和斧头这两种杀人工具表达"斩杀"的概念。《说文》："斩，截也。从车从斤。斩法，车裂也。""斩"不仅仅局限于车裂。

我们在讲汉字表意方法时说到的"弃"，为什么一定要分析为"丢弃"？甲骨文作🦴，从🦴从🦴从🦴，🦴是"箕"的本字，竹编的畚箕，在古代是盛垃圾的器物。如甲骨文"粪"作🦴，🦴表示畚箕中有污秽之物，🦴表示两个手，合起来表示手拿着畚箕把污秽之物倒掉。②🦴从🦴从🦴从🦴，表示手拿着畚箕，畚箕里面放着

---

① 《诗经·魏风·伐檀》"坎坎伐轮兮"这里的"伐轮"不是"用斧头砍车轮子"的意思，"伐轮"这种结构我把它叫"动果短语"（拙著《现代训诂学探论》，浙江大学出版社2008年版，第33—34页），"轮"是"伐"的结果，不是对象。"伐轮"的意思是"把木头砍成车轮"。研究现代汉语的学者普遍认为汉语的动宾结构，从语义层面上说，有一类是宾语说明动作的结果。邢公畹、马庆株先生《现代汉语教程》举了"挖隧道""做衣服"等为"宾语表示动作的结果"的动宾短语，邢福义、汪国胜先生《现代汉语》举了"挖地道""写论文""炸油条"等为"动词+结果"的动宾短语。这些认识都是不正确的。我写了一篇《一种未被认知的语法关系——论动果短语与动果关系合成词》，《中国语文》审稿13个月，最终告诉我不能发表。我估计审稿的先生中一定有认同我的解释的人，否则一个月之内就会通知我不能发表了。语言学界所谓的"宾语表示动作的结果"的动宾短语，其动词都有明确的支配对象或者关涉对象，这个明确的支配对象或者关涉对象是隐含在语境中的，我们可以非常方便地将它补出来。而那个所谓的"结果宾语"其实不是动词支配对象或者关涉对象。如"挖隧道"支配或者关涉的对象为山体和挖掘工具等，"隧道"是"挖"的结果。因此，由一个表示动作的词和一个表示动作结果的词组成的短语不是"宾语表示动作的结果"的动宾短语而应该是"动果短语"，动补短语与它后面的名词性成分组成的复杂短语（如"捂了一身痱子"）是复杂的动果短语。由一个表示动作的语素和一个表示动作结果的语素组成的合成词应该是"动果关系合成词"。不知道动果短语的语义特点，理解动果短语，有时候是要出错的。"坎坎伐轮兮"之"伐轮"，裘锡圭先生《文字学概要》203页解释为"伐取作车轮的木材"，这样的解释是错误的。《伐檀》之"伐檀""伐辐""伐轮"实际上是咏唱连贯的动作，先是砍伐檀木，有了檀木之后，再用檀木做出车辐和车轮。否则，砍伐檀木有何用途？"作车辐的木材"和"作车轮的木材"是不是使用不同的木材？一切都成为疑问。《庄子·天道》："桓公读书于堂上，轮扁斫轮于堂下，释椎凿而上，问桓公曰：'敢问公之所读者何言邪？'公曰：'圣人之言也。'曰：'圣人在乎？'公曰：'已死矣。'曰：'然则君之所读者，古人之糟粕已夫！'""斫"与"伐"同义，"斫轮"如果按照裘先生说，就是"砍伐做车轮的木材"的意思。这样的解释显然是讲不通的。"堂"是桓公宫城中的建筑，古代山林木材众多，一般不会砍伐宫城中的树木来做器物。再说前面说"轮扁斫轮于堂下"，紧接着就说轮扁"释椎凿而上"，这说明轮扁不是用斧头在砍伐做车轮的树木，而是用椎凿在给车轮钻孔。凿孔是制作车轮的一个必要的环节，所以虽是凿孔，也可以说是"斫轮"。就像我们在淘米，别人问你在干什么，你也可以说是"做饭"，道理是一样的。

② "粪"的本义应该是"弃除"。《说文》："粪，弃除也。"

一个小孩。试想，若不是丢弃了，谁会把一个孩子放在盛放垃圾的畚箕里面呢？"弃"甲骨文又作，这个形体表意更加明确，字形为什么不能理解为双手搂抱着孩子呢？因为大人抱着孩子，谁又会把孩子头朝下抱着呢？因此，这个孩子肯定已经死了，字体表现的是大人拿着死去的孩子，显然是去把他丢弃了。

造字利用生活中的"不可能"来引导人的思维，把人的思维限定在唯一的可能之中。这样，既准确地表达了概念，又不会使人产生歧解。知道这样去体会古人造字的用意，对正确分析古文字的意义是很有帮助的。

甲骨文有字，从戈从虎，在卜辞中的用例如：

《合集》11450："王往虎，允无灾。"

《合集》5516："壬辰卜，争贞，其，获，九月。"

裴锡圭先生分析说："这个字所从的戈旁倒写在虎旁之上，以戈头对准虎头，显然是表示以戈搏虎的意思。"①为什么不能理解为用"戈"和"虎"两种狩猎工具表示"狩猎"的概念呢？因为老虎从来就没有作为狩猎工具被人类使用过；为什么又不能理解成击打虎或者驱赶虎，非要理解成"搏击"之义呢？因为老虎绝对不可能乖乖地被人殴打或者心甘情愿地被人驱赶着。所以，这个字只能理解为人以戈（表示兵器）与老虎相拒，进行搏击，字当释为"搏"。需要进一步说明的是，"这个字所从的戈旁倒写在虎旁之上，以戈头对准虎头"，这就是古文字用上下结构往往表示前后关系的缘故，所以，字的形体表示的是人以戈与老虎相拒，进行搏击。

甲骨文之，在卜辞中为一种狩猎方式，故其验辞均为"擒""获"：

《合集》28320："惟行南，擒有狐，吉。"

《合集》28345："惟阝，获有大鹿，无灾。"

从从从会意，以鹿的头表示鹿，表示人持杖在从事相关的动作，和形成支配与被支配关系。是提示符号，提示环境，表示和的支配与被支配关系是在丛林中进行的。丛林是鹿群生活的场所。这个字不能理解为人在丛林中击打鹿或者放牧鹿，因为鹿生性多疑又善于奔跑。所以，生活中不可能出现人击打鹿或者放牧鹿的情况。那么，人拿着棍子在丛林中只能是驱赶鹿。"驱赶"之义正与卜辞的用法相合。所以，表达的概念是"驱赶"，这个字可直接考释为"驱"。

① 《说玄衣朱襮袡——兼释甲骨文字》，《文物》1976年第12期。

四、运用生活常识造字

古人往往运用当时的生活常识造字，这样造出来的字，在当时，人们是很容易理解其意义的。

我在讲汉字表意方法时举斗（斗）为例，说斗从二卜，表达"打斗"的概念。卜是一个人，丄是提示符号，提示这个人的手在作厮打的动作；人头上的⌣也是提示符号，提示这个人头发很长，是个成年人。卜，从宀从亻，宀头上的⌣是提示符号，提示这个人头发很长，是个成年人。所以，卜像一个成年人伸手出击之形。斗通过两个成年人各出手击打对方，表示"打斗"之义。

为什么表达"打斗"的概念一定要提示是成年人呢？这就是运用生活常识造字。因为成年人一般不做这种打斗的游戏，而小孩子们则经常会打来打去。但是，小孩子们打来打去那是在嬉戏，不是真的打斗。所以，要表达"打斗"的概念，必须强调这两个人是成年人。这样，人们就知道他们是在打斗，而不是在嬉戏。

甲骨文"飨"作𨡔，𠁥是食器，食器周围围坐着人。"飨"亦作𨡔，形象地表现了人从食器中取食的情景。《礼记·曲礼上》："共食不饱。共饭不泽手。毋抟饭，毋放饭。"这是记载宴飨的礼节。说明宴飨是主客围着食器一起共食的，"飨"之造字正像主客围着食器共食之形，这正是社会现实之写照。"飨"表达的概念是"宴飨"，甲骨卜辞正用"宴飨"之义：

《合集》27649："甲寅卜，彭贞，其飨多子。"

引申为飨用：

《合集》19851正："祖乙允飨。"

引申为祭飨：

《屯》341："甲戌卜，于宗飨。"

删，篆文"删"，史晨碑作删，从刀从册，刀在这里表示"用刀刻"的动作。古代在竹简或木牍上刻、写文字，编起来就是册。册是已经刻、写完成的书，再用刀在已经刻、写完成的书上刻，就只有"删削"文字一种可能了，故用"用刀在书上刻"表示"删削"的概念。

运用生活常识造出来的字，随着社会生活发生变化，后人理解起来有的就比较困难了。如甲骨文"彘"作彘，字形从矢从豕，像一支箭射穿一头猪。所以，人们自然就联想到打猎的情景，并且认定"彘"的本义就是"野猪"。①但是，从卜辞中看，打猎获得的猪叫"豕"，而"彘"从来就没有从打猎中获得的记载。显然"豕"才是野猪，而"彘"肯定不是野猪。

古代的社会生活情况是这样的：在农业尚不发达的时代，粮食无剩余，饲养家猪并不普及。但帝王还是要饲养家猪以备祭祀之需。古帝王祭祀，为了表示对神灵的敬意，往往亲手射杀牺牲。《国语·楚语》下："天子禘郊之事，必自射其牲。"可以说，上古饲养的家猪都是准备射杀作为牺牲用的。于是造字者就用"以矢射豕"来表示"家猪"的概念。所以"彘"的本义是"家猪"。

"取"，甲骨文作，《说文》："取，捕取也。从又、耳。《周礼》'获者取左耳。'《司马法》曰：'载献聝'，聝者，取左耳也。"商承祚先生说"取"字"正象以手持割耳义"。姚孝遂先生说"取字从又从耳，本义为军战获耳，引申为一切取获之义。"②按："军战获耳"之义，文献所无。其实，"取"的本义为"攻取"，即战而胜之。甲骨卜辞用其义：

《合集》6588："……卜，㫺贞，呼师般取龙。"

《合集》891正："呼取羌以。"

《合集》5509正："丙申卜，㲋贞，立史，呼取于……"

《合集》6754："辛亥卜，贞，其取方，八月。"

"立史"就是组建卫队。组建卫队，命令其"取"。"取方""取羌"这些卜辞中的"取"都是"攻取"之义是显而易见的。那么，"攻取"为什么用表示呢？我们知道，"攻取"的概念非常难以表达，古代，攻取敌人城池之后必然出现的现象就是割下敌人的耳朵回去报功；也只有攻取敌人城池之后才会出现这种现象。因为战败方不会割下敌人的耳朵回去报功，战斗进行中也不会出现这种现象，只有战胜方在攻取敌人城池之后才会出现这种现象。所以，造字就用割下敌人的耳朵回去报功来会"攻取"之意。

在纳西东巴文中表达"佩带"概念的字作，从人从刀。这个字不能理解成用刀刺穿人体，因为用刀刺杀人，一般刺的部位都是胸部，这个字中刀是在人的腰部，所以不能理解成用刀刺穿人体，只能理解成佩带刀。造字用人们佩带着最常见的佩带之物——刀表达"佩带"的概念。

---

① 裘锡圭：《文字学概要》，第127页。
② 分别见《甲骨文字诂林》第649页和652页。

五、造字严格按照一定的原则选择部件组字

我在前面讲汉字的表意方法时提出了理解汉字结构的若干原则，这些原则是确保汉字结构不会使人产生歧解的主要原因。我在前面又说，汉字表达概念，有的时候用画意画出事件的全过程，使人由画意明概念。古人创造的画意，也遵守一定的原则。我们知道，中国画的中心是有生命的事物，凡用画意表达概念，其字的结构中必然有明显的支配性动作的发出者存在，组字部件之间有明显的支配与被支配关系存在。这也是我们区分画意与用具有动作性的事物作为提示符号表意的根本原则。如字，彡与⋮之间不是支配与被支配关系，这个人们都能够理解。所以，彡不是用画意来表达概念。糠（糠）字，像风车，⋮表示风车的出风口吹出的东西，那就是糠。糠是谷物的皮，这个概念极难表达。造字者巧妙地利用风车与其出风口吹出的像⋮这样的东西，表达了"糠"的概念。这是利用社会生活的现实造字，所以人们不难理解。虽然糠必然是吹出来的，但是，风车不会自转，与⋮之间的支配与被支配关系还是不明显的。

六、运用提示符号

通过提示符号的提示，可以有效地区别汉字的形体所表达的意义、概念，我在提示符号这个部分都有介绍。我们发现，在汉字的历史发展中，凡是字的形体容易使人混淆的，往往通过提示符号的使用而使其变得清楚，如字形的读音不清楚，就提示其声音而添加声旁；字形承载的意义多了，就添加提示其意义范围的形旁。这样，文字孳乳的结果就使每一个形体的具体用途出现了区别。我们还发现，汉字形体容易使人歧解的，也用提示符号来消除歧解。如"齐"，或以为古"荠"字，谓"齐"字像荠菜开花后结的角，即荠菜的果实之形。这里是用荠菜果实的形状特征来表达"荠菜"这个概念。①

甲骨文"齐"作，单单就甲骨文形体言，谓之像荠菜开花后结的角，表示荠菜，也很难断定这一说法是错的。《说文·齐部》："齐，禾麦吐穗上平也。象形。"不像禾麦吐穗之形，许说字形不确。大府镐作，古陶作，字又增加"二"为提示符号。徐锴曰："生而齐者莫若禾麦。二，地也。两傍在低处也。"徐锴说"二，地也"是对的。中山王壶"戒"作，添加的"二"也是提示符号，

---

① 参见王红霞：《表意字的表意方式》，新疆师范大学硕士论文2005年4月。

提示地面。用一个人持戈站在地上，表达"警戒"的概念。"二"提示一块平整的地面，⿱用农作物（我认为是稼）谷穗表示农作物，合起来表示在一块平整的地面上，农作物长得一样高，以此表达"齐平"的概念。这个字如果没有"二"的提示，其意义是比较容易使人产生歧解的。添加了"二"这个提示符号以后，再理解为荠菜就没有道理了，因为表示荠菜没有必要提示一块平整的地面。

表达"迎御"的"御"，甲骨文作𠂤，亦作𠂤。[1]作𠂤利用人跪着表达"迎接"的概念，是独体会意字。从汉字先有表意形体，后孳乳出表意兼表音形体的普遍规律来看，"迎御"的"御"本作𠂤。但是𠂤这样一个形体经常作为部件在别的汉字中使用，这必然会引起人们理解上的混乱。后来添加提示声音的提示符号𠂤（午）作𠂤，这样就有效地避免了歧解。

𠂤，甲骨文"获"，中山王鼎作𠂤，睡虎地简作𠂤。甲骨文从手持佳，佳是飞鸟，飞鸟不可能在人的手上。飞鸟在人的手上，必然是被人捕获了，故以"人手持佳"表达"捕获"的概念。这样的表达本来不会引起歧解，但是，随着社会的发展，生活中可能就有了养鸟遛鸟的人，他们手持鸟就不是"捕获"了。这样，𠂤的形体就容易引起歧解。睡虎地简添加犬为提示符号，犬为狩猎的工具，提示在狩猎中捕获了鸟。这样就不会产生歧解了。

"修饰"的"修"甲骨文𠂤[2]，与"役使"的"役"的甲骨文𠂤比较容易混同。毛公鼎作𠂤，项敦作𠂤，添加𠂤或𠂤为提示符号，提示以杖击打人身，有灰尘掉下来，从而表达"修饰"的概念。这样就不容易与𠂤混同了。

《荀子·君道》："故人主欲强固安乐，则莫若反之民；欲附下一民，则莫若反之政；欲修政美国，则莫若求其人。""修"与"美"相对，正是"修饰"之义。

祭祀的"祭"，甲骨文作𠂤，从又（手）持肉，为什么不会被人理解为人拿着肉在吃？这也是因为使用了提示符号的缘故。"祭"所从的"肉"有数个小点，提示这个肉是生的肉，血淋淋的，人是不会吃这种血淋淋的肉的。所以不会有人理解为人拿着肉在吃。

提示符号可以帮助我们正确理解字义，提示符号同样可以帮助我们正确理解汉字结构。如甲骨文"食"作𠂤、𠂤，𠂤是盛放食物的食器簋，𠂤旧认为是食器的

---

① 参考陆忠发《汉字学的新方向》，浙江大学出版社2009年版，第130—131页。
② 陆忠发《汉字学的新方向》，浙江大学出版社2009年版，第109—110页。

盖子①，用食器表示食器里面的食物，就像"酉"用酒瓶表示"酒"一样。这样理解对不对呢？我们单单看🍚这个形体，还真不能说这样的理解就是错误的。但是，如果我们联系🍚这个形体看，这个形体中在簋的旁边添加了两点作为提示符号，提示从簋中洒出的食物。因为给簋盖盖子不大会把食物洒出来，撮起口来从簋中喝里面的食物，倒是容易把食物洒出来。这样，🍚中的△就不能认为是食器的盖子，而应该看成是"口"，同样，🍚中的△也应该看成是"口"。

再如古文字"并"作🔠，从二人从"一"，我们知道，仅仅从二人，二人之间的位置关系可以理解成前后左右关系，那么，二人是前后相从呢还是左右相并呢？就很难明确表达。加了"一"之后，我们就明白了，二人是在"一"这样的范围内的前后左右位置关系，这样就排除了二人相从而行的可能。二人不是前后相从，那么就只有相并的一种可能了。

七、新造字替换容易产生歧解的形体

汉字的形体表意有的比较模糊，容易引起歧解。这样的字表达的概念往往都被新造的形体替换了。如表示"捕兔网"的"罝（罝）"，甲骨文作🔠，从网象形，🔠是提示符号，提示这个网是捕兔网。按照六书分类，这应该是个象形字。但是，按照汉字表意的基本原则，动物与工具结合，一般可以理解成支配与被支配的关系。所以，这个字很容易被理解成捕兔。后来造"罝"，从网且声，就不可能被理解成捕兔了。

即使是新造字，如果其形体容易引起歧解，也是要被淘汰的。如"恏"，《改併四声篇海·心部》引《龙龛手鉴》曰："恏，欲也。"忠发按："好"本义是"喜好"，引申出"欲""想要"之义。"恏"是为"欲""想要"之义造的专字，故字从"心"。但是，"恏"这样的结构容易被误认为其意义是"好心"，所以这样的字也没有传承下来。

甲骨文有🔠字，从🔠从。饶宗颐先生据杨桓《六书统》"🔠，古跻字"考🔠即"跻"字，其义为"升"。②🔠见于卜辞的辞例是：某先祖🔠更早的某先祖。如：《合集》1656正："壬申卜，争贞，父乙🔠羌甲，二告。"

饶宗颐先生认为是升父乙神主配亨羌甲。今按：饶先生考🔠字形、义皆是。

---

① 参考《甲骨文字诂林》2759页"食"下姚孝遂先生按语。
② 《甲骨文字诂林》837页。

是"跻（从台阶走上去）"的本字。"跻"何以作？我还是先从"登"说起，才能说清楚。

"登"，甲骨文作，在卜辞中是表示祭祀的词，其义为"进献"：

《合集》205："贞……登获羌。"

《屯》2619："……其登于祖乙……"

《怀》452："甲寅卜，亘[贞]：呼犬登执豕执……"

从持豆，表示用双手捧着（什么东西）；豆是古代的食器，在这里表示食物。从持豆，表示一个人双手捧着食物；所以，表示一个人双手捧着食物献于下。古文字中，"止"往往代表人，商代席地而坐，甲骨文每每以跪姿表示坐。所从，乃双脚并列。双脚并列有两种可能，一表示站立，二代表垂足而坐的人。"站立"的概念，甲骨文用"立"表示，其他表示人站立的时候则用直的腿来表示，如（人）就是。那么，就表示垂足而坐的人。上古时期，垂足而坐的人只能是尸。①

明白了为尸祭之"尸"的双脚，我们就可以知道，是利用与尸之间的位置关系表意。古代祭祀一般都在"廷"或者"明堂"中进行②，尸必坐于殿中，殿往往都是建筑在2米高左右的夯土地基上的。献祭者要来到尸的跟前，必膝行跻阶。故用跪拜者与尸之间的位置关系表达"跻"的概念。这样的表达，在上古时期，人们是能够理解的。

但是，尸祭在秦汉时期已经基本没有了（少数民族地区还有）。在人们对尸祭已经不熟悉的情况下，的字形表达的概念就比较难以把握了，故重新造"跻"字替换。

我在前面说过，"凥"的本义是坐，从尸（古文字形体从"人"）、几。古代的几是供人依或者靠的，不是给人坐的。当然，几是可以坐人的③，但是，人坐几上是不礼貌的。《论语·宪问》记"原壤夷俟"，孔子"以杖叩其胫"。"夷"通"尸"，原壤在等待孔子的时候坐到了孔子的几上，所以他的身体就像尸祭时的"尸"一样：臀部坐在高的器物上，双腿自然下垂。因此叫"尸俟"。孔子发现

---

① 陆忠发：《中国古代尸祭的文字学考证》，《寻根》2001年第1期。
② 请参考陆忠发：《古代祭祀十讲》，华文出版社2011年版，第113—136页。
③ 古代常常一物数用。《仪礼·士昏礼》记载的乘车迎亲是这样的："婿御妇车，授绥，姆辞不受。妇乘以几，姆加景，乃驱。御者代，婿乘其车先，俟于门外。"所以，几可以坐，也可以踩着登车。

后，狠狠地敲了他的小腿。

然而，"尻"的篆文形体𡲁很容易让人理解为"人坐在几上"，从而引起理解上的混乱。所以，后来人们又造形声字"居"字（从尸古声）来表达"坐"的概念。古籍中凡是"尻处"义，字都写成了"居"。朱骏声《说文通训定声》"尻"字下说："'尻'，经传皆以'居'为之。"《说文·尸部》："居，蹲也。"段玉裁注："凡今人'居处'字，古只作'尻处'。既又以'蹲居'之字代'尻'，别制'踞'为'蹲居'字，乃致'居'行而'尻'废矣。"忠发按："尻""居"应该是古今字。"居"替代了"尻"，又引申表示"蹲"，为了区别"坐"义的"居"和"蹲"义的"居"，又分化出"踞"字专门表示"蹲踞"义。

"璞"之甲骨文形体作𤩄、𤩄，𦥑表示山洞，𣏟表示茂密的植物，在这里是提示符号，提示𠆢是在山体上开挖的洞穴。𢆶（辛）是小的刀具的柄，指代小刀，与𠂇组合在一起表示手拿着刀具。𤣩是玉[1]，𠥓是箩筐。𤩄、𤩄用"拿着刀具在山洞里挖下来盛在筐里的玉"表达"璞"（没有加工过的玉）的概念。但是，这个字形也可以理解成"在山洞里拿着刀具把玉挖下来盛在筐里"，所以，𤩄、𤩄这个字的形体表达的到底是"玉"这种名物，还是"采玉"这个动作，较为模糊。后来造"璞"替换古文字形体，表达概念就不会有歧解了。

𥝢、𡿺是广阔的水的象形，在甲骨文中表达"灾害"的概念。考古发现的远古时期人类的住宅都是地穴式的建筑[2]，人们在地上挖一个一米深左右的洞穴，用木柱支撑屋顶。殷墟考古发现的住宅被称为"半地穴式"的房屋，人们在地上挖一个半米深左右的洞穴，用木柱支撑屋顶。住在穴居的房屋里，人们最害怕的就是大水。所以，造字者用大水表达"灾害"的概念。但是，𥝢这个形体毕竟还是很容易被误解为水，或者川，所以，后来又造了𡿫、𡿧、𡿧、𡿦替换𥝢表达"灾害"的概念。

《说文》："𡿧，害也。从一拥川。《春秋传》曰：'川拥为泽，凶。'"商代晚期为了表示字的读音，添加𠂤为提示符号（从𡿺，𠂤声）作𡿫、𡿧，字的形体遂讹为𡿧，再进一步形讹为𡿧。所以，𡿧并不是"从一拥川"之形，而是从𡿺、𠂤声

---

[1] 玉的形体像串起来的玉片之形，也可能取像于玉琮之形，玉琮是祭祀所用的玉器中的重器，理所当然地可以作为玉器的代表。

[2] 参看杨鸿勋《仰韶文化居住建筑发展问题的探索》一文，《考古学报》1975年第1期；又收入作者《建筑考古学论文集》（文物出版社1987年版）和《杨鸿勋建筑考古学论文集》（清华大学出版社2005年版）。

的形声字。巛表达"灾害"的概念，但是其形体确实容易让人误解为"拥塞河流"，因此，这一概念又用本来表示"火灾"的災（从火巛声，后来写作"災"）和"灾"来表示。

《说文》："裁，天火曰裁，从火弐声。灾，或从宀、火；烖，古文从才；災，籀文从巛。"

所谓"天火"，就是区别于人们生活中使用的火，指不受人控制的、不是人的意志所想要的火。所以，"裁"表达的是"火灾"的概念。

災（灾）从火巛声，应该是形声字。但是，其形体仍然容易使人迷惑。上面像水或者河流，下面是火，水火不共生，所以，"災"的形体也确实有不符合生活常识的地方。最后，无论是哪一种"灾害"都用"灾"表达了。

我在前面说"灶"替换㶵，就是因为㶵比较容易被人误解为"虫子的窝"。

当然，替换还有一种情况是字的形体不方便隶化成为整齐的方块字，如㯷①和㯷都被新造的"菽"和"璞"替换了。

再如甲骨文㣇，裘锡圭先生考为"發"的初文，谓字像弓弦被拔后不断颤动之形。②汉字表达概念，其方法之一就是用结果表示导致这种结果出现的原因。弓弦不断颤动是"发（射出去）"的结果，"发（射出去）"的概念非常难以用一个形体来表达，故造字用弓弦不断颤动表达弓弦不断颤动的原因——"发（射出去）"。所以裘先生的考释是对的。但是，㣇这个形体很难隶定为方块字，所以后来又重新造"發"字替换了㣇。不过，裘先生文中说"發"的形体结构，应该要稍稍修正一下。

甲骨文有㣇字，亦作㣇、㣇。旧释为"癹"，在卜辞中为人名。

《合集》8006："戊子卜，令㣇往雀师。"

《合集》18239："……王呼㣇……"。

从字形上分析，㣇表示两个人，㣇、㣇各代表一个人，因为两个"止"体现的两个脚的大拇指的方向是相背的，所以这两个"止"代表两个人，而不是一个人的两只脚。㣇表示一个人持杆或杖；㣇表示一个人用拉绳子的方法做什么，丿是弯曲的形象，不能认为是杆或杖。甲骨文中㣇（攴），从来没有作丿形的，这说明丿不

---

① 这个字在卜辞中是一种农作物的名称，字形象植物的枝丫上结满果实之形，所以应该是豆类作物。参考陆忠发：《再释几个关于农具和农作物的甲骨文字》，《农业考古》1999年第3期。

② 《释"勿"、"發"》，《中国文字研究》第二期，转引自《甲骨文字诂林》2618页。

是杆、杖。∫作流线型，应该是细长柔软而且可以拿在手上的东西，因此我认为应当表示绳索之类的东西。

我们知道，会意字中，动作器官与工具的结合体往往来自发出支配性动作的一方，所以 𬚚 和 𬚙、𬚚 字中，𬚙、𬚚 来自发出支配性动作的一方，𠂤、𫠣 这两个人是被支配的一方。所以，整个字表达的是一个人手执竿杖或拉起绳子，介于两人之间，其意是表示把两人分开。所以，𬚚 和 𬚙、𬚚 字应该是"分拨"之"拨"的本字。

这样，我们就知道，"發"就是从"弓""癹"声的形声字。

八、造新形体以分化旧有形体承载的多个概念

汉字形体避免歧解的又一个重要方法是通过字形分化使义有所专，这种情况是形声字产生的一个重要途径，我们前面已经说过了。

古文字也有一个形体同时表达两个概念的现象，如：

"晶"，甲骨文作 𣊭，本为星星之本字，此字造字运用了生活常识：𤼈 像星星之形，亦像太阳之形。为了区分星星与太阳，星星作 𣊭、𣊭，太阳作 𤼈。因为日只有一个，所以 𣊭、𣊭 肯定不会被人理解为"日"。人们看到 𣊭、𣊭 这样的发光体有很多，自然就知道是星星。这样，太阳和星星的区分，利用生活常识，就巧妙地区分开来了。

但是，𣊭、𣊭 除了表示"星星"的概念，还表示"明亮"的概念。因为人们晚上仰望天空，总是能够感受到星星非常明亮。因此，𣊭、𣊭 又因为人的感受而表达了"明亮"的概念。《说文·晶部》："晶，精光也，从三日。"这样，"晶"就同时表示"星星"和"明亮"两个概念了。

为了区分"星星"和"明亮"两个概念，星星的概念用字又添加提示符号"生"以提示其声音，作 𣉟。这样，"星星"和"明亮"就区分开来了。

𝄞（月，夕），像月亮形。月亮在晚上最明显，故又以 𝄞 表达"夕"的概念，这是以特定的事物表达相关的时间概念。"夕"盂鼎作 𝄞，曆鼎作 𝄞；"月"不䚤簋作 𝄞，师㝨父鼎作 𝄞。可见，甲骨文、金文"月""夕"形体不分。但是二字出现的环境不同，所以还是非常容易区分的。

战国时起，"月""夕"形体开始分化，"月"侯马盟书作 𝄞，睡虎地秦简作 𝄞，中间都有"·"提示是发光体；"夕"睡虎地秦简作 𝄞，马王堆汉墓出土帛书

《五十二病方》作〻。二字不再同体。

也有的是一个形体同时表示施受两个相关概念的，如

〻，甲骨文"受"，沈子簋作〻，睡虎地秦简作〻，马王堆汉墓出土帛书《老子甲本卷后古佚书》作〻，从〻和〻，分别表示两个人各自伸出手在交接东西，中间是舟，在这里除了表示交接的东西外，还表示字的读音。"受"的本义包含"给予"和"接受"双重意义，后来"给予"的意义分化出"授"字来表示，"受"专表示"接受"。

还有的是假借造成一个形体兼表两个或者多个概念，如：

〻，甲骨文"萬"，仲簋作〻，颂簋作〻，诅楚文作〻，篆文作〻，睡虎地秦简作〻。甲骨文形体像蝎子之形，有长长的尾巴，两个大大的螯。〻在个别甲骨卜辞中可能还用本义"蝎子"义：《合集》13220正："贞，卩有萬出。"①在其他卜辞中多作人名或地名，如《合集》6477正："贞，呼逐比萬，获。"这个是人名。《合集》8353："……卜，旁贞，〻其往萬。"《合集》21651："……子卜，贞……萬人归。"这些"萬"都是地名。

有人依据卜辞有"萬人"，就认为甲骨文中〻已假借为表示数目字"万"，这是误解。金文中"萬"基本上都是表示数目字"万"，为了区分二者的不同，其本义则加"虫"提示为爬虫类动物，造〻字来表示了。

再有就是引申造成一个形体表达多个概念。

如甲骨文"臭"作〻，从犬、自。自是鼻子的象形字，在这里是提示符号，提示鼻子的动作。这是根据动物的特性造字，狗在外面喜欢到处嗅嗅，所以，造字从犬并突出其鼻子的动作表达"嗅"的概念。引申为香的气味，《合集》4649："贞，御臭于母庚。"这里的"臭"指的是香的牺牲，"臭"是"香"的意思。再扩大指一般的气味，如"其臭如兰"，再引申为"香"的反义词"臭"。为了区别动作概念的"臭"和名物概念的"臭"，造"嗅"字表达动作的概念，原来的"臭"只表示名物的概念。

当然，还是有很多的字同时表达两个或多个概念，因此也常会引起我们的误解，其形体也没有办法区分开来。如〻本义是"幼小的孩子"，幼小的孩子总会受到人们的关爱，所以"子"引申有"爱"义。《中庸》"子庶民也"，郑玄注：

---

① 曹锦炎、沈建华：《甲骨文校释总集》把"卩"校订为"令"。查原片作〻。

"子，犹爱也。"《战国策·秦策一》"子元元"，高诱注："子，爱也。"①《战国策·齐策》："今君有区区之薛，不抚爱子其民，因而贾利之。""抚""爱""子"三字同义连文，皆表示"爱"。

商王姓"子"。《史记·殷本纪》曰："殷契母简狄，有娀氏之女，为帝喾次妃。三人行浴，见玄鸟坠其卵，简狄取吞之，因孕生契。契长而佐禹治水有功……封于商，赐姓子氏。"商王姓子，故子姓的人在商朝地位很高。

《屯》4366："辛亥贞，王令𡥛以子方奠并，在父丁宗[彝]。"

这里记载的是商王命令子方在父丁的宗庙里与商王一起祭奠商王的祖先和子方的祖先。这种将子方的祖先与商王祖先放在一起祭祀的事情还不止一次地发生过，《合集》32107、《合集》32832、《合集》32833、《屯》3723等卜辞均记录了这些事情。

《合集》5622："……贞，翌……令……子方……友载王事。"

此辞虽残，但大致可以看出是让子方替王操办什么大事。

卜辞中还有让子姓的宗臣主持祭祀的记载：

《合集》130正："贞，翌乙未呼子渔侑于父乙宰。"

《合集》14831："贞，惟子渔蒸于大示"。

子姓的宗臣也手握重兵：

《合集》6570："乙酉卜，内贞，子商𢦏基方，三月"。

据赵诚先生研究，卜辞中，子某一类的宗臣，有九十一位，均受到商王不同程度的重用，是商王朝坚实的支柱。②

子为商王的姓氏，姓子的人都有尊贵的地位。所以"子"引申有"尊贵"之义。《左传·昭公十二年》："乡人或歌之曰：'我有圃，生之杞乎！从我者子乎，去我者鄙乎，倍其邻者耻乎！'""子"与"鄙"对文，"子"当为"尊贵"之义。《春秋·僖公五年》："公及齐侯、宋公、陈侯、卫侯、郑伯、许男、曹伯会王世子于首戴"。《公羊传》曰："世子，贵也。世子犹世世子也"。这里的"子"，也是"尊贵"之义。天子相对于他尊贵的父亲也只能称为"小子"。《礼记·曲礼

---

① "子元元"的"子"不是"爱"义，请参考陆忠发《王力〈古代汉语〉注释疑难考证》"子万民"条，浙江大学出版社2020年。

② 详赵诚：《甲骨文与商代文化》，辽宁人民出版社1999年版，第12页。

下》："天子未除丧，曰'余小子'。"①

正因为"子"能表示尊贵，古人才尊称他人曰"子"或"某子""某某子"。《穀梁传·宣公十年》："秋，天王使王季子来聘。其曰王季，王子也；其曰子，尊之也。"范宁注："子者，人之贵称。"

子为商王的姓氏，姓子的人所受的教育应当是最好的。因而姓子的人较之常人学养当更高。所以有学养的老师也被尊称为"子"。《论语·学而》："子曰：'学而时习之，不亦说乎！'"邢昺疏："子者，古人称师曰子。"《公羊传·隐公十一年》："子沈子曰：'君弑，臣不讨贼，非臣也。'"何休注："沈子称子，冠氏上者，著其为师也。"墨子，其弟子又称之为"子墨子"，正是这种情况。

这种用同一个形体表达不同概念的现象，在词汇学上叫"同形词"。汉字中存在大量的同形词，给使用造成了一些不便。但同时也减少了汉字形体的数量，又给使用带来了方便。如何减少不便、增加方便，这是文字学研究中的重要课题。

九、使用重文符号代替一个部件

"仁"，甲骨文作，《说文》："仁，亲也。从人从二。，古文仁从千、心；，古文仁从尸。""仁"从人、二，其本义是"处理好人与人之间的关系"。《孟子·滕文公上》："为天下得人谓之仁。"治理天下深得民心，就是会处理人际关系，所以孟子说这就是仁。"仁"又作"忈"，所从的"千"是"人"之讹，古文字凡是垂直的一竖往往加一横，故"人"讹为"千"。再如"年"，甲骨文作，从人荷禾，都公鼎作，"人"讹为"千"。因此，"仁"又从人从心，古人认为心是思想的器官，人所想要的就是"仁"。人最想要的就是处理好与他人的关系。处理好与他人的关系，最基本的方法就是关爱他人。《吕氏春秋·爱类》："仁也者，仁乎其类者也。"《韩非子·解老》："仁者，谓其中欣然爱人也。"故"仁"引申为"爱""爱人"。此为古书中最常见的解释，我们不再举例。

"仁"所从的"二"为重文符号，周代铜器铭文"子子孙孙"往往作"子二孙二"。故"仁"实从二"人"。"仁"之所以要使用重文符号，是为了避免字的形体与"从""比"混淆。

---

① "小子"之称可能源自商代。《合集》151正："贞，祖丁若小子，。""贞，祖丁若小子，。""贞，小子有。""贞，小子亡。"

篆文"棗"作𣐀,《说文》:"棗,羊枣也。从重束。""棘"作𣓚,《说文》:"棘,小枣丛生者,从并束。"沈括《梦溪笔谈》卷十五:"枣与棘相类,皆有刺,枣独生,高而少横枝,棘列生,痹而成林,以此为别。其文皆从束,音刺,木芒刺也。束而相戴立生者枣也,束而相比横生者棘也。不识二物者观文可辨。"但是,汉字形体上下结构常常可以写成左右结构,如此"棗"与"棘"还是非常难以分辨,后来"棗"下面的"束"改以重文符号代替,这样,"枣"与"棘"的区分就非常明确了。①

十、对汉字形体进行局部改变来分化旧有形体承载的多个概念

一个汉字形体因为字义引申承载多个字义,容易在书面语中引起混淆。汉字一般是通过创制新的形声字,用增加字的形体的方法来分化一部分意义,将原来多个意义共用一个汉字形体的情况分化为用多个汉字形体分别承载一部分意义的情况。除此之外,汉字还使用对原有字形进行局部改变的方式来分化旧有形体承载的多个概念。我们前面举例的"月"与"夕"的区分就是这样的。再如把"口"改变为"厶",也可以进行分化,像"單"与"𤔔"的分化,"勾"与"句"的分化都是。

◇ 第五节　汉字结构中的提示符号 ◇

我1999年在《表意汉字表意手段研究(上)》一文②中第一次使用了提示符号的概念,2001年拙著《汉字文化学》出版时,我把新作《一论提示符号》作为附录附于书后。其后,我对提示符号继续作了许多探讨,发现许多古文字考释的错误,都是因为没有认识到提示符号的作用造成的。这个过程中,我对提示符号的理论认识也在逐步加深。

理解提示符号,对正确把握古文字形义关系非常重要。现在我再系统地对提

---

① 甲骨文"荆棘"的"棘"不是表示酸枣树,而是檖木,是一种周身长刺的树木,古人加工以为兵器,杀伤力很强。参考陆忠发《汉字表意理论指导下的甲骨文考释研究》释"棘"条(待版)。

② 陆忠发:《表意汉字表意手段研究(上)》,《杭州师范学院学报》1999年第5期。

示符号理论作一番介绍。

一、什么是提示符号

  生活中，许多事物的轮廓都是相似的，如"〇"，我们很难说它像什么。文字描绘事物的轮廓，其表达的意义必须是非常明确的，不能让人捉摸不透。那么，怎样才能清楚地表达出造字者所描绘的轮廓代表什么事物呢？

  文字就如同绘画，当一个画家要表达"〇"是鸡蛋时，他就在"〇"旁加一只母鸡。这样，我们就知道这个"〇"就是鸡蛋。要表达"〇"是鸭蛋时，他就在"〇"旁加一只鸭子，我们就知道这个"〇"就是鸭蛋。那么，这个鸡和鸭在这里的作用是什么呢？它们的作用就是提示，提示这个"〇"是鸡蛋或者是鸭蛋。一日侧闻某老师上《心理学》课，说人的眼睛有时候会产生错觉。如 13 在"A、13、C"这样的组合中我们会认为是"B"，在"12、13、14"这样的组合中我们会认为是"13"。我觉得这个例子拿到我这里来说是最合适的。13 既像"B"，又像"13"，在"A、13、C"这样的组合中，显然是"A"和"C"提供了一个明确的环境，提示 13 是"B"；在"12、13、14"这样的组合中，"12"和"14"提供了一个明确的环境，提示 13 是"13"。汉字的造字也是这样，为使相似的轮廓所表达的事物能够让认字的人一看就能明白，汉字造字也普遍使用起提示作用的部件，如"⠿"代表什么？这个很不好说，但是 沙 和 屎 所表达的意义我们是明白的，前者是"沙子"，后者是"屎"。然而 ⠿ 却没有发生变化，只不过添加了起提示作用的不同部件而已。水边细小的颗粒状东西当然是沙子，而人的身体后面这样的东西肯定就是屎。可见，起提示作用的部件对我们理解字义往往起关键作用。

  那么，什么是提示符号呢？我所说的提示符号，指的就是汉字结构中起提示作用的部件，它可能是一个没有独立意义的符号，也可能是一个有完整意义的文字，只要它在字的结构中起提示作用，我们都把它叫提示符号。例如：

  "瓜"，作 瓜，瓜 像瓜形，但如果将 瓜 单独抽出来，则不能确知其为何物。它既像瓜形，也可以说它像其他什么东西之形。总之，谁也不能确切地说 瓜 就像瓜形。所以，造"瓜"这个字的时候，为了把人们的思维限定在 瓜 表示瓜上，就在 瓜 上加 人，提示这是在瓜藤上长出的像 瓜 这个样子的东西，那自然就是瓜了。所以我们把 人 这样一个起提示作用的部件叫提示符号。当然"瓜"字中的 人 本身不具有

独立成字的能力，它只是一个起提示作用的符号。

汉字结构中起提示作用的部件还可能是一个字。如"眉（ ）"字， 像人的眉毛形，但如果没有"目"，而是将 单独抽出来，则既可以说 像眉毛，又可以说 像别的什么东西。加了"目"之后，整个字就向我们提示： 是目上长的像这个样子的东西。那自然就是眉毛了。因此，在"眉"字的结构中，"目"这个完整的字起的是提示作用，我们也把它叫提示符号。

二、提示符号与指示符号的不同

不知道有没有学者考虑过这样的问题："母（ ）"与"亦（ ）"均有两点，为什么"亦"的字义为"腋下"，而"母"的字义不是"女人的两乳"。其实，"亦"字的两点是指示符号，而"母"字的两点是提示符号。可见，我们所说的提示符号，与指事字中的指示符号是不同的。二者之间具有如下不同：

（一）指示符号是在象形形体的基础上所加注的，指示字的字义所指的是这个象形形体中的哪一个部分。如"刃"字，刀是象形形体，指示符号" 、"指示"刃"这个字的字义指的是刀这个形体的刀刃部分。又如"亦"字， 是一个人形， ·· 指示"亦"字的字义指的是人的腋下这个位置。所以，指示符号直接指义。而提示符号是不直接指义的，它不是指示整个字的字义是字的哪一个部件中的哪一个部分，而是通过提示作用，将我们的思维限定在某一个具体的事物上，使整个字的结构中原来不明所像的部件确切地表示某一具体的事物，从而使字义明确起来。

（二）指示符号都是简单的符号，往往只有一点两点，是纯粹的符号，本身不具有任何意义；而提示符号则既可以是一个简单的符号，一个纯粹的本身不具有完整意义的符号，也可以是一个复杂的符号，甚至是一个完整的汉字。

（三）汉字结构中作为提示符号的简单的、纯粹的、本身不具有完整意义的符号，与指示符号仍有不同。指示符号指示整个字的字义是象形部件中的某一个部分，它的作用是"指"。指事字中的象形部件的意义是确知的，指示符号就用来指示整个字的字义不是这个象形部件所像的事物，而是这个象形部件中的某一个特定的部分。如"刃"，它的整个字义不是刀，而是刀中的刀刃部分。

提示符号则不是这样，整个字中的象形部件的意义有时是不确知的。提示符号在字中的作用是提示，它通过与这个象形部件之间的关系，使这个象形部件的意义明确起来，进而使它自己也明确起来，从而使整个结构到底表示什么意义变得明确起来。如"主"字，🔥既像油灯的灯盏形，又像祖宗牌位形。单单把🔥拿出来，表义是不明确的。于是加O提示这个🔥上面还有O，于是人们便明白了，🔥不是祖宗牌位，因为祖宗牌位上不可能有O这个东西。有O这个东西的只有油灯的灯盏了。于是O也就自然而然是火苗之象了。前面举过的"瓜"字也是这样，𝄞、人本均不明所像为何物，它通过二者之间的关系，使𝄞可以确知为瓜，则人即瓜藤了。

（四）汉字形体中使用指示符号，只能使用一个。汉字形体使用提示符号，常常可以使用多个。一个汉字只表达一个概念，指事字的造字方法是在象形形体的基础上加注指示符号，指示字义所指的是这个象形形体中的哪一个部分。因此，一个字中只能使用一个指示符号，否则，字义就表达不清了。我们前面说的夹有两点作为指示符号，是因为人有两腋的缘故，是特例。而提示符号的作用是提示，使用多少完全根据表意的需要定。字就使用了四个提示符号。

三、提示符号在汉字结构中的作用

提示符号在造字中的作用是提示。不同的汉字中，提示符号的提示作用往往是不同的，我们应该做具体分析，所以我们很难说提示符号在汉字结构中具体有哪些作用。下面我所介绍的是比较常见的几类。

（一）提示个性特征

有些事物同属于某一大类，但这一大类中又可分出一些彼此有区别的小类。造字时，小类与小类之间或小类与大类之间的区分，往往用提示符号来提示各自的个性特征，从而使它们区分开来。如"女"与"母"，她们都是女性。造字者为了区别"女"和"母"，就把"女"写作𝄞，"母"则在𝄞的基础上加注提示符号⋯，以突出这种女性正处于哺乳期，其两乳要比平常的女性大。再如动物中，公、母的区分，凭形体不大能够区别开来，所以造字时往往是在同样的形体上加注提示其性器官的符号，以此将动物的公、母区分开来。如公牛"牡"作牜，公羊作牜，公猪作豕。丨是雄性生殖器的象形字，在此作提示符号，提示它们是雄性的。匕表示雌性生殖器[1]，所以，甲骨文中，母牛作牝，母狗作犺，母马作牝，母羊

---

[1] 参考陆忠发：《汉字学的新方向》，浙江大学出版社2009年版，第111-113页。

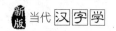

作𤝔，母虎作𤞪。

1919年，《新青年》杂志曾刊登过的译文《卖火柴的小女孩》中，将西文中指示女性的人称代词用汉字表示为"他𡛔"，也是运用了提示符号。汉语中没有"性"的语法范畴，汉语中的人称代词没有性别之分，男性女性均用"他"表示。所以汉语与西方语言对译时，就出现了性别不对应问题。翻译者只能用汉语的人称代词"他"来翻译西方的人称代词，为了特别标示这个"他"在这里相当于西文中表示阴性的那个代词，翻译者在汉语代词"他"的右上角加了个"女"提示这个"他"表示的是女性。所以说这个"女"其实就是一个提示符号。

上列诸字中所用的这些提示符号，将事物的个性特征提示出来，从而使事物字与事物字之间出现了明确的分别。

（二）提示环境

有些字，单用象形的方法像其形，表意还不明确，于是造字者就用提示符号将其出现的环境提示出来，这样，整个字的表意就十分明确了。我上文举过的"瓜"字，就是这样。当我们看到𤓰时，谁也不能知道它是什么东西。然而当它与㇀组合在一起，用㇀提示它是从人的中部洒出的线状物，大家自然就知道𤓰就是尿了。所以"尿"这个字中，𤓰像人的小便形，㇀则用一个人作为提示符号，提示这是从人的中间部位出来的液体。

"晕"，甲骨文作𡇒，单单看𡇒，还很难看出指什么东西，当加上�日之后，人们就明白了，原来𡇒是环绕太阳四周的圆形东西，这自然就是"晕"了。所以�日提示𡇒出现的环境是环绕太阳四周。

提示符号提示环境的作用就是把人的思维限定在某一特定的环境之中，让人们去想象这一特定环境之中的某一具体形象是一种什么样的事物，从而使汉字表达的字义变得明确起来。

（三）提示字义

汉字造字往往在已有的文字基础上加注提示字义使用范围的部件，这就是文字学上所说的区别字。如启本义为开门，开太阳加日作晵，开口加口作启，开路先锋作徔。这里的"日""口""彳"都是提示字义的提示符号。这些在文字学著作中已多有论述，此不详述。

（四）提示动作行为的结果

修饰的"修"，甲骨文作𢓋，金文作𢓡、𢕯，其中𢺕或𢱕就是提示动作结果的提示符号，表示击打人的身体时掉落的灰尘。甲骨文"监"作𥄂，器皿中的一点也是提示动作行为结果的提示符号，提示人影。

（五）提示动作的受力点

如"寇"字，古文作𡨥，人头部的点就是提示动作的受力点；"斫"甲骨文作𣂪①，木中部的一点提示斫这个动作施加的部位。

（六）提示实施动作的器官

如舞蹈的"舞"金文作𦏳，𠂂提示脚是实施动作的器官。"企"字，甲骨文作𠤔，𠂂也是提示脚是实施动作的器官。"作"，栾书缶铭文作𠂇，添加"又"为提示符号，以提示手的动作。

（七）提示器物中的物品

如"井"，古文字作井，"井"是水井四壁的木质支护结构②，"•"是提示符号，提示"井"内有水。"量"，甲骨文作𠶷、𠂇、𠶷等。下是東，東即囊橐之"橐"的初文。"量"字上部或作日，或作口，于省吾先生说"量"的本义"应读为平声，度量之量"，"量字从日，当是露天从事量度之义。"③其实，"口"表示的是升、斗等度量之具，"口"和東之间的"一"即概。概是一根棍子，概的功能是在升、斗盛满物品后，从升、斗的一边刮到另一边，使升、斗之中所盛的物品刚好是一升或者一斗。"日"不是表示太阳的"日"，乃是"口"加上一个提示符号，提示升、斗等量器中有被度量的物品。整个字用"以升、斗和概等度量之具度量囊橐中的物品"来表示"度量"的概念。

（八）提示用途

蔡侯鼎02215："蔡侯𦉢之飤𩟄。"周代铜器铭文常常用"贞"表示"鼎"，如蔡侯鼎02217.1"蔡侯𦉢之飤贞"正作"贞"。02215作"𩟄"，添加"升"为提示符号。《仪礼·士冠礼》"载合升"胡培翚正义："凡牲煮于爨上之镬谓之亨，由镬而实于鼎谓之升。"添加"升"为提示符号，提示鼎的功用是盛放牲肉。商代

---

① 这个字过去都解释为"枚"，卜辞中有"枚舟"一词，向来解释不一，郭沫若谓枚舟盖犹言泛舟或操舟（见《殷契粹编考释》）。温少峰、袁庭栋复申郭说曰：枚为木之干，枚舟者，以撑杆行船也（见《殷墟甲骨卜辞研究——科学技术篇》，四川社会科学院出版社1983年版，第272页）。我过去也从"枚"之释（《汉字文化学》155-156页）。这些错误都是没有注意到提示符号的作用造成的。

② 详杨鸿勋：《论古文字宫、𠬝、囧、井的形和义》，《考古》1997年第7期。

③ 于省吾：《甲骨文字释林·释量》，中华书局1979年版，第415页。

后期戍嗣子鼎2708言"用作父癸宝爔"。爔从鼎从東（橐），橐是提示符号，提示里面盛放有食物①，匕是匙，一种餐具，从匕从東都提示这个鼎的功用是陈设牺牲的。这个鼎可能又直接用来煮肉，煮熟后直接盛放在鼎中，所以又添加了提示符号"火"。②

（九）提示质料

第五章我们举伯侯父盘"盘"字作鑑，中自父盨"盨"字作盨，蔡侯匜"匜"字作匜，这些字中"金"都是提示符号，提示其质料是铜。玉玺的"玺"，本字作"尔"（"尔"是印章的象形字，并绘其钮则作"爾"）③，作"玺"是添加"玉"为提示符号，提示其质料是玉。或从"金"作"鉨"（又形变为"鈢"，再讹为"鉢"）、从"木"作柝，都是添加了提示质料的提示符号。《说文》："璽，王者印也，所以主土。从土尔声。""璽"以"尔"为声，声不协；以"土"为形，义不类。所以"璽"肯定不是形声字。我以为"璽"是"爾"添加"土"为提示符号的字，"土"提示其质料是陶质的。

（十）提示器物形状

楚叔之孙佣鼎："楚叔之孙佣之飤盬。"盬是在鼾的基础上添加"皿"为提示符号，"皿"提示器物形状。添加"皿"都是提示器物形状是敞口的。我在第五章举例说虢季子白盘作鑑，𠂤伯盨"盨"字作盨，添加"皿"、添加𣏟（斗），都是提示其形状。

（十一）提示动作器官的频率

第五章我们举例说"奔"的古文字形体有作奔者，从夭从走，夭即走，表示跑，"奔"就是"飞快地跑"。"飞快地跑"的概念怎么表达呢？人们都知道，人"飞快地跑"的时候，他的腿脚会快速地交替，看上去就像有好几条腿、好几只脚似的。"奔"从走，正是提示其脚的频率，用以表达"飞快地跑"的概念。

《说文·夰部》："奰，惊走也。一曰往来也。从夰、䀠。《周书》曰：'伯奰。'古文䀠，古文囧字。"忠发按：䀠，古文形体当作䀠，像睁大眼睛向两边看，人的两个眼睛不可能一个向左一个向右同时看，作䀠正是眼睛转动的频率快的意

---

① 《左传·宣公二年》："为之箪食与肉，置诸橐而与之。"说明橐里面可以盛放食物。
② 甲骨文和金文中鼎、爔、鼎、鼎、鼎、爔、鼎、鼎、鼎、鼎都是"鼎"的异体字。其考释请参考拙著《古代祭祀十讲》之第八讲，华文出版社2011年版，第137—179页。
③ 陆忠发：《汉字文化学》，吉林人民出版社2001年版，第51—52页。

思，人、动物在惊恐的状态下，眼睛会快速地向两边看，故以表示惊恐之状。

（十二）提示符号"一"提示合并在一起

我在第六章举了有关这方面的几个例子，请参看。再如"世"，《说文》："世，三十年为一世。""三十年为一世"之"世"，实际上是"三十"的引申义。"世"的本义是"三十"，其表意当是十与廿相加，又加提示符号"一"所致。其实廿就是十与十相加，十与十下面的一个小"一"就是提示符号，提示把一个十和别一个十合并在一起，加在一起就是二十（字作"廿"）①，那么，十再加廿便是三十（字作"世"），十和廿下面的一个"一"也是提示符号，提示一个十和一个廿加在一起，就表达出三十。"卅"，则是十与廿叠加在一起的意思，也表示"三十"。所以"世"与"卅"是用不同表意方法造的表达同一概念的字，是异体关系。

在商周金文中，"十"写作Ⅰ，"廿"写作Ⅱ，"卅"写作Ⅲ，Ⅲ写作Ⅲ，Ⅱ表示"二十"，Ⅲ表示"三十"，Ⅲ表示"四十"，显然分别是两个Ⅰ、三个Ⅰ、四个Ⅰ下面用"一"表示合并在一起造的字。

（十三）提示符号"一"提示起阻隔作用的事物

东汉碑刻杨君石门颂以"旱"为"礙"，一般认为"旱"即隶书"得"字右旁，以去掉"得"字的"彳"旁来表示有障碍不能得到的意思。忠发按："得"有从"彳"和不从"彳"两个形体，使用上没有区别。"得"的不从"彳"的形体来源于甲骨文、克鼎作，《说文》古文作，中山王壶作，楚帛书作。人们应该是熟悉这两个形体的，"得"去掉"彳"旁还是"得"，不可能用来表示"有障碍不能得到的意思"。所以"旱"可能不能看成是去掉"得"字的"彳"旁来表示有障碍不能得到的意思。

"礙"（碍）最早的写法是"旱"。我们从《甲金篆隶大字典》搜集的隶书形体看，大多数"得"的右边都不作"旱"，只有马王堆汉墓出土帛书《战国纵横

___
① 《容斋随笔》卷五"廿卅卌字"条曰："今人书二十字为廿，三十字为卅，四十为卌，皆《说文》本字也。廿音入，二十并也。卅音先合反，三十之省便，古文也。卌音先立反，数名，今直以为四十字。按秦始皇凡刻石颂德之辞，皆四字一句。《泰山辞》曰：'皇帝临位，二十有六年。'《琅邪台颂》曰：'维二十六年，皇帝作始。'《之罘颂》曰：'维二十九年，时在中春。'《东观颂》曰：'维二十九年，皇帝春游。'《会稽颂》曰：'德惠修长，三十有七年。'此《史记》所载，每称年者，辄五字一句。尝得《泰山辞》石本，乃书为'廿有六年'，想其余皆如是，而太史公误易之，或后人传写之讹耳，其实四字句也。"洪迈说"廿"是"二十并"，是对的。

家书》作𢔅，去掉"彳"旁就是"㝵"。显然，这样的写法只是个例。

从《甲金篆隶大字典》搜集的隶书形体看，大多数"得"都作𢔴或者𢔅，右边"寸"上写成"且"或者"目"，而写成"目"则"寸"与"目"之间没有"一"。

"㝵"显然是"导"上加"一"之后，提示手与所持之物之间有障碍，以此表达"有障碍不能得到"的意思，是俗字。这种情况与关门之"關"俗作開的表意方法一样。①"關"的俗体或作開，正是"開"上加提示符号"一"的缘故。门虽开着，加提示符号"一"表示把门栓插上，就是关了。

"㝵"表示"得到"，加提示符号"一"，挡住了手拿到的东西，就得不到了。所以，"㝵"是人们用通俗易懂的方法造的俗字，不是去掉"得"字的"彳"旁来表示有障碍不能得到的意思。

敦煌文献中的"碍"，除了写成"礙"外，还有㝵₂、㝵₃、㝵₄、㝵₅四种写法。"㝵"南北朝时期写成"㝵"，"㝵"是"㝵"形讹所导致。汉字手书，形似即可，人们常常不关心细节。如敦煌文书中"得"有得₁、𢔴₂、浔₃、得₄.₁、浔₄.₂、㝵₅、浔₆、㣙₇、㝵₈、㝵₉九种写法，有的所从的"彳"都写成了"三点水"②，"得"的第四个字的第一个形体（我们称为4.1，下仿此）是从"彳"，而3则成了标准的"三点水"，从4.1到3，是巨大的变化。可是，其变化从4.1—1—2—5—4.2—3，则是渐变的。所以把"㝵"写成了"㝵"，人们仍然能够理解。

人们造"㝵"表示"礙（碍）"之后，形体与𢔴、𢔅、𢔅的结构过于接近，容易引起误解。所以，秦汉以后，"得"只使用从"彳"的形体，不从"彳"的形体就不再使用了。目的应该是为了区分"得到"和"阻碍"这两个概念使用的形体。大约到了唐代的时候，"㝵"添加"石"旁造了"碍"。唐齐己《船窗》："举头还有碍，低眼即无妨。""得到"和"阻碍"这两个概念使用的形体就彻底分开了。

（十四）"_"提示地面

"奠"，甲骨文作𦥑、𠂤是有细细的瓶颈、细而圆的瓶身、尖底的盛酒器③，一提

---

① "关"之本义是门上插门闩的两根木条，"关门"是引申义。

② 这里引的敦煌文书文字，都取自黄征《敦煌俗字典》。

③ 盛酒器之所以要做成这种形状，细细的瓶颈是方便密封，减少酒的挥发；细而圆的瓶身是为饮酒时握持方便；瓶身细而圆、底尖是方便在地上挖洞存放。

示地面。

（十五）提示原因

《合集》21036："辛丑卜，师贞，子辟▨……臣不其骨病目印。"

"骨病"就是卜辞中常常占卜的"骨病有疾"，是指人起不来了导致的骨头疾病，如四肢僵硬或关节炎之类的病痛。▨从雨、疾，又与"骨病"同占，显然也是对一种病痛的占卜。这种病痛应该是在下雨天发作，所以甲骨文添加"雨"为提示符号，提示原因。

四、纳西古文字使用提示符号举例

许多汉字形体中都使用提示符号。其实，只要是直接用形体表意的古文字，都会使用提示符号。我从方国瑜先生编、和志武先生参订的《纳西象形文字谱》①中举一些例子。

▨（站立），从▨（人），▨则提示脚，表示这个人站立着。

▨（做梦），▨表示"卧""睡"，▨在▨上加月亮作为提示符号，提示晚上睡觉。人在晚上睡觉时常常会做梦，所以用▨表示"做梦"。

▨（饥），从▨，⊂是提示符号，提示这个人张着嘴巴，⊃也是提示符号，提示他的肚子是空的。合起来表示"饥饿"的概念。

▨（饱），从▨，⊃是提示符号，提示他的肚子。肚子中间的▨也是提示符号，提示他的肚子是饱满的。合起来表示"饱"的概念。

▨（富余），▨是仓房的象形字，▨是提示符号，提示仓房的粮食非常充足，表示"富余"的概念。

▨（缺粮），▨是仓房的象形字，·是提示符号，提示仓房的粮食已经很少了，合起来表示"缺粮"的概念。

▨（病），从▨，但是这个人倒下了。▨是提示符号，提示粮仓空了，合起来表示"倒下"的概念。②

▨（孕），从妇人怀子，子是提示符号。③

---

① 云南人民出版社1981年版。

② 古代汉语中，"病"是"倒下"的意思。《论语·卫灵公》："在陈绝粮，从者病，莫能兴。"似乎纳西古文字的这个字表达的也是"倒下"的意思。

③ 方国瑜编、和志武参订：《纳西象形文字谱》，云南人民出版社1981年版，第245页。

ʚʚʚ（雹），ʚʚʚ显然是ʚʚʚ（雨）加提示符号•表示落下来的是实体，即雹。⟩⟨也是提示符号，提示落地有声①（或雹粒四溅状），合起来表示"雹"。

⩘（气），方国瑜、和志武先生谓⩘即⬠（口）省，口上出气也。②忠发按：⩘是风，⬠是提示环境的符号，从口中吹出的风，即气。

ᚢ（良田），从田中长稻（ᚢ）、麦（ᚢ）丰盛。③忠发按：稻、麦为提示符号，云南是多山的省份，我去过云南，看到当地适合种植水稻和麦子的土地实在很少。适合种植水稻和麦子的土地当然是良田。所以纳西古文字就用适合种植水稻和麦子的土地表达"良田"的概念。

纳西古文字的表意方法，与汉字基本上相同。其中使用提示符号的字还有很多，我不再一一说解了。

① 方国瑜编、和志武参订：《纳西象形文字谱》，云南人民出版社1981年版，第98页。
② 方国瑜编、和志武参订：《纳西象形文字谱》，云南人民出版社1981年版，第100页。
③ 方国瑜编、和志武参订：《纳西象形文字谱》，云南人民出版社1981年版，第113页。

| 第七章 |

几个专门的汉字研究领域

◇ 第一节　甲骨文字研究◇

一、甲骨文字发现和著录的基本情况

商代甲骨文于1898年在河南省安阳西北郊的小屯村被发现，这里原来是商代后期都城的宫城区，《史记·殷本纪》正义引《竹书纪年》曰："自盘庚徙殷至纣之灭，二百七十三年更不迁都。"在这里共经历过八代十二位商王。周武王克商，商都被废弃，春秋时称为"殷虚（墟）"。《左传·定公四年》："命以《康诰》而封于殷虚。"一百多年来，殷墟出土甲骨的总数约为6.5万片①，殷墟附近的侯家庄、后岗、四盘磨等地也有几片乃至几十片甲骨出土；此外，郑州二里岗也有商代甲骨文出土②。另外，山西洪洞赵坊堆村、陕西长安张家坡、北京昌平白浮村，以及陕西岐山凤雏村等地均发现商代周伯或周代带字甲骨，共数百片。

甲骨文发现之后，很多人向刘鹗索取甲骨文拓本，刘鹗认为甲骨文"实三代之古文，亟当广谋其传"，因此"竭半载之力，精拓千片，付诸石印，以公同好。"③1903年，刘鹗《铁云藏龟》出版，这部书的出版使甲骨文在更大范围内得到传播。《铁云藏龟》是最早著录甲骨卜辞的著作，以后著录甲骨卜辞的著作逐渐增多，到1988年胡厚宣先生《苏德美日所见甲骨集》出版，著录甲骨卜辞的著作多达一百多部。④

"龟板文字极浅细，又脆薄易碎，拓墨极难。"⑤所以过去著录甲骨卜辞的著作，文字往往都不十分清晰。加之这些著作印数有限，研究者一一搜寻非常困难。郭沫若主编、胡厚宣总编辑的《甲骨文合集》13巨册大著由中华书局于1982

---

① 王宇信、杨升南主编：《甲骨学一百年》，社会科学文献出版社1999年版，第54页。
② 河南省文化局文物工作队：《郑州二里岗》，科学出版社1959年版，第38页。
③ 刘鹗《铁云藏龟·序》。
④ 参看高明：《中国古文字学通论》，北京大学出版社1996年版，第228−233页。
⑤ 刘鹗《铁云藏龟·序》。

年9月全部出齐，著录甲骨卜辞41956片，文字清晰。《甲骨文合集》是一部集20世纪80年代前殷墟甲骨文研究之大成的著作①，"《甲骨文合集》的出版，使得零杂分散的甲骨文资料，能够汇集一齐，为进一步的整理研究工作提供了便利的条件。"②后来彭邦炯、谢济、马季凡先生编纂并释文的《甲骨文合集补编》③著录甲骨卜辞13560片。这两部著作是目前甲骨学研究必备的大型工具书。《甲骨文合集》没有释文，姚孝遂先生主编、肖丁先生副主编的《殷墟甲骨刻辞摹释总集》把《甲骨文合集》41956片、《小屯南地甲骨》4626片、《英国所藏甲骨集》2674片、《东京大学东洋文化研究所藏甲骨文字》1315片、《怀特氏等收藏甲骨文集》1915片，共计大约5万片（总计应该是52486片，去除了部分重复的）甲骨上面的文字按照各书所著录卜辞的先后顺序，以单条卜辞为单位，先摹写卜辞原文再进行释文，原文与释文对应整齐，检索非常方便。《殷墟甲骨刻辞摹释总集》所摹释的卜辞是"目前已经著录的全部甲骨刻辞资料"④。

有了《甲骨文合集》《甲骨文合集补编》等工具书以及《殷墟甲骨刻辞摹释总集》的释文，研究者可以比较全面地获得甲骨文资料。但是，片片甲骨、条条卜辞的内容都不一样，做任何一类专门研究，都要翻阅所有甲骨卜辞，费时费力。"学者苟不悉心耐性，奋力攻求，盖鲜有不流为断章取义，以臆为说，而终陷于穿凿附会之境矣。或拘泥单文，而疏于会通；或强解卜辞，而忽于其字。或不顾史事，委加曲说；或先怀成见，而勉附甲文"，"斯皆未能通核遍参，悉心考索之过也"。⑤因此，对甲骨卜辞进行分类编纂，势在必行。

中国社会科学院历史研究所在编纂《甲骨文合集》时已经注意到了这个问题。《甲骨文合集》按照甲骨卜辞的内容分为4大类22小类，即使如此，《甲骨文合集》中"入录的许多版大骨，往往有各种不同内容的卜辞杂置其间，只从其一类入录当然是不全面的……因此，在进行某方面的深入研究时，只从一类甲骨中去耙梳资料，当然是很不全面的"。⑥所以，甲骨学界迫切需要一部对甲骨卜辞进行全面分类的卜辞索引类著作。1967年岛邦男《殷墟卜辞综类》的出版，"解

---

① 王宇信、杨升南主编：《甲骨学一百年》，社会科学文献出版社1999年版，第79页。
② 姚孝遂：《殷墟甲骨刻辞摹释总集·序》，中华书局1988年版。
③ 语文出版社1999年版。
④ 姚孝遂：《殷墟甲骨刻辞摹释总集·序》，中华书局1988年版。
⑤ 胡厚宣：《甲骨学商史论丛·自序》，齐鲁大学国学研究所专刊之一，1944年。
⑥ 王宇信、杨升南主编：《甲骨学一百年》，社会科学文献出版社1999年版，第403页。

决了长期急需解决而又没有得到解决的有关甲骨刻辞辞例索引的工具书问题"①，"该书对自1903年出版的第一部甲骨著录《铁云藏龟》起，至1967年出版的《殷虚文字丙编》讫，经60多年间所著录的甲骨文，按刻辞辞例进行了条分缕析的整理和综合集中，是一部充分总结这一时期甲骨文材料著录成就和文字考释水平的著作。它继往开来，极大地推动了甲骨学研究的发展。"②后来，姚孝遂、肖丁先生主编《殷墟甲骨刻辞类纂》以《甲骨文合集》所收甲骨为基础，又收入了1980年出版的《小屯南地甲骨》（上册一、二）、1986年出版的李学勤先生等编纂的《英国所藏甲骨集》、1979年许进雄先生编纂的《怀特氏等所藏甲骨文集》等书中的甲骨卜辞。以甲骨文单字为检索单位，把含有某个字的所有甲骨卜辞隶属于这个字的后面③，所罗列的卜辞按照《甲骨文合集》、《小屯南地甲骨》（简称《屯》）、《英国所藏甲骨集》（简称《英》）、《怀特氏等所藏甲骨文集》（简称《怀》）的顺序一一罗列，各书著录的卜辞又按照1、2、3、4、5期的顺序罗列。全书先摹写卜辞原文再进行释文，然后标明卜辞的分期。有了这部书，检一字可以得到所有的包含这个字的卜辞，为研究者掌握全部卜辞材料提供了极大的方便，推动了"真正科学的甲骨学研究"的深入④。

从上面的介绍中我们感受到，如果我们需要全面掌握甲骨卜辞的情况，需要翻检几部著作才能做得到。所以我们事实上还需要一部把已经发现的甲骨卜辞汇集在一起的甲骨卜辞总集。曹锦炎、沈建华先生合著的《甲骨文校释总集》⑤正好满足了这一需求。《甲骨文校释总集》为《甲骨文合集》和《甲骨文合集补编》中的全部卜辞提供释文，与《甲骨文合集释文》和《甲骨文合集补编》中提供的释文相比，重新释文的占百分之二三十，达数千条。这是作者广泛吸收海内外诸家的最新创获，并且提出自己观点的新的研究成果。这部总集的出版，必将继续推动甲骨学、古文字学、历史学等诸多学科研究的深入发展。

但是，《甲骨文校释总集》只对甲骨卜辞进行了全面的校释，没有把甲骨卜辞原文与校释的文字一一对照，丢失了甲骨文原来具有的丰富的信息，使用起来

---

① 姚孝遂：《〈殷墟卜辞综类〉简评》，《古文字研究》第三辑，中华书局1980年版。
② 王宇信、杨升南主编：《甲骨学一百年》，社会科学文献出版社1999年版，第404页。
③ 有少数字的卜辞太多，就选择罗列一部分卜辞。
④ 王宇信、杨升南主编：《甲骨学一百年》，社会科学文献出版社1999年版，第406页。
⑤ 上海辞书出版社2006年版。

不免会觉得有一些遗憾。①陈年福先生的《殷墟甲骨文摹释全编》1—10卷②，以十年之力将目前能够见到的甲骨卜辞材料一一摹写成现代文字，并且保持甲骨卜辞原文与现代汉字的一一对照，保留了甲骨文原有的信息。

本来《殷墟甲骨文摹释全编》可以取代《殷墟甲骨刻辞摹释总集》成为目前最实用的甲骨学工具书，不过《殷墟甲骨文摹释全编》的甲骨文释读错误要多一些，如🔣释读为"求"，🔣释读为"豕"，🔣释读为"辇"，🔣释读为"冥"，🔣释读为"自"，🔣释读为"匕"，等等。所以我们使用《殷墟甲骨文摹释全编》得其收集卜辞全面之便，又有需要核对其释文文字之不便。

从李学勤先生为《殷墟甲骨文摹释全编》作的序中得知，《殷墟甲骨文摹释全编》是陈年福先生正在做的甲骨文数据库的副产品，我们期待陈先生在做甲骨文数据库时，能够充分利用甲骨学研究的成果，做出一个非常好的甲骨文数据库来。

二、甲骨文考释

就目前发现的甲骨卜辞来说，刻在卜辞上面的文字符号大约有4000个，经过一百多年众多学者的不懈努力，"我们现在能够真正辨识的，或者说能够与后世的文字形体找出其发展联系的，约一千个字左右"③。对甲骨文字的考释，最早是孙诒让《契文举例》，他根据《铁云藏龟》著录的甲骨卜辞，"穷两月之力"写成《契文举例》二卷，开创了甲骨文字考释工作的先河。其后罗振玉、王襄、商承祚、叶玉森、陈邦怀、郭沫若、唐兰、朱芳圃、吴其昌、余永梁、于省吾、杨树达等学者都有甲骨文考释著作出版，更多学者有甲骨文考释论文发表。1965年，李孝定先生出版《甲骨文字集释》，把散见各处的甲骨文考释材料汇集在一起，并加上分析综述，提出自己的考释意见，成为当时查找甲骨文考释成果最方便的工具书。1996年，于省吾先生主编《甲骨文字诂林》出版④，成为当前搜集资料最全的甲骨文考释著作。《甲骨文字诂林》于甲骨文每字下面罗列截止至1989年的前人考释结论，编者对前人的考释结论进行了筛选，"对于那些缺乏依据、但

---

① 我个人认为这部总集应该借鉴《殷墟甲骨刻辞摹释总集》的做法，把甲骨刻辞和释文一一对照起来，因为把古文字的表意形体隶定为方块字之后，会丢失许多信息，非常可惜。
② 线装书局2010年版。
③ 姚孝遂《殷墟甲骨刻辞摹释总集·序》，中华书局1988年版。
④ 中华书局1996年版。

凭揣测臆想、毫无参考价值者一概摒而不录。"①最后由姚孝遂先生加上按语，申述编者的观点。姚先生注意一一对照卜辞原始资料，所以，其按语简明扼要，很有参考价值。李圃先生主编的《古文字诂林》②是一部汇集历代学者关于甲骨文、金文、古陶文、货币文、简牍文、帛书、玺印文和石刻文等古文字形音义考释成果的大型工具书。全书参照《说文》部首顺序排列字头，每字先列字的各种形体，然后依考释成果先后顺序汇集众家考释材料，资料截至1997年底，是目前汇集古文字考释资料最全面的工具书。全书以繁体字排印，清楚、美观、大方。略有不足的是每个字的后面没有编者的按语以作总结并明确编者的观点。

◇ 第二节　古文字考释◇

一、古文字考释方法

随着甲骨文考释工作的深入，甲骨文考释方法也日趋成熟。孙诒让"将不同时代的铭文加以偏傍分析，藉此种手段，用来追寻文字在演变发展之中的沿革大例——书契之初轨、省变之原或流变之迹。他对于古文字学的最大贡献，就在于此"。③唐兰先生指出，孙诒让"精于分析偏旁，和科学方法已很接近了"。④罗振玉的《殷虚书契考释》"由许书以溯金文，由金文以窥书契，穷其蕃变，渐得指归"⑤，成功地运用了比照《说文》中的古文字考释古文字的方法。

"考释甲骨文字的理论化，严格地说，到了唐兰、于省吾始有了比较系统的建树，在方法论上也日趋成熟"。⑥唐兰在《古文字学导论》中总结出了辨明古文字形体的四种方法是：对照法或比较法（把甲骨、金文、小篆与六国古文等各种古文字材料放在一起比较其嬗变之迹）、推勘法（根据辞例推勘文义以考释古文

---

① 姚孝遂：《甲骨文字诂林·序》，中华书局1996年版。
② 上海教育出版社1999—2004年版。
③ 陈梦家：《殷虚卜辞综述》，科学出版社1956年版，第56页。
④ 唐兰：《古文字学导论》，齐鲁书社1981年版，第183页。
⑤ 《殷虚书契考释·自序》，东方学会石印本，1927年版；又艺文印书馆翻印本，1968年版。
⑥ 王宇信、杨升南主编：《甲骨学一百年》，社会科学文献出版社1999年版，第105-106页。

字)、偏旁分析法(把已经认识的古文字分析为若干偏旁,掌握偏旁的变化形式,这样就可以知道要考释的古文字是由哪些偏旁组成的,也就可以知道这个字是什么字了)、历史考证法(研究文字形体的演变规律考释古文字)。①于省吾总结考释古文字的方法是"我们研究古文字,既应注意每一个字本身的形、音、义三方面的互相联系,又应注意每一个字和同时代其它字的横的关系,以及它们在不同时代的发生、发展和变化的纵的关系"。②

我在《汉字学的新方向》中罗列了前辈学者考释古文字的主要方法③,在《现代训诂学探论》中介绍了我认为比较科学的考释古文字方法④,近两年我对古文字考释方法又有了更加系统的总结,现介绍如下。

考释古文字工作不外乎两大任务,一是辨字,二是考义。也就是说,首先要辨认字形,知道它是现在的什么字,然后要考释字义。下面我们分别说说辨字和考义的方法。

(一)辨字形

所谓辨字,就是拿到一个古文字,我们应该通过一定的方法确定它是今天的什么字,或是已知的什么字的异体。辨字一般有以下一些方法。

1.与已知的古文字结构相比照

汉字自产生以来,在很长的历史时期内都停留在表意体系阶段,所以汉字的形体结构虽在使用当中发生着某些变化,但并没有发生突变。较早时期的古文字形体和较晚时期的古文字形体之间往往都有些相似之处。所以,我们拿较晚时期的古文字形体与较早时期的古文字形体相比较,往往可以确定较早时期的古文字就是较晚时期的什么字的前身,从而认识较早时期的古文字。

许慎的《说文解字》一书,所收汉字的字体为小篆,此外还收了一些异体字,这些字多是战国时期各诸侯国使用的古文字。《说文》所收的古文字经过许慎的说解使我们都认识了,所以我们在考释古文字时,往往把《说文》当作由今文字通向古文字的桥梁,拿古文字的形体与《说文》所收古文字相比较,从而确定要考释的古文字是个什么字。

① 参考唐兰:《古文字学导论》,齐鲁书社1981年版,第163-202、241页。
② 《甲骨文字释林·序》,中华书局1979年版。
③ 陆忠发:《汉字学的新方向》,浙江大学出版社2009年版,第22页。
④ 陆忠发:《现代训诂学探论》,浙江大学出版社2008年版,第39-51页。

如:《说文》"陟"字作𨺃,许慎说:"陟,登也。从𨸏从步。𨼷古文陟。"

甲骨文有𨺃字,王襄说:"古陟字。"罗振玉说:"《说文解字》:陟,登也。从𨸏,从步。古文作𨼷。按从𨸏示山陵形。从𣥠象二足由下而上。此字之意,但示二足上行,不复别左右足。"甲骨文的𨺃,经过与《说文》的𨼷作形体对照,就可以确定是"陟"字。

除了《说文》,其他的古文字形体也可资对照。如甲骨文有三字,金祖同先生释为"三",读若"江",有"将"义;郭沫若先生释为"川"之古文;容庚先生释为"彤","继续不绝"之意。以上解释均不通。于省吾先生对照金文、古玉铭、古陶文、古玺文中"气"的写法,发现三横均不斜写,如雍公咸鼎作三,齐侯壶作三、三,古玉铭"氛"作𣱛,《陶文编》"吃"作𠲿,《古玺文字征·附录》四六有"氛"字,《古籀补补》二·十一有𣱢字,这些"气"或从"气"之字,其三横皆平,中间稍短,因易与三相混,故上画左弯,下画右弯。这种现象古文字中是较常见的,如"七",卜辞、金文均作十,因易与十相混,故小篆作𠀁。"内",卜辞作内,易与"丙"相混,故金文作内。[1]据此,于省吾先生断定三即"气"。"气"读为"迄",以解卜辞,无不通畅。

《菁》一:"王固曰:屮有祟,其有来警,三至五日丁酉,允有来警。"

《菁》二:"王固曰:有祟,其有来警,三至九日辛卯,允有来警自北。"

《通纂·别录》二·二:"甲辰卜,亘贞,今三月,光乎来。王固曰:其乎来,三至佳乙,旬有二日乙卯,允有来自光。"

于省吾先生说:"三至五日丁酉"即迄至五日丁酉,"三至九日辛卯"即迄至九日辛卯,"三至佳乙"即迄至惟乙。《前》七·九·三:"其有来,迄至……""迄至"犹今言"及至",《前》二·二八·二:"壬戌卜,曳贞,气今擎田于先侯,十月。""气今"即迄今。《前》七·十六·四"及今二月雨","及今"犹迄今也。《粹编》一二五〇片:"丙寅气壬申,气口戊子,气丁酉、气辛口。"郭沫若误释三为彡,并谓此例颇特异,为自来所未见。按三即"气",通"迄",丙寅迄壬申者,由丙寅至壬申日也。下云迄丁酉,即至丁酉也。此辞虽残,然文例一贯也。[2]

---

[1]　关于"内"的形体,于省吾先生的解释可能不正确。"内"应该作内,∩是人的大腿,里面的两个符号是指示符号,指示这里是大腿的内侧,以表达"内"的概念。甲骨文因为刻写圆弯的笔画比较困难,就写成了内。

[2]　详《甲骨文字诂林》3372页。

2.偏旁分析法

孙诒让是运用偏旁分析法较早较成功的学者，他的《名原》一书，对所释的字都作了精密的偏旁分析。唐兰先生将其方法概括为："把已认识的古文字分析做若干单体——就是偏旁，再把每一个单体的各种不同的形式集合起来，看他们的变化，等到遇到大众所不识的字，也只要把来分析做若干单体，假使各个单体都认识了，再合起来认识那一个字。"

唐兰先生还说："如其仅拿一两字来说，这种方法应用的范围似乎太琐小狭隘了。这种方法最大的效验是我们只要认识一个偏旁，就可以认识很多的字。"如唐先生运用这种方法，首先认识了古文字"斤"，接着通过偏旁分析认识了二十多个从斤的字，如从父从斤即是"斧"，从日从斤即"昕"，从单从斤即是"斲"等。①

运用这种方法考释古文字，必须掌握已经认识的偏旁，同时还要了解古文字中偏旁的通用情况，要注意掌握汉字偏旁变化的规律，这样才能准确地认识字的偏旁，准确地考释古文字，唐兰《古文字学导论》一书中"字形演变的规律"一节对字形偏旁的演变规律有细致的分析，可以参看。

3.从字形所示字义出发来确定即今何字

表意汉字是直接用字形示意的，但是，该字所表示的事物后来用了一个形声字来表示了，原来造的表意字的形体就废弃不用了。也就是说，与这个表意字相对应的是一个后代造的形声字。这样一来，我们就没法找到与之相对应的古文字形体了，所以也就无从对照；又因为这个字的演变历史断裂了，所以也无法用偏旁分析法确定其历史演变情况。这时候，我们可以从字形所显示的字义来确定它是现在的什么字。

如，我们根据的形体确定它就是"菽"字，这个字过去被隶定为"粟"或者"穄"。从卜辞中看，此植物为一种重要的粮食作物。

《合集》10024正："庚申卜，贞，我受年？三月。"②这是问是否会丰收。

《合集》33225："王弗？""王其？"这是问王要不要种。

《合集》32459："甲午卜，登高祖乙？"这是问要不要向高祖乙献。

但是的字形不像粟或者穄的植株形，粟的植株像狗尾巴草，穄的植株像高粱。那么，这个到底是什么农作物呢？我们认为它就是菽，是这种农作物的植

① 唐兰：《古文字学导论》，齐鲁书社1981年版，第179-192页。
② 曹锦炎、沈建华：《甲骨文校释总集》把校订为"黍"，是错误的。

224

株，很多的点是植株的枝丫上结满豆之形。它是象形字，应该隶定为"菽"。

当然，我们说它是"菽"，还有一个重要证据就是卜辞中有"白菽"，《合集》32014："惟白菽登。"粟或者稷是没有白的子实的，豆类作物是有白的子实的。

因为豆类作物的果实很容易爆裂，人们常常要到地上去拾取它的果实，于是就根据这个特点给这种作物取了个新的名字叫"菽"，菽的形体就废弃不用了。

（二）考字义

古文字考释，除了考字形之外，另一个重要工作就是考字义。考字义常有五大方法。

1.审字形

审字形法就是根据字的结构，去体会它所表示的字义，我们在前文已举过"菽"字为例了。我根据"来"字的结构不像麦子而是像燕麦的植株形，从而论定"来"的本义是燕麦。①

再如甲骨文有𤳹字，旧不释，在卜辞中是一种与雨水有关的祭祀活动。

《合集》31185："贞，王𤳹雨，吉。"②

今观其形，𤳹从凵表水塘，从二𣥹。𣥹从夭从冂，夭是一个人，这个人作张口呼号状，冂是渡水时使用的葫芦，近代南方少数民族悬葫芦渡水，就用木棍捆住四个筐如"井"字形，四个筐中各置葫芦，然后将井字形架捆在腰间，以涉深水。③这捆在腰间的井字形架侧视正是冂之象。所以𣥹像人身系渡水的葫芦而有所呼号。凵为提示符号，提示所处环境是在水中进行。整个字表示人们身系葫芦在深水中呼号。我在《汉字学的新方向》中考释甲骨文夭字时说：古代求雨祭祀，可分为文求和武求两类。所谓文求，就是向主管下雨的神献牺牲，请求下雨；或是焚人求雨，以博取雨神的同情。所谓武求，就是将管下雨的神放到烈日下去暴晒，逼迫上天下雨。如见于卜辞的作土龙求雨，等等。④求雨之祭如此，那么祈求不下雨之祭则应反其道而行之。怎样才能告知雨神不能再下雨了呢？如果是文求的话，人们应该装出不堪大水之苦的样子：身上穿上蓑衣，腰间系上葫芦，表

---

① 陆忠发：《释"来"》，《农业考古》1996年第3期。
② 曹锦炎、沈建华：《甲骨文校释总集》校订为"贞王弜𤳹，雨，吉"。于𤳹后断句，就把𤳹看成是求雨的祭祀了，刚好弄反了。
③ 参看席龙飞：《中国造船史》，湖北教育出版社2000年版，第一章。
④ 陆忠发、杨云：《古代焚人求雨祭祀的文字学再探讨》，《杭州师范学院学报》2000年第4期。

示雨水太多，到处都是深不可涉的水流。这样，管下雨的神就不会下雨了。[1]我们通过分析字形，可以确定𤽿所表达的意义与㝵同，亦指求不下雨之祭。"𤽿雨"，乃"因为雨而𤽿"之义。

金文有𦠄、𦠄字，亦作𦠄、𦠄，《金文编》认为与眉毛之"眉"同字。周法高先生已经指出："容氏以此字列入篆文眉字下，非是。"[2]张亚初先生释为沐浴的"沐"，就是依据古代的礼俗。[3]沐浴在古代不但是一种习俗，而且是周礼中的一个重要组成部分。《周礼·天官·女御》："大丧掌沐浴。"《宫人》："共（供）王之沐浴"。《仪礼·士昏礼》："夙兴，妇沐浴缫笄。"《礼记·檀弓下》："沐浴佩玉则兆"。此字从𦥑表示双手，从𠂤表示倾倒的器皿，倾倒的器皿下面是一个人，人从"首"，"首"是提示符号，提示地点，"首"两边的四点或者两点也是提示符号，提示水淋下。整个字用一个人正在沐浴的生动形象表达了"沐"的概念。

运用这种方法，要了解汉字的表意方法[4]，另外，运用这种方法时，要找准字形所强调的地方，这对准确地把握字义，也极为关键。如我在《汉字文化学》中考释的"昼"字就是这样，这个字强调在晷面上立杆，在晷面上一定的范围内都有日影，从而科学地表达了白昼的概念。[5]《说文》："昼，日之出入，与夜为界。从畫省，从日。"《说文》的解释根本无法说明古人造字的用意。"昼"，甲骨文作𦥯，亦作𦥯。○表示日晷的晷面，晷面中的点是个提示符号，提示日晷的表杆插入的位置；卜和𠄌表示测日影的表杆，卜和𠄌上面的斜线是表杆的悬绳，用以判定表杆是否垂直，Ⅴ也是提示符号，提示表杆的下部是尖的，以便于插入晷面圆孔之中；𠂆是手，与表杆合起来表示立一根表杆；丶 表示表杆在太阳下的投影移动的范围。整个字表示：在晷面的"•"这个圆孔处立表杆，则表杆在太阳下的投影将在晷面的"ᴮ‸ᴬ"这样一个范围内移动。这样就巧妙地把"白昼"的意义表达出来了。当太阳初升时，表杆的投影在A处；随着太阳的升高，表杆的投影由A向B的方向移动，最终在太阳落山时，表杆的投影到达了B的位置。表杆的投影由A移动到B的位置，这就是一个完整的"白昼"。先人们对"白昼"意义的表

---

[1] 陆忠发：《汉字学的新方向》，浙江大学出版社2009年版，第185-186页。

[2] 《金文诂林》1161页。

[3] 张亚初：《殷周金文集成引得·序言》，中华书局2001年版。

[4] 目前我们能够看到很多说解汉字造字及其历史文化意义的著作，其中许多字都说错了。原因就是这些书的作者并不真正懂得汉字的表意方法。

[5] 陆忠发：《汉字文化学》，吉林人民出版社2001年版，第16-21页。

达是何等的巧妙而精确！

经过一定的演变，就成了今天的汉字"昼"，其演变过程大致如下：⬚→⬚→畫→昼。

过去的考释，都没有找准字形所强调的地方，错把昼面当成是太阳，也没搞清楚昼面下面的半圈小点点到底是什么东西，甚至有的先生在考释这个字时根本就没有去考虑这些小点点在这里干什么用，这样对这个字的考释自然就不会是正确的了。

甲骨文等古文字的形体还不十分固定，有些字笔画的多少和有无确实不影响字义，但并不是每个字都是这样，我们在具体考释时，还是要多想想汉字结构中的一笔一画的作用，不能太大意。

2.考文例

考文例就是根据一字在卜辞中的具体用法来确定其意义。我们确定一个字的字义，不能不顾及它在具体语言材料中的使用情况。单单凭字形来确定字义，不顾及语言实际，这是十分危险的，其结论也不一定正确。我在《汉字文化学》中考"麋"字时，就是在分析字形的基础上，结合它在卜辞中的用法加以论证的。[1]古文字考释之所以会出现那么多错误的或是不完全正确的结论，原因还在于考释者对考察文例重视不够，有的不顾文例，单凭字形说义；有的注意了文例，但又仅凭一部分用例来迁就己说，因而其最终的结论都有问题，我们要全面地分析文例，然后再确定字义和字的本义。这一点大家一定要切记。

如"妻"，甲骨文作⬚，在卜辞中用法有二：

（1）作名词，如《合集》6057反："王固曰：有祟，其有来警，迄至九日辛卯，允有来警，自北。㚔妻笄告曰：土方侵我田十人。"

（2）作动词，如《合集》691正："……申卜，……往妻……"

"往"后当跟动词，知"妻"在此作动词。作动词用的"妻"与字形相合，应当视为本义，所以我们论定："妻"的本义是抢妻。

甲骨文有⬚字，也有⬚、⬚字，⬚、⬚从复从人，可以隶定为"复"。⬚与⬚形体接近，杨树达先生疑也是"复"，曰："按复字……左从复，右疑从人，字盖假为腹。"李孝定先生亦谓⬚与⬚为一字，并"腹"之古文。李孝定先生又谓"上

---

① 陆忠发：《汉字文化学》，吉林人民出版社2001年版，第96-97页。

出第一形从身复声，第二形从人复声。并是腹之本字。从身从人同。"但屈万里先生谓复："疑是復之异体，復，返也。"①如果我们结合这些字的文例作分析，这几个字的区别是明确的：

《合集》5373："癸酉卜，争贞，王�不安，无延。"

《合集》31759："再𨗉。"②

上一辞，𨗉字显然为身体部位名，字从身复声，为今"腹"字可为定论。下一辞𨗉为动词，表示人的行为，旧以为与𨗉同字，非也。屈万里说是。

再如甲骨文𣏾字，罗振玉、王国维以为即《说文》之"叙"，"楚人谓卜问吉凶曰叙"，其形从又持木于示前，乃卜者以木燋火之故。③严一萍先生以《说文》"祡"字当之，谓焚柴以祭。④于省吾先生据《说文》"窸，塞也。从宀叙声"，认为"叙"亦通"塞"。《汉书·郊祀志》："冬塞祷祠。"颜注："塞谓报其所祈也。""甲文之叙字均应读为塞，谓报塞鬼神之赐福言之。"⑤

从卜辞看，𣏾、𩰪、彡每每同时祭祀：

（1）𣏾、𩰪、彡并用例：

《合集》22762："戊辰卜，旅贞，王宾大丁，彡、𩰪、𣏾无尤。在十一月。"

《合集》22882："乙巳卜，旅贞，王宾戔甲，彡、𩰪、𣏾……"

《合集》23112："……尹……宾小乙，彡、𩰪、𣏾，无尤。"

（2）𩰪、𣏾并用例：

《合集》22730："……卜，旅……宾大乙……𩰪、𣏾……"

《合集》25749："壬甲卜，大贞，王宾，𩰪、𣏾，无尤。"

《合集》25750："己丑卜，大贞，王宾，𩰪、𣏾，[无]尤。"

（3）彡、𩰪并用例：

《合集》22855："戊卜，王贞，王其宾仲丁，彡、𩰪，无害。"

《合集》27178："戊戌卜，口贞，王宾仲丁，彡、𩰪，无𡆥。十月。"

𩰪，乃"龢"字所从，当为编管乐器。卜辞中为祭名。董作宾先生曰："祖

---

① 以上所引据《甲骨文字诂林》，中华书局1996年版，第864－865页。

② 曹锦炎、沈建华：《甲骨文校释总集》校订为"弜腹"。副词"弜"后面肯定是动词，"腹"不可能是动词，仅仅从语法上就可以判断"腹"是错的。

③ 参见《甲骨文字诂林》，中华书局1996年版，第1065页。

④ 参见《甲骨文字诂林》，中华书局1996年版，第1070页。

⑤ 《甲骨文字释林·释𣏾》25－27页，《甲骨文字诂林》1070页，中华书局1996年版。

甲时彡祭前一日之祭曰'彡夕'，后一日曰'彡龠'，彡祭用鼓，龠，即管籥，皆用乐以祭也。"①饶宗颐先生曰："龠即籥，谓用籥也。《佚周书·世俘解》：'祀于位，用籥于天位。'"②赵诚先生曰："龠……当为以音乐助祭，与彭祭近似。"③以上诸说皆是。据卜辞统计，龠、彡、𣁋之祭，基本上都没有牺牲，彡为击鼓，龠作为祭名，当是吹奏管乐器以祭，𣁋与彡、龠并用，亦当以奏乐为祭。由此知𣁋字义为奏乐之祭，复查其字形以"手持木于示前"示意。则𣁋当为手持木棍相击以发声或者使木板相互碰撞以发声，与梆子之类乐器或者快板当为同类。

"壬"，甲骨文作𣅀，关于"壬"的卜辞不多，今全录于下：

《合集》277："……[乎]……师……壬……"

《合集》2646："己卯卜，㱿贞，壬父乙，妇好生保。"

《合集》4303："贞，再令壬惟黄。"

《合集》4304："甲午卜，争贞，令壬惟黄，一月。"

《合集》19107："甲午卜，㱿贞，再令壬……"④

《屯》625："惟在𣂰犬壬比，无灾，毕，吉。"

《英》409："贞令壬……"⑤

《英》410："……令壬惟寅。"

《英》436："贞令壬。"

"壬"字的字形，像人站在土丘之上，这一点目前看法是较一致的。但对字义的解释却分歧很大。李孝定先生说："《说文》：'壬，善也。从人，士。士，事也。一曰象物出地挺生也。'徐灏《〈说文段注〉笺》曰：'按一曰象物出地，则当从土，壬盖古挺字。鼎臣云"人在土上壬然而立"是也。'此说极确。"⑥

高嶋谦一先生说"我认为最恰当的是把𣅀解释为壬（恳求、直诉。其意是由壬之本义'笔直走'而来）。这一解释不单在上引一条卜辞中文从字顺（忠发按：指《乙编》五五八二：'甲戌卜㱿贞雀壬子商徒基方，克。'），而且在其它卜辞中

---

① 《殷历谱》下编卷二《祀谱》祖甲祀谱。《甲骨文字诂林》，中华书局1996年版，第735页。
② 《甲骨文字诂林》，中华书局1996年版，第735页。
③ 《甲骨文简明辞典》251页，《甲骨文字诂林》736页，中华书局1996年版。
④ 曹锦炎、沈建华：《甲骨文校释总集》于"壬"后面夺省略号。这种现象在《甲骨文校释总集》中还比较多。有没有省略号，有时候会影响我们理解卜辞的意思。
⑤ 曹锦炎、沈建华：《甲骨文校释总集》于"壬"后面夺省略号。
⑥ 《甲骨文字集释》第2709页。

亦合于文义。"①按照"壬"为"恳求"的意思，高嶋谦一文中对关于"壬"的几条卜辞作释译如下：

《乙编》五五八二："甲戌卜敮贞雀壬子商徒基方，克。"

——甲戌日灼卜，敮贞测：雀应该恳求子商向基方推进，（他）将征服（基方）。

《龟甲》一、二四、一二："甲午卜争贞令壬惟黄。"

——甲午日灼卜，贞测：（我们）应该下令恳求黄。

《遗珠》五二四："乙卯卜敮贞壬父乙妇好生保。"

——乙卯日灼下，敮贞测：（我们）应该将保护妇好的外甥（的责任）恳求于父乙。

赵诚先生说，"壬"象人伫立土丘之上有所企求之形。……"壬"的这种意义或多或少包含着希望、盼望之义。……卜辞"壬"字的这种用义，后代基本上由"企"字来承担。②姚孝遂先生说："壬字本身即象人挺立有所企求、希求之义。"③

综合起来，关于"壬"的意义，有两种说法，一是挺立，一是恳求。挺立之义，于卜辞说不通，固不可信，我们且不去管它。恳求之义，按高嶋谦一的翻译，虽说总觉得不是很通畅，但也不敢说绝对不通顺。我们还得结合卜辞作一些分析。

"壬"出现比较多的是在"令壬某"的卜辞中。谁能发号施令？当系商王。所壬之人，已知的为黄、寅、子商。黄当是商王重臣黄尹。下列卜辞可证明这一点：

《合集》3461："丁巳卜，内侑黄尹宰。"

《合集》3461："侑于黄尹四牛。"

《合集》3461："丁巳卜，内侑于黄三牛。六月。"

同一片骨头上三次占卜，两次称黄尹，一次称黄，可以证明这黄就是黄尹。

黄尹为商王重臣，死后能受到后世商王的祭祀，而且黄尹死后还有神威：

《合集》3483正："丙子……贞黄尹害王。"

《合集》3484正："……黄尹不我祟。"

---

① 《甲骨文中的并联名词仂语》，《古文字研究》第十七辑。
② 《甲骨文简明词典》359页。
③ 《甲骨文字诂林》14页"壬"字条按语，中华书局1996年版。

可见，黄尹生前地位是相当高的。寅既有名，也当是重要的王臣。只是关于寅的卜辞太少，我们无法作出更详细的判断。子商为商王的亲属，且手中握有重兵，其地位也不会太低，也当是重臣之一。综合起来，我们可以知道，"令"的发出者是商王，领命的人省略了，这个人再去"壬"黄、寅、子商等重臣。可见，这个省略了的领命的人就是传达王命的人。所以，壬黄、壬寅、壬子商就是商王让黄、寅、子商怎么样。因此，所"壬"之人，虽然是地位较高的重臣，但其地位再高，也高不过商王。所以商王不会恳求他们去做某事，把"壬"的意义解释成恳求，也是讲不通的。我认为，"壬"的意义是"委任"，"壬"是"任"的本字。

3.结合文化考义

文字是反映社会生活的，古代社会生活中的事和物，必然会在字形中有所反映。所以，我们释字，也必须联系古代的社会生活，结合古代历史文化的实际来考字。

如"宜"，甲骨文作圖、圖、圖，周初金文作圖（矢𣪘），春秋时代的秦公𣪘作圖、秦子戈作圖，战国玺印作圖（《铁云藏印》），《说文》古文作圖，战国时期也简写作圖（《铁云藏印》），这就是今天"宜"字的古体。

从"宜"字结构中看，早期的"宜"，总是在𠁁中放置两块或两堆肉，有的中间加"一"或"／"隔开，大概表示这两种肉是不同的肉。那么，"宜"到底表示什么意思呢？

关于"宜"字的考释，主要有以下几种意见。

（1）应当释为"俎"

孙诒让说："圖……几中从一横而上下别为∧形，疑即俎字。"罗振玉说："《说文解字》：'俎，礼俎也。从半肉，在且上。'……卜辞作圖，则正象置肉于且上之形。古金文亦有俎字，作圖（貉子卣）、圖（俎女彝），前人皆释为宜，误矣。"叶玉森、王襄、容庚、屈万里、唐兰诸先生之说大致与孙、罗二家所说相同。王国维说字像房俎之"俎"，"盖升半体之俎，当有两房，半体各置其一，合两房而牲体全，故谓之房俎。周用半体之俎，以其似宫室之有左右房，故谓之房俎。"金祥恒先生说与王国维说略同。

（2）古"俎""宜"同字

孙海波先生说："古俎、宜一字。"陈梦家先生也说："卜辞之宜作圖，亦即俎字。《金文编》以为俎、宜一字，是对的。"姚孝遂先生也持此种看法，他说："古'俎''宜'同字。"

（3）当释为"宜"

饶宗颐先生说："□，古文宜，祭名。"于豪亮先生说："甲骨文和金文有'宜'字，这是早就提出来的了，由于秦刻石、古玺、汉代封泥以及《说文》古文都有'宜'字，而且这些字同甲骨文和金文的'宜'字十分近似，一脉相承的痕迹非常明显，因此，甲骨文和金文中的'宜'字是没有问题的。"郭沫若先生初释为"房"，后又改释□为"宜"，他在《两周金文辞大系·考释·大丰簋》下曰："□字金文习见，卜辞亦多有，旧释宜……今案仍以释宜为是，《说文》宜古文作□，秦泰山刻石'者（诸）产得□'，古玺'□民和众'，汉封泥'□春左园'，均是宜字。"①

今按：与后代的"宜"字的结构相比较，甲骨文中的□隶定为"宜"是正确的。且古玺"□民和众"、汉封泥"□春左圆"之□释作"俎"则不辞，只能释作"宜"。□在卜辞中表示用牲之法：

《合集》10094正："……求年于河，燎三宰、沈…卯三牛、□宰。"

《合集》14536正："辛…贞，求[于]河，燎五小宰，沈五牛，卯五牛、□宰。"

□后面跟的牺牲常常是宰，若说□之义为俎，则□宰当为把羊肉放在俎上。祭祀时，除燎、沈不将牲肉放在俎上之外，卯当是把牺牲剖开后将肉放在俎上的。为什么其他牺牲放在俎上不说□，单单把羊肉放在俎上要说□呢？可见□释"俎"实际上也说不通。

甲骨文中有"俎"字，作□，从△上置肉。其辞例与作□不同，如：

《合集》376正："王佐三羌于□，不佐，若。"

□，《殷墟甲骨刻辞类纂》认为与□同字，是错误的。②这个字就是"俎"的甲骨文形体。但是，这个形体与□确实很容易混同，所以金文中又重新造□字。□是会意字，□是象形字，是"俎"侧视的形象，其四足后来形讹为"仌"，形体遂作"俎"。

"俎"字作□、作□，形体与□迥异，这些都证明□当隶定为"宜"。至于或谓古"宜""俎"同字，王国维早就指出"宜""俎"声音绝不相通，不可能为一

---

① 以上所引材料见《甲骨文字诂林》，中华书局1996年版，第3325-3337页。
② 曹锦炎、沈建华：《甲骨文校释总集》也校释为"宜"，非是。

字。再说"俎"自有古体，皆可证古"宜""俎"为不同的两个字。

诸家并未真正注意"宜"字的结构特点，宜字的结构很显然是强调在且上放了两块肉，若仅表示在且上置肉，以表明宜是"俎"，则放置一块肉足以示意，何必偏偏要放置两块，甚至在肉与肉之间还要用"一"隔开，以示二肉不同呢？

那么，为什么非要放置两种肉呢？我们认为这与古人的食肉方式有关。

且看看古人吃肉的情况。《礼记·曲礼上》："凡进食之礼，左殽右胾，食居人之左，羹居人之右；脍炙处外，醯酱处内；葱渫处末，酒浆处右。"意思是说，在宴饮宾客时，煮好的带骨的肉放在客人左边，切成小块的肉放在客人右边，饭置于客人左边，羹汤置于客人的右边。切好的肉丝、烤肉靠外放，醋、酱等调料靠里放，葱就放在醋、酱的旁边。古人餐桌上食品及调料的摆放情况大致如上。餐桌上放在左边的大肉，当是备用的肉，客人的食量有大有小，主人先把一部分肉切成小块，便于客人食用，若客人吃完主人所切的肉后，还要吃肉，就可以从左边放着的备用肉中切下小块来吃。

从餐席上放着多种调料看，这大肉在煮熟的过程中未经调味，即使加了调料，也不均匀，所以在吃肉时，将大肉切成小块，还要现调现吃。

古人为什么要这样吃肉呢？这也是当时的社会条件所决定的。当时使用的炊具主要是陶器，不能用以炒菜，当时主要的烹饪方法是煮。吃肉时，往往是把肉分割成较大的肉块，然后放到鼎鬲中去煮，或是把肉切成不太大的肉块，煮成羹。大肉块煮熟后，吃的时候用叉戳着再切成小块肉；因为煮的时候肉块太大，调料不能均匀地进入肉中，所以煮的时候很可能不加调料，因而切成小块肉之后还要用箸戳着蘸上调料再吃。①

这些情况，直到西汉还是这样。《史记·项羽本纪》载，项羽在鸿门宴上曾赐给樊哙一生彘肩。樊哙覆盾于地，加彘肩上，拔剑切而啗之。这里的生彘肩，多认为是半生不熟的猪腿，实际上它是烧熟了而没有加调料的猪腿，是宴席上备用的猪肉。"生"是生糙的意思，不是生熟的生。当时的情形应该是这样的：项羽、亚父、刘邦、张良的食案上均有切好的小块肉，同时还放了一些没有加过调料的大肉块以备切好的肉吃完后取用。正食间，樊哙闯进来了，项羽嘉其忠勇，

---

① 陆忠发：《中国先秦秦汉餐叉用途考》，《中国烹饪》1998年第1期；陆忠发：《释"箸"》，《古汉语研究》2000年第2期。

乃命左右取一备用的猪腿给他。①于是樊哙在没有调料的条件下就把这个猪腿吃掉了。哪有赐人不熟的猪腿之理？再说当时项羽只命"赐之彘肩"，左右怎敢自作主张拿一个不熟的猪腿给樊哙呢？还有，樊哙吃完这个生彘肩后显然气消减了不少，这也证明这个生彘肩与项羽他们吃的猪肉没用什么不同。因为樊哙是进来打架的，如果项羽不想打起来，他根本不可能用半生不熟的猪腿去刺激樊哙。从这里看，鸿门宴上的招待客人之法与《礼记·曲礼上》所记的是一样的。《汉书·周勃传》附《周亚夫传》曰："顷之，上居禁中，召亚夫赐食。独置大胾，无切肉，又不置箸。亚夫心不平，顾谓尚席取箸。"这里的"大胾"指切成很大的肉块；无切肉，指没有切成适于食用的小块，这已是慢待客人，又不置箸，将如何吃肉呢？故亚夫心不平，要求取箸来。从此亦可见西汉初期的宴席与先秦是一样的。以后由于金属炊具的广泛使用，肉可以切成小块炒了吃，原来的吃肉方式就渐渐不用了。

说清楚了古人吃肉的情况，我们再回过头来看看宜字的结构。此字实际上是用"食案上放着两种肉"来表示"熟肉"的概念。肉的概念很容易表示，而"熟肉"的概念则很难用一个字形来表示。古人巧妙地利用放在食案上供食用的肉，形象地把这个难题解决了。若不用两种肉，就没法表示出这是供吃的熟肉，所以"宜"字结构要强调两种肉。

因熟肉可食，故引申为菜肴。《尔雅·释言》："宜，肴也。"李巡注："饮酒之肴也。"邢昺疏："谓肴馔也。"熟肉必先经烹制，故引申为烹调。《诗经·郑风·女曰鸡鸣》："弋言加之，与子宜之。""宜之"即烹调所弋之凫雁。

熟肉宜于食用，故又引申为适宜。貉子卣："唯正月丁丑，王各于吕䣝，王牢于麤，咸宜。"《文选·补亡诗》："万物之生各得其宜也。"李善注引《仓颉篇》曰："宜，得其所也。"《荀子·大略》："不时宜不敬。"注："宜谓合宜。"引申为适宜的事。《尔雅·释诂》："宜，事也。"《礼记·月令》："天子乃与公卿大夫共饬国典，论时令，以待来岁之宜。"

由适宜又引申为行为规范、准则。《中山王䥺壶》："惕（适）曹（遭）郾（燕）君子偂不辨大宜。"这一意义的"宜"后来又假借本义为"威仪"的"义"为之，故古训屡训"义，宜也""义者，宜也""义之言宜也""义者，所以合宜也""义

---

① 以情理推之，这个"生彘肩"很可能是项羽自己食案上的备用的猪腿。

者事之宜也""义者，合宜也"。

从"宜"的字义发展情况来看，我们把宜之本义定为"熟肉"，也是没错的。

4.通过一字在其他文字中作偏旁的情况考该字之造字本义

有些字，由于造字年代比甲骨文时代要早得多，其造字本义历经若干年的引申，已发生了许多变化，从现有的文献（包括甲骨卜辞）中已很难寻求其造字本义。

然而，这个字所代表的事物，往往是社会生活中不可缺少的东西①，人们使用这个东西从事相关的劳作。因而，这个东西又往往被作为一种造字部件用到其他的字中去，而这个造字部件所体现出来的其所代表的事物，恰恰是该字的造字本义。所以，根据一个字作为部件在其他字中的使用情况，我们可以推求出该字的造字本义。我们在前面已经多次用到这个方法考释古文字的意义了，如考"帚"字的本义应该是扫帚，甶本义应该是"筐"。我在第五章说"用"是象形字，分析为"从卜从中"是错误的。现在就请大家看看考释的过程。

"用"，甲骨文作用、甴。《说文》："用，可施行也。从卜从中，卫宏说。"卫宏说形非是。叶玉森说甴像架形，卜像干形，示植干于架，有事则用之，含备物致用之意。余永梁先生说"用"像器形，与函字一样，均像插矢于用中形，所以"用"之本义为用具之用，是一种盛物器。吴其昌先生认为"用"在卜辞中的字义是"刑牲以祭"，如"用大牛于且乙"，"用"本为栏杙之象形，必以此缚系牛牲，斯得从而刑之以供祭享。

叶玉森、余永梁均把甴看成是放置干或箭的架子之类的器具，其实甴并不像架子之类的器具形，甴更不像，卜亦非干或箭，所以叶、余二家之说均不可据。

吴其昌先生根据卜辞用例考"用"在卜辞中的字义为"刑牲以祭"，这是对的，然谓"用"本像牛之栏杙亦毫无根据。

于省吾先生说："用"字初文作甴，象甬（今作桶）形，左象桶体，右像其把手。"用"由桶引申为施用之用。为证明"用"之本义为桶，于先生还以𤔲字为证，谓𤔲像两手持桶以倾出盛土，乃垦植时铲高填低，平土田以利耕作。②

---

① 笔者认为：越是早造出的字，它所表达的概念越是与人们的社会生活密切相关。所以，我们发现的7000—8000年前的所谓符号，其实都是表示与人们的社会生活密切相关的事物的字，如数字、斧头（斤）、房子（个）、天亮（旦）、可以作为食物的野生的燕麦（来），等等。

② 以上所引材料见《甲骨文字诂林》，中华书局1996年版，第3402-3406页。

于先生说"用"像桶形，似能成立。但从"用"在 🀫 字中的作用看，于先生之说仍有问题。其一，盛土以其（箕），甲骨文字"糞"就表明盛土用箕，于说用桶，未免太过浪费也于史无证。其二，于先生把"圣"字本义考定为发田起土，也是错的。我在《圣田考》一文中已有驳论①，且"圣"字在以下几例中，均不能用"发田起土"释之。

《合集》37514："戊午卜，在潢贞，王其圣大兕，唯㸚㼆鹲亡灾，禽。"

《合集》37392："丁卯卜，在岙贞，🀫告曰：兕来羞，王唯今日圣，亡灾，禽。"

以上诸例及拙文《圣田考》一文所列有关"圣"字用法诸例，按照于省吾、郭沫若、陈梦家等各家所释"圣"字之义解之，均有所不能通。而"圣"字之义按照《圣田考》一文所考释为垒砌，则均能通。故"圣"字当释为垒砌。

这样，我们再回过头来看看"用"在"圣"字结构中所表示的意义，🀫 当像持"用"去将土夯实，"用"当是夯土用具。

考古已发现，河姆渡晚期建筑遗址中的柱基是采用夯筑的方法打实的。内蒙古清水河县至托克托县的仰韶文化时期遗址也发现有600厘米见方料礓石夯筑的居住面，河南偃师县（现河南省洛阳市偃师区）二里头村早商宫廷建筑遗址发现有料礓石夯筑的土台，推断高度为105厘米。湖北黄陂盘龙城商中期宫殿建筑营建程序是先平整地段，夯筑大范围的土台，单体建筑就是在这个夯土台上挖基建筑的。②

出现夯土层，说明夯土之事早就有了，后世营造房屋，夯土更为普遍，从"用"字字形上看，用正像夯形；且除"用"字之外，古文字中还没有发现表示夯土器具的文字，故"用"之本义当为夯。《左传·昭公十二年》："三月，郑简公卒，将为葬除，及游氏之庙，将毁焉。子大叔使其除徒执用以立，而无庸毁。"杜预注："用，毁庙具。"杜预的注释是猜出来的，哪里会有什么专门的毁庙工具。杨伯峻先生《春秋左传注》进一步指出"用""若今之锹、镐之类"，也是不对的。"为葬除"就是修建埋葬郑简公的墓道的台阶。③这个"用"就是夯，

---

① 陆忠发：《圣田考》，《农业考古》，1998年第3期。
② 杨鸿勋：《建筑考古学论文集·建国以来建筑考古研究综述》，文物出版社1988年版。
③ 杨伯峻先生《春秋左传注》解释"为葬除"曰："为葬埋清理道路障碍。"这是错误的。"为葬除"是我说的"动果"短语，过去人们不知道有"动果"短语，更不知道"动果"短语的语义关系，错误理解古书是必然的。

是修台阶的人（除徒）用来夯实路基和台阶的工具。在先秦文献中还能找到这样的例子，真是非常难得。这个例子证明我的考释是完全正确的。

"用"字又作 ⿰，⿱像夯体，⿰乃把手，把手在背后，视不可见，故字又作⿰，自上视其后有环，故字又作⿰。

"函"，甲骨文作⿰，金文作⿰，《说文》小篆作⿰，把手⿰亦写到了⿰上面，情况与此类似。故⿰、⿰均"用"之异构。江小仲鼎铭文"自作⿰器"，曾姬元⿰壶铭文"后嗣⿰之"的⿰均是"用"字。

5.结合汉字表意方法考释古文字

过去，古文字学界对古文字的考释，于字形注重古今对照，于字义长于归纳求义，学者们还未有意识地结合汉字的表意方法去考释古文字。结合汉字表意方法考释古文字能够有效地解决字形对照、归纳求义等方法解决不了的问题。我试举若干例子如下。

通过对已考古文字的分析，我们可以知道，古文字用可以实施某动作的工具表示动作概念本身。了解了古文字在表意方面的特点，我们就可以了解相关古文字结构所要表达的概念是什么了。

如⿰字，从⿰从⿰，旧不识。我们知道，⿰和⿰都是古代耕作的工具，很明显，这个字用耕作工具表示"耕作"的概念。应该是"功"字的异体字。"功"从工、力，"工"是农具铲[①]，与⿰一样，都是挖掘的工具，所以，⿰和"功"表达的概念是相同的。

"功"的本义是"耕作"，在传世文献中，几乎没有使用其本义的例证了。但是，《韩非子·五蠹》中尚有一例："是境内之民，其言谈者必轨之于法，动作者归之于功，为勇者尽之于军。"这里的"功"就是"耕作"的意思。

⿰在卜辞中的用法正好是"耕作"的意思：

《合集》21479："丁酉卜，呼多方⿰⿰。"

⿰像一个人身上系着葫芦的样子，可能是古代的求不下雨的祭祀活动，⿰与⿰显然都是与农业生产有关的事情。

又如"作"字，甲骨文作⿰、⿰。"作"字在卜辞中其义有三。[②]

（1）则也。《前》七·三八·一："我其已宾作帝降若，我勿已宾作帝降不若。"

---

① 陆忠发：《再释几个关于农具和农作物的甲骨文字》，《农业考古》，1999年第3期。
② 彭邦炯先生《卜辞"作邑"葬测》文所列。

（2）作为祭名。《粹》172："庚申卜，争贞，作大丁。"

（3）制造。《乙》1707："帝其作王祸，帝弗作王祸。"《尔雅·释言》："作，造，为也。"

这三个字义，当以"造做"义为本义。"造做"之义极难用字形来表达，"作"字造字又是如何用字形来表达其本义的呢？汉字造字，用可以实施某动作的工具来表示动作概念本身。明白了这一点，我们说解"作"字的结构，就比较容易理解了。"作"字造字，乃是集合造做器物的三种工具——尺、规、矩来表达"造做"这一概念的。①

掌握了汉字表意的这个特点，有的字我们一看就能够明白其意义。如：𠂤，军队在前面，后面是人在追赶，所以这个字是"追"；那么，𡥀就是一个人走在军队的前面，自然是向导了，所以这个字应该是"导"。过去只认识"追"而不认识"导"，正是没有把握字的表意方法的缘故。

甲骨文又有𡗜字，从大、矢，其字利用射向人体的矢表达"急速"之义：

《合集》36766："𡗜归于牢。"

此𡗜即急速之义。汉语中，表示速度的词语往往都与箭有关，如"如离弦之箭""归心似箭"，等等。生活中人们更是感受得到，当一支箭向人射过来的时候，其速度之快，简直让人来不及避让。所以，造字者就利用射向人体的矢表达"急速"的概念。②

甲骨文𢓉字，亦作𢓊、𢓋，要之皆从止从矢。于卜辞为描写动作的词：

《合集》10196："……日……狩兎，允获……虎二，俪有𢓉，𢓊友若。"

"有"读为"侑"，𢓉补充说明"侑"的动作。

《合集》15856："……𢓉𠂤宜……十牛，十二月，在……"

𠂤从𡗜持𠂤，应该是"奠"的异体字，"𢓉奠"，描摹的是奠的状态。

《合集》18466："贞勿𢓉步……""𢓉步……"

二辞𢓉当状行走的速度。

综合上述各辞，可知𢓉是个描写速度的字。

甲骨文𡗜是表示"疾速"的专字。然𡗜用于表示"疾速"，仅见于第四期卜辞，第一期卜辞中表示"疾速"义用𡗜：

---

① 陆忠发：《汉字学的新方向》，浙江大学出版社2009年版，第96页。

② 陆忠发：《汉字学的新方向》，浙江大学出版社2009年版，第169-171页。

《合集》8941："贞〖〗牛。"①

《合集》12671正："贞，今夕其雨〖〗。"

甲骨文〖〗、〖〗二字混用，然从表达概念的角度看，〖〗专表"疾速"，而〖〗专表"疾病"，盖因二字音同，遂相互假借，以致混用不分。②然早期卜辞中〖〗字偏偏不见用于表示其本义，实令人费解。今谓〖〗与〖〗为古今字。古文字〖〗、〖〗均表示一个行走的人，所以〖〗与〖〗所会意同，皆用"箭向人射过来"表示"疾速"的概念。前所引卜辞中的〖〗以"疾速"解之，无不通畅。我在前面介绍汉字形体避免歧解的方法时专门列"用相同功能的部件替换容易使形体产生误解的部件"的方法，〖〗与〖〗正是用这个方法避免歧解的。作〖〗还是有理解为脚踩着矢的可能的。作〖〗，则"箭向人射过来"就表现得非常生动形象了，一般是不会有歧解的。

再如，〖〗，卜辞中为动词，其辞例如：

《合集》902反："贞不惟帝〖〗王。"

《合集》2253："贞父乙〖〗王。"

陈梦家先生曰："〖〗是动词，或即《说文》'咎，灾也'之咎。"李孝定说亦同。③许进雄先生说："〖〗于卜辞有灾祸、作祟之意，其字象人为足所践踏，可能是咎的异体。"④按：以会意字表意方法言，人与动作器官组合成字，动作器官是主体。因此，〖〗当像一人用脚踢另一人之意。社会生活中，一人用脚去踢另一人，另一人无所反抗，乖乖被踢，这种情况往往是一人在责罚另一人，故〖〗之字义乃"责罚"。以此义读卜辞，无不通畅。字又作〖〗，乃"咎"所从之"处"，责罚往往同时伴有口出骂声，故字又添加"口"；因之，〖〗字，前贤释"咎"是也，唯字义当定为"责罚"。作祟之义，卜辞以"祟"为之（如《合集》14720："季祟王。"），灾祸则表述为"作囗"（如《合集》14182："帝其作王囗。"）或者"害某某人"（如《合集》776正："壬寅卜，殸贞，河害王。"）。《论语·八佾》："既往不咎"，刘宝楠正义："凡有所过责于人，亦曰咎。"犹存本义。

汉字的表意方法还可以总结出许多规律来，利用这些规律，我们可以纠正过去古文字考释的错误，可以认识过去不认识的古文字。这应该是古文字考释的又

---

① 曹锦炎、沈建华：《甲骨文校释总集》校订为"疾……"和"贞〖〗牛"二辞。
② 请参考《汉字学的新方向》，浙江大学出版社2009年版，第169—171页。
③ 《甲骨文字诂林》，中华书局1996年版，第834页。
④ 《甲骨文字诂林》，中华书局1996年版，第835页。

一个重要方法。

总体来说，过去古文字学界对古文字的考释，于字形注重古今对照，于字义则长于归纳求义，明显具有清代朴学传统。对卜辞中的字义作出考释，其实就是训诂问题。所以，归纳求义这个方法是行之有效的。但是，在这方面，仍有不足：我们还应该注意结合字在后来语言中的引申情况来确定字的本义。之所以可以用这个方法来辨别词的本义，道理很简单，词义的引申发展总是有一定规律的，找准了它的本义，就能顺利地理清其意义的引申发展线索；找错了它的本义，其意义的引申发展线索就理不清。所以，我们要验证一个意义是不是词的本义，可以试着将其意义的引申发展线索梳理一下。理清了，说明这个意义就是这个词的本义。我在拙著《现代训诂学探论》中将这种方法归纳为演绎的训诂方法之一[①]，请参看。梳理词义引申发展线索，同样可以作为考释古文字的辅助方法。

二、古文字考释应该注意的几个问题

（一）多种方法综合运用

我们在从事古文字考释的时候，往往都是多种方法综合运用，很少单独使用一种方法。如甲骨文𪊽字，亦作𪉗，见于下面的卜辞：

《合集》6062："……[来]自西……舌方𪉗我……𣥂亦𣥂𡧘。"

《合集》6063反："……自𣥂友唐，舌方𪉗……𣥂𡧘示易，戊申亦有来……自西，告牛家。"

《合集》6065："旬无𡿧……有祟，坠。𣥂其有[来警]……允有来警，……[曰]舌方𪉗……"

《合集》7102："……警……来警自西，……𪉗我……"

叶玉森先生说："此字从𣥂与𣥂、𣥂同，乃师所止之地。从𣥂象足迹围绕，或围之古文。"[②]杨树达先生说：叶玉森释围之古文，非。"余谓殆征伐之征本字也。征伐必以军旅，故从自，正则其声符也。"[③]郭沫若《卜辞通纂》109页第499片释文认为"𪉗字以辞意推之，殆征之繁文。"

从𪉗在卜辞中的使用情况看，𪉗均出现在有敌人进攻（有来警）或发生战争

① 陆忠发：《现代训诂学探论》，浙江大学出版社2008年版，第166-173页。
② 《甲骨文字诂林》，中华书局1996年版，第816页。
③ 《积微居甲文说·释𪉗》，转引自《甲骨文字诂林》，中华书局1996年版，第816页。

（戈）的卜辞中，说明鶣是与战争相关的字，郭沫若先生以为是"征之繁文"，姚孝遂先生认为郭说是。①忠发按：仅从鶣出现的语境看，郭、姚二先生的意见是说得通的。但是，甲骨文考释不能仅仅看字所在的语境，分析字形是不可或缺的。此字从品（征）从（驻），古人造字不可能无缘无故地添加偏旁，此添加，乃是提示符号，提示征而驻于某地。那么，征而驻于某地，字又用于敌我之间，显然是"围困"之义。

生活中必有长期的包围（即围困）之事。为了表达这一概念，造字者乃造鶣，用"军队开往一个城，并在那里驻扎下来"来表示"围困"的概念。当为"围"之本字。

这里就使用了分析词例和分析字形两种方法。

（二）注意结合汉字表意方法分析汉字结构

考释古文字必须注意结合汉字表意方法分析汉字结构，注意考虑部件的动作功能，同样的部件，其状态不同，表达的动作功能往往是不同的。如果不加区别，往往会错误地理解古文字的造字意图。甲骨文有字，亦作：

《合集》7854反："作洹，惟侑。"

《合集》14478："贞岳。""贞河。""岳"。

陈世辉、汤余惠先生曰："，不识，或释为祝，字象人跪祷于神前，与祝祷义近。"姚孝遂先生说："卜辞或称'岳'，或称'河'，有可能为'祝'字之异构。"②

今按：字像人持神主之形，甲骨文中的人，凡特加提示符号手的，均表示手要发挥重要作用，更像两手合抱神主之形。此字人足下所立为土，此土为提示符号，提示人站在高台或者土丘之上。③所以，整个字表示人站在高台或者土丘之上持着神主。此字绝非祝祷之义，亦非"祝"之异构，祝祷应该跪于示前，而不是抱持着示。再结合涉及的对象都是"河""岳"这些管下雨的神，我们判断的本义是暴晒雨神神主以求雨的祭祀活动。④

周代以下古文字考释同样不能忽视对汉字表意方法的分析。甲骨文字的考释

---

① 《甲骨文字诂林》，中华书局1996年版，第809页。
② 以上各家说见《甲骨文字诂林》，中华书局1996年版，第189页。
③ 甲骨文"望"亦作，也有登高望远之意。
④ 陆忠发：《汉字学的新方向》，浙江大学出版社2009年版，第114-116页。

方法同样适用于金文和简帛文字。金文和简帛文字的考释，还可以与传世文献作比对，考释起来会更加方便。但是，比照后代的字形和后世文献，绝对不能代替对汉字表意方法的分析和对古文字所涉及辞例的全面把握，否则结论可能是不可靠的。

我在《汉字学的新方向》中运用分析字形和考文例的方法考释甲骨文𠂤应该为"寻找"的"寻"[①]，有好几位先生看了我的书之后告诉我，裘锡圭先生发表在《甲骨文发现一百周年学术研讨会论文集》中的《甲骨文中的见与视》[②]一文考为"视"可从。我也看了裘先生的文章，其结论既有后来的古文字形体作为比照，又有传世的文献作为比照。可以说，裘先生的论证确实让人感到十分充分，非常有说服力。但是，我觉得裘先生的结论并不正确。我之所以不从裘先生说，是裘先生没有认真分析𠂤和𠂤表意方法的不同，没有认真分析𠂤在卜辞和金文辞中的用法，造成其结论还是存在问题。所以，我这里就以裘先生的考证举例说明这些问题。

裘锡圭先生在《甲骨文中的见与视》一文中说，下面卜辞中的𠂤应该解释为"视"，是为了准备战斗而视察敌军军情的意思。

《合集》6167："贞𠂤人五千呼𠂤舌方。"

《合集》6193："贞呼𠂤……戈……"

《合集》6193："贞呼𠂤舌，戈。"

《合集》6742："丁未卜，贞：令立𠂤方。一月。"

《合集》6743："☐𠂤方于㘡（？）。"

《合集》7384："贞：乎登𠂤戍。"

《合集》7745："勿乎𠂤戍。"

裘先生说上面卜辞中的𠂤解释为"视"，是很合适的。但是，我认为裘先生的说法可能有两点不妥：

1.从《合集》6167看，召集5000人一起去视察舌方军情，显然没有必要；

---

① 陆忠发：《汉字学的新方向》，浙江大学出版社2009年版，第106-109页。

② 复旦大学出土文献与古文字研究中心网站上也可以看到这篇文章，裘先生近年还对文中的错字进行了仔细校勘，可见裘先生一直没有认为这篇文章的观点有什么不妥当的。

2.从《合集》6193看，视察舌方军情的验辞是"奸灭"，显然也不恰当。①

相反，按照我的解释，𤔌解释为"寻找"，召集5000人一起去寻找舌方，似乎没有什么不妥当的；寻找到舌方，最后奸灭他们，也没有什么不妥当的。其他的"𤔌方""𤔌戎"与"𤔌舌"都是一样的。

裘先生文又引了两条卜辞：

《合集》17055："丙午卜，㱿贞，呼师往𤔌有师，王……曰惟老惟人，途遘若……卜，惟其匀，二旬又八日……师夕死黾。"②

《合集》5805："丙午卜，㱿贞，再呼师往𤔌有师。"

裘先生说：有师是属于商王的，"𤔌有师"之𤔌，当与"𤔌舌方"之𤔌有异，而与《尚书·文侯之命》"父義和，其归视尔师，宁尔邦"之"视"义近。但是，裘先生没有解释"视尔师"的"视"是什么意思。其实，"视尔师"的"视"是"掌管"的意思。可是，如果把"掌管"这个意义放到《合集》5805和《合集》17055两条卜辞中，就似乎不合适了。《尚书·文侯之命》"父義和，其归视尔师，宁尔邦"是周王让晋文侯回去掌管他的军队、安定他的国家，当然是可以说的。可是，《合集》17055和《合集》5805让军队（不是某一个具体的人）去掌管军队，就不太说得通了。

这两条卜辞中的𤔌如果仍然解释为"寻"，那么，因为"有师"是属于商王的，"呼师往𤔌有师"后面正好没有像"呼𤔌舌，戈"那样跟验辞"戈（奸灭）"，也就不言自明了。可能"有师"在一次战斗中被打散了，商王命令军队去寻找。这种情况与裘先生文中引的《左传·僖公十五年》和《哀公二十三年》派遣一个人去"视秦师""视齐师"是不同的，因为寻找被敌人打散的军队的途中可能随时都会有战斗，所以要派遣军队去，而不能派某一个人去。

裘先生又说《合集》36970的一条残辞中有"𤔌史"之文，也许可以读为"视事"。

裘先生也没有说"视事"是什么意思。"视事"当然就是"掌管事情"的意

---

① 当然，我知道裘先生不赞同把"戈"解释为"奸灭"。裘先生认为管燮初先生把"戈"解释为"捷"，即"战胜"，才是正确的；还认为甲骨文中表示"奸灭"概念的字是"戋"。按："戈"即使是"战胜"的意思，"视舌"后面直接跟"战胜"，也是不恰当的。因为观察敌情之后，到底打不打都还没有说，就说"战胜"了敌人，显然太突兀。

② 曹锦炎、沈建华《甲骨文校释总集》校定为"丙午卜，㱿贞，呼师往𤔌有师，王固曰：惟老惟人，途遘若。[兹]卜，惟其匀，二旬又八日嵬，师夕甑。"

思。《左传·襄公二十五年》:"崔子称疾不视事。"

不过,我考商王的"史"是卫队[1],是小股的武装人员,所以,史在与敌人遭遇时,常常有被歼灭的危险:

《合集》6771正:"贞,方其弋我史。"

《合集》9472正:"贞,我史其弋方。"

既然"史"只是小股的武装人员,"史"在与敌人遭遇时被打散更应该是常有的事。这些人被打散之后,当然需要派军队去把他们找回来。所以,"𢀖史"应该与"𢀖有师"是同样的事情。

裘先生所引周原卜甲也有"视":

𢀖工于洛　　　H11:102(王宇信《西周甲骨探论》301页,中国社会科学出版社1984年版)

龙□乎(呼)𢀖□　　　H11:92(同上)

裘先生解释说:《尚书·洛诰》记成王命周公"监我士师工"。"视工"之"视",用法与《洛诰》"监"字相似。

不过,依我看,这两条卜辞中的𢀖读"寻"同样可通。

让裘先生坚定地认为𢀖就是"视"的材料是《老子》今本35章的"视之不足见",《老子》丙5号简就作"𢀖之不足𤓰"。[2]𢀖从目从立人,𤓰从目从跪人。

裘先生认为这个材料是𢀖应该解释为"视"的最有力的证据。给我写信的几位先生也是因为裘先生找到了这个材料而坚定地认为裘先生的结论是正确的。

但是,我恰恰认为这个材料是𢀖不应该解释为"视"而应该解释为"寻"的最有力的证据。今本《老子》35章作:"道之出口,淡乎其无味,视之不足见,听之不足闻,用之不足既。"根据这个材料,我认为今本《老子》35章原文作"道之出口,淡乎其无味,寻之不足见,听之不足闻,用之不足既"的可能性更大。汉语中,动词"视"涉及的对象必须是确定的、有形之物。不确定的、无形之物皆不可"视"。"道"无形无味,本不可"视"。所以,今本《老子》35章的"视之不足见",很显然是说不通的。而"寻"的对象一定是目前不在人的视线之中的,也可以是不确定的、无形之物。所以,说"寻之不足见"还是可以的。因此,《老子》原文很可能作"寻"。

---

① 陆忠发:《商代的史为王室卫队说》,《殷都学刊》2004年第3期。
② 荆州市博物馆:《郭店楚墓竹简》,文物出版社1988年版,第9页。

裘先生又引了数条西周金文例子：

墙盘：方蛮亡不㷊𡭆。 （《集成》10175）

𰯀伯簋：王命益公征眉敖。益公至告，二月眉敖至𡭆，献賮。① （《集成》4331）

九年卫鼎：眉敖者肤卓吏（使）𡭆于王，王大黹。 （《集成》2831）

㝬钟：及孴乃遣闲来逆卲王，南夷、东夷具𡭆廿又六邦。 （《集成》260）

驹父盨盖：南仲邦父命驹父簋南诸侯，率高父𡭆南淮夷，厥取厥服，堇夷俗，豕（？）不敢不敬（？）畏王命，逆𡭆我，厥献厥服。 （《集成》4464）

雁（应）侯钟：……雁侯𡭆工遗王于周……𰯀伯内右雁侯𡭆工……𡭆工敢对扬天子休…… （《集成》107、108）

裘先生分析说："这些𡭆字过去都被释作'见'。墙盘铭既有此字，又有下部人形呈坐姿的'见'字（见'㣇史剌祖乃来见武王'句）。结合殷墟卜辞和楚简中'𡭆''见'有别的现象来看，西周金文的'𡭆'无疑也应释为'视'，而不应看作'见'的异体。应侯钟的'𡭆工'是应侯之名，不知是否即取义于见于上引周原卜甲的'视工'。其他各例所说之事，都跟周王朝与蛮夷之邦间的关系有关。《周礼·春官·大宗伯》：'时聘曰问，殷眺曰视。'同书《秋官·大行人》：'王之所以抚邦国诸侯者，岁徧存，三岁徧眺，五岁徧省……'《说文·八下·见部》：'诸侯三年大相聘曰眺。眺，视也。'段注：'郑（引者按：指郑玄《周礼注》）说殷眺，不用三年大聘之说。许则以《周礼》之眺即三年大聘。故《大行人》曰："王之所以抚邦国诸侯者，岁徧存，三岁遍眺，五岁遍省。"省与眺同。间岁而举，所谓三年大聘。下于上，上于下，皆得曰眺，故曰相。许说与《周礼》不相违也。'又说：'《小行人》曰："存、眺、省、聘、问，臣之礼也。"按：五者皆得训视。'上引墙盘等器铭中的'视'，应即'殷眺曰视'的'视'，其义与眺、省、聘、问等相近。'下于上，上于下，皆得曰眺。'故驹父盨盖铭中既有驹父'视南淮夷'之文，又有南淮夷'逆视我'之文。"

裘先生的分析，我认为有以下几个问题值得商榷。

第一："㷊"是投降的意思②，"㷊"在甲骨文、金文中作𣅀、𦥔、𣂈、𡥉、诸

① 忠发按：賮这个字应该是"帛""贝"二字的合文，眉敖至，降服，献上帛和贝。
② 详细考证请参考拙著《汉字学的新方向》，浙江大学出版社2009年版，第118-119页。

形，都是人双手举戈的形象，伍仕谦先生《甲骨文考释六则》[1]引徐中舒先生曰："此字作跽而两手举戈投献之形，应为献之本字。"因之，伍先生释其字为"献"，训其义为"投降"。并谓甲骨文"献"字作🦴，罗振玉已释为"献"。则甲骨文"娰""献"已同时出现，乃一字两形。"娰"本献戈投降，引申为献纳、贡献。忠发按：字隶定为"娰"，可从。其义释为"投降"，于卜辞、金文辞皆可通，于字形亦合。娰卣所谓"即🦴于上下帝"，"即"为祭名，谓以降者为人牲祭祀上下帝。此可证"娰"义训"投降"是也。今谓"娰"为表达"投降"概念之专字，徐中舒先生说其字形是，唯定其字为"献"之本字则非。[2]甲骨文"献"字作🦴，从"鼎"从动物的头，"鼎"是盛放牺牲的器物，动物的头指代动物，表示祭祀使用的牺牲。所以，🦴的本义是"献享"。表"投降"之"娰"与表示"献享"的🦴字形、字义皆无涉，伍仕谦先生以为一字两形，亦误。

明白了"娰"字的意义，对正确理解墙盘铭文非常重要。墙盘铭"娰"前面有副词"不"，说明"娰"肯定是动词。🦴又没有作为人名的用例，这样，"娰"与🦴连用，🦴就不可能是"娰"的宾语。那么，"娰"与🦴连用，就只能是古书中常见的"同义连文"，即两个意义相同、相近的词连用。"娰"与🦴之义当相同或者相近。《国语·周语中》："夫三军之所寻，将蛮夷戎狄之骄逸不虔，于是乎致武。"韦昭注："寻，讨也。""讨"，引申可有"降服"之义。墙盘铭的🦴解释为"寻"，其义为"降服"，则🦴与"娰"同义连文，铭文之意是方蛮无不降服。这也进一步证明🦴解释为"寻"非常合适，而解释为"视"，表示"聘问"之义，是不大合适的。

第二，🦴伯簋铭"眉敖至🦴"是被益公征讨的结果，所以🦴应该是"降服"之类的意思。那么，九年卫鼎铭："眉敖者肤卓吏（使）🦴于王。"🦴也是"降服"之类的意思。猷钟铭："叚孳乃遣闲来逆卲王，南夷、东夷具🦴廿又六邦。"🦴解释为"降服"，是非常合适的，铭文之意是南夷、东夷二十六个小国家降服于王。驹父盨盖铭："南仲邦父命驹父簋南诸侯，率高父🦴南淮夷，厥取厥服，堇夷俗，冢（？）不敢不敬（？）畏王命，逆🦴我，厥献厥服。""率高父🦴南淮夷，厥取厥服"，"取"的本义是"攻取"[3]，"厥取"言驹父、高父，"厥服"言南淮夷。那么，驹

---

① 《古文字研究论文集》，四川大学学报丛刊第十辑，第82–85页，转引自《甲骨文字诂林》426页。

② 《说文》："娰，击踝也。"不确。

③ 陆忠发：《汉字学的新方向》，浙江大学出版社2009年版，第91页。

父、高父"取"与南淮夷"服"之间的𨖫正是"寻,讨也"之"寻"。"�（？）不敢不敬（？）畏王命,逆𨖫我,厥献厥服"可能是"豸（？）不敢不敬（？）畏王命,不敢逆𨖫我,厥献厥服"的省略,如果真的是这样,那么这段话说的就是豸畏王命,不敢反过来征讨我,豸纳贡臣服了。所以,裘先生所引的金文辞,𨖫根本就不是裘先生所考证的"聘、问"的意思。𨖫还是"寻",是"征讨"或者"降服"的意思。

雁侯钟的"𨖫工"是人名,我们就不必分析了。

经过我的细致分析,可以明确看出,裘先生文中所引的全部材料中的𨖫都不能解释为"视",都应该解释为"寻";就连《老子》今本35章的"视之不足见"也以作"寻之不足见"为长。

对应于"视之不足见"之"见"的𥄎字,从目从跪姿的人,甲骨文作𥄎。

𥄎在卜辞中,用法有五:

1.监视:

《合集》799:"癸酉卜,王贞,自今癸酉至于乙酉,邑人其见方印,不其见方执,一月。"

2.入觐:

《合集》1027正:"己未卜,㱿贞,缶其来见王,一月。"

3.招见:

《合集》4221:"贞呼见师般。"

4.出现:

《合集》20988:"戊戌卜,其阴印,翌启,不见云。"[①]

5.假借为"献":

《合集》24432正:"大贞,见新菽,翌……"[②]

我在第五章说,𥄎本"监视"之义。𥄎字从卩,示人守于某处,从目,目为提示符号,提示实施动作的器官,以强调眼睛的注视作用。整个字表示一个人守于某处,眼睛注视着什么,以表达"监视"的概念。"入觐""招见""出现"均其引申之义。

《说文》:"见,视也。从目儿。"𥄎由"监视"义引申有"看"义,再引申有

---

① 曹锦炎、沈建华:《甲骨文校释总集》校订为"戊戌卜,其阴翌己印""启,不见云"两辞。
② "菽",卜辞原作𥝆,曹锦炎、沈建华:《甲骨文校释总集》校订为"黍",是错误的。

"看到"义。后来，为了区分"看"义和"看到"义，又造了"视"字。"看"义形体写作"视"，"看到"义仍然沿用▨。

"视"是由"见"分化出来的从见示声的形声字，其初文是"见"。"见"从跪姿的人，"视"也应该从跪姿的人。如何尊铭"视"作▨，从见氏声，其部件"见"就是从跪姿的人。睡虎地简中"见""视"皆从跪姿的人，如159和160号简："除吏、尉，已除之，乃令视事及遣之；所不当除而敢先见事，及相听以遣之，以律论之。啬夫之循见它官者①，不得除其故官佐、吏以之新官。""视"作▨，"见事"之"见"作▨，"见它官者"之"见"作▨。"见事"就是上文的"视事"。

可见，"见"和"视"皆从跪姿的人。这反过来也可以证明▨从站立的人而解释为"视"是有问题的。

因为"视"是由"见"分化出来的从见示声的形声字，如果"▨之不足▨"的▨是"视"字，我们也没有办法说明为什么同一句话中的两个"见"写法不同，一个从站立的人，一个从跪姿的人。

这样，我们可以小结一下：从目从站立的人的▨（《郭店楚墓竹简》的《老子》丙5号简作▨）应该考为"寻"，是"搜寻"的意思，引申为"征讨""降服"等意义；从目从跪姿的人的▨（《郭店楚墓竹简》的《老子》丙5号简作▨）是"见"，本义是"监视"，引申有"看"义，再引申有"看到"义。人们为了区分"看"义和"看到"义的"见"，又造了"视"字。于是，"看"义的"见"形体写作"视"，"看到"义的"见"仍然沿用▨。

当然，《老子》原文既然作"寻之不可见"，后来为什么写成了"视之不足见"了呢？我简要作一下分析。

就像传世古书往往有错字一样，出土文献中同样也有错字。▨有时候会错书为▨。如玜方鼎铭："己亥，玜▨事于彭，车叔赏玜马，用作父庚彝。"②这是说玜受车叔之命去彭掌管当地事务，车叔赏赐他马。▨应该读为"视"，是▨的错字。中山王䂮壶"则臣不忍▨（见）施"句中的"见"字，作▨，下部人形也已作直立

---

① "循"，睡虎地秦简整理者认为是"送"，不辞。简本原文作▨，从彳、从▨、从止，是甲骨文▨（"循"，《合集》6391："王▨土方。"）添加"止"而成。古文字从"彳"和从"彳"加"止"表达的意义是一样的，故我判定▨是"循"字，循，往也。

② 《殷周金文集成》2613。

形。郭店楚简中也出现了少量下部人形作直立形的"见"字，如《五行》篇第23、29等号简的"见"字。[1]这些地方的□，都应该读为"视"或者"见"，其性质是□的错字。

如果《老子》"□之不足□"的"□"被错书成"□"，这句话就成了"□之不足□"了。[2]后来，人们为了区别"看"义的"□"和"看到"义的"□"，把"看"义的"□"改写成"视"，这样，《老子》中的"□之不足□"就因为先错书为"□之不足□"而被改写成了"视之不足见"了。

综合上面的所有材料，可以明显看出，□字，我考为"寻"是正确的[3]。如果我们分析一下考释错误的原因，可以很明显地看到：

1. 研究者没有注意分析汉字部件的表意功能，没有注意分析造字者在造□、□二字时从立人和从跪人的用意。

2. 拿卜辞材料与后来的文献进行比照，也只是简单地比照"视"有跟敌军和跟友军发生关系的情况，□同样有跟敌军和跟友军发生关系的情况。也就是说，以往的考释只是比照了"视"和□在语法功能上的相同，没有详细比较意义是否相同。

如果详细比较两者的意义，肯定能够发现召集5000人一起去视察舌方军情，显然没有必要；肯定能够发现视察舌方军情的验辞是"歼灭"，显然也不恰当；肯定能够发现让军队去掌管军队，同样是不太说得通的；肯定能够发现墙盘铭□与"娜"连用，不可能是"聘、问"的意思。

拿后世文献作比照考释古文字，当然是非常好的方法，这种方法也是裘先生比较习惯使用的方法。但是如果仅仅采用这种方法，得出的结论有时候是不可靠的。再比如裘锡圭先生说："向字的字形可能表示在屋子里用口发出声音产生回响，也许本是'響'（响）的初文（马王堆帛书《经法·名理》'如向之隋声'，当读为'如响之随声'。这个'向'字所表示的可能正是本义）。"[4]忠发按：在古人居住的狭小空间里，声音与回响几乎是同时的，人们很难分辨声音与回响。所

---

① 荆州市博物馆：《郭店楚墓竹简》，文物出版社1988年版，第32、33页。
② 我没有机会接触到出土的文物，如果哪位先生看到出土《老子》的本子中有这样的材料，请告诉我。
③ 浙江大学汉语史中心方一新、姚永铭二兄指出应该进一步论述□的形体后来怎么演变成"寻"。这个意见非常好。
④ 裘锡圭：《文字学概要》，商务印书馆1983年版，第148—149页。

以，用"在屋子里用口发出声音产生回响"来表达"回声"的概念，古人可能还发现不了这样的事情。而且，古人用草木做的屋顶，以及用泥土垒筑的墙体，墙壁上还要涂上麦稭泥①，其吸收声波能力非常强，在这样的屋子里说话，回声是可以忽略不计的。也就是说，古人在屋子里说话，他是听不到回声的。既然古人在屋子里说话听不到回声，古人怎么可能会用"在屋子里用口发出声音产生回响"来表达"響"（响）的概念呢？

又如《说文》曰："采，禾成秀也。穗，采或从禾惠声。"

裘锡圭先生说：在秦简里，"采"可以跟"秀"相代，例如《云梦睡虎地秦墓》图版——八的755号简文为："正月二月：子，秀。丑、戌，正阳。寅、酉，危阳。……"图版一四七的942号文则为："正月二月：子，采。丑、戌，[正]阳。寅、酉，危阳。……"后者的"采"跟前者的"秀"相当。《说文》"袖"字正篆作"褎"，分析为"从衣，采声"，这个"采"显然也是取"秀"音而不是取"穗"音的。所以"采"其实应该是"禾成秀"之"秀"的初文或本字。"秀""穗"义近，因此，"采"又被人当作"穗"字。②

忠发按：《尔雅·释草》："不荣而实者谓之秀。"《诗经·豳风·七月》："四月秀葽。"毛传："不荣而实曰秀。"徐锴《说文系传》："秀，禾实也。"③可见，"秀"的本义是"果实"。"禾成秀"就是"粟（或者水稻④）长出的果实"，所以是粟（或者水稻）的穗。其实，"采"从爪、禾，是会意字，"禾"是农作物粟（或者水稻），"爪"在这里表示手采摘的动作，用"手在粟（或者水稻）上面采摘"这样的动作表达动作所涉及的对象——穗子。⑤所以，"采"是"穗"的

---

① 董作宾：《甲骨学六十年》，艺文印书馆1965年版，第30页。
② 《甲骨文中所见的商代农业》，裘锡圭：《古文字论集》，中华书局1992年版，第188页。
③ 在南方，见到水稻开花不难，但是水稻花太小，实在算不上是"花"，我没有看见过粟，粟的前身狗尾巴草开不开花？我不敢说，虽然经常看到狗尾巴草，但真的就没有看见过它开花。所以古人说"不荣而实"。
④ 甲骨文中的"禾"应该是水稻，周代文献中的"禾"往往指粟。可参考拙文《甲骨卜辞中的禾指水稻说》，《江西社会科学》2005年第2期；《论水稻是商代的主要农作物》，《农业考古》2008年第4期。
⑤ 请参考本书第六章第三节"汉字表达概念的方法"。

本字。①因为"用'手在粟（或者水稻）上面采摘'这样的动作表达动作所涉及的对象——穗子"这样的表意方法容易引起歧解，如有人可能会把"爪"表示的动作理解为"抓取"，而且"采"的形体也与"采"过于接近，所以后来人们又造形声字"穗"字取代了"采"。②《说文》："䅌，禾粟之采生而不成者谓之蕫䅌。"许慎用"采"表示"穗"，说明"采"本来就是表示"谷穗"概念的常用形体，"穗"是后来造的异体字。"秀"与"采（穗）"的区别是："秀"是谷粒，"采（穗）"是很多粒果实长在一起形成的。《云梦睡虎地秦墓》图版一一八的755号简文和图版一四七的942号文，"秀"和"采"为异文，异文的关系至少有十种可能③，具体到755号和942号简中的"秀"和"采"的关系，我认为是假借字关系。

所以，解释古文字，与后来的古文字形体相比照，与后世文献的词义相比照，当然是可以的，但是这种比照绝对不能代替对古文字本身的表意方法的分析。如果裘先生一开始就从𣍰、𣍰二字如何表意的角度去思考问题，他就应该知道𣍰是"寻"字。我想裘先生是先看到《老子》丙5号简的"𣍰之不足𣍰"，从而与今本"视之不足见"作比较，确定𣍰就是"视"，然后决定对甲骨文中的𣍰、𣍰进行一番考释，于是写就了《甲骨文中的见与视》这篇文章。

这个例子给我们一个启示，我们考释古文字，还应该树立一个观念：出土文物中也有错字。这就要求我们一方面要注意分析古文字形体的表意方法，一方面还要注意看看具体上下文中的使用情况。

裘锡圭先生是我的古文字学课的授业之师。我在考释甲骨文𣍰字的时候，知道裘先生已经将𣍰解释为"视"，我认为大家还是能够从裘先生的文章中看出其论证存在的问题（尤其是墙盘铭𣍰与"玧"连用，义当相近④而裘先生的分析明显错

---

① 上古收割农作物，肯定是只采其谷穗，要连农作物的秸秆一起收割，需要锋利的镰刀。《盐铁论·复古》："铁器兵刃，天下之大用也。"铁器广泛应用于农业生产，战国以前是不可能的。铁器在社会生活中广泛使用，是东汉时期，我估计连农作物的秸秆一起收割的事情，西汉时期即使有，也是很少见的。春秋甚至更早的时候，农作物的秸秆是不收割的。一直到现在，还有地方收割农作物只采谷穗，请参考拙著《当代训诂学》，浙江大学出版社2018年版，第146页。
② 请参考本书第五章。
③ 请参考拙著《现代训诂学探论》，浙江大学出版社2008年版，第132-136页。
④ 这个问题，研究训诂学的学者是很容易看出来的。我这里又要说起我《现代训诂学探论》的主张，从事古代问题的研究，应该把文字、训诂、音韵、文物、考古、科技史、文化史等多学科知识综合起来研究。欠缺任何一方面的知识，都有可能导致结论出现错误。裘先生与郭在贻先生过去常常通过书信讨论学术问题，相互取长补短，这是值得我们学习的。

误），再看了我的考证之后自然会接受我的结论。所以我在《汉字学的新方向》中有意识地回避了裘先生的观点，并不想明确指出裘先生在论证方面存在什么问题。但是，《汉字学的新方向》出版之后，好几位先生真诚地告诉我裘先生的考释结论是正确的，建议我把裘先生的文章找来看看。这个例子说明了像裘先生这样的名家，一直是后学学习的榜样，其考释方法对学界影响非常大。正因为如此，如果裘先生在方法上存在什么不足的话，其负面的影响同样也非常大。我希望从事古文字研究的学者，在学习裘先生的方法的同时，也应该注意再结合其他的方法综合考虑，避免使用单一方法造成结论错误。古人有"当仁不让于师"之说，我细致分析了以上的问题，正是出于这样的考虑。当然，我也想通过这个例子说明，对汉字表意问题的分析有时候比别的材料更重要。

（三）应该充分注意提示符号的使用及其作用

提示符号在古文字中的作用是提示，过去人们还不知道提示符号及其作用，使得许多古文字得不到正确的解释。

甲骨文特别是金文中常常有鼎（鼏）、鼏、鼏、鼏、鼏、鼏、鼏、鼏、鼏诸形体的字，古文字学界几乎一致认为是"鼏"的异体字，也就是《诗经》"我将我享"之"将"，乃"奉享"之意。王国维认为鼏、鼏、鼏、鼏、鼏、鼏是"鼎"之异名，引申有"奉享"之意[1]，没有得到学界认同。其实王国维的观点基本上是正确的[2]，这些字常常是作为"鼎"这种器物的物名使用的，我随便举几个例子：

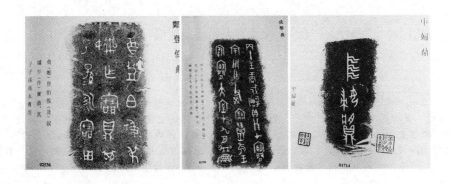

---

① 《甲骨文字诂林》，中华书局1996年版，第2731页。
② 鼏用在俎上摆放肉和匕表达"献享"的概念。不应该看成是"鼎"之异名。

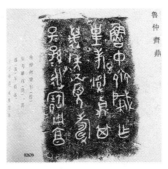

鼎

记载上面文字的器物都是鼎，但是，器物名称用字却是不一样的，说明这些字都是"鼎"的异体字。这些字形体的不同，都是在"鼎"上添加不同的提示符号所成，作为器物名称用字，都是"鼎"的异体字。王国维正确的观点，学界为什么不能认同？这是因为王国维还不清楚"鼎"的这些异体字使用的提示符号的作用是什么，没有把字的形体和意义说清楚；学界也不知道在"鼎"上添加的这些提示符号的作用是什么，所以也接受不了王国维的正确观点。

周代，有的鼎是烹制牺牲的，有的鼎是盛放牺牲的。高明先生说："在先秦古礼中，周代鼎按其功用可分为三类，即镬鼎、升鼎、羞鼎。镬鼎是煮肉食的炊器；升鼎是陈于席前盛肉食的餐具，故又称正鼎；羞鼎是升鼎之外的一种加馈餐具，故又称陪鼎。"[1] 是俎侧面的轮廓形象，表示俎。俎是祭祀的时候盛放牺牲的器物，从 为提示符号，提示这个鼎是盛放牺牲的。 表示牺牲，添加 为提示符号，也提示这个鼎是盛放牺牲的。同样，添加 为提示符号，还是提示这个鼎是盛放牺牲的。 是匕，是从器物中舀取食物的工具，添加匕为提示符号，提示鼎中盛放有食物，具体到祭祀用的鼎这种器物，匕提示鼎里盛放了牺牲。同时添加 、 或者 、 、 的形体都是为了提示鼎是盛放牺牲的。商代后期戍嗣子鼎铭文言"用作父癸宝爥"[2]，"爥"从鼎从东（橐），橐是提示符号，提示里面盛放有食物[3]，从匕从东都提示这个鼎的功用是陈设牺牲。因为鼎也是煮肉的，所以又添加了提示符号"火"。安徽寿县蔡侯墓所出的文物，除镬鼎外，还有两组铜鼎，

① 高明：《中国古文字学通论》，北京大学出版社2007年版，第470–475页。
② 2708。张亚初《殷周金文集成引得》释作鬻。
③ 《左传·宣公二年》："为之箪食与肉，置诸橐而与之。"说明橐也是可以盛放牺牲的。

一组九件，自铭为"鼎"；一组七件，自铭为"鼐"，全铭为"蔡侯䵼之飤鼐"①。忠发按："升"是提示符号，提示鼎的功用是盛放牲肉。《仪礼·士冠礼》"载合升"胡培翬正义："凡牲煮于爨上之镬谓之亨，由镬而实于鼎谓之升。"把牲肉从镬中取出盛放在鼎中献给受祭者，这是一件事。古人造字往往因事造形②，造字强调在鼎上盛放食物，还置放了匙，则造了"爝"字；造字强调把牺牲从煮肉的镬中取出盛放在鼎中，则造了"鼐"字。"于"有大的意思，前面引蔡侯之鼎铭曰"蔡侯飤鼎"③，添加"于"，可能是表示这个鼎最大。鼎又名齍，《周礼·天官·酒正》："凡祭祀，以法共五齐（济）三酒，以实八尊。"添加"齐"，"齐"应该读为"剂"，可能提示是盛汤或者各种各样调料的，古人吃肉往往要蘸着调料吃。④添加"剂"应该就是这个原因。⑤

明白了提示符号及其作用，可以正确说解古文字的结构和意义。

（四）应该全面把握古文字所涉及的古文辞

考释古文字，应该全面把握古文字所涉及的古文辞，否则，错误往往是不可避免的。我继续用关于"鼐"字的考释举例。

复旦大学出土文献与古文字研究中心陈剑先生的《甲骨金文旧释"鼐"之字及相关诸字新释》一文释"鼐"为"解肆"之"肆"。⑥陈先生的论证非常详细，文章有洋洋数万言，先后得到赵平安先生、裘锡圭先生两位名师的指导⑦，但是，其结论我看还有可商榷的地方。

陈先生的论文最起码有一个缺点，就是没有全面照顾金文辞。"鼐"字在金文辞中，除了常常作动词用，还常常作为铜器的物名用字使用。显然，"鼐"按照陈先生的解释是说不通的。

其次，"鼐"在金文辞中的作为动词使用的句子，陈先生的解释也十分牵强。

① 2215。
② 参考陆忠发：《汉字学的新方向》，浙江大学出版社2009年版，第178-185页。
③ 《说文》："飤，粮也。从人、食。"段玉裁注："其字本作食，俗作飤，或作饲。"
④ 陆忠发《释"箸"》，《古汉语研究》2000年第2期。
⑤ 古人一器数用，长台关一号墓简214有"一汲瓶，一鎏缶，一汤鼎，纯有盖"之语，望山二号墓简2·54有"二会盖，一鎏缶，一汤鼎"之语，言"汤鼎"，显然这鼎是盛热水的，很可能是盛洗澡水的。可参考陈昭容先生《从古文字材料谈古代的盥洗用具及其相关问题》一文的"汤鼎"一节，《史语集刊》第七十一本第四分，2000年。
⑥ 甲骨金文旧释"鼐"之字就是前面说的鼐、𩱏、鼐、鼐、鼐诸形体之字。
⑦ 陈文见复旦大学出土文献与古文字研究中心网站，该文自注说先后得到两位先生的指导。

曶鼎：曶用兹金作朕文考宊伯鼐（肆）牛鼎，曶其[万年]用祀。

陈先生分析说：研究者每以"煮"解此铭"鼐"字，谓此器即用以煮牛之鼎，似乎对于释"鼐"为常训为"煮"的"鼐"之说是一个很有力的证据。[1]其实不然。"鼐（肆）牛鼎"当理解为"鼐（肆）/牛鼎"而非"鼐（肆）牛/鼎"，"鼐（肆）牛"不应连读理解为动宾关系。函皇父鼎云"函皇父作琱娟（妘）尊兔鼎"，"尊兔鼎"跟"鼐（肆）牛鼎"极为相类，同样也当理解为"尊/兔鼎"而非"尊兔/鼎"。函皇父诸器（5.2745鼎、8.4141–4143三件簋、16.10164盘）记所作诸器有"豕鼎"，史兽鼎所记赏赐物有"豕鼎一"，伯庸父鼎自名"羊鼎"，以及上引函皇父鼎自名"（尊）兔鼎"，都跟"牛鼎"相类，谓用以盛煮豕(肉)、羊(肉)、兔(肉)和牛(肉)之鼎。[2]"鼐（肆）牛鼎"当理解为"用于肆祭的牛鼎"。

忠发按：此增字成文，按照陈剑的理解，"鼐（肆）牛鼎"就是肆解牲体以祭盛煮牛(肉)之鼎，意义非常繁复。其实，豕鼎、羊鼎都是省略了"鼐"的表达方式，所以，张亚初先生理解为"盛煮豕(肉)、羊(肉)、兔(肉)和牛(肉)之鼎"是可以的。鼐与豕、牛、羊的关系是动宾关系，"鼐"是动词，鼐牛、兔是动宾结构，动宾结构作为定语修饰"鼎"。函皇父鼎云"函皇父作琱娟（妘）尊兔鼎"，这里的"尊"应该读"奠"。

"尊"和"奠"一开始可能共用一个形体，战国时"尊"改从寸作（商鞅方升），形体遂分化开来。所以，金文辞中，有的应该读为"尊"，有的应该读为"奠"。如：

4036："用乍（作）厥文考鴞（奠）毁。"

3917："是骒乍（作）朕文考乙公尊毁。"

3412："乍（作）宝尊毁。"

3496："伯乍（作）宝尊毁。"

3527："強伯乍（作）宝尊毁。"

3540："乍（作）乙公尊毁。"

3570："王乍（作）姜氏尊毁。"

---

① 参看于省吾：《双剑誃吉金文选》，中华书局1998年版，第249页"应公鼎铭"。杨树达著、中国社会科学院考古研究所编辑：《积微居金文说（增订本）》，中华书局1997年版，第171–172页"应公鼎跋"。又分别见《金文诂林》第七册4446、4447–4448页。

② 参看张亚初：《殷周青铜鼎器名、用途研究》，《古文字研究》第十八辑，中华书局1992年版，第277–278页。

这些"尊"都是"奠"字,"献享"之义。

"奠"也会错用为"尊",如:

4342:"奠大令(命)。"

204-5:"奠大令(命)。"

206-7:"尃奠王令(命)。"

209:"尃奠王令(命)。"

所谓"奠大命""奠王命"就是"遵守大命""遵守王命"。

因此,"尊兔鼎"应该读为"奠兔鼎",就是献享兔肉的鼎。

在甲骨卜辞和金文辞中,"鼏"既有作器物名称的用法,也有作动词的用法,如果只关注作动词的情况,不顾作器物名称的用法,这样考释古文字就好比瞎子摸象,怎么可能得出正确的结论呢?

甲骨学界关于𢧏字的考释是典型的"瞎子摸象"式的考释:"宾𢧏"的𢧏一般认为是祭祀之名,但又不详其用牲之法如何;"𢧏牛"的𢧏一般从罗振玉说认为读"特",罗氏认为特指牛色,但吴其昌、郭沫若认为特为公牛;"日有𢧏"的𢧏一般从郭沫若说认为读"食",谓"日𢧏"即日食,或者从陈梦家说读"痣",谓"日𢧏"即指日中黑子;后来裘锡圭先生专门就用否定词的句子中使用的𢧏讨论其意义,结果得出𢧏应该解释为"待"。①

我本想把前辈们的考释一一作一分析评说,无奈我打字太慢,再说既然是瞎子摸象,得出的结论肯定都是错误的,我们也没有必要花这个时间。所以我只说说我的考释。

𢧏字从戈从辛,戈是大的刀具,辛是小刀。刀之为用,大刀用于砍伐,小刀用于剔肉、切肉。汉字造字常常用工具表达跟工具相关的动作概念,如"狩"用单或者干之类的工具和犬一起表达"狩猎"的概念。𢧏字从戈从辛,大刀、小刀并用,可能表达的是"切割""分割"的概念。我们发现,𢧏字在卜辞中为动词,其动作的对象基本上就是牛这一种动物:

《合集》22550:"乙卯卜,行贞,王宾祖乙,𢧏一牛。"

《合集》27210:"乙丑卜……王宾祖乙,𢧏一牛……尤。"

《合集》27210谓王迎候祖乙,用一头牛的剔肉祭祀,[无]尤。

① 参考《甲骨文字诂林》,中华书局1996年版,第2347-2359页。

《合集》8969正："我再以𢦏牛。"

《合集》15761："乙丑……凸贞……𢦏牛……酚。"

《合集》23000："……祖辛祭，𢦏牛，无尤。"

《合集》30718："𢦏牛用。"

《合集》35995："其𢦏牛，兹用。"

《合集》37000："……𢦏牛。"

《合集》37001："……𢦏牛。"

《合集》37002："……𢦏牛。"

《英》2611："其𢦏牛。"

《怀》1785："……𢦏牛。"

我们还发现，《甲骨文合集》中收录的大量的"王宾𢦏"卜辞，王宾的对象都是祖乙、祖辛、大戊等祖先神，然后用𢦏或者𢦏牛献享之。为什么王祭祀祖先在使用其他牺牲的时候都不𢦏之，单单使用牛作为牺牲时要𢦏之呢？显然是因为牛肉非常硬，吃不动①，𢦏之之后，牛肉的肉块小了，祖先吃起来就方便了。所以，𢦏牛应该就是把牛肉切成小块，方便神灵享用。因此，𢦏字表达的概念正是"切割"。

《合集》33698："庚辰贞，日有𢦏，其告于父丁，用牛九，在癸。"

《屯》726："壬寅贞，月有𢦏，其有土，燎大牢。兹用。"

"日有𢦏""月有𢦏"是说太阳和月亮被切割了（可能是日偏食和月偏食），所以要祭祀。𢦏的意义还是本义"切割"。

古人切割牺牲是为了祭祀，所以𢦏引申表示"用切割后的牺牲祭祀"：

《合集》25744："贞，𢦏无尤。"

《合集》22846："戊午卜，旅贞，王宾大戊，𢦏无尤。"

《甲骨文合集》中收录的大量"王宾𢦏"卜辞，其中的𢦏都是指用切割后的牲肉祭祀。

《合集》32765："己亥卜，𢦏妇井于受。"

《合集》32765谓在受这个地方用切割后的牲肉祭祀妇井。裘锡圭先生把𢦏解释为"待"，则"𢦏妇井于受"就应该翻译为"在受这个地方等待妇井"。我不知

---

① 我们吃的牛肉都是牛杀死后存放了七八天的牛肉，这样的牛肉已经分解，可以吃了。古人祭祀，现杀现用的牛肉非常硬。

道裘先生有没有考虑过，《合集》32765是廪辛康丁时卜辞，妇井是武丁的妻子，在《合集》32765占卜的时候妇井已经死去很多年了，还怎么去等待妇井？所以，裘先生的结论显然是错误的。

《合集》945正："再卒黄尹ff。"

"卒"，裘锡圭先生在考释ff字时说读为"猝"，是对的。这条卜辞谓再一次抓紧切割好的牛肉祭祀黄尹。

ff又引申表示"切割后的牛肉"：

《合集》30521："再有ff，兹用。"

《合集》5067："……王再出ff。"

《合集》30521的"有"是祭名，有ff就是献ff，所谓"再有ff，兹用"就是说再一次献切割的牛肉，神灵也会享用。

《合集》5067的"出ff"就是拿出切割的牛肉。

《合集》16102："贞，再卒归ff。"

"归"应该读为"馈"，"归ff"就是拿切好的牛肉送人。

卜辞中还有"入ff"的说法：

《合集》5165："乙亥卜，争贞，生七月，王再卒入ff。"

"入"应该读为"纳"，这在古书中常见，如《左传·宣公二年》："宰夫胹熊蹯不孰，杀之，置诸畚，使妇人载以过朝，赵盾、士季见其手，问其故而患之。将谏，士季曰：'谏而不入，则莫之继也。会请先，不入，则子继之。'三进，及溜，而后视之，曰：'吾知所过矣，将改之。'""入ff"就是收纳切割好的牛肉。《合集》5165说的是小牛生下来才七个月，王又一次着急要这个牛的切肉。

ff由"切割"引申为"分割"：

《合集》4025："贞再ff。"

从它（蛇）从攴，它头部附近的小点是提示符号，提示蛇被击打得血肉横飞。人打蛇必然往死里打，所以造字用表示"击杀"的概念。《合集》4025是说再击杀、分割（牺牲）。

《合集》4899："……争贞……乎行比……ff前肘。"

"ff前肘"就是分割前肘。

ff由"分割"引申为"分割包围"：

《合集》5948："……鼓ff……执。"

鼓是武丁讨伐的对象，鼓ff就是鼓方被分割包围，所以后来被活捉（执）。

《合集》7265："贞再卒循捍ff。"

"循"是"往"的意思，"捍"有"进攻"之义，所以这条谓再一次紧急前往进攻、分割包围（敌人）。

《合集》16230正："己卯卜，宊贞，再步ff，十一月。"

"步"是"往"的意思，"步ff"就是前往分割包围（敌人）。

可见，按照我的考释，ff字的本义和引申义清清楚楚，相关的卜辞的意思都能够清楚地诠释，不像前辈们的考释只能勉强解释一类卜辞，没有整体的认识。

有时候仅仅注意要考释的古文字所涉及的古文辞还不够，还要注意与其他古文字涉及的古文辞相比较才能得出准确的结论。

我在《汉字学的新方向》中说，甲骨文有𢓊字：

《合集》36696："丁丑卜，贞，王𢓊于夫，……来无……"

此字从彳（表示道路）、从止（表示行走的人）、从戈，合起来表示：一个人荷戈行走在道路上。从字形和在卜辞中使用的情况看，这个字乃是表示"征讨"概念的本字。经过这样的分析，我们推断，"征讨"的概念本以𢓊表示，后来假借"正（征）"为之。[1]现在我经过与其他古文字涉及的古文辞相比较，发现我原来的认识是错误的。

𢓊仅见用于第三期和第五期卜辞中，辞例与𢀈之"征方"卜辞不相同：𢓊要预先问是否无灾，或者记录王𢓊之后"往来无灾"。而𢀈方则基本上不问是否无灾，记录王𢀈方的结果也往往是"受祐"。

《合集》28958："翌日辛，王其𢓊于向，无灾。"

《合集》28916："庚辰卜，翌日辛，王其𢓊于敦，无灾。"

《合集》36395："辛丑卜，贞，王𢓊，往来无灾。"

《合集》36642："戊戌卜，贞，王𢓊于召，往来无灾。"

《屯》3370："乙卯卜，贞，王其𢀈人方，无灾。"

《合集》33022："贞，王𢀈召方，受祐。"

《合集》36496："癸未卜，黄贞，王旬无欪，王来𢀈人方。"

《合集》6214："乙巳卜，争贞，惟王往伐舌方，受祐。"

---

① 陆忠发：《汉字学的新方向》，浙江大学出版社2009年版，第178页。

《怀》952："癸酉卜，方贞，王往伐舌方，受有祐。"

这说明 ✦ 不是表示战争的词。✦ 要预先问是否无灾，或者记录王 ✦ 之后"往来无灾"。这一点与田猎卜辞和"王步""王往"卜辞是相同的。

《合集》24248："乙卯卜，贞，王其田，无灾，在……"

《合集》24483："乙卯卜，贞，王其田，无灾。"

《合集》28472："辛巳卜，贞，王其田，往来无灾。"

《合集》37367："辛卯卜，贞，王田宫，往来无灾。"

《合集》36377："戊辰卜，贞，王步无灾。"

《合集》24472："丙辰卜，……贞，我其步于良，无灾。"

《合集》36695："壬申卜，贞，王步于召，往来无灾。"

《合集》36567："乙卯王卜，在鸿贞，今日往于彻，无灾。"

这说明 ✦ 是外出的一种活动。✦ 的字形确实与外出的活动有关。✦ 从戈、从止表示行走的人，从"彳"为提示符号，提示在路上。所以，✦ 的字形是人荷兵器在路上行走。人荷兵器在路上行走，既不是征讨敌人，又不是狩猎，盖相当于部队拉练。这就是为什么 ✦ 的地点基本上都是"召"，有时候也去"向""楙""丧""宫""安""雍"等地方的原因。大概部队在没有战斗任务时常常要训练，相当于后来文献中的"讲武"。这样看来，裘锡圭先生把 ✦ 解释为"迷"，读为"毖"，是"对某一对象进行敕戒镇抚"[1]，这是不正确的。其他或释"武"，或释"越"，或释"过"，又或释"徯"，读为"践"或"歼灭"之义[2]，都是不正确的。

（五）要观照被考释古文字的所有形体

考释古文字，应该观照被考释古文字的所有形体，不能仅仅选择能够解释的一两个形体去说这个字的意义，否则，考释的结果往往是错误的。如：

"保氏"的"保"的本字[3]，甲骨文有 ✦、✦、✦、✦、✦、✦ 诸形，郭沫若先生考释为"母"，谓字形是一个人，其胸下所垂的是两乳。其实，郭沫若先生只说了 ✦ 一种形体，乳房有 ✦✦、✦✦、✦✦、XX、✦ 这些形状的吗？显然，郭沫若先生的考释是错误的。

---

① 裘锡圭：《释祕》，《古文字研究》第三辑。

② 《甲骨文字诂林》，中华书局1996年版，第2256—2262页。

③ 参考陆忠发：《汉字学的新方向》，浙江大学出版社2009年版，第178—185页。

李圃先生说"'学'的初文🀫为六爻之象，古习六爻为蒙学之始。"①李先生原来把🀫误解为"六"。按照李先生的思路，"学"，甲骨文作🀫、🀫，金文作🀫、🀫，又该怎么解释呢？

几天前在网上看到有先生说，《圣经》中有诺亚方舟的传说，中国古代也有关于大水的传说。说明在古代的某一个时期，全世界都在发大水。并且举例说甲骨文中表示"往昔"概念的"昔"，形体就作🀫，太阳下面都是水。这足以证明全世界都在发大水。其实，"昔"在甲骨文中有🀫、🀫、🀫、🀫多种形体，按照这位先生的思路，"昔"的前面几个形体说明，太阳都被大水淹了。看来，不仅整个地球都在发大水，连太阳上面也在发大水了！

只要我们能够观照一个字的所有形体，就可以减少许多犯错误的机会。

（六）避免想当然释字②

汉字是表意体系的文字，从汉字的形体结构上常常能够说出一些道理来。但是，我们一定要科学地解释汉字的形体结构，避免想当然释字。有一次去书店买书，看到一部文字学书，看看作者介绍，是一位有功底的学者。打开书一翻，说🀫（"祭祀"的"祀"）右边所从的是精虫。吓得我赶紧把书放下了！不错，🀫所从的部件确实像精虫的样子，但是，我们应该知道，精虫要在显微镜下放大许多倍我们才能通过肉眼看得到，古人造字的时候怎么可能看到精虫呢？古人看不到精虫，他怎么可能描绘出精虫的样子来呢？这样解释古文字结构，是想当然的。

"祀"，甲骨文作🀫，从示、🀫。甲骨文中，"子"作🀫，勾勒小孩子的头、双手和身体以及下肢，因为小孩子常常要用东西包住身体以及下肢，所以就合在一起勾勒其轮廓了。🀫像刚刚生下的孩子。刚刚生下的孩子还不习惯伸展四肢，所以汉字形体作🀫。③中国古代和世界上其他国家的古代都有杀首子祭祀的风俗，这

---

① 李圃：《甲骨文文字学》，学林出版社1995年版，第60页。
② 考释古文字要避免想当然，我们还要增强辨识别人用想当然的方法释字的能力。如甲骨文🀫字，闻一多先生说："🀫予初释为'十豕'合文。近知其非，谛审之当释'豕'，去势豕也。故所从🀫旁列以示去之之谊。"（《甲骨文字诂林》1565页）甲骨学界多认同闻一多先生说。闻一多先生的说法其实是错误的。阉割猪不能用去势（割去生殖器）的方法，因为猪长长的阴茎全部藏于腹内，要把它割除，非动大手术不可。猪腹部下面的外阴仅仅是一个包皮，里面没有阴茎。仅仅割去猪的外阴，是割不掉猪的阴茎的，即使没有了外阴，猪照样有生育能力。所以阉割猪不用割除阴茎的方法，只在小猪生下一个月左右阉其睾丸即可。北魏·贾思勰《齐民要术·养猪》，清·张宗法《三农记》均有叙述。闻一多先生的说法是想当然产生的错误，而学界认同其想当然之说，说明大家的辨识能力还有待增强。
③ 陆忠发：《古代祭祀十讲》，华文出版社2011年版，第192—196页。

种风俗在汉字上的反映就是"祀"。《说文》："祀，祭无已也。"这句话很不好理解。中国古代文献上说杀首子祭祀叫"宜弟"。① 我们把这两个材料放在一起看，"祭无已也"就比较好理解了。古人献第一个孩子给神②，就是为了接下来生更多的孩子。

为什么生更多的孩子就要献第一个孩子给神？如果看过我的《古代祭祀十讲》之第二讲"祭祀起源的心理"就容易明白了。一般来说，妇女生第一个孩子最危险，孩子死亡率最高。以后再生孩子，就容易多了。所以，古人就总结得出结论：神要第一个孩子。神要，敢不给吗？于是，生下第一个孩子，如果没有死，人们就马上把他杀死献给神。这种祭祀就是"祀"。虽然现在看起来非常残忍，但它的的确确是历史事实。

甲骨文"祖"作𝑩，有人认为："祖的本义应是祖先神灵所依附的神主，在仰韶文化中常以陶罐或陶罐偶像的形式出现。"也有人认为："'祖'实取象于神主，主为神象，是祖先神灵的象征符号。"这也是想当然释字。甲骨文中，"祖"从来没有表示神主的用法，神主以"示"表示，其甲骨文形体作𝑻或者𝑻，是一个上大下小的事物，与𝑩的形体没有丝毫相像。𝑩与后代的神主倒是有些相似，这就是有人把𝑩说成表示神主或者取象于神主的原因，是想当然地凭借后代事物推想前代事物的做法。其实，在人们的理解中，"祖"不是一个固定的事物，它是人们对于生命来源认识上的概念。很早很早以前，我们生命的源头就是"祖"。这个概念极难表达。甲骨文、金文中表达"祖"的概念的字是"且"，作𝑩。𝑩像什么？郭沫若说是牡器的象形，省之则作𝏑。按：甲骨文中，凡可以确定是表示牡器的都作𝏑，不作𝑩。𝑩之形体并不繁复，何以古文字中从来不用𝑩表示牡器，而用省体𝏑表示？所以，郭沫若先生的说法，实在很可疑。姚孝遂先生说："祖字……它究竟象什么，我只能说不知道。只能阙疑。郭沫若先生以为源于生殖器崇拜，这仅仅是一种可能性的推测，难以得到证明。"又说："从甲骨文𝑩字形体观之，'且'不可能是生殖器的象形，是否为'柤禁'之'柤'，亦只能存以待考。"按：栅栏之形与𝑩亦不合。𝑩肯定不是"柤禁"之"柤"。𝑩的形体显然像一个有头（字中尖的部分）有尾、身体修长的物体，𝗟是提示符号，提示这种物体的身体可以蠕动。所以，我认为，𝑩象蝇蛆之形。如果我们不考虑根本看不见的

---

① 可参考裘锡圭：《文史丛稿·杀首子解》，上海远东出版社1996年版，第122-133页。
② 先秦汉语中的"子"也包括女儿。妹妹也叫"弟"。

苍蝇的卵，那么，那个蠕动的蝇蛆就是苍蝇生命的源头。因此，古人造字就用且表示生命的源头——"祖"的概念。①

我这里不点名提到的两位先生都是治学严谨的学者，严谨的学者有时候也会犯一些想当然的错误。我在这里用这两位先生的例子说明问题，请读者朋友不要误解。虽然他们解释"祖"的结构确实是想当然的，但与我们批评的胡乱解释汉字不是一回事。

说到这里，我不能不说说现实情况。让我们痛心的是，现状是：任何人都能拿汉字写出一本甚至好多本书来，书里面什么奇谈怪论都会说出来。这些书图文并茂，装帧精美，还非常受读者欢迎。它们的销量越大，对科学的汉字学研究的不利影响就越大。汉字就像鲁迅先生《阿Q正传》中的小尼姑，谁都可以欺负她一下。我们当然欢迎大家都来关注汉字，尤其是研究古文字，因为古文字中包含有丰富的历史文化信息，是研究中国历史文化的第三种重要资料②，也是我们纠正前人错误、解决古书中疑难问题的重要手段③，我们还能够从古人的造字中感受到古人无穷的智慧。但是，我们希望大家能够谨慎地对待汉字，切忌胡乱解析汉字。

三、古文字考释的一般原则

在训诂学领域，戴震提出了求"十分之见"的理论主张，"所谓十分之见，必征之古而靡不条贯，合诸道而不留余议，巨细毕究，本末兼察。若夫依于传闻以拟其是，择于众说以裁其优，出于空言以定其论，据于孤证以信其通。虽溯流可以知源，不目睹渊泉所导；循根可以达杪，不手披枝肆所歧，皆未至十分之见也。以此治经，失'不知为不知'之意，而徒增一惑，以滋识者之辨之也。"④

古文字考释也有其一般的原则，为了使研究古文字的学者在考释古文字时能够比较全面地考虑相关问题，我结合自己的研究体会，提出如下古文字考释的一般原则，供大家参考。

---

① 陆忠发：《古代祭祀十讲》，华文出版社2011年版，第197-199页。
② 陆忠发：《论汉字是研究中国历史的第三种重要资料》，《杭州师范学院学报》2001年第2期，《高等学校文科学报文摘》2001年第4期转摘。
③ 请参考陆忠发：《现代训诂学探论》，浙江大学出版社2008年版，第二、第三章。
④ 《戴震文集·与姚孝廉姬传书》。

1.字形上说清楚其演变的轨迹。

汉字形体的演变，只要不是中间断了，其演变的轨迹应该是可以搞清楚的。

2.意义上明其引申线索。

3.在表达概念的方法上说清楚其所以构造字形的理由。

过去从事古文字考释的学者，大多数具有极好的朴学功底，像杨树达先生就是杰出的代表。他们运用训诂之排比归纳的方法求卜辞的字义，往往能够把卜辞的字义说得非常通畅。但是，古文字学研究与训诂学毕竟不是一回事，仅仅满足于能够把字义说通畅，并不见得就说对了，最根本的一点是我们应该从表达概念方法的角度说清楚其所以构造字形的理由，只有这样，才能算得上真正把一个古文字考释清楚了。

4.能够通释古文辞。

◇ 第三节　文字学上的其他几个重要领域研究◇

一、金文与金文研究

金文是指铸、刻在商周青铜器上的文字。历史上，发现的青铜器很多，许慎在《说文解字叙》中说："郡国亦往往于山川得鼎彝，其铭即前代之古文。"除了偶然发现的外，人们还盗墓掘冢，搜罗青铜器。宋叶梦得《石林避暑录话》说："宣和间内府尚古器……一器有值千缗者。利之所趋，人竞搜剔山泽，发掘冢墓，无所不至，往往千载之藏，一旦皆见，不可胜数矣。"宋刘敞首先将收藏的古器物著录成书，他将自己所得的十一器著成《先秦古器记》一书，其后欧阳修著《集古录》，吕大临《考古图》、赵明诚《金石录》、王黼《宣和博古图》等相继而成。王国维曾根据现在保存下来的十一种宋人著作，编成《宋代金文著录表》，又据清朝学者钱坫、阮元、罗振玉等人所著编撰了《国朝金文著录表》六卷，罗福颐先生增补为《三代秦汉金文著录表》八卷，前六卷为商代和两周器物，后两卷为秦汉器。罗振玉1937年编辑出版了《三代吉金文存》，收器增至4835件。1939年美国人福开森主持编辑的《历代著录吉金目》，该书收集了1935年以前出版的宋代、清代和民国以来的青铜器书籍八十种，周法高先生主编有《三代吉金文存著录表》。

中国社会科学院考古研究所用时十余年编成《殷周金文集成》一书。该书十八册，由中华书局于1984—1994年间陆续出版，收器达11983件。其后，《集成》原编者之一刘雨先生与卢岩先生编辑出版了《近出殷周金文集录》一书，收集《集成》各册完稿以后新出的同类器1354件，《集录》收器截止到1999年5月底，《集成》与《集录》两书合计收器13337件，刘雨、沈丁、卢岩、王文亮先生据《商周金文总著录表》[①]，实际收录了1999年5月底以前发表的全部商周时代有铭青铜器的著录信息，收器共计13337件，这是一部到目前为止较为齐备的殷周金文著录总表。

张亚初先生的《殷周金文集成引得》供中国社会科学院考古研究所编《殷周金文集成》1—18册配套使用，引用资料后面的出处几点几，即《集成》第几册第几号器。全书主要由《殷周金文集成》的释文、单字表、引得和附录（《金文编》"引得"收字对照表、"引得"新收字一览表、《殷周金文集成》单字出现频度表）四部分组成。"释文"把《集成》1—18册所著录的金文古文字按照先后顺序转录为现代汉字，并标明在《集成》第几册第几号器。"引得"以金文单字为检索单位，每个字下面录《集成》1—18册所著录的金文中含有该字的完整铭文，并标明在《集成》第几册第几号器；全书共为4972个金文单字做了引得。《殷周金文集成引得》之于金文研究，其意义等同于《殷墟甲骨刻辞摹释总集》和《殷墟甲骨刻辞类纂》之于甲骨文研究，是研究商周历史、文字必备的工具书。

"金文单字总数大约在5000字上下。"[②]对金文的考释工作开始于宋代，宋人著录铜器铭文，其中就包含考释工作。但是，真正意义上的考释工作是与甲骨文同步的。孙诒让、王国维、郭沫若、杨树达、于省吾、唐兰、容庚、商承祚、柯昌济、董作宾、丁山、余永梁、李学勤、裘锡圭、徐中舒等众多学者都有研究。

"周法高先生先后组织人力编写了《金文诂林》和《金文诂林补》。该书以容庚先生《金文编》的单字为基础，移录篆字形体，摘录该字的铭文辞条，汇集各家对该字的说解，文末间或加以评点。这是一部对古文字学者十分有用而不可或

---

① 中华书局2008年版。
② 张亚初：《殷周金文集成引得·序言》，中华书局2001年版。

离的工具书。周氏不愧是'金文学研究的功臣'"。①

二、战国秦汉文字研究

对战国古文字的研究可以上推至东汉时期，著录战国文字的著作目前已经很多，如郭若愚先生的《战国楚简文字编》②，张光裕、袁国华先生的《包山楚简文字编》③，张守中先生等人的《包山楚简文字编》④，《郭店楚简文字编》⑤，滕壬生先生的《楚系简帛文字编》⑥，李守奎先生编著的《楚文字编》⑦，等等。

过去编纂的战国古文字工具书，往往都是分类字汇，这方面的工具书已经很多。学术研究往往需要把所有的战国古文字材料放在一起作比较，这就必须到各个字汇书中去搜掏，费时费力。现在也有一些是把若干类别的战国古文字合在一起的字汇，但是仍然不能满足把所有的战国古文字放在一起综合比较的需要。何琳仪先生的《战国古文字字典——战国文字声系》⑧，把1991年前出土的各类战国古文字按照王念孙古韵二十二部的先后顺序列在一起，每韵之下按照上古声纽先后列字。这样处理字与字之间的关系，有利于字根的探索，也有利于文字的横向比较。每字最后，作者联系甲骨金文分析其形体结构和在出土文献中的意义，并引传世文献作佐证。所以，《战国古文字字典——战国文字声系》是一部全面研究战国古文字形、音、义的著作。

另外，罗福颐主编《古玺文编》⑨（使用时宜参考吴振武先生《〈古玺文编〉校订》⑩）、《古玺汇编》⑪，高明、葛英会先生《古陶文字征》⑫等字书中收集的古文字以战国秦汉文字为主，也是重要的工具书。

---

① 张亚初：《殷周金文集成引得·序言》，中华书局2001年版。
② 上海书画出版社1994年版。
③ ［台北］艺文印书馆1999年版。
④ 文物出版社1996年版。
⑤ 文物出版社2000年版。
⑥ 湖北教育出版社1995年版。
⑦ 华东师范大学出版社2003年版。
⑧ 中华书局1998年版。
⑨ 文物出版社1981年版。
⑩ 人民美术出版社2011年版。
⑪ 文物出版社1981年版。
⑫ 中华书局1991年版。

三、敦煌文献文字研究

经过小篆、隶书、楷书的规范，敦煌文书文字的主要问题已经不是古文字考释的问题了。敦煌文书文字形体不同，主要是书写者书写习惯不同造成的。由于毛笔书写运笔、笔势等都存在个人差异，这就造成同一个字书写出来的形态存在着或多或少的不同，但是，这些不同，有许多都不能认定为异体字。如"昔"，敦煌文献中有昔、㫺、昔、昔、背这些写法[1]，"昔"的前面三个形体，显然是由书写者书写习惯不同造成的形体不同，是同一个字，不能看成是异体字。

再如"释"敦煌文献中有释、释、释、释、释这些写法，"释"的第二、三个形体显然也不能看成是异体字。

"乳"敦煌文献中有乳、乳、乳、乳、乳、乳几种写法，第二、四、五个形体，也不能看成是异体字。

敦煌文献中，"斗"有斗、斗、斗、斗、斗、升、斗、斗、斗、斗十种写法，人们写"斗"字，可能习惯先写两点，后写一横，再写一竖，第七、八、十的形体显然是两点连笔书写造成的；如果写两点时笔不提起来，而是在纸上拖动，继而顺势写出一横，最后又顺势写出一竖，就成了第五个形体，这个形体的一横有向上带笔的痕迹，正好说明了这一切。第六个形体是先写出一点，然后提起笔写出第二个点并且顺势写出一横，一横写完后略作顿笔，最后再提起笔写一竖。这样写出来的"斗"与"升"几乎没有区别。第五、六、七、八、十的形体毫无疑问是同一个形体。第九的形体，下一点是书写时为追求字的形体的平衡而加的。"督"作督[2]，寸的右边加一点，也是这样。一、二、三、四之间的差别应该看成是书写时的省笔造成的，都是从斗豆声的形声字。与五、六、七、八、九、十的形体显然应该看成是不同的形体，是异体字关系。所以，这十个形体，其实只有一个"斗"和一个从斗豆声的形声字，二者是异体字关系，其他都是假异体字。

所谓敦煌俗字，大部分是书写行书时的笔势变化，因为字的形体没有改变，实际上仍然是同一个字，不能看作异体字。[3]也有一些是形体不同的异体字，但是，数量显然不是很多。

---

① 这里的相关形体全部取自黄征：《敦煌俗字典》，上海教育出版社2005年版。

② 《敦煌俗字典》第90页。

③ 假异体字楷化之后又会成为真正的异体字，请参考陆忠发：《论汉字书写对汉字体系的影响》，《中国书法》2012年第4期。

打，从手丁声，应该是为动词的"钉"造的本字。①《大目乾连冥间救母变文》："弟七隔中见青提夫人，身上下四十九道长打，打在铁床之上。"黄征先生按：同卷下文"狱主闻语，扶起青提夫人，拔却四十九道长钉，铁锁锁腰，生杖围绕，驱出门外"，其字作"钉"。②

《说文》："湩，乳汁也。"《玉篇》："江南人呼乳为湩。"《摩诃摩耶经卷上》："作是语已，两乳甐出犹白莲花，而便入于如来口中。"黄征先生按：甐，当为"湩"之俗字。③忠发按：此改换意符为"乳"。

敦煌文书文字研究工作的重点主要是异体字认读和整理。凡是因为手书的原因出现的形体稍异而结构相同的情况都应该看成是同一个形体，像"斗"的五、六、七、八、九、十这六个形体应该归并为一个形体，一、二、三、四这四个应该归并为一个形体。

《颜氏家训·书证》："世间小学者，不通古今，必依小篆，是正书记；凡《尔雅》《三苍》《说文》，岂能悉得仓颉本指哉？亦是随代损益，互有同异。西晋以往字书，何可全非？但令体例成就，不为专辄耳。考校是非，特须消息。……自有讹谬，过成鄙俗，'乱'旁为'舌'，'揖'下无'耳'，'鼋''鼍'从'龟'，'奋''夺'从'雚'，'席'中加'带'，'恶'上安'西'，'鼓'外设'皮'，'凿'头生'毁'，'离'则配'禹'，'壑'乃施'豁'，'巫'混'经'旁，'皋'分'泽'片，'猎'化为'獦'，'宠'变为'竉'，'业'左益'片'，'灵'底着'器'；'率'字自有'律'音，强改为别；'单'字自有'善'音，辄析成异：如此之类，不可不治。"颜之推所说的种种情况，主要是汉字手书造成的。由于汉字手书造成形体出现了很多变化，敦煌文书文字研究还是充满挑战的。

---

① 欧阳修《归田录》卷二："今世俗言语之讹，而举世君子小人皆同其谬者，惟'打'字尔（原注：打，丁雅反）。其本义为考击，故人相殴，以物相击，皆谓之'打'。而工造金银器亦谓之'打'可矣，盖有椎击之义也。至于造舟车曰'打船'、'打车'，网鱼曰'打鱼'，汲水曰'打水'，役夫饷饭曰'打饭'，兵士给衣粮曰'打衣粮'，从者执伞曰'打伞'，以糊粘纸曰'打粘'，以丈尺量地曰'打量'，举手试眼之昏明曰'打试'。至于名儒硕学，语皆如此。触事皆谓之'打'，而遍检字书，了无此字（原注：丁雅反者）。其义主考击之'打'自音'谪耿'，以字学言之，'打'字从手丁，'丁'又击物之声，故音'谪耿'为是，不知因何转为'丁雅'也？"

② 《敦煌俗字典》88页。

③ 《敦煌俗字典》89页。

四、《说文》学研究

《说文》学研究一直是中国文字学重要的研究领域之一。从唐宋学者校订《说文》到现代学者研究许慎及其《说文解字》，这方面的研究资料已经汗牛充栋，其中著名的是清代的"《说文》四大家"。许慎与《说文》的研究历史，我不再详述，读者可参考董希谦、张启焕先生主编的《许慎及其说文解字研究》①，书中主要收录了张启焕、李先华先生等人对许慎和《说文》的研究成果。书后附录了《许慎与说文解字研究资料索引》，资料截止到1983年。

现代学者对《说文》的研究，最值得一说的是利用出土古文字材料研究《说文》。马叙伦先生《说文解字六书疏证》吸收了近人有关《说文》和古文字研究的成果，姚孝遂先生《许慎与〈说文解字〉》之《〈说文〉得失的评价》用甲金文纠正《说文》之失；苏宝荣先生《〈说文解字〉今注》在注释的同时往往能对《说文》作出补正；臧克和、王平先生《〈说文解字〉新订》在《说文》各字后加注出土古文字字形，虽未作说解，但对正确理解古文字结构帮助很大；季旭昇先生《说文新证》、董莲池先生《说文解字考正》对《说文》说形说义方面的错误多所补正；蒋人杰先生《说文解字集注》力求用极少篇幅总括数百家之研究成果，很有价值。但是，我们现在读《说文》，还是有大量的字看不懂，不明白它如何表意。我希望有更多的人能够从汉字如何表意的角度去研究《说文》，帮助大家读懂更多的汉字。

还值得说一说的是南开大学中国文字研究中心连续编辑出版的《说文学研究》论文集，该论文集由向光忠先生主编，2001年出版第一辑，2012年已经出版到第六辑。该论文集不收版面费，不讲究作者的地位、影响，只要论文对《说文》研究有价值，就来者不拒。《说文学研究》为推动《说文》学研究的深入发展起到了积极作用。

当然，汉字学研究还有许多领域，我在这里就不再一一介绍了。

---

① 河南大学出版社1986年版。

| 第八章 |

新中国的汉字改革研究与汉字的未来

◇ 第一节　新中国的汉字改革探索◇

一、已经取得的成就

汉字是世界上历史最长久、影响最深广的文字之一。几千年来，我国丰富的文化遗产是靠汉字记载和保存下来的。汉字有许多优点，也存在缺点。第一，汉字是表意文字，一个字一个形体，学习汉字要一个一个地死记；第二，汉字字数太多，总数约有六万个，通用的有七八千，常用的也有三四千；第三，汉字笔画繁多；第四，汉字结构复杂；第五，汉字字形相似。总之，汉字难认、难读、难记、难写。①所以，早在晚清时期就有人提出改革汉字。新中国成立以后，1949年10月成立了中国文字改革协会，1951年，毛主席指出：文字必须改革，要走世界文字共同的拼音化道路；汉字的拼音化需要做很多准备工作；在实现拼音化以前，必须简化汉字，以利目前的应用；同时积极进行拼音化的各项准备工作。②1952年2月教育部设立了中国文字改革研究委员会，1954年10月成立了隶属于国务院的中国文字改革委员会。1958年1月10日，周总理在政协全国委员会举行的报告会上作了《当前文字改革的任务》的报告，明确地规定了当时文字改革的任务就是简化汉字、推广普通话和推行《汉语拼音方案》。推广普通话和推行《汉语拼音方案》在当时不仅是社会需要，也是为文字拼音化打下基础。可以说，简化汉字是新中国成立以来语言文字工作的重点，汉字拼音化改革是汉字改革的最终目标。

简化汉字的工作包括以下几个内容：（一）精简汉字笔画；（二）整理异体字；（三）审定字音。

经过大量专家的不懈努力，简化汉字工作取得了很大成绩。在精简汉字笔

---

① 曹夫昂：《文字改革工作问答》，上海教育出版社1980年版，第8页。
② 吴玉章：《文字改革文集》，中国人民大学出版社1978年版，第113页。

画方面，1952年，中国文字改革委员会开始拟订简化汉字笔画和精简字数的方案；1955年，发表了《汉字简化方案（草案）》，在全国各地征求意见后，1956年1月，国务院正式公布《汉字简化方案》；1964年3月，中国文字改革委员会编印了《简化字总表》。《简化字总表》分为3个字表。第一表是352个不作偏旁用的简化字，第二表是132个可作偏旁用的简化字和14个简化偏旁，第三表是经过偏旁类推而成的1754个简化字。1977年又推出了《第二次汉字简化方案（草案）》，但第二批简化字由于精简太过，没有得到社会认可，1986年就告废除。但是第二批简化字还是在社会上产生了一定的影响，引起了一些混乱。于是，1986年又重新颁布《简化字总表》，确认简化字2235个。简化以前的汉字，笔画在5画以下的很少，大多数是10画至20多画。如以2000个通用字作统计：1—10画的字，简化前917个，简化后1395个；11—20画的字，简化前1030个，简化后570个；21画以上的字，简化前53个，简化后2个。简化字使用之后，日常用字的平均笔画由12—13画减少到9.2画左右。再拿3500个常用字来说，平均每字才9.7画，超过20画的只有12个字。[1]2009年，教育部、国家语言文字工作委员会组织研制《通用规范汉字表》，又按《简化字总表》第二表规定的可作简化偏旁用的132个简化字和14个简化偏旁进行有限类推，新收录了226个类推简化字。《通用规范汉字表》2013年6月由国务院正式发布。《通用规范汉字表》发布后，原有相关字表（《第一批异体字整理表》《现代汉语常用字表》《现代汉语通用字表》《简化字总表》）停止使用。

在整理异体字方面，1955年12月，中国文字改革委员会和文化部共同发布了《第一批异体字整理表》，收异体字810组，每组最少2字，最多6字，合计共1865个，每组选用一个正体字，共精简了1055字。以后又进行了部分调整，实际淘汰异体字1027个。

在审定字音方面，1955年中国科学院召开的"现代汉语规范问题学术会议"作出决议，由中国科学院组建"审音委员会"；会议确定将现代汉民族共同语称为普通话，并确定了普通话在语音、词汇和语法上的规范标准，确立"以北京语音为标准音"。审音委员会于1957年至1962年分3次发表了《普通话异读词审音表初稿》，并于1963年辑录成《普通话异读词三次审音总表初稿》。1982年6月重建

---

① 沈克成、沈迦：《汉字简化说略》，人民日报出版社2000年版，第17—18页。

了普通话审音委员会，对初稿进行修订。1985年12月国家语言文字工作委员会、国家教育委员会、广播电视部联合公布《普通话异读词审音表》，共审定847个异读字的读音。

我国现在的语言文字政策是，提倡使用规范汉字，保持汉字字形的稳定。在现代社会，人人都有遵守国家规范的义务，这不影响学者在研究层面的探讨。下面我们将对一些学术问题进行讨论。

二、存在的问题

汉字简化工作减少了汉字笔画，减少了异体字，减少了一字多音现象，大大方便了汉字的使用，功不可没。但是，汉字简化工作也还存在一些问题。沈克成、沈迦父子系统研究了汉字简化的负面效应，这些负面效应是：废除异体过多会影响信息传递；同音归并过滥将诱发用语双关；古今字的借代导致表义的混乱；滥用简笔声旁很容易引起误读；用符号同化使内涵的信息流失；偏旁简化不一造成了认读困难；过分简省笔画增加了形近的字；部件的增加给记认带来了困难；中华民族文化的传承受到影响。[1]他们的研究成果可以参考。

汉字批量简化的手段就是简化偏旁类推，掌握了简化偏旁类推的方法，任何人都知道怎样把一个繁体字简化成相应的简化字。同时，这种简化方法还不会给认读汉字的人增加负担，认识繁体字的人，可以自然而然地认识按照偏旁简化的方法类推简化的简化字。可见，用简化偏旁类推的方法简化汉字是深受人们欢迎的简化汉字方法。

但是，我们不能不说的是：《简化字总表》在使用偏旁简化的方法类推简化汉字时类推不彻底，有许多繁体字其实还可以类推简化成相应的简化字。不知是出于什么原因，制定《简化字总表》的时候，人们的目光还没有投向这些本来可以类推简化的繁体字。这些字中的许多字，其实都是常见古籍中的字，只要我们接触古籍，就不能不使用它们。因为《简化字总表》是国家颁布的最权威的最规范的简化字集，使用在《简化字总表》中没有出现的简化字体，都是不规范的。

然而，人们日常使用汉字时不可能时时刻刻都去翻检《简化字总表》，常常凭借自己的想象就把字的某部件通过类推的方法简化了，加上现在电脑造字又十

---

① 《汉字简化说略》，人民日报出版社2000年版，第104—140页。

分方便，任何人都可以造出《简化字总表》中根本不存在的简化字来。

不但人们日常使用汉字时常常不执行《简化字总表》的规范，人们编写汉字、汉语工具书同样不执行《简化字总表》的规范。《辞海》是一部普及程度非常高的工具书，在较早的版本中，也许是《辞海》的编者在编写时没有注意核对《简化字总表》，造成了《辞海》比《简化字总表》多出了许多使用偏旁简化的方法类推简化的汉字形体。这种情况不仅仅出现在《辞海》的编写中，人们在编写其他工具书时同样会简化出《简化字总表》中根本没有的简化汉字形体来。请看下表：

《简化字总表》中没有的简化汉字形体

繁体字	古籍例句	《简化字总表》	《辞海》[1] 简化字	《现代汉语词典》[2]《现代汉语规范词典》[3]《标准规范现代汉语字典》[4]《通用规范汉字表》[5]情况
輶	《说文》："輶，车轻也。"	无简化字	𫘨3820	《现代汉语词典》未收此字；《现代汉语规范词典》未收此字；《标准规范现代汉语字典》未收此字；《通用规范汉字表》未收此字。
玁	《诗经·小雅·六月》："薄伐玁狁，至于太原。"	无简化字	𤞤2328	《现代汉语词典》1414页同《辞海》；《现代汉语规范词典》1413同《辞海》；《标准规范现代汉语字典》未收此字；《通用规范汉字表》未收此字。
薋	《楚辞·离骚》："薋菉葹以盈室兮，判独离而不服。"	无简化字	𫁡1733	《现代汉语词典》213页同《辞海》[6]；《现代汉语规范词典》未收此字；《标准规范现代汉语字典》未收此字；《通用规范汉字表》未收此字。

---

①　1999年版。表中所引《辞海》简化字后面的数字是该字在《辞海》中的页码。
②　中国社会科学院语言研究所词典编辑室编，商务印书馆2012年版。
③　李行健主编，外语教学与研究出版社，语文出版社2004年版。
④　马成发主编，吉林出版集团有限责任公司2009年版。
⑤　教育部、国家语言文字工作委员会组织研制《通用规范汉字表》，2013年6月。
⑥　《现代汉语词典》213页把这个简化字的意义解释为"堆积杂草"，是不妥当的。《离骚》中的这个字应该是"资"的错字。

续表

繁体字	古籍例句	《简化字总表》	《辞海》简化字	《现代汉语词典》《现代汉语规范词典》《标准规范现代汉语字典》《通用规范汉字表》情况
絓	《楚辞·九章·哀郢》："心絓结而不解兮，思蹇产而不释。"	无简化字	绖3316	《现代汉语词典》475页同《辞海》；《现代汉语规范词典》未收此字；《标准规范现代汉语字典》未收此字；《通用规范汉字表》未收此字。
憒	《诗经·大雅·板》："天之方憒，无为夸毗。"	无简化字	愦2810	《现代汉语词典》未收此字；《现代汉语规范词典》未收此字；《标准规范现代汉语字典》未收此字；《通用规范汉字表》未收此字。
讇	《楚辞·九章·惜往日》："何贞臣之无罪兮，被讇谤而见尤。"	无简化字	讇1164	《现代汉语词典》321页同《辞海》；《现代汉语规范词典》未收此字；《标准规范现代汉语字典》158页同《辞海》；《通用规范汉字表》未收此字。
靮	《楚辞·九章·悲回风》："心靮羁而不形兮，气缭转而自缔。"	无简化字	靮5730	《现代汉语词典》601页同《辞海》；《现代汉语规范词典》未收此字；《标准规范现代汉语字典》未收此字；《通用规范汉字表》未收此字。
薆	《楚辞·离骚》："何琼佩之偃蹇兮，众薆然而蔽之。"	无简化字	薆1731	《现代汉语词典》5页同《辞海》；《现代汉语规范词典》5页同《辞海》；《标准规范现代汉语字典》未收此字；《通用规范汉字表》未收此字。
輮	《周礼·考工记·车人》："行山者仄輮。"	无简化字	輮3824	《现代汉语词典》1102页同《辞海》；《现代汉语规范词典》1108页同《辞海》；《标准规范现代汉语字典》619页同《辞海》；《通用规范汉字表》同《辞海》。
俟	《诗·邶风·静女》"俟而不见，搔首踟蹰。"	无简化字	俟738	《现代汉语词典》5页同《辞海》；《现代汉语规范词典》未收此字；《标准规范现代汉语字典》4页同《辞海》；《通用规范汉字表》未收此字。
襛	《诗经·召南·何彼襛矣》："何彼襛矣，唐棣之华。"	无简化字	襛5107	《现代汉语词典》未收此字；《现代汉语规范词典》未收此字；《标准规范现代汉语字典》未收此字；《通用规范汉字表》未收此字。

繁体字	古籍例句	《简化字总表》	《辞海》简化字	《现代汉语词典》《现代汉语规范词典》《标准规范现代汉语字典》《通用规范汉字表》情况
驩	《史记·五帝本纪》："放驩兜于崇山，以变南蛮。"	无简化字	不简化	《现代汉语词典》564页简化为"骦"；《现代汉语规范词典》566页不简化；《标准规范现代汉语字典》未收此字；《通用规范汉字表》同《辞海》。
潬	《集韵·寒韵》："潬，水中沙出，通作滩。"	无简化字	㳎2713	《现代汉语词典》未收此字；《现代汉语规范词典》未收此字；《标准规范现代汉语字典》未收此字；《通用规范汉字表》未收此字。
撝	《说文解字叙》："比类合谊，以见指撝。"	无简化字	㧑1925	《现代汉语词典》575页同《辞海》；《现代汉语规范词典》578页同《辞海》；《标准规范现代汉语字典》290页同《辞海》；《通用规范汉字表》同《辞海》。
轊	《经传释词》卷十："轨，车轊头也。"	无简化字	轕3825	《现代汉语词典》未收此字；《现代汉语规范词典》未收此字；《标准规范现代汉语字典》未收此字；《通用规范汉字表》未收此字。
僤	《诗经·大雅·桑柔》："我生不辰，逢天僤怒。"	无简化字	僤721	《现代汉语词典》257页同《辞海》；《现代汉语规范词典》未收此字；《标准规范现代汉语字典》未收此字；《通用规范汉字表》同《辞海》。
盨	古器物名称	无简化字	盨4800	《现代汉语词典》1471页同《辞海》；《现代汉语规范词典》未收此字；《标准规范现代汉语字典》未收此字；《通用规范汉字表》未收此字。
饎	《诗经·大雅·泂》："挹彼注兹，可以饎饎。"	无简化字	饎2387	《现代汉语词典》未收此字；《现代汉语规范词典》未收此字；《标准规范现代汉语字典》未收此字；《通用规范汉字表》未收此字。
饎	《诗经·大雅·泂》："挹彼注兹，可以饎饎。"	无简化字	饎2389	《现代汉语词典》未收此字；《现代汉语规范词典》未收此字；《标准规范现代汉语字典》未收此字；《通用规范汉字表》未收此字。

从表中我们看到,《辞海》中的简化字体比《简化字总表》多很多,有时候《简化字总表》和《辞海》中都没有简化的汉字,《现代汉语词典》又把它简化了。同样是现代汉语词典,《现代汉语词典》把一些繁体字作了简化,《现代汉语规范词典》又没有简化。自称为"标准""规范"的《标准规范现代汉语字典》,对汉字的简化既不同于《简化字总表》,又不同于《现代汉语词典》和《现代汉语规范词典》,从其收录的繁体字和简化字字体看,与《辞海》是一致的。这似乎表明,《辞海》才是"标准""规范"的,《简化字总表》是个有没有都无所谓的字表。而教育部、国家语言文字工作委员会组织研制的《通用规范汉字表》也仅仅是多收录了226个类推简化字,没有改变汉字简化的局面。

在人们的认识中,《辞海》《现代汉语词典》这样的重要工具书中的字都是规范的汉字,《现代汉语规范词典》和《标准规范现代汉语字典》,因为已经明确表明是规范的,里面的汉字形体当然是规范的。

由于新中国成立以来一直推广简化字教学,人们普遍习惯于阅读用简化字排版的图书。人们的这种阅读习惯反过来又影响图书出版。编辑们对于出现在用简化字排版的图书中的繁体字总是非常警觉,千方百计寻求可以将其简化的理由。《辞海》成了许多编辑确定简化字体的依据。

这样,编辑们依据《简化字总表》或者《辞海》等工具书确定简化字,编辑出来的用简化字排版的出版物,有许多汉字的字体常常是不一样的。可见,由于《简化字总表》或者《辞海》等工具书中的简化字不统一,就造成汉字简化与不简化存在混乱。许多古籍中常用的字,在现代出版物中,或依据《简化字总表》,或依据《辞海》等工具书中的简化字,出现混乱就不可避免了。

另外,现行简化字本身也确实存在一些问题,如"象"和"像"的使用就应该有明确的规范,什么时候使用"象",什么时候使用"像",大家基本上都是凭感觉作决定。在使用电脑进行文件的繁、简转换时常常出现的诸如"咸"与"鹹""鹹"对应的错误,"云"与"雲""云"对应的错误,也给人们带来许多麻烦。

有一些简化字还会造成更加严重的错误,如:《说文》:"死,澌也,人所离也。"《说文》:"葬,藏也,从死在茻中;一其中,所以荐之。《易》曰'古之葬者,厚衣之以薪。'"所以,"死"的本义是"尸体(屍体)"。"死"引申表示"死亡"。为了区别"尸体(屍体)"和"死亡"这两个意义使用的字形,人们造了从死尸声的形声字"屍"表示"尸体(屍体)",用"死"表示"死亡"。

甲骨文中就有"尸"字，字形作 **⫯**，是一个表现为坐姿的人。古代有用活人坐在祖宗牌位上代替死去的亲人接受献享的祭祀叫"尸祭"，那个代替死去的亲人接受祭享的人就叫"尸"。[①]所以，"尸"绝对没有"尸体"的意思。

可是，简化字表规定"屍体"的"屍"简化为"尸"。于是，当繁简转换的时候，"尸祭"理所当然地就写成了"屍祭"，把活人写成了死人！

"尸"与"屍"混同，有时候会引起误解。如《国语·晋语》"叔向见韩宣子"："夫郤昭子，其富半公室，其家半三军。恃其富宠，以泰于国。其身尸于朝，其宗灭于绛。"如果有人不知道战国时"朝"与"廷"是不同的[②]，而像所有词典的解释那样把"朝"解释为"朝廷"，那么，"其身尸于朝"就很容易理解为郤昭子在朝中做官，把"尸"理解为"尸位素餐"的"尸"。而事实是郤昭子本人在朝中被杀，活人变成了尸体。所以说"其身屍于朝"。

因此，我们呼吁进一步规范简化字。我们还认为应该尽可能地把可以类推的汉字全部类推简化掉。《汉语大字典》已经编纂完成，我们现在完全具备用偏旁类推的方法把所有可类推简化的汉字都简化掉的条件。我们真的这样做了，可能会发现少量的汉字类推简化反而不妥，那么，我们把这少量的不宜类推简化的汉字罗列出来，告诉人们这些字不宜类推简化。也就是说，我们可以组织专家把所有的汉字全部研究一下，可以简化的全部将其简化掉，少量不能简化的字，应该明确告诉人们。这样，所有使用汉字的人就有了一个统一的规范，简化字使用混乱的局面就不复存在了。

2009年版的《辞海》，其中字的繁简已经悄然与《简化字总表》一致了。这当然是执行国家规范的表现。但是，我们前面列举的《现代汉语词典》《现代汉语规范词典》《标准规范现代汉语字典》等辞书中的用字与《简化字总表》或者《通用规范汉字表》不一致的情况仍然没有改变。怎么办呢？我认为，唯一的办法就是改变我们的规范以适应社会实际用字的需要。

依我之见，在汉字偏旁类推简化这个问题上，我们是不是可以考虑放弃目前的"有限类推"的限制，把重点放在解决我们上面提到的简化字存在的问题、研究解决无限类推之后可能带来的新的问题上，比方说有少量的字类推简化之

---

① 陆忠发：《中国古代尸祭的文字学考证》，《寻根》，2001年第1期。
② "朝""廷"的本义及其语义的发展变化，可参考陆忠发《朝廷本义考》，《语言研究》，2005年第4期。

后，字形很难看，如《楚辞·惜往日》："何贞臣之无罪兮，被谗（一作离）谤而见尤。""谗"这个字随便怎么类推简化都很难看。这样的字我们就可以规定不要用类推的方法简化了，保留其繁体作为规范，并且作出说明。我认为，一个好的规范，应该是强制规定的东西少，而且醒目，让人们能够自觉接受这样的强制规范。现在的简化字规范还没有做到这些，强制规定的东西比较多，而且不醒目。我说的不醒目是指两个方面：①字与字的区分不明确，如"象"与"像"的区分不明确；②人们在类推简化字时一不小心就触犯了简化字只能有限类推的强制规范。因此，我们认为目前的简化字规范设置不是最好的，应该重新研究新的适合大众需求的规范。

如果我们愿意回顾一下汉字规范的历史，就会看到，从小篆开始，中国历史上出现过许多规范汉字表，但后来都没有得到严格的贯彻执行。所以，到底是强制民众按照我们制定的规范行事，还是我们制定适合大众需求的规范来引导大众规范地行事，我认为，历史就是一面镜子。

我在本书第二章说过，汉字字体今后不会再发生变化了。所以，我们现在制定的《通用规范汉字表》很有可能成为汉字历史上最后的规范。但是，这个规范应该能够适合大众的需求，不要在简化字无限类推上设置限制。

另外，汉字中确实有一部分字很难简化或者简化后笔画仍然比较多，潘钧先生举的"齉囊蠹罐戆爨"[1]这一组字的笔画就太多，但是很难简化。杨润陆先生说：简化汉字取得了很大的成绩，但是有一批常用字或通用字笔画仍旧很多。在电子计算机上，5×16点阵组成"竖7行×横8行"的栅格，而《基本集》6763个字中有多至138个多笔字不能用15×16点阵显现，即使用24×24点阵显现，在屏幕上也是黑漆漆的一团。"颤、矗、叠、覆、膏、羹、壕、曦、嚎、僵、疆、警、譬、巅、巍、纂、蠢、魅、醴、魈"等字就是这种情况。[2]

在汉字发展史上，一些繁难的形体被重新造的字替代了。大家可以开动脑筋，看看这些字能不能重新造字进行替换。

汉字的笔画也不是越少越好，汉语在书面语上的区分主要凭借汉字形体的区别功能，所以我们也不赞成把汉字的笔画简化得特别少，这样将降低汉字区别形体的功能。如有人提出"把'事'简化为'子'，把'高'简化为'亏'，把最常

① 潘钧：《现代汉字问题研究》，云南大学出版社2003年版，第186页。
② 杨润陆：《现代汉字学通论》，长城出版社2000年版，第231页。

用的'的'简化为'マ'"①，如果汉字简化得太厉害了，形体与形体之间的区分就会变得十分困难。

在整理异体字方面，一方面我们还有许多异体字没有整理，需要继续推进；另一方面，《第一批异体字整理表》还存在一些问题，造成使用上的一些不便，应该作适当调整。"汉字中存在一定数量的包孕异体字，如甲字的字义比乙字宽，我们过去采用取舍法选甲废乙，一般不会出现混误，但一旦进行一键切换，将其恢复成繁体时，就会出现张冠李戴的现象，这是九十年代计算机出现后面临的新课题。此外，当我们将两个常用字合并时，往往会出现新的假借，从而在繁简切换时造成意义混乱，这也是新时期出现的新问题。因此我们有必要对异体字作一次全面的整理，类似这一类包孕异体字，我们应该采用分化法，对其作一些必要的调整。"②

审音方面，大陆进行了汉字审音，台湾也于1994年公布了汉字审音方案。目前，两岸还有数百个汉字的读音存在差别。③这既不利于两岸交流，也不利于汉语在世界的推广。消除这些审音差别，势在必行。

◇ 第二节　汉字将相伴汉语到永远◇

汉字的前途会怎样？ 1958年1月，周恩来总理在政协全国委员会上作的《当前文字改革的任务》报告中说："汉字在历史上有过不可磨灭的功绩，在这一点上我们大家的意见都是一致的。至于汉字的前途，它是不是千秋万岁永远不变呢？还是要变呢？它是向着汉字自己的形体变化呢？还是被拼音文字代替呢？它是为拉丁字母式的拼音文字所代替，还是为另一种形式的拼音文字所代替呢？这个问题我们现在还不忙作出结论。""关于汉字的前途问题，大家有不同的意见，可以争鸣。"1986年全国语言文字工作会议制定的国家语言文字工作的方针和任务中没有重申走拼音化的道路。国家语言文字工作委员会主任刘导生先生作了题

---

① 潘钧：《现代汉字问题研究》，云南大学出版社2003年版，第186页。
② 沈克成、沈迦：《汉字简化说略》，人民日报出版社2000年版，第213—214页。
③ 可参考香港《语文建设通讯》第47期（1995年）潘礼美先生的《海峡两岸审音比较》一文的详细对比。

为《新时期的语言文字工作》的报告，指出："必须强调的是，在今后相当长的时期，汉字作为国家的法定文字还要继续发挥它的作用。现行《汉语拼音方案》不是代替汉字的拼音文字，它是帮助学习汉语、汉字和推广普通话的注音工具，并用于汉字不便使用或不能使用的方面。""汉字的前途到底如何，我国能不能实现汉语拼音文字，什么时候实现，怎样实现，那是将来的事情，不属于当前文字改革的任务，现在有不同的意见，可以讨论，并且进行更多的科学研究。但是仍然不宜匆忙作出结论。"①

有关汉字拼音化问题，过去人们主要着眼于汉字信息处理是否方便来进行讨论，许多人主张走汉字拼音化道路，或者折中一下，先在书面语中实行"双文制"（即在书面语中使用汉字，但是把一些繁难的汉字改换成拼音），在文字的信息处理中实行"双轨制"②。冯志伟先生提出：我们在信息化时代，不要求在全民中推行拉丁化新文字，而只是在计算机上实行"文字的双轨制"，既可使用汉字，又可使用拼音文字，让计算机上使用的文字与世界上大多数发达国家一致，必将显著地提高我国信息通信网络系统的效能。③杨润陆先生说："事实很清楚，计算机再先进，支撑能力再强，汉字在计算机上的使用效率也无法与拼音文字相比。中国人在电脑上通信只能用英文，即使有汉化软件可以实现汉字的传输，但是我们不可能要求世界上所有地方的电脑网络都实行'汉化'。如果实行'双轨制'，我们就可以输入拼音文字，由对方转换成为汉字或者直接阅读拼音文字。要使汉语走遍天下，单靠汉字是不行的，'双轨制'是汉语进入国际网络的最理想的选择。"④

我想谈谈我对这个问题的思考，在我们不放弃汉语的前提下，能不能实现"双文制"和"双轨制"，最终走上拼音文字的道路。过去的学者能够看到拼音文字的方便，能够看到汉字的不方便，却很少有人思考语言对文字的选择问题。就像20世纪50年代讨论汉字改革时，苏联专家说的，中国放弃汉字使用拼音文字，就像脱掉中山装穿上西装一样，没有什么不方便的。但是，问题没有这么简单。

汉语音节数量少，只有400多个，汉语词汇又以双音节词占绝大多数，这样

---

① 《新时期的语言文字工作》，语文出版社1987年版，第24页。
② 周有光：《中文信息处理的双轨制》，《百科知识》，1984年第3期。
③ 见冯志伟：《语言文字规范化对于语言信息处理的作用》，《语文现代化论丛》，山东教育出版社1995年版。
④ 杨润陆：《现代汉字学通论》，长城出版社2000年版，第230页。

一来，用有限的音节组成无数个音节数量相同的词，就必然在语言中产生大量的同音词。在书面语中，这些同音词，其语音形式完全一样，它们之间的相互区分只能依靠两方面的手段：

一、语境。依靠一定的语言环境对语义的限定作用来排除意义不合于此语境的词，选择意义适合该语境的词。

二、词形。凭借声音因素以外的词形相互区别开来。

这两者中，语境因素不是十分可靠的，尤其是一些比较生疏的词，凭借语境来区分是非常不可靠的。所以，汉语书面语主要凭借词形来区分同音词。方块字形态的汉字最能适应汉语的需要。世界上的语言数量很多，但是种类只有三个——屈折语、黏着语和孤立语。语言种类的不同决定了世界上有拼音文字（如英文）和非拼音文字（如汉字）以及拼音与非拼音混合的文字（如日文）。英语是屈折语，日语是黏着语，屈折语、黏着语的本质特点是要经常发生词形变化。所以，记录屈折语、黏着语的文字必须是拼音文字以方便表达语言的词形变化。日语这样的黏着语与英语这样的屈折语又有不同，英语的词发生词形变化，有的添加词尾，有的在词的中间发生变化，有的是完全的变化，同一个词通过词形变化常常变得"面目全非"，如good—better—best，不懂英语的人怎么也不能相信它们是同一个词。所以英文必须选择拼音文字以方便其各种各样的变形需要。日语词汇虽然有许多也变形，但是它只在词尾发生变化，而词根则不变化。不变化的词根就用汉字来表示，需要变化的词尾就用拼音符号假名表示。因此，日本文字的体系仍然是拼音文字。我详细分析了日语词汇[1]，发现日本文字大量采用汉字，是为了借助汉字以形别义的功能来区别日语中的同音词。所以，日文既符合有形态变化的语言对文字体系的要求——必须选择拼音文字，又巧妙地运用汉字来有效地区别日语中的同音词。对日语来说，现在的日本文字是最完美的。[2]

文字能够适应语言的需要，就是最好的文字；文字不能够适应语言的需要，就是最不好的文字。放弃最好的文字、使用最不好的文字，语言是不会答应的。日本人曾经放弃日文中的汉字，又不得不重新使用汉字，就是很好的例子。所

---

[1]　陆忠发：《汉字学的新方向》，浙江大学出版社2009年版，第19—20页。

[2]　日本曾经提出要废除日文中的汉字，但又不得不在1946年公布了1850个字的《当用汉字》，说明日本文字少不了汉字。1981年，日本政府又发布了在《当用汉字》基础上新增了95个汉字的《常用汉字表》，"常用"即"经常使用""持久使用"的意思，这表明日本将再也不会有废除日文中的汉字的想法了。

以，我曾经断言汉字拼音化道路是一条死胡同[①]。完全用拼音记录汉语不行，在汉字中间夹杂拼音来记录汉语，实行"双文制"，也不行。有人按照"双文制"的设想做过实验，结果是：被汉语拼音代替的词或语素是否为读者所熟悉，对于能否流畅阅读和正确理解文义关系很大。比较熟悉的词，即使改为拼音，借助上下文也能理解；而一些不熟悉的词，改用拼音则不易理解。[②]"双文制"虽然仍然使用汉字，但是，已经从根本上改变了文字的性质，把方块字体系的文字改变成为拼音文字，所以是行不通的。潘钧先生说："拼音文字在妥善解决汉语同音词和同音语素上存在困难，而在其他使用拼音文字的语言中，同音词和同音语素不像汉语那么多，他们使用拼音文字不存在这么严重的问题。我们认为在现在的条件下实现汉语拼音文字有困难，而不认为将来永远没有可能。"[③]汉语中的同音问题，现在的拼音没有办法解决，将来也不会有办法用拼音解决。所以，汉语拼音文字永远没有可能。

"双轨制"能不能实现？我看也不行。如果真的能够实现我们输入拼音文字，由对方转换成为汉字或者直接阅读拼音文字，这样当然很好。现在，国外电脑上不能显示中文的现象确实存在，我有一次给一个外国朋友发了一份中文邮件，他的电脑就不能显示。在互联网时代，我们的确比以往更加强烈地感受到使用中文的不便，有许多先生都希望能够设计出转写汉字的拼音文字来。潘钧先生在《现代汉字问题研究》中引用了俞步凡先生设计的拼音文字，如：jò（就），joù（救），jeò（旧），jeù（臼），jòw（舅），joùk（厩），joùf（鹫），joùb（疚），kjoù（咎）。[④]虽然俞步凡先生设计的与汉字一一对应的拼音，把《辞海》上的15000字转写成功了，但是，这些拉丁字母组合不能准确读出汉字的字音，要通过这些拉丁字母组合知道它对应的汉字，还需要进行编码转换。因此，这种拼音实际上不是拼音文字，而是一种"密电码"。拼音文字应该是直接用拼音符号记录语言的文字，语言和记录它的拼音符号串之间不应该再通过编码进行转换。所以，我们希望设计出的拼音文字使用的拼音都应该基于人们所熟悉的汉语拼音字母。俞步凡先生设计的拼音，使用它进行信息处理，也许是方便了，而阅读

---

① 陆忠发：《汉字学的新方向》，浙江大学出版社2009年版，第16-20页。
② 魏励：《夹用拼音精简汉字》，香港《语文建设通讯》第40期。
③ 潘钧：《现代汉字问题研究》，云南大学出版社2003年版，第179页。
④ 潘钧：《现代汉字问题研究》，云南大学出版社2003年版，第178页。

的问题却大了。再说，按照俞步凡先生设计的拼音把汉字输入电脑，一个双音节词可能要击打键盘8次，再加上插入键盘上没有的声调符号，就更加麻烦了。因此，我们肯定不能接受这样的"密电码"式的"拼音文字"。既然我们既不能接受"密电码"式的"拼音文字"，又不能用拼音字母解决汉语同音词或者同音语素在书面语中的分辨问题，我们就永远不能放弃汉字，除非我们选择放弃汉语。所以，对于汉字将来会不会被拼音文字替代这个问题，我可以肯定地回答："不会。"

长期从事计算机中文信息处理研究的沈克成、沈迦父子在所著《汉字简化说略》一书的最后说："中文信息处理技术的发展已证明汉字不仅可应用于电脑，而且在许多方面比其他文字更适宜在电脑上应用。所以在不久的将来，当大家都有机会、有条件用电脑来学习、阅读、写作时，使用汉字的中国人要比使用拼音文字的外国人占先不少。""据研究资料表明，汉字的认读速度比英文快1.6倍。在相同的时间内，阅读中文的人将比阅读英文的人多获得60%的信息。""汉字具有一种天然数据库的作用，比世界上任何一种文字更符合于电脑化原理的内在规律。由于汉字属单声调语言，比拼音文字更具保真能力，更便于频谱分析与鉴定；汉字单体书写，呈方形矩阵，适于信息的贮存、辨别与检索；汉字组合富有逻辑性，易于引起联想，具有多向发展的孳生力，尤适合当代科技的需要。总之，汉字比拼音文字更适合于电脑的存储记忆。""80年代初期，电脑将拯救汉字，还是埋葬汉字，曾有过激烈论争……现在，人们终于认识到，汉字不仅不落后，汉字还是最适合于电脑的语言文字。""'21世纪将是汉字发挥威力的时代'，这不仅是一种良好愿望，也是时代的必然。"①我不懂计算机中文信息处理，也不知道汉字是不是最适合于电脑的语言文字。但是我相信，与其绞尽脑汁创造拼音文字替代汉字，不如踏踏实实开发电脑技术适应汉字；削足适履总不如量体裁衣好。

至于汉字不能在世界上所有的电脑中显示的问题，恐怕主要是使用电脑的人是否需要的问题，如果他需要中文信息材料，他只要安装能够显示中文的软件就可以了。只要有需要，世界上所有地方的电脑网络就都可以实行"汉化"。汉语能不能走遍世界，跟汉语能不能在全世界电脑网络上显示也没有必然联系。道

---

① 《汉字简化说略》，人民日报出版社2000年版，第266-268页。

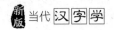

理很简单，现在全世界的电脑网络都已经实行"英化"（能够显示英语），但是，英语就是走不进绝大多数中国人和其他非英语国家人的生活。为什么？因为我不需要使用英语，所以就不需要学习英语。如果我有需要，即使没有互联网，甚至没有电脑，我同样可以非常熟练地掌握英语。

| 附 录 |

一、甲骨文𢎨、𢎨当释"再"说①

陆忠发

摘要 甲骨文𢎨和𢎨的语法功能与常用的副词相当，学界认为𢎨和𢎨均是否定副词。然而把𢎨和𢎨当作否定副词，大量卜辞捍格不通，说明𢎨和𢎨不是否定意义的词。𢎨和𢎨是异体字，可以解释为"再"。我们过去基于𢎨和𢎨为否定副词的所有商史研究结论都说反了，需要全面修订过去的研究结论。

关键词 𢎨和𢎨；否定副词；卜辞；再；商史研究

（一）𢎨和𢎨过去的解释

甲骨文有𢎨字，王襄认为𢎨就是"弜"字，《说文》："弜，弓强也。"以"弓强"义解卜辞，无一可通，所以王襄又认为𢎨是古"从"字，与"从"义同。然而以"从"义解卜辞，亦无一可通。罗振玉疑𢎨为"弼"之古文，王国维则认为应该是"柲"之本字，叶玉森也认为是"柲"之古字。②以上诸说，施于卜辞均不可通。张宗骞先生释𢎨为"弜"，读为"弗"，③裘锡圭先生称赞说："甲骨卜辞里常见的'𢎨'，前人不得其解。1940年张宗骞发表《卜辞弜弗通用考》，指出卜辞'弜'字多用为否定副词，这是很重要的发现。"裘锡圭先生还补充说："粗略地说，'不'和'弗'是表示可能性和事实的，可以翻译成'不会……'；𢎨和𢎨是表示意愿的，可以翻译成'不要……'。"④张秉权先生也说："张宗骞从文例上证明

---

① 本文是国家社科基金"汉字表意理论指导下的甲骨文考释研究"（2018BZS30）的研究成果。
② 以上各家之说见于于省吾先生主编：《甲骨文字诂林》第三册，北京：中华书局，1999年版，第2623页。
③ 张宗骞：《卜辞弜弗通用考》，《燕京学报》28卷，第58-69页。
④ 《古文字研究》第一辑第121-124页；转引自《甲骨文字诂林》第三册，第2626页。

卜辞中弜与弗可以通用，其说可信。"[1]姚孝遂先生也同样认为张宗骞说是对的。[2]

（二）张宗骞先生弜为否定副词的立论及其问题

张宗骞先生是如何发现弜是个否定副词的呢？因为《粹》799："其曾御，又大雨。弜曾，亡大雨。""曾"与"弜曾"相对，"又（有）大雨"和"亡大雨"相对，显然弜是个否定副词。继而张先生进一步论证"弜"与"弗"同音，又举弜与弗、勿、[3]不、母、亡都用于动词前面的50例，如卜辞有"弜正"，又有"弗正""勿正""不正"；卜辞有"弜又"，又有"弗又""不又""毋又"，等等。不过，这些材料充其量只能说明弜与弗、勿、不、毋等词在语法上都作状语，并不能说明弜与弗、勿、不、母、亡意义相同。所以张先生也说"此不足为吾说之力证也"。

张先生说之力证是以下对贞之辞，[4]如：

弜用在关于宾祭的卜辞中：

王宾祭，弜宾【祭】。新259

戊午卜，狄贞，王弜宾。戊午卜，贞，王宾。侯19·20

癸酉贞，其㲃沈，王宾。贞宾。侯59·60

子癸岁，王宾祭。弜宾祭。粹381

贞小丁岁，其宾。贞弜宾。珠850

"弗""勿""亡"也用在关于宾祭的卜辞中：

乙巳卜，王宾日。弗宾日。侯872

丙寅贞，其宾。贞勿宾。粹424

乙丑卜，即贞，王宾唐，翌，亡尤，三月。乙丑卜，即贞，毋王宾唐，料，亡尤。邺二下38·1

弜用在关于御祭的卜辞中：

贞于父御，贞弜御。粹484

---

① 张秉权：《殷虚文字丙编》第125页；转引自《甲骨文字诂林》第三册，第2629页。
② 《甲骨文字诂林》第三册，第2630页"弜"下按语。
③ 甲骨学界把弜解释为"勿"，这个解释也是错误的，下文有考。
④ 有些所谓的对贞卜辞，可能是把验辞当成了反问的卜辞。如《合集》6086有四条卜辞：1."贞舌方出，惟我有作囚？"2."贞：不允出？"3."惟我有作囚。"4."允出。"3应该是对1的结果的记录，4应该是对2结果的记录。显然1占卜之后，再占卜的是2,3和4分别是对1和2结果的记录。

贞御于母，㞢御于母。诚168

勿也用在关于御祭的卜辞中：

贞于母己御，贞勿于母己御。藏106·1

贞御于羌甲，勿御。藏70.3

㞢用在普通的动词前面：

乙未贞：大御，其遘，翌日。乙未贞：大御，㞢遘，翌日其兴。后上26·6

戊，王㞢其遘雨，其遘大雨。粹694

"亡""不"也用在普通的动词前面：

辛未卜，行贞：其乎从行又遘。贞亡遘。粹511

甲午贞：翌乙不遘雨。贞：其遘雨。一月。戬17·10

张先生计举在"宾""御""求""燎""遘""飨""酢""又""用""令""正""从""乎""乍""涉""田""勿"等十七类动词前面㞢与弗、勿、不、毋、亡用法相同的例子，通过参例甄辞，确定"㞢与弗、勿、不、毋、亡用法相同，可无疑矣"。

综合张先生的论证，其举㞢与弗、勿、不、毋、亡都用于动词前面的50例，是论证了㞢与弗、勿、不、毋、亡语法作用上的相同；㞢与弗、勿、不、毋、亡意义上的相同，是通过对十七类对贞卜辞的"参例甄辞"得出的；再通过论证㞢与弗同音，张先生最终确定卜辞㞢与弗通用。

其实，用所谓的对贞卜辞来论证相关词的意义，有循环论证之嫌。首先只有认定了㞢、之与弗、不、毋、亡这些否定副词意义相同，才能确定"王㞢其遘雨，其遘大雨""贞于父御，贞㞢御"这样的卜辞是对贞卜辞；接下来又说因为"王㞢其遘雨，其遘大雨""贞于父御，贞㞢御"这样的卜辞是对贞卜辞，所以㞢是否定副词。因此，张宗骞先生关于㞢为否定副词的论证，其实不可靠。

（三）㞢与之都不是否定副词

我们现在可以确定的是，㞢与之都是副词，其意义是不是否定性的，仅仅依据所谓的对贞卜辞来确定，还是不可靠的。我们需要对使用了㞢与之的卜辞进行仔细分析，才能准确确定㞢与之的意义。通过分析相关卜辞，我们认为㞢与之都不是否定副词。请看我下面的分析。

1. 部分从正、反两个角度去反复贞问的卜辞恰恰说明弜不是否定副词

我从《甲骨文合集》中找到下面的卜辞：

《合集》32正："乙卯卜，㱿贞：王比望乘伐下危，受有又。"

《合集》32正："乙卯卜，㱿贞：王弜比望乘伐下危，弗其受有又。"

《合集》32正："丁巳卜，㱿贞：王[illegible]众伐于[illegible]方，受有又。"

《合集》32正："丁巳卜，㱿贞：王弜[illegible]众[illegible]方，弗其受有又。"

这些卜辞应该就是人们所理解的从正、反两个角度去反复贞问的卜辞。我不知道大家有没有注意到，如果弜是否定副词，所谓从反的角度贞问的卜辞就有了"弜"和"弗"两个否定副词了，反了两次，不还是正吗？这恰恰说明弜不是否定副词。

2. 把"弜"解释为否定副词，相关卜辞前后的意义捍格不通

把弜看成是否定副词，其实是讲不通的。请看下面的卜辞：

（1）田猎卜辞：

《怀》1445："弜田[illegible]弗其禽有大狐？"

《怀》1447："弜田[illegible]弗其禽有犬？"

此二辞中的[illegible]和[illegible]都是地名或者人名，指田猎的地点或者田猎的人。如果把弜看成的否定副词，"弜田"就是"不要田猎"，既然不要田猎，还问什么会不会禽大狐或者犬呢？可见，把弜理解为否定副词是讲不通的。

《合集》28680："壬王弜田其悔，其遘大雨。"

王田猎都希望不要下雨，《合集》28680的弜如果理解成否定副词，就讲不通了。壬这天王要是不去田猎，王肯定会后悔，这天大概会遇到大雨。可见把弜解释为否定副词，意义刚好说反了。商王怎么会有希望在大雨中打猎的想法？

《合集》28681："……弜田，亡灾。"

只有王外出田猎，才占卜有没有灾。《合集》28681的弜如果解释为否定副词，意义也刚好说反了：弜田，就是不田猎。王待在家里，还说什么"亡灾"呢？可见弜不能解释为否定副词。

《合集》28343："弜射[illegible]鹿，弗禽？"

《合集》28344："弜[illegible][illegible]鹿，弗禽？"

《合集》28366："弜射又豕，弗禽？"

这三条卜辞中的弜如果看成否定副词，这三条卜辞就是莫名其妙的卜辞了：

既然不去捕猎麤鹿、又豕，怎么会擒获麤鹿、又豕呢？可见艸解释为否定副词，讲不通。

（2）农业卜辞：

《合集》28198："艸圣，弗其受有年？"

"圣"是"垒砌"的意思，卜辞中说的"圣"就是指"圣田"，即造水稻田。[1] 艸如果解释为否定副词，"艸圣"就是"不造水稻田"，不造水稻田，当然丰收希望很小，《合集》28198这样的卜辞就是无疑而问。可见艸读否定副词，讲不通。

《合集》28200："艸耤，丧蘁，其受有年？"

所谓耤田，是商王先耕作为民作示范的仪式，参加的人很多。往返途中有人员伤亡，有时候也是常事。《合集》8："……卜，贞：众作耤不丧……"裘锡圭先生说：商代方国林立，野兽纵横，农业上也有人员损失的可能。[2]《合集》28200说耤田而丧蘁。但是，艸如果解释为否定副词，"艸耤"就是"不要举行耤田仪式"，不要举行耤田仪式，那怎么还会丧蘁呢？可见艸解释为否定副词，讲不通。

《合集》28231："艸受禾。"

卜辞常常问"不受禾""弗受禾"，此辞"艸受禾"的艸解释为否定副词，按照裘锡圭先生说表示"不要"，就讲不通。商王为什么不要受禾（水稻丰收）呀？

（3）祭祀卜辞：

《合集》30521："弜有𠛱，兹用。"

《合集》30522："弜有𠛱，兹用。"

𠛱是"切割"的意思，[3] 卜辞中𠛱的对象都是牛，因为牛肉非常硬，吃不动，𠛱之后，牛肉的肉块小了，祖先吃起来方便。所以，𠛱牛应该就是把牛肉切成小块，方便神灵享用。卜辞"兹用"的前面是一定有明确的牺牲的，如《屯》726："壬寅贞，月有𠛱，其有土，燎大牢。兹用。"所以这里的"有𠛱"就是指敬献切

---

① 陆忠发：《圣田考》，《农业考古》1996年第3期；陆忠发：《论水稻是商代的主要农作物》，《农业考古》，2008年第4期。

② 裘锡圭：《关于商代宗族组织与贵族和平民两个阶级的初步研究》，《文史》第十七辑，中华书局1983年版。

③ 陆忠发：《当代汉字学》，上海教育出版社2014年版，第360-364页。

割好的牛肉。但是，如果□是否定副词，这两条卜辞就是说："不敬献切割好的牛肉，祖先大概会享用。"这不就是子孙在糊弄祖先了吗？所以□解释为否定副词，讲不通。

《屯》2219："□巳，用。"

《屯》4320："□又，兹用。"

《花东》214："辛未卜，子□祝，用。"

《花东》220："□又邑，用。"

《花东》296："癸卯卜，子□告帚好，若，用。"

《花东》296："癸卯卜，□告帚好，用。"

这几条卜辞，□解释为否定副词，也讲不通，既然不巳不又不祝不告，神灵还"用"什么呢？

《花东》395："辛未卜，□入魔，其□，用。"

□像手执隹献于"示"之前，是"祭"之异体字。这条卜辞□如果解释为否定副词，祭祀就没有牺牲了，神灵"用"什么呢？此辞其实是说进贡了魔，问就用魔祭祀，结果神灵享用了。可见□解释为否定副词讲不通。

《合补》10651："辛未卜，求于大示。"①

《合补》10651："□求，其告于十示又四。"

如果□是否定副词，《合补》10651就是自相矛盾的卜辞，前面说□求（不求），后面又说要求告于十四位先王，岂不自相矛盾？可见□解释为否定副词讲不通。

（4）其他卜辞：

《合集》28245："□步，亡雨。"

此辞的□解释为否定副词，也很难通。既然没有雨，为什么不要步呢？

《合集》9334："□入二百二十五。"

如果把□理解成否定副词，那么，这句话与"此地无银三百两"就很相似。既然都有明确的数目，说明就是有银在此了。同样，入的数目是二百二十五，这应该是记录收入的数目。那么，□似乎也不应该看成是否定副词。

《合集》36418："□杀，其唯小臣临，令王弗悔。"

甲骨文"临"作□，金文"临"作□（孟鼎）、□（毛公鼎），从"人"，从

---

① 《合补》指《甲骨文合集补编》。

※表示眼睛，从※或者※作为提示符号，提示泪水流淌，整个字像人俯首流泪之状。《汉书·苏武传》："后陵（李陵）复至北海上，语武：'区脱捕得云中生口，言太守以下吏民皆白服，曰"上崩"。'武闻之，南乡号哭，欧血，旦夕临数月。"颜师古注："临，哭也。"这条卜辞的※如果解释为否定副词，"※杀"就是"不杀"或者"不要杀"，既然没有杀人，小臣还伤心什么呢？可见※解释为否定副词，还是讲不通。《合集》36418其实是说杀一个人，只有小臣为他伤心流泪，杀了这个人，王不后悔。

综上所述，※是不能看成否定副词的，不管把※的意思理解成"不要……"还是"不会……"，都是讲不通的。※一定是一个有实在意义的词，其意义下文有考。

3. 把※解释为否定副词，相关卜辞前后的意义捍格不通

（1）田猎卜辞：

《合集》11007正："翌丁亥※焚，宁？"

这条卜辞中的※理解为否定副词，也是讲不通的。古人焚是为了驱赶禽兽以狩猎，所以有时候难免会引发火灾。如《屯》722："今日卜，王其田渊西，其焚，无灾？"《屯》722问的就是在渊西焚烧山林驱赶禽兽以狩猎，会不会引发火灾。如果把※理解成否定副词，"※焚，宁"就是毫无意义的话了：不焚，自然就无灾了，还说什么"宁"不"宁"呢？所以，※不能理解成否定副词。

《合集》10644："贞，※乎逐。不获？"

这条卜辞，※解释为否定副词，那么整个卜辞都是废话：不去逐，还想获吗？显然※不能解释为否定副词。

《合集》10761："口口[卜]，贞：※狩……禽二百六十九。"

这条卜辞，※解释为否定副词，那么整个卜辞都是神话：不去狩猎，还擒获了二百六十九，能不神吗？显然※不能解释为否定副词。

《合集》40126："贞：翌辛巳王※往逐兕，弗其获？"

这条卜辞，※解释为否定副词，讲不通，既然不往逐兕，还问什么"弗其获"呢？

《合集》10374："辛亥卜，王贞：※乎※狩麋，弗其禽？"

《合集》10500："……※往逐磬燕，弗其禽？"

这两条卜辞，※解释为否定副词，就是无疑而问：既然不狩麋，还要问能不

能擒获麋吗？既然不逐燕，还要问能不能擒获燕吗？显然都讲不通。

（2）农业卜辞：

《合集》10020："庚申卜，弜[受]黍[年]。"

这条卜辞，弜解释为否定副词，讲不通。还有希望不要农作物丰收的吗？

《合集》787："贞，弜𦥯菽，受有年。"

只有用祭祀来祈求农作物丰收，如果弜是否定副词，不祭祀也希望农作物丰收，这样的事情在商代是没有的。可见弜解释为否定副词，讲不通。①

（3）祭祀卜辞：

弜解释为否定副词，许多祭祀卜辞的语义含糊不清，如：

《合集》10251正："翌癸未弜燎五牛。"

弜解释为否定副词，弜否定的动词是"燎"，但是，燎又有宾语"五牛"。那么，癸未这天到底燎不燎？不知道！如果不燎，为什么不直接说"翌癸未弜燎"？如果燎，那么燎多少牛？也不知道！

《合集》769："贞弜酺妣庚服、十𡧊、三十小宰。"

弜解释为否定副词，即不要酺妣庚服、十𡧊和三十小宰。那么，酺祭妣庚到底用多少牺牲呢？不知道！

如果把弜解释为否定副词，这样表达模糊不清的卜辞就非常多，难以计数。

《合集》947正："弜自上甲又伐。"

如果弜解释为否定副词，又祭的对象和牺牲都表达不清了！这样的卜辞也很多。

《合集》952正："翌乙丑弜酻。"

如果弜解释为否定副词，敬献牺牲的方式就表达不清了！不酻，还用不用其他方式敬献牺牲呢？说不清。这样的卜辞也很多。

《合集》1173："……弜求[于]上甲猴……二……"。

如果弜解释为否定副词，"弜求[于]上甲"就是不求于上甲。如果不求于上甲，直接说"不求于上甲"即可，为什么还要说用猴等牺牲呢？如果是不用猴求上

---

① 《合集》795正："辛未卜，㱿贞：我弜人三在黍不？""酺，受有年。"曹锦炎、沈建华先生《甲骨文校释总集》把两条卜辞合在一起，真的就成了不祭祀也想农作物丰收的卜辞了。我核对"不"与"酺"不是连在一起的，按照常规，"酺"应该在"不"的下面、"在"的右边。现在"不"的下面、"在"的右边空着，显然卜辞于"不"句绝，则"不"当读为"否"。

甲，那么，求上甲用什么牺牲，则应该说明确。可见扌解释为否定副词，卜辞语义表达就是含糊不清的了。

《合集》30914："扌用二十竽。"

如果扌是否定副词，表达就很不清楚。

《天理大学附属天理参考馆藏甲骨文字》76："甲子卜，𣪊贞，扌杀羌百。十三月。"

如果把扌解释为否定副词，"扌杀羌百"就表述不清楚。不杀一百个羌人，到底杀多少呢？说不清！

《合集》2002反："王固曰：吉。扌佐王。"

《合集》2496："癸巳卜，争贞：侑白彘于妣癸，不[佐]。王固曰：吉。扌佐。"

扌如果是否定副词，这两条卜辞就讲不通。既然占卜是"吉"，其验辞怎么又是"不要佐王"呢？只有扌不是否定的意义，卜辞才能够讲得通。

《合集》8401："丁未卜，争贞：扌🌱，用。"

这条卜辞，扌解释为否定副词，讲不通，既然不🌱，还说什么神灵"用"呢？

可见，如果把扌解释为否定副词，大量的卜辞都表达不清了！这反过来也证明扌不能解释为否定副词。

（4）战争卜辞：

《合补》5121"癸卯卜，𣪊贞：乎雀衔伐亘，歼？"

《合补》5121"扌乎雀衔伐亘，弗其歼？"

《合集》6948正："扌乎雀衔伐亘，弗其歼？"

《合补》5121和《合集》6948正这两条卜辞中，扌解释为否定副词，讲不通。既然不命令雀、衔讨伐亘，还需要问能不能歼灭亘吗？"弗其歼"就是无疑而问了。可见扌不能解释为否定副词。

《合集》6178："贞：扌𠂤人乎伐舌方，弗其受有佑？"

如果扌是否定副词，"扌𠂤人乎伐舌方"就是不召集人命令他们去讨伐舌方，那么还问什么会不会得到佑助？只有召集人去讨伐敌人，才会问我们的行动会不会得到佑助。所以，扌是否定副词，讲不通。

《合集》6197："辛丑卜，𣪊贞：舌方其来，王扌伐？"

扌是"迎接"的意思，"扌伐"就是"迎头讨伐"，相当于我们现在说的"迎头痛击”。如果弜是否定副词，那么𢀛方来进犯，商王武丁还要躲避吗？显然讲不通。

《合集》6201：“癸酉卜，争贞：王弜屰𢀛方，上下弗若。不我其受……”

如果弜是否定副词，那么武丁不迎击来犯之𢀛方，还问什么“上下弗若？不我其受[佑]”？这就是无疑而问了！

（5）其他卜辞：

《合集》9741正：“贞：祖乙弜害王。”

这条卜辞，弜解释为否定副词，为“不要……”，很牵强。祖乙害不害王，还由人的意志决定吗？讲不通。

《合集》10948正：“弜疾身。”

卜辞中的“身”指人的胸腹部。[①]这条卜辞，弜解释为否定副词，讲不通。“弜疾身”就是“不要疾身”，还有要胸腹部生病的吗？显然讲不通。

《合集》18878：“弜风。”

如果弜解释为否定副词，是“不要”的意思，这条卜辞也讲不通，“不要刮风”，这样的话好像也不是人能够要求天的。

《合集》21903：“丙午卜，弜贞，允不凷。”

“弜”解释为否定副词，“不要贞”很牵强。商代的人不是常常要贞问神灵吗？为什么现在又不要贞了？

《合集》734正：“己巳卜，㱿贞：乣不凷。王固曰：吉。弜凷。”

《合集》734正：“己巳卜，㱿贞：乣其凷。”

凷，像人在棺椁中，甲骨学界多释为“死亡”的“死”。[②]㱿贞乣大概要死了，王占卜说“吉”。后来乣还是“弜凷”。“弜凷”是验辞，记录乣到底死没死。如果把弜解释为否定副词，理解成裘锡圭先生说的“不要……”，这就讲不通了，谁会要死呀！

《合集》795反：“贞：不隹𡆥？王固曰：吉。弜隹𡆥。”

如果把 解释为否定副词，理解成裘锡圭先生说的“不要……”，也是讲不通的。谁会要神灵降𡆥呀？再说“弜隹𡆥”是验辞。如果结果确实是吉，是无𡆥，为

① 陆忠发：《汉字学的新方向》，浙江大学出版社2009年版，第99-100页。

② 甲骨文中又有凷四周添加许多点为提示符号者，陆忠发考为“蕴埋”义。《汉字学的新方向》，浙江大学出版社2009年版，第65-66页。

什么验辞不直接写"不佳囧"或者"不囧"呢?

《合集》809反:"王固曰:犭岩。"

如果把犭解释为否定副词,理解成裘锡圭先生说的"不要……",也是讲不通的。做什么事情,希望神灵不要诺呀?

《合集》808反:"犭疾口。"

生病不是自己能够决定的,所以,这个犭似乎也不能是否定副词。

《合集》809正:"王固曰:吉。黾余口。"

"余"下一字,曹锦炎、沈建华先生《甲骨文校释总集》校为"害"。我核对卜辞,此字主体残缺严重,但是肯定不是"害"字,因为"害"作害,所从的"它"有长长的尾巴,但是这个残缺严重的字只是上部残缺,下面没有残缺,然而这个字显然没有长长的尾巴。据此我们可以断定此残缺的字肯定不是"害"字。曹、沈二先生之所以会校为"害"字,是根据卜辞上下文猜的。曹、沈二先生的思路是:既然占卜的结果是吉,犭又是否定副词,那么"余"下一字必然就是意义不好的字,如"害""囧"之类了。所以曹、沈二先生就猜是"害"字。曹、沈二先生的这一条误校,也反过来证明犭不是否定副词。

上面我通过对大量卜辞语义的分析,从三个方面证明犭与犭都不是否定副词。

(四)结论

犭与犭在卜辞中用法相同,基本上都是用在动词前面作状语,少数情况是用在表示牺牲的名词前面,如:

《合集》15783:"犭五宰。"

《合集》15922:"犭羊,十二月。"

《合集》25220:"……大……岁犭羊……延一月。"

《合集》25232:"辛丑卜,大贞:岁犭羊……宰一牛。"

卜辞中的动词有时候可以省略,如:

《合集》6664正"贞一牢于上甲,告我已 犭犬。"

《合集》6664正"贞一宰于上甲,告我已 犭犬。"

《合集》6664正"十羧于上甲。"

《合集》6664反"于下乙牛。"

《合集》6664正、反这些牺牲前面没有动词的情况,应该是省略动词的结果。

同样，"᠍五宰"、"᠍羊"、"᠍羊"，我们认为也是省略动词的结果。

这样，我们可以得出一个基本的结论：᠍与᠍都是用在动词前面作状语，它们很可能是一个非否定意义的副词。

᠍与᠍所不同的是，᠍基本上只用于武丁时期的卜辞，武丁以后的卜辞基本上都使用᠍。武丁时期的卜辞中使用᠍的，几乎都是记录收入账目的卜辞，如《合集》9334："᠍入二百二十五。"另外《合集》9341至9350这些卜辞都只有"᠍入"两个字，使用的也都是᠍。显然武丁时期卜辞写成᠍，很可能是出于记录收入账目的人和人的习惯不同。所有这一切都说明᠍和᠍应该是同一个字的不同写法，它们是异体字。

᠍和᠍是异体字，我们就可以判断᠍所从的᠍是重文符号，其形体也是同样从两个᠍。᠍不知何像，显然᠍与᠍都是用两个一模一样的事物组合在一起以强调这两个事物一模一样。《说文》："再，一举而二也。"古人表达"再"的概念，就是用一模一样的两个来表示。如此，᠍和᠍应该就是"再"。

动作的重复是经常出现的事情，语言中不可能没有表示动作重复的副词。同样，甲骨卜辞中也不可能没有表示动作重复的副词。

《合集》7660："……᠍允……"，"᠍"字，徐中舒先生主编《甲骨文字典》、刘兴隆先生《新编甲骨文字典》均释为"再"而称"义不明"。[①]曹锦炎、沈建华先生《甲骨文校释总集》校为"冉"。可见，目前甲骨文中还没有大家公认的表示动作重复的副词"再"。

我认为甲骨文中表示动作重复的副词，不是《合集》7660"……᠍允……"的"᠍"字，而是在卜辞中大量出现的᠍和᠍。

使用了᠍和᠍的所有的卜辞，以"再"解之，都是可以讲得通的。如：

《怀》1445："᠍田᠍弗其禽有大狐。"问的是᠍再次田猎（或者再次在᠍田猎），还不会擒获大狐吗。这条卜辞的前提是前一次田猎没有擒获大狐。

《合集》9334："᠍入二百二十五。"记录的是再次收入二百二十五。

《合集》15783："᠍五宰。"就是再次献享五宰。

《合集》11007正："翌丁亥᠍焚，宁。"这条卜辞说的是丁亥这天再次焚猎，没有出现不安的状况。

---

① 徐中舒主编：《甲骨文字典》，四川辞书出版社1989年版，第444页；刘兴隆：《新编甲骨文字典》，国际文化出版公司1993年版，第240页。

《合集》6197："辛丑卜，㱿贞，舌方其来，王㐱伐。"这条卜辞说舌方来犯，商王武丁再次给予迎头痛击。

《合集》6119："贞：小疾，㐱告于祖乙。"这条卜辞说得了小疾，再次求告于祖乙。

《合集》769："贞㐱曹妣庚服、十㐱、三十小宰。"这条卜辞说再次曹祭妣庚，用了一个投降的人（服）、十个㐱和三十小宰。

……

总之，甲骨文㐱与㐱是异体字，它们不是否定副词，应该解释为副词"再"。本文的意义不仅仅是正确考释了两个甲骨文字的字义，它的重要性更在于让学术界认识到人们过去基于㐱与㐱为否定副词得出的所有商史研究结论都说反了，我们需要全面修订过去的研究结论。

二、本书有新解释的古文字音序索引

说明：

1. 为方便读者查找本书对古文字的表意分析，方便读者把本书的古文字分析与其他著作中的古文字分析相互比较以加深自己的理解、引发思考，特附录本索引。

2. 本索引只是对本书有新解释的古文字做的索引，本书举例中涉及的古文字没有一一索引。

3. 本书对古文字的解释有的互见于不同的地方，则在古文字形体后面一一注明页码。

4. 有少量的古文字现在读不出字音了，就统一放在本索引的最后。

5. 少量的字书中没有引古文字形体，本索引就直接以现代字体作为字头。

6. 本索引每一个声母下面的古文字都不是很多，没有严格按照汉语拼音的音序排列字头。

N

P

Q

本书有新解释的读音不详古文字索引

后　记

这部《当代汉字学》终于完成了。

1995年我撰写博士论文，分析汉字形体包含的文化内涵，常常涉及汉字如何表意的问题。我在2001年出版的《汉字文化学》中专门有一章介绍汉字的表意方法；2009年，我出版《汉字学的新方向》，正式提出汉字学研究应该把汉字表意理论研究作为中心任务，并且对汉字表意理论的基本内容作了初步描写。作为一部学术专著，《汉字学的新方向》销量还算可以；其PDF版下载量也比较大，下载的人大多数应该都是青年学生。这说明《汉字学的新方向》提出的新的汉字学研究主张，还是有一部分人了解了。

但是，目前这种新的学术思想的传播还是存在困难，因为近两千年的六书研究至今还有巨大的惯性，即使有人接受了我的汉字学研究主张，他要把这种思想在教学中进行传播，也会有很多困难。《汉字学的新方向》作为研究生文字学课程的教材还是可以的，作为供本科生使用的文字学教材，就不合适了，因为《汉字学的新方向》没有系统介绍文字学知识。所以我想，传播学术思想的最好方法就是编写一部适用的教材。今天奉献给大家的《当代汉字学》就是一部最适合汉字学教学的教材。作为教材，《当代汉字学》全面介绍了汉字学的基本知识，包括大家都非常熟悉的六书（六书对汉字结构类型的分类是可取的，汉字学当然要讲六书）。但是，《当代汉字学》不同于过去出版的任何一部文字学教材的是，我们在介绍汉字学基本知识的同时，增加了汉字表意基本理论。增加了这些新的内容，汉字学的知识体系就更加完善了。所以，《当代汉字学》是一部最适合汉字学教学的教材。《当代汉字学》书中丰富的例证，还会给老师以有益的启发。教师在教学时能够举一而反三，添加许多生动的例子，课堂教学效果将非常好。

当然，虽然《当代汉字学》较之《汉字学的新方向》对汉字表意理论体系又进行了完善，但是，汉字表意理论体系还没有达到尽善尽美的境界。一个完善的学术体系，一般不大可能仅仅凭借一个人的力量建立起来，我会一如既往地努力，但是我更寄希望于学习过当代汉字学的新一代。"路漫漫其修远兮"，"来吾导夫先路"。

　　本书蒙浙江省教育厅确定为浙江省"十一五"重点规划教材，杭州师范大学又将本书列为"攀登工程"项目，给予支持。本书写作过程中，人文学院党政领导和汉语教研室的汪少华、叶斌等同志给予了很多关心支持，祝鸿熹师就书稿中的某些问题提出了修改意见，严军先生的研究生高扬、徐越先生的研究生金丹，我的学生夏利亚、朱燕、陈发捧、张妍都给予了我不同形式的帮助。在此一并致谢。

　　本书有幸列为教育部2012年"高校社科文库"出版资助项目，我希望这本书能够尽可能多印几次，又担心"高校社科文库"丛书不大可能专门为其中的一本书增加印次，所以我放弃了"高校社科文库"资助的机会，在此特向组织"高校社科文库"的相关领导和机构表示歉意。

　　本书完稿于2012年，当时《通用规范汉字表》尚未发布，书中部分简化字依据的是《辞海》等工具书，超出了《通用规范汉字表》有限类推的限定，导致本书引文中涉及的简化字，有时候使用了"不规范的简化字"，特作说明并请读者海涵。

陆忠发

2012年8月于杭州师范大学

新版后记

党的二十大报告指出，中华优秀传统文化源远流长、博大精深，是中华文明的智慧结晶。汉字是中华文明重要的组成部分，汉字造字充满智慧。解析汉字结构，体会汉字造字无穷的智慧，最需要的是汉字表意理论。学习汉字表意理论，可以更好理解和接受中国汉字文化，增强中国人的文化自信。

《当代汉字学》系统构建了汉字表意理论，是最适合作为中国汉字学教材的著作之一，《当代汉字学》出版之后，被评为浙江省"十二五"优秀教材。目前上海教育出版社版早已售罄，为便于汉字学教学使用，在杭州师范大学人文学院领导的关心支持下，我决定重新出版《当代汉字学》。

这次重版，我调整了部分章节，调整了少量例子，把部分"象"按现在的规范改成了"像"，另外还把所引卜辞中"弜"字和"勿"字全部改成了"再"。甲骨文中的ｊｊ和ｊ，过去人们分别写成"弜"和"勿"，被解释为否定副词。其实ｊｊ和ｊ二字是同一个字的不同形体，后者使用了重文符号而已。这两个字都应该解释为"再"，是"再一次"的意思。为了充分说明甲骨文ｊｊ和ｊ当释"再"，我附录了我写的论文，与《新版当代汉字学》一道请大家批评指正。原版《当代汉字学》第六章有"汉字表意知识在学术研究中的作用"一节，主要就汉字表意知识对于训诂学研究的重要作用举例作了介绍。其实汉字表意知识对于文史哲文物考古学研究都具有十分重要的作用，原第六章第五节的内容并不能全面展示汉字表意理论对于学术研究的重要作用，我已作《汉字表意理论：文史哲文物考古学发展新动能》一书，请有志于文史哲文物考古学研究的学者参考这本书，所以新版的《当代汉字学》中，我删除了"汉字表意知识在学术研究中的作用"一节。

另外，第八章第二节讨论国外人们的电脑能不能使用汉字的问题，材料都是十几年前的，现在已经不存在此问题了，再讨论就毫无意义了，所以这部分就没有作出改动了。

陆忠发

2023年10月1日于三亚书院